교육철학 및 교육사

손승남 · 신창호 · 김희봉 공저

PHILOSOPHY AND HISTORY OF EDUCATION

학지사

교육학은 하나의 종합 학문이다. 교육학의 하위 영역 가운데서도 교육의 역사와 철학에 대한 안목을 갖추는 일은 필요하고도 절실하다. 나라 간 '역사 전쟁'이 심화되고, 우리의 미래가 갈수록 불확실한 시대에 교육에 종사하는 사람에게 역사의식과 교육철학은 자신의 정체성을 찾고, 나아가야 할 방향을 제시하는 데 도움을 줄 것이다. 그래서 이 책은 교육의 역사와 철학을 체계적으로 가르치고, 배우기 위해 마련되었다.

교육사는 과거에 대한 탐구, 기록, 해석을 담당하는 역사 일반에 비추어 볼 때 교육적 사실과 현상을 위주로 구성되는 특수한 역사이다. 시간에 따라 고대, 중세, 근대, 현대의 역사순으로 기술될 수 있다. 공간에 따라 서양·동양·한국 교육사로도 구분이 가능하다.

이 책에서는 교육이 하나의 연구대상으로서 비교적 체계적으로 연구되어온 서양의 교육사를 우선적으로 살펴보고, 동양의 교육사 중에서도 우리나라 교육의 역사에 초점을 맞추어 기술하였다. 우리가 역사를 배우는 궁극적인 이유는 우리의 뿌리를 더 잘 이해하기 위함이고, 더 나아가 나의 존재 이유를 더 잘 알고자 하는 것이기에 교육사 연구의 지향점은 결국 우리의 고유한 역사로 수렴될 수밖에 없다고 본다.

저자들은 교육사의 서술에서 제도사와 사상사의 조화를 이루고자 고심하였다. 교육의 역사는 상당 부분 교육기관, 특히 학교의 역사와 분리 불가분의 관계에 있다. 따라서 고대 그리스나 우리나라 단군시대 이후부터 어떤 교육제도나 기관이 명멸하였는지를 살펴보고자 하였다. 이와 동시에 교육의 실제적 수행이 배후에 모종의 이념과 사상을 축으로 이루어진다는 전제하에 각 시대마다 그 시대를 움직였던 정신적 동력을 추출하여 보여 주고자 하였다.

그동안 우리의 교육사 연구에서 발견할 수 있는 경향은 실증적 자료와 연대기를 중요시하는 '역사주의'와 무관하지 않다. 역사에서 과학성, 객관성을 고집하는 것은 역사의 본질에 대한 오해에서 나온다. 그 오해는 역사에도 자연과학에서처럼 하나의 절대적 진리가 있다고 믿는 태도이다. 하지만 역사의 진리는 인간이 말하는 것이 아니다. 역사는 지평과도 같은 것이다. 은유적으로 말하면 역사는 영원히 우리 곁에 살아 숨을 쉬는 존재와도 같다. 이 점에서 제도사 위주의 교육사 서술이 문제 혹은 주제 중심으로 잘 보완될 필요가 있다. 오늘날 입시와 경쟁이 우리 교육의 최대 해결 과제라면 '시험'이라는 관점에서 역사적으로 그 원인과 해결방안을 찾아볼 수 있다. 서양교육사에서는 대학의 위기 담론과 관련하여 대학의 이념과 역사를 현대적으로 재조명해 볼 수도 있을 것이다.

우리가 교육사를 배우고 탐구하는 이유는 과거 교육적 사실의 단순한 재구성에 있지 않다. 과거의 사실이 지금, 여기 나의 현재적 삶에 '적용'될 때 비로소 살아 있는 의미를 지니게 된다. 아무리 중요한 교육적 사실이라도 현재를 사는 우리의 삶과 맥이 닿지 않으면 그것은 죽은 역사, 역사를 위한 역사에 머물고 말 것이다. 이런 맥락에서 전통의 현대적 해석은 가치가 있으며, 지속적으로 추구되어야 할 과제이다. 이 책을 접하는 독자들이 이러한 과거와 현재의 생생한 대화의 장에서 적지 않은 지적 희열을 느낄 수 있기를 기대한다.

이렇듯 교육사의 체계적인 학습과 연구는 교육적 지혜를 얻을 수 있고, 교육에 대한 본질적 이해를 하는 데 도움이 되며, 미래사회의 문화발전을 위해서도 필수불가결하다고 본다.

그렇다면 교육철학은 무엇인가? 철학이 '지혜를 사랑하다'는 의미의 Philosophia, Philos(사랑하다)와 Sophia(지혜)의 결합에서 나왔듯이 교육철학은 교육적 장면에서 본질과 근원에 대한 탐구를 수행하는 교육학의 분과학문으로 볼 수 있다. 전통철학이 인식론에서 앎과 지식의 문제를 탐구하고, 윤리학에서 인간의 선의지와 올바른 행위를 탐구하고, 예술과 종교론에서 아름다움과 성스러움의 문제를 탐구하였듯이 교육철학은 인간의 삶을 둘러싼 진, 선, 미의 문제를 핵심적인 탐구 주제로 다룬다. 20세기 철학의 거장 비트겐슈타인(Wittgenstein)의 공로와 더불어 개념과 사고의 명료화를 지향하는 분석철학이 20세기 중반 이후 교육철학에도 지대한 영향을 주고 있다.

철학의 본질에 비추어 볼 때 교육철학은 교육의 현상과 문제를 전체적·통일적으로 파악하고자 한다. 교육의 문제에 대하여 항상 의문을 갖고, '왜'라는 물음에서 시작한다. 즉, 근원에 대한 질문을 진지하게 던진다. 사실의 진위와 존재의 문제를 주로 다루는 과학과 달리 교육철학은 존재와 가치의 통일을 지향한다. 매사에 사물의 이면에 숨어 있는 의미와 가치에 대한 물음을 던지는 것이다. 이처럼 교육학의 하위 영역이 갈수록 실증주의, 행동주의 과학으로 변모해 가고, 분과학문의 좁은 시각에서 진리의 문제를 다루는 경향성을 견제하고 올바로 견인하는 데에서 교육철학의 존재 가치를 찾을 수 있을 것이다. 철학의 태도와 방법에 대한 탁월한 혜안은 아마 대철학자 칸트(Kant)로부터 빌릴 수 있을 것이다.

"인간은 결코 철학을 배울 수가 없다. 다만 철학한다는 것을 배울 수 있을 뿐이다."

교육철학에서는 교육의 개념 분석이 그 시발점이다. 교육을 왜 하는지, 어떤 방향으로 교육을 해야 하는지에 대한 논의, 즉 교육목적론 또한 중요하다. 교육사상사는 교육철학과 교육사가 만나는 지점이다. 서양의 교육사상에서는 고대, 중세, 근대의 다양한 교육사상을 접할 수 있고, 동양의 교육사상에서는 유교, 도교, 불교의 교육사상과 전통적 교육사상으로 단군, 동학사상을 접할 수 있다. 다양한 사상을 공부함으로써 우리는 우리 자신의 교육신념을 확립하고, 교육에 대한 이해를 넓힐 수 있다. 나아가 동과 서, 고와 금의 한계를 넘어선 보편성과 특수성의 조화에 대한 감각을 익힐 수도 있다. 교육철학은 교육의 철학적 연구방법론과도 밀접한 연관이 있다. 무엇보다도 방법에 대한 오해에서 벗어나야 한다. 방법이 진리로 나아가는 유일한 길이 아니라, 우리가 활용하는 방법은 단지 하나의 길이요, 선택임을 잘 인지하는 것이 중요하다. 가령 우리가 접하는 다양한 철학의 연구방법, 해석학, 인간학, 실존철학, 현상학, 변증법, 비판이론, 실증주의, 행동주의, 구조주의, 언어분석과 분석철학, 비교방법과 역사서술, 간학문적 방법이 오직 진리로 다가서기 위한 하나의 접근임을 알아야 한다.

적어도 교육철학은 우리의 삶과 인간성 고양에 도움을 줄 수 있다. 다양한 교육철학의 학습과 연구를 통해 우리는 보다 분석적·비판적·반성적·합리적 사고를 할 수 있게 된다. 가령 분석철학은 교육개념의 분석에 유용한 지침을 줄 수 있으며, 실제로 '자율성'과 '주입'의 차이를 구분하는 데 도움을 줄 수 있다. 앎과 지식의 문제를 근원적으로 탐구하다 보면 우리가 다루는 교과의 성격, 지식, 가치문제를 탐구하는 데 도움을 얻을 수 있다. 다양한 교육사상가를 통해 현재의 삶을 보다 잘 이해할 수 있다. 도덕적 원리, 자유, 평등, 선, 권리와 의무에 대한 개념을 익히고 가르치다 보면 우리도 모르는 사이에 도덕적 의식이 고양되어 있음을 발견하게 될 것이다. 이 책을 읽는 독자가 교육철학이 가져다줄 수 있는 여러 가지 유익함을 부지불식간에 체험할 수 있기를 바란다.

이 책은 크게 3부로 구성되어 있다. 제1부는 손승남이 집필하였고, 서양교육사를 다루고 있다. 여기서 고대 그리스와 로마의 교육, 중세 기독교 교육과 세속 교육, 근대의 다양한 교육사조(인문주의에서 신인문주의까지), 20세기 미국의 현대 교육사조를 망라하였다. 제2부는 신창호가 집필하였고, 한국교육사를 다루고 있다. 여기서 고대사회의 교육, 삼국 및 남북국 시대의 교육, 고려시대의 교육, 조선시대의 교육, 서구 교육의 유입과 근 · 현대 교육을 풍부한 사료를 바탕으로 자상히 기술하였다. 특히 기존의 교재에서 다루지 않은 남북국시대의 교육과 비교적 심화해서 다루고 있는 조선시대의 성리학 및 실학 교육사상을 주목할 필요가 있다. 제3부는 김희봉이 집필하였고, 교육철학을 다루고 있다. 여기서 교육의 개념과 교육목적론, 교육의 윤리적 차원과 사회철학적 차원 그리고 현대 교육사상을 논리적으로 설득력 있게 기술하였다.

이 책이 나오기까지 물심양면으로 지원을 아끼지 않은 학지사 김진환 사장님과 정승철 이사님을 비롯한 편집진 여러분께 심심한 감사의 말씀을 드린다. 이 책이 교육에 관심 있는 분들에게 조금이나마 교육적 지혜를 줄 수 있었으면 하는 마음이 간절하다.

2019년 여름
저자 일동

: : 머리말 / 3

제1부

서양교육사

제1장 고대 그리스와 로마의 교육 ___ 19

1. 고대 그리스의 교육 / 19
   1) 역사적 배경 _ 19
   2) 스파르타와 아테네의 교육 _ 21
   3) 고대 그리스의 교육사상 _ 23
   4) 헬레니즘 시대의 교육 _ 32
2. 고대 로마의 교육 / 35
   1) 로마인의 문화와 교육 _ 35
   2) 공화정시대의 교육 _ 37
   3) 제정시대의 교육 _ 39
   4) 로마의 교육사상가 _ 42

제2장 중세 기독교 교육과 세속 교육 ___ 47

1. 중세 기독교 교육 / 47
    1) 중세사회와 기독교 교육의 성격 _ 47   2) 중세 기독교 교육기관 _ 49
    3) 스콜라 철학과 교육 _ 52
2. 중세의 세속 교육 / 53
    1) 카를대제의 교육혁신 _ 53   2) 중세 대학의 성립과 발전 _ 54
    3) 기사도 교육 _ 57   4) 시민교육의 발달 _ 58

제3장 인문주의와 종교개혁기의 교육 ___ 61

1. 르네상스와 인문주의 교육 / 61
    1) 르네상스의 의미 _ 61   2) 이탈리아의 르네상스 _ 62
    3) 북유럽의 르네상스 _ 63   4) 르네상스의 교육적 의미 _ 63
    5) 인문주의 교육기관 _ 65   6) 인문주의 교육사상가 _ 66
2. 종교개혁기의 교육 / 70
    1) 종교개혁 _ 70   2) 성서주의와 독일어 성서 번역 _ 70
    3) 종교개혁기 교육기관 _ 71   4) 종교개혁기 교육사상가 _ 72
    5) 반종교개혁과 예수회의 교육 _ 76

제4장 **실학주의, 계몽주의, 신인문주의 교육 ___ 79**

1. 실학주의 교육 / 79
    1) 시대적 배경 _ 79   2) 인문적 실학주의 _ 80
    3) 사회적 실학주의 _ 81   4) 감각적 실학주의 _ 82
2. 계몽주의 교육 / 89
    1) 시대적 배경 _ 89   2) 계몽기 프랑스의 교육 _ 90
    3) 루소의 아동교육사상 _ 92   4) 칸트의 교육사상 _ 94
    5) 바제도우와 독일의 교육개혁 _ 96   6) 계몽기 영국의 교육 _ 97
3. 국가주의 교육 / 98
    1) 19세기 국가주의와 공교육 제도의 발전 _ 98
    2) 프러시아(독일) _ 99   3) 프랑스 _ 101
    4) 영국 _ 102   5) 미국 _ 103
4. 신인문주의 교육 / 105
    1) 신인문주의 _ 105   2) 신인문주의 교육사상가 _ 107

제5장 **20세기 미국의 현대 교육사조 ___ 117**

1. 진보주의 교육 / 117
    1) 실용주의 사상 _ 117   2) 진보주의 교육 _ 118
    3) 듀이 _ 120
2. 본질주의 교육 / 122
3. 항존주의 교육 / 124
    1) 항존주의 _ 124   2) 허친스 _ 125
4. 재건주의 교육 / 127

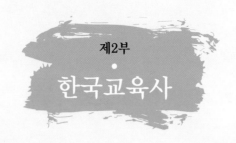

제2부

한국교육사

제6장 **고대사회의 교육** ___ 131

1. 고조선의 〈건국신화〉와 교육적 특성 / 131

   1) 교육의 원형으로서 신화 _ 131   2) 〈건국신화〉의 교육성 _ 134

2. 고대 부족국가의 교육: 성년식 / 139

제7장 **삼국 및 남북국 시대의 교육** ___ 141

1. 삼국시대의 교육 / 141

   1) 고구려의 유학 및 문무 교육 _ 141   2) 백제의 중일 교류 교육 _ 142

   3) 신라의 유불선 교육 _ 144

2. 남북국시대의 제도교육과 인재 선발 / 157

   1) 신라의 인재 등용 _ 157   2) 발해의 교육 _ 158

   3) 교육사상가의 출현 _ 159

제8장 **고려시대의 교육** ___ 163

1. 교육제도의 발달 / 163

   1) 관학의 설립: 국자감과 향교, 학당 _ 163   2) 사학의 흥기: 십이도와 서당 _ 166

2. 과거제도의 시행과 인재교육 / 167

3. 유교 · 불교계 교육사상가의 활동 / 168

4. 성리학의 도입과 새로운 교육의 모색 / 172

   1) 안향의 성리학 도입 _ 172   2) 성리학 교육을 모색한 사상가들 _ 176

제9장 조선시대의 교육 ___ 179

1. 교육제도의 발달 / 179

   1) 관학의 설치와 정비: 성균관과 향교, 학당 _ 179

   2) 사학의 성장과 교육적 기여 _ 183

2. 과거제도와 인재 선발 교육 / 188

3. 교육법규의 시행 / 192

4. 조선 초·중기 교육사상가의 활약 / 196

   1) 성리학의 교육적 특징 _ 196　　　　2) 정도전의 교육입국 _ 198

   3) 권근의 입학도설 _ 199　　　　　　4) 조광조의 도학 교육 _ 202

   5) 이언적의 리학 교육 _ 204　　　　　6) 서경덕의 기학 교육 _ 206

   7) 조식의 경의 교육 _ 209　　　　　　8) 이황의 경 교육 _ 211

   9) 이이의 성 교육 _ 213

5. 조선 후기 실용적 교육사상가의 주장 / 215

   1) 유형원의 공거제와 학제의 계열화 _ 215

   2) 이익의 과거제 비판과 능력 중심 인재 선발 _ 217

   3) 박지원의 삼서불가독 교육 _ 220　　4) 이덕무의 평생교육 _ 221

   5) 김정희의 실사구시 교육 _ 225　　　6) 정약용의 본성론과 경학 교육 _ 227

제10장 서구 교육의 유입과 근·현대 교육 ___ 231

1. 대한제국 시기의 교육 / 231

   1) 제국 정부의 교육개혁 _ 231　　　　2) 선각자들의 교육운동 _ 238

   3) 기독교의 교육활동 _ 242

2. 일제 조선총독부 시기의 교육 / 244

3. 해방 후 한반도의 교육 / 246

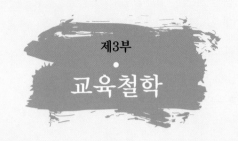

제3부

교육철학

제11장 **교육철학의 이해** ___ 251

1. 교육철학의 의미 / 251

   1) 교육철학의 다양한 의미와 용법 _ 251   2) 다양한 교육관 _ 253

2. 철학의 개념 및 탐구 영역 / 268

   1) 철학의 개념 _ 268   2) 철학의 탐구 영역 _ 272

3. 교육철학의 고유성과 탐구 문제 / 273

   1) 교육철학의 고유성 _ 273   2) 교육철학의 탐구 문제 _ 276

제12장 **교육목적의 여러 차원** ___ 279

1. 자유교육과 직업교육 / 279

   1) 자유교육의 내재적 지식 추구 _ 280

   2) 직업교육의 기능 및 실천적 지식 추구 _ 286

2. 삶의 목적 / 289

   1) 핵심 역량의 함양 _ 290   2) 최선의 삶의 기준 _ 293

3. 다양한 관점의 교육목적 / 296

   1) 프링의 '교육받은 인간' _ 297   2) 린지의 교육목적론 _ 300

   3) 나딩스의 행복을 위한 교육 _ 307   4) 화이트의 잘삶을 위한 교육 _ 309

제13장 **교육의 윤리적 차원** ___ 315

1. 도덕교육 / 315

   1) 도덕교육의 중요성과 난점 _ 315   2) 도덕관 및 도덕교육의 변천 과정 _ 317

3) 합리적 도덕교육과 그 대안 _ 323

2. 시민교육 / 327

    1) 좋은 시민 _ 327   2) 시민성 교육과 중립성 문제 _ 330

    3) 시민교육의 장소 _ 333

3. 교원윤리 / 337

    1) 교원윤리의 필요성과 내용 _ 337   2) 교원윤리의 이론적 배경 _ 341

제14장 교육의 사회철학적 차원 ____ 351

1. 자율성과 교화 / 351

    1) 자율성과 교육 _ 351   2) 교화와 교육 _ 359

2. 학생 · 학부모의 권리와 국가 통제 / 363

    1) 학생의 권리 _ 363   2) 학부모의 권리 _ 368

    3) 국가의 통제 _ 371

3. 정의와 교육 / 379

    1) 다양한 정의관 _ 380   2) 최근의 정의관 _ 389

제15장 현대 교육사상 ____ 397

1. 실존주의와 분석철학 / 397

    1) 실존주의와 교육   2) 분석철학과 교육 _ 402

2. 비판이론과 포스트모더니즘 / 407

    1) 비판이론과 교육 _ 407   2) 포스트모더니즘과 교육 _ 412

3. 현상학과 해석학 / 418

    1) 현상학과 교육 _ 418   2) 해석학과 교육 _ 423

: : 참고문헌 / 427

: : 찾아보기 / 439

교육철학 및 교육사 · 제1부

서양교육사

제1장 고대 그리스와 로마의 교육

제2장 중세 기독교 교육과 세속 교육

제3장 인문주의와 종교개혁기의 교육

제4장 실학주의, 계몽주의, 신인문주의 교육

제5장 20세기 미국의 현대 교육사조

고대 그리스와 로마의 교육

1. 고대 그리스의 교육

1) 역사적 배경

기원전 2000년 이후, 그리스 반도로 내려왔던 그리스인은 그들 스스로를 헬레네스(Hellenes)라 불렀다. 고대의 전설적인 영웅 헬렌의 후손이라고 믿었던 그들은 언어, 종교, 생활습관 면에서 긴밀한 유대를 지니고 있었으나 단일한 그리스 정부나 국가를 구성할 수는 없었다. 대부분 산악지대로 구성된 그리스 본토의 지형으로 인해 다양한 부족은 분산된 산간분지와 작은 평야지대에 흩어져 거주하였다. 이들이 정착한 곳에는 거대한 국가 대신 폴리스(polis)라는 도시국가가 들어서게 되었다.

그리스 북부 지역에서 살고 있던 도리아족(Dorians)이 펠레폰네소스로 들어오면서 그리스의 원주민은 에게해를 넘어 소아시아로 건너가 거기에 자신의 그리스 식민지를 건설하였다. 순수하게 도리아인들로 구성된 도시국가가 바로 스파르타이며, 이 도시국가는 100여 개가 넘는 크고 작은 폴리스 중에서 아테네와 함께 그리스 본토에 많은 영향을 미쳤다. 아테네는 이오니아족(Ionians)이 건설한 아티카형 폴리스로서, 상공업 위주로 민주적 개방사회를 발전시켰다. 이에 반해 농업에 의존한 보수적인 군국주의를 표방한 스파르타는 라코니아 지방을 무력으로 정복한 후 수세기 동안 그리스의 영주를 자처하였다.

그리스 본토가 페르시아의 공격을 받자 그리스 도시국가들은 동맹을 이루어 페르시아 제국에 맞서 승리를 거두게 되었다(B.C. 479). 전쟁 승리 이전 그리스군의 총지휘권을 장악하고 있었던 것은 스파르타였으나, 그 후로는 아테네가 델로스 동맹의 맹주(盟主)가 됨으로써 그리스의 패권을 잡았다. 하지만 스파르타는 델로스 동맹에 맞서 펠네폰네소스 동맹을 구축하여 두 동맹을 둘러싼 도시국가 간의 펠네폰네소스 전쟁이 발발하게 되었다. 이 전쟁에서 스파르타가 최후의 승자가 되지만 마케도니아에 의해 무너지고, 마케도니아 왕국의 알렉산드로스 대왕은 영토 확장과 융합 정책으로 헬레니즘 시대를 활짝 열었다. 『알렉산드로스 대왕의 역사』(1980)를 저술한 역사가 드로이젠(J. G. Droysen, 1808~1884)에 의하면, 고전 그리스 문화를 동경하던 알렉산드로스가 정복 사업과 더불어 광범위한 지역에 그리스 문화를 전파하여 그리스적 정신과 동방 정신이 융합한 범세계적 문화를 일컬어 그리스적 문화, 즉 헬레니즘 문화라 명명했다. 융성하던 헬레니즘 문명은 기원전 146년 로마의 침공에 의해서 종말을 맞게 되었다.

2) 스파르타와 아테네의 교육

그리스 교육은 페리클레스 시대(B.C. 495~429)를 기점으로 전기와 후기 교육으로 구분할 수 있다. 전기는 다시 호머시기의 교육과 스파르타와 아테네 교육을 포함하는 역사적 시기로 나뉜다. 전기 교육에서는 교육의 사회적 관점이나 교육기관에 보다 강조점이 주어지고, 개인적 관점은 소홀히 간주되었다. 후기는 페리클레스 시대에 이은 종교적·교육적·도덕적 관념에서의 전환기를 거쳐 마케도니아 정복 이후 그리스 문명이 완성되어 로마시대로 이어지는 광범위한 시기를 포함한다. 철학의 다양한 학파가 형성된 것이나 최고의 교육기관으로서 아테네 학당이 건립된 것은 그리스 후기시대의 대표적인 교육양상으로 볼 수 있다.

그리스 초기에 호머의 위대한 서사시 『일리아드와 오딧세이』(B.C. 900~800)는 교육적 본보기가 되었다. 이 작품은 아킬레스와 오딧세이와 같은 전형적인 인물을 등장시켜 용기와 지혜의 이상을 제시하고 있다. 그리스 자유민들은 본보기를 통하여 그들 스스로 그와 같이 용기 있는, 지혜로운 인간이 되도록 고무되었다.

그리스 교육이 보다 조직화되고, 사회적 성격을 지니게 된 것은 폴리스의 등장과 궤를 같이한다. 앞에서 서술한 바와 같이, 그리스의 폴리스는 그리스인의 정치·경제·사회생활의 기본적인 요소이며, 폴리스 상호 간에 독립이 철저히 보장된 자주독립의 사회였다. 여러 폴리스 가운데서도 스파르타와 아테네의 교육은 그리스 전기의 교육을 대표한다고 볼 수 있다.

스파르타는 도리아인의 호전적인 인종적 특성과 그리스 북부 산악에서 거칠게 살아온 지리적 특성을 지닌다. 소수의 지배자로 다수의 토착민을 지배하기 위하여 스파르타는 강력한 군국주의를 표방하였다. 스파르타의 인구는 지배층인 스파르타 시민계급과 부역에 종사한 노예, 그리고 페리오이코이(perioikoi)라는 예속자유민으로 구성되었다. 스파르타의 군국주의는 전설적인 지도자 리쿠르고스(Lycurgos)에 의해 확립되었다. 그가 정한 법에 따르면, 국가의 최고 행정관들인 에포르(ephors)가 교육의 관장, 재산의 분배, 시민생활의 검열, 신생아의 양육결정권 등을 행사할 수 있도록 하였다. 개인의 교육에 대한 국가의 개입과 통제가 철저하게 이루어진 사회주의적 교육이 이 시기에 행해진 것이다.

스파르타는 교육의 목적을 국가에 충성을 다하는 전사의 양성에 두었다. 이를 위해서 용기, 완전 복종, 신체적 완전성을 갖춘 시민으로 만들기 위한 훈련을 부과하였다. 국가에서 결혼 전 건강한 남녀의 결합을 장려하는 것은 물론 출생 후 신체검사를 실시하여 허약한 아이는 과감하게 내다 버렸다. 교육은 총 감독관(paedonomus)과 보조원이 담당하는데, 7세까지 어머니와 함께 지낸 후 국가에서 집단으로 맡았다. 운동, 체조, 수렵을 비롯한 신체 단련과 군사훈련, 단식의 연습 등이 청년에게 부과되었다. 30세가 되면 전사가 되지만 가정생활이 금지되고, 금욕적 인내를 견디면서 공동침식을 하였다.

스파르타의 교육내용은 신체적 훈련과 도덕적 단련이 주를 이루며, 지적이거나 심미적인 관점을 고려의 대상에서 제외하였다. 모든 교육은 명령에 복종하도록 하거나 노동, 전쟁, 정복에 필요한 내용으로 국한되었다. 체조가 강조되었지만 오직 군사적 목적을 위한 것이고, 음악과 종교적 무용도 그와 같은 목적에 부합되도록 개발되었다. 스파르타의 모든 성인은 자라나는 세대의 교사 역할을 하였으며, 여성 또한 남성과 동일한 방식, 즉 전사의 어머니로서 훈련을 받았다.

이에 반해 아테네의 교육은 스파르타의 교육과는 전적으로 성격이 달랐다. 스파르타가 가정생활을 부정한 반면, 아테네는 가정의 중요성을 인정함과 동시에 가정의 교육적 책임을 중요시하였다. 모든 학교는 사교육기관이었다. 국가가 제공하는 교육은 16세와 20세 사이의 교육, 다시 말해서 전적으로 직접적인 군복무 준비와 관련된 교육이었다. 7세까지 아이들의 훈육은 가정의 책임하에 이루어졌다. 그 이후 8, 9년 동안 아테네의 아이들은 2개의 공립학교, 즉 음악학교와 체조학교(palaestra)를 다녔다. 16세가 되면 이들은 그동안의 모든 음악수업과 문학수업을 중단하고 김나지움에 들어갔다. 이곳에서 2년 동안 아테네 시민으로서의 삶을 준비하였다. 그 후 청년시민 에페베(ephebes)가 되어 무장을 갖추고 전사로서 선서를 하고 2년간 군사훈련과 도덕적·종교적 훈련을 받았다.

아테네 교육의 내용은 읽기, 쓰기, 문학적 교육요소가 음악학교의 교육에 포함되어 있었다. 이 점에서 음악학교는 단지 음악만을 교수하는 장소가 아니라 종합적인 지식을 전달하는 종합학교의 성격을 지녔다고 볼 수 있다. 김나지움에서는 특히 체조가 강조되었고, 음악은 좁은 의미에서의 음악은 물론 시, 드라마, 역사, 웅변, 과학 등을 두루 포괄하였다.

3) 고대 그리스의 교육사상[1]

고대 그리스에서 여아들은 주로 가정에서 교육을 받은 데 반하여 남아들은 사적으로 조직된 교육기관에서 교육을 받았다. 가령 아테네와 같은 도시국가에는 공적 교육기관으로 김나지움이 있었다. 파이데이아는 학교에 다니는 아이들(pais)과 밀접한 관련이 있으며, 그 당시 나이가 많고 경험이 풍부한 노예, 즉 교복(敎僕, paidagogos)은 아이들의 교육을 전담하였다. 오늘날 교육학의 어원인 페다고지(pedagogy)는 이렇듯 고대 그리스에서 교육을 담당했던 가르치는 노예에서 연원한다. 고대 아테네에서 파이데이아는 시민의 교화보다는 세계시민적인 질서와 교양을 강조하고 있다. 이러한 교양은 일상적 삶에서의 방정한 태도, 식탁 예절, 양보와 존중의 미덕, 신체와 정신의 조화 추구 등에서 표출되는 것으로 보았다. 아이의 아버지 혹은 아동교육을 수탁받은 교사(paidagogos)의 책임 아래 표상을 통한 습관화, 연습, 일치, 그리고 감

---

1) 이 부분은 손승남(2011). 『인문교양교육의 원형과 변용』. 제1장 '파이데이아' 참조.

홍 등이 동원되었다(오인탁, 2001: 67).

(1) 소피스트

교육적 관점에서 소피스트의 출현은 그리스 교육의 변화와 궤를 같이한다. 원래 그리스 초기의 교육은 호머의 작품, 특히 『일리아드와 오딧세이』를 교육적 이상으로 삼아 암송하고 익히는 것이었다. 그리스 공화정 시기의 학교교육은 음악과 체육 위주의 교육과정을 바탕으로 보통 소년이 아이(Pais)에서 청소년(Meirakion)이 되는 시점에서 끝났다. 아테네가 학문과 예술의 전성기를 맞이하면서 사람들의 앎에 대한 욕구가 급증하자 점차 고등교육의 필요성이 제기되었다. 커다란 도시에서는 수사의 힘이 명예욕을 충족하고, 경제적 부를 유지하고 모으는 중요한 수단으로 자리를 잡았다. 아테네에서는 시민들의 회의, 법정소송, 군조직의 명령적 위치에서조차 수사의 기예를 필요로 하였다. 이로써 이러한 욕구를 충족시킬 새로운 신분의 사람들이 생기게 되었는데, 이들이 바로 소피스트였다.

‘소피스트’라는 표현은 원래 그리스어 소포스(sophos)와 소피아(sophia)에서 나온 말이며, 정신적으로 빼어난 사람을 가리키는 말이다. 이 용어들은 그 의미에서 일종의 진화를 겪었다(Kerferd, 2003: 45). 첫째, 특수한 공예 기술, 특히 수공예 기술에서부터, 둘째, 일반적인 일에 있어서의 분별력이나 식견, 특히 실천적 지혜와 정치적 식견을 거쳐, 셋째, 학문적 · 이론적 · 철학적 지혜라는 의미에 이르렀다. 이 표현은 점차 이러한 부류의 사람들로 구성된 특정한 계급을 지칭하는 데 사용되었다. 그들은 스스로를 소피스트로 칭하며, 이 도시 저 도시를 돌아다녔다. 그들은 상당히 높은 수준의 수업을 하였으며, 그에 상응하여 높은 보수를 받았다. 그 당시 그리스 아테네에서 가장 중요한 능력이 언변과 설득력이었던 만큼 소피스트는 당대 최상의 지식으로 무장한 지자(知者)들로 인정을 받았던 것으로 보인다. 그 점이 비난과 지탄의 대상이 되기도 하였으나, 특히 교육과정의 구성과 교육제도의 형성과 관련하여 소피스트는 서구의 지성사에서 지대한 공헌을 하였다. 그리스인들은 일반적이고 정신적인 기초교육과정을 '엔키클리오스 파이데이아(enkyklios paideia)'라고 불렀는데, 이것이 고대에서 18세기까지 서구 교육의 근간을 이루는 7자유교과(Septem artes liberales)의 주춧돌이 되었다.

(2) 소크라테스

소크라테스

소크라테스(B.C. 470?~399)는 아테네에서 출생하여 그곳에서 생애를 마감하였다. 그의 아버지는 조각가였고 어머니는 산파였다. 그는 아버지의 직업에 대한 훈련을 받았으나 그는 그 직업 대신 '거리의 철학자'로서의 삶을 살았다. 그는 자신의 말을 듣고자 하는 사람이면 토론에 끌어들여 진지한 대화를 나누었다.

소크라테스는 인간 영혼의 '덕'을 잘 보살피고 보존해야 한다고 역설하고 있다. 그는 『변론』에서 덕의 문제를 다소 주지주의적으로 보고 있다. 하지만 인간의 지혜가 유한하므로 덕의 본질을 직접적으로 통찰할 수 있다는 것에는 의심의 여지가 있다고 본다. 그럼에도 불구하고 소크라테스는 자신이 도덕적으로 탁월하다는 것을 확신하고 있다(『변론』 30d; 『변론』 41d). 그 이유는 자신이 다른 어떤 사람보다도 강한 실천적 지혜를 지니고 있다고 믿었기 때문이다.

소크라테스의 대화법은 크게 반어법과 산파술로 구분해서 볼 수 있다. 반어법이란 상대방의 의견을 일단 승인한 후 계속되는 문답을 통해 상대방이 자기모순에 빠지게 하여 스스로 무지를 자각하게 하는 방법이다. 반어법의 가장 큰 특징은 아포리아(aporia)에 있다. 그리스어로 '통로가 없는 것' 혹은 '길이 막힌 것'을 뜻하는 이 말은 사물에 관해서 해결의 방도를 찾을 수 없는 난관 혹은 난문을 말한다. 대화법에서는 대화 상대자가 자신이 진리라고 믿어 온 사고와 신념이 더 이상 옳지 않게 되어 혼돈(chaos)에 처한 상태를 일컫는 말이다. 반어법은 학습자로 하여금 무지를 자각하게 하여 지식의 길로 안내하는 길잡이 역할을 한다. 한걸음 더 나아가 산파술은 학습자가 배워야 할 내용을 이성적으로 사유함으로써 내면화를 돕는 과정이다. '산파'라는 용어의 상징적 의미는 지식이 결코 직접적인 전달에 의해서가 아니라 오히려 간접 전달에 의해서 가능하다는 것이다. 산파술의 핵심은 대화 상대자가 이제껏 덕에 관해서 알고 있다고 믿고 있는 신념을 대화의 과정을 통해 자기 스스로 그것을 알지 못하고 있다는 것을 깨닫게 만드는 것이다. '무지의 자각', 이것이야말로 소크라테스가 추구했던 사명이며, 플라톤이 자신의 대화편에서 줄곧 소크라테스를 통해 보여 주고자 한 것이다.

소크라테스는 맹목적 신념이 아니라 이성, 혹은 합리성의 필연적 법칙에 따라 인간과 세계를 이해하고자 하였다. 그는 사실보다는 가치와 규범의 문제를 진지하게 성찰하였고, 앎과 삶의 문제를 결국 도덕성의 실현과 인격 완성에서 찾음으로써 인문정신의 정수를 잘 보여 주고 있다(한국학술협의회, 2007: 63). '너 자신을 알라.' 델포이 신탁에 쓰인 이 문구를 소크라테스는 필생의 신조로 삼아 지혜를 연마하고, 도덕적으로 실천하고자 하였다. 지속적인 물음과 성찰을 통하여 참된 삶의 본질을 추구하고, 아는 것은 반드시 실천으로 옮기고자 하였다. 이 점에서 그는 진정 인류의 스승으로 칭송받을 만하다.

(3) 플라톤

플라톤

아테네 상류 계층의 가정에서 태어난 플라톤(B.C. 427?~347)은 청년이던 20세에 자신보다 20세 연상인 소크라테스의 가르침을 받기 시작하였다. 소크라테스가 처형당하자 그는 아테네를 떠나 그리스, 이탈리아, 시칠리아 등지를 여행하였다. 그는 기원전 387년 아테네에 아카데미를 세우고 수학과 철학을 가르쳤다. 이 학교는 서기 529년 유스티니아누스에 의해 폐쇄될 때까지 그리스인의 지적 생활의 중심지가 되었다.

그의 교육사상은 **동굴의 비유**에서 찾아볼 수 있다. 교육학적 관점에서 동굴의 비유를 다섯 단계로 나누어 생각해 볼 수 있다. 그 단계는 각각 어둠으로 가득 찬 동굴, 쇠사슬에 묶여 있는 죄수, 전향, 동굴 밖에 존재하는 태양, 동굴 안으로의 귀환으로 나누어 볼 수 있다. 그 의미를 찬찬히 살펴보자.

동굴 안의 어둠은 동굴 밖의 빛과 대조를 이루고 있으며, 이것은 플라톤의 이원론적 세계관을 보여 준다. 플라톤은 이데아의 철학자로서 영원히 존재하며, 생성·소멸하지 않는 원형으로서 이데아를 상정했다. 이에 반해 모사의 세계는 결코 존재하지 않으며, 언제나 새롭게 생겨났다가 사라지는 세계이다. 부단히 변화하는 생성의 세계는 우리가 신체기관을 통해 감각적으로 지각하는 세계이다. 플라톤에 의하면, 이러한 세계는 '어둠'의 세계이며 실재하지 않는 가상의 세계이다. 실재의 세계는 가시적인 눈으로 볼 수 없고, 오직 인간의 지성에 의해서 볼 수 있는 태양의 '빛'이 비추고 있는 세계이다. 동굴 안의 어둠이 인간이 처해 있는 무지의 세계라고 할 때, 교육의 목적은 감각적 지각의 세계로부터 지성으로 인식될 수 있는 세계로 인간을 끌어올리는 일이다.

사슬에 묶여 있는 죄수는 자유로운, 해방된 인간의 모습과 대조를 보여 준다. 동굴 안의 죄수는 동굴 안의 세계가 세계의 전부라고, 즉 참으로 실재하는 세계라고 여기며 살아간다. 그는 기존의 관습과 생활방식에 젖어 있으므로 동굴에 비친 그림자가 허상이라는 생각을 하지 못한 채 오직 자신의 감각기관과 단순한 경험에 의존하여 모든 사물과 인간을 평가한다. 사슬은 평범한 사람들이 가지는 일상적인 편견, 선입견, 무지를 상징적으로 나타낸다. 그러나 시간이 지남에 따라 죄수는 자신이 인식하는 세계가 실재하는 세계가 아니라는 사실을 점차 깨닫게 된다. 이성을 통해 영원불멸의 세계에 관심을 돌리게 되고, 자기를 둘러싼 세계를 새롭게 바라보게 된다. 이는 『메논』에서 잘 묘사된 바와 같이, 마치 무지에 갇혀 있던 노예가 속박에서 벗어나 참다운 지혜를 얻어 자유로운 인간으로 거듭나는 것과 같다.

쇠사슬에 묶여 있던 인간이 동굴 안의 그림자로부터 고개를 돌려 동굴 밖의 빛을 보는 장면이 등장한다. 일종의 '전향'이 시작된 것이다. 이전의 생활에서 전혀 경험하지 않은 뜻밖의 사건이 일어나자 죄수는 동요를 일으킨다. 어둠 속의 그림자만 보다가 불빛을 접하게 되자 처음에는 아무것도 볼 수 없었다. 그러한 실존적 고통의 순간도 잠시 죄수는 어느새 빛의 세계에 익숙해지고, 실재의 세계를 이전보다 훨씬 더 잘 볼 수 있게 된다. 그리고 점차 이전에 자신이 익숙했던 세계는 진정한 세계가 아니며, 동굴 안에 비친 그림자는 환영에 불과했음을 깨닫게 된다. 그렇지만 동굴 안의 인간이 단지 동굴 밖의 빛을 경험한 것만으로 진정한 전환이 이루어지는 것은 아니다. 영혼이 어둠으로 가득찬 세계에서 존재의 세계로 바뀌어야 한다. 쇠사슬에서 벗어났다 할지라도 죄수는 완전한 자유를 획득하지 못한 상태이다. 그의 자유는 동굴 안의 어둠의 세계에서 벗어나 동굴 밖으로 완전히 나왔을 때 성취된다. 동굴의 비유에서 '전향'은 교육적으로 중요한 의미를 지닌다. 일상적인 인습과 사고방식에서 새로운 관점으로 인간과 사물을 바라볼 수 있는 시야를 갖도록 하는 것이 교육의 중요한 출발점이 되기 때문이다. 새로운 관점과 시야를 획득할 때 인간은 자신의 편견과 무지에서 해방되어 좀 더 자유로운 인간이 될 수 있다.

동굴의 비유에서는 궁극적으로 인식하고자 하는 선의 이데아로서 태양이 등장한다. 태양은 빛이요, 인식의 최종 목적지로서 진리 그 자체를 가리킨다. 플라톤의 경우, 진리 가운데서 으뜸인 선의 이데아를 말한다. 어둠과 혼돈의 무지에서 인간을 자유롭게 하고 해방시키는 것은 바로 태양의 찬란한 빛이다. 이제 쇠사슬을 풀고 동굴 밖으로 나온 죄수는 태양을 향해 고난의 여정을 떠나게 된다. 이 과정에서 해방된 사람을 가파른 오르막길로 인도하며 태양의 빛이 비추는 곳까지 안내하는 사람이 등장한다. 빛으로 인도하는 이 사람은 진정한 교사의 전형적인 모습을 보여 준다. 교사는 무지의 세계에 있는 학습자를 어려움 속에서도 인내와 열정으로 이끄는 구도자이며, 참 진리의 세계인 선의 이데아로 인도하는 사람이다.

마지막으로, 동굴로 다시 '귀환'하는 인간의 모습이 그려진다. 선의 이데아를 인식한 사람은 자신을 행복한 사람으로 생각하지만, 동굴 안의 세계의 삶을 떠올리고는 그 안에 살고 있는 동료들을 가엾게 여기게 된다(『Der Staat』: 272). 그는 동굴로 다시 돌아오지만 그의 동료들로부터 환영 대신 조롱을 받게 된다. 동굴 안의 죄수들은 여전히 예전의 방식대로 무지의 어둠 속에서 빛의 세계를 체험한 사람을 이해하지 못하고, 그 자신 또한 빛의 세계에 익숙해져 어둠 속에서 적응을 하지 못하기 때문이다. 그는 점차 정신을 차리고 동굴 안의 죄수들의 사슬을 풀어 주고 동굴 밖으로 인도하려고 하지만, 오히려 그들은 그 해방하려는 사람을 살해하려고 한다(『Der Staat』: 273). 교육의 관점에서 우리가 생각해 볼 수 있는 점은 무지의 세계에서 빛이 넘치는 자유의 세계로 인간을 인도하는 일이 얼마나 어려운가 하는 점이다. 선의 이데아로 인간을 안내하는 일에는 살인의 위협을 무릅쓰고 감행해야 하는 비장함마저 감돈다. 귀환의 장면은 교육에서의 이론과 실천의 문제에도 한줄기 빛을 던져 준다. 참 교사는 진리를 추구하는 구도자의 위치에 머무를 것이 아니라 배운 지식을 현실 사회에서 어떻게 나누어 줄 것인가를 진지하게 고민하고 실천해야 한다는 것이다. 선의 이데아를 인식했다고 해서 곧바로 그 지식이 동굴 안의 사람들에게 쉽게 전파되지는 않는다. 그 사람들과 지식을 나눌 수 있는 방법을 궁구하지 않는다면 가르치는 사람으로서 빛의 경험자는 결코 자신의 이상을 펼칠 수 없을 것이다.

플라톤은 이상적인 교육단계를 연령별로 시기를 나누어 각각의 교육내용을 제시하였다(『Der Staat』: 298-305).

제1단계는 기초적인 훈련의 시기로, 출생에서 17세 청소년기까지이다. 어린 시절의 교육은 전설, 신화, 산문과 운문으로 된 설화를 포함한 이야기를 들려주는 것에서부터 시작된다. 기초과목으로 가장 중요한 것은 시가와 체육이다. 시가는 문학과 예술을 포괄하는 과목으로, 정확하게 말하면 문예(文藝)와 관련된 모든 교육내용을 말한다. 이 과목의 목적은 영혼의 고상함을 모방하고, 아름다움과 형식의 심상을 일깨워 주는 데 있다. 체육은 어린이의 거칠고 조야한 본성을 우아함과 조화로움으로 이끄는 역할을 한다. 체육이 비단 육체의 단련만을 의미하는 것은 아니다. 육체의 활동과 영혼의 활동의 조화를 꾀함으로써 영혼의 기개적 요소와 철학적 요소를 조화롭게 발달시킬 수 있다. 시가와 체육교육은 청소년기까지의 교육을 통해서 수호자가 될 수 있는 능력을 결정하는 근거로 삼았다.

제2단계에서 체육과 군사훈련을 더 받은 후 20세가 된 청년은 철인 왕의 임무를 수행할 수 있는 자격이 있는지 여부를 엄밀하게 검사받는다.

검사를 통과한 사람은 제3단계 교육으로 들어가는데, 30세까지 철학의 예비교과인 산술, 기하, 천문학, 화성학 등을 연구한다. 여기서 특히 기하와 산술 등 수학을 강조하였는데, 그 이유는 상상이나 신념과 거리가 먼 가장 순수한 사고를 수학적 지식이 길러 준다고 보았기 때문이다. 하지만 이들 교과는 엄연히 철학을 연구하기 위한 예비교과의 성격을 지닌다. 이 과목들은 각 교과의 본질과 상호관계를 파악하고 종합할 수 있는 능력을 기를 수 있도록 돕는 역할을 수행한다.

다음의 제4단계는 30세에서 35세까지의 시기로, 모든 학문의 최고봉이자 궁극적인 의미의 철학인 변증론(dialectike)을 배우게 된다. 이 시기에 철학자들은 형상에 관한 지식의 습득 과정에 참여한다. 가설을 기초로 삼는 수학과는 달리 변증법은 모든 것의 제1원리로 가는 방법이다. 변증술을 할 수 있는 사람은 각 사물의 본질적 근거를 가지고 있으며, 올바르고 선한 것들을 존중하며 절제 있는 삶을 사는 사람이다. 변증술은 한마디로 사물의 본질을 직관하는 기술이다.

제5단계는 36세에서 50세까지 이르는 시기로, 동굴의 비유에서 동굴로 귀환하는 부분에 해당된다. 터득한 지혜를 사회 구성원과 나누는 시기로, 이때 전쟁이나 공무를 수행하면서 실전 경험을 쌓게 된다.

　제6단계는 선의 이데아를 파악할 수 있는 시기로, 철학자는 이제 통치자로 등극하게 된다. 그는 선의 이데아를 준거로 삼아 국가, 국민, 자기 자신을 올바른 길로 인도하는 사명을 부여받는다. 철인 왕이 된 철학자는 그 후로도 더욱 심오한 철학을 연구하며, 다가올 세대를 교육시켜 국가를 수호할 인물로 남긴 후에 여생을 마치게 된다.

　플라톤은 가시적(可視的)인 것과 가지적(可知的)인 것을 나누었다. 무지의 어둠에서 태양의 밝은 빛으로 우리 영혼이 정화되듯이, 교육은 인간을 가시적인 대상을 감각적으로 지각하여 얻게 된 억견(doxa)을 넘어 가지적인 대상을 통찰하여 얻은 지성에 의한 인식(episteme)으로 끌어올리는 지난한 과정이다.

(4) 아리스토텔레스

　플라톤과 달리 아리스토텔레스(B.C. 384~322)는 교육에 관해서 직접적으로 글을 남기지는 않았다. 하지만 몇몇 저작 가운데서 교육적 단서를 엿볼 수 있다. 특히 『정치학』과 『니코마코스 윤리학』이 대표적이다. 그의 여러 사상 중에서 교육과 연관되는 아레테와 행복에 대한 사고를 간략히 살펴본다.

아리스토텔레스

　그에 따르면, 선함은 신의 명령에 복종함으로써 드러나는 것이 아니며, 그 목적이 미래의 삶에 어떤 보상을 가져다주는 것도 아니다. 선함의 목적은 좋은 삶이며, 좋은 삶은 행복한 삶, 즉 잘 살았던 삶이다. 그러한 삶은 특정한 물질적 재화는 물론 우정, 건강, 외모, 여가, 그리고 덕으로서 아레테(areté)를 필요로 한다. 아레테는 우리말로 정확하게 번역하기 힘들지만 덕(virtue) 혹은 탁월성(excellence)으로 표현할 수 있다. 아레테는 빼어남, 좋은 양육, 자기통제, 지혜, 균형과 조화, 마음의 평정을 두루 포괄하고 있는 개념이다(홍윤경, 2009: 174). 아레테는 일종의 삶의 기예(art of living)인 것이다.

그리고 행복은 모든 지식과 행위의 궁극적 목적이다. 행복이 무엇인가에 대한 입장은 교양인과 그렇지 않은 사람 간에 차이가 있다. 후자는 행복을 일종의 우연한 행운의 소산이라고 여기는 반면, 전자는 그것을 덕의 결과로 보고 그에 대한 확고한 신념을 갖고 있다. 덕은 칭찬받아 마땅한 습관이다. 습관은 중간의 내면화를 지향하는 행동으로, 적합(Abmessung)과 정돈(Ausrichtung)의 성격을 갖고 있다(오인탁, 2001: 449). 그러므로 "덕은 숙고된 행위에 수반되는 습관(NE XI, 10, 1180 a 15)"이며, 언제나 이성의 규제를 받는다.

이처럼 아리스토텔레스는 '이성적으로 관조하는 삶을 추구하는' 행복을 덕과 교육의 목표로 설정했다. 그는 공리주의적 접근 대신 올바른 이성을 삶의 올바른 기준으로 삼고, 동시에 그 기준에 미적 가치를 부여했다. 그는 교육과 실천을 연결시켰으며, 인간의 본성에 어느 정도의 지성을 보장해 줄 수 있는 도덕적 훈련을 제안했다. 고대 그리스 상황과 현재의 상황은 다를지라도 아리스토텔레스가 제시한 좋은 삶의 이상은 여전히 현대인의 삶과 교육의 목표로 작용하고 있으며, 그가 말한 교육의 이상으로서 유덕한 인간은 교육받은 인간의 훌륭한 본보기로 남아 있다.

4) 헬레니즘 시대의 교육

고대 그리스의 영토 확장과 함께 헬레니즘 문화가 확산되면서 세계시민적 성격이 두드러지게 되었다. 알렉산드로스 대왕의 동방정책은 지리적 영토 확장에 그친 것이 아니라 동방의 습관과 풍속을 전반적으로 변화시키는 계기를 마련하였다. 문화는 보편적이 되었고, 교육은 개인적으로 변해 갔다. 이 시기에 새로운 유형의 교육기관이 생겨났다. 수사학교와 철학학교가 그것이다. 수사학교는 웅변과 당대의 신지식을 훈련시켜 실제적 삶에 활용하도록 준비시키는 데 주안점을 두었다. 수사학교의 창설과 보급에 결정적인 공헌을 한 인물이 바로 이소크라테스이다.

이소크라테스

이소크라테스(B.C. 436~338)는 비교적 부유한 집안에서 태어나 훌륭한 교육을 받았다. 그의 스승 가운데 유명한 소피스트였던 고르기아스와 무지의 자각을 외쳤던 인간주의 철학자 소크라테스가 있다. 펠로폰네소스 전쟁 후 가계가 기울어지면서 이소크라테스는 생계 수단으로 법정 연설문을 쓰기 시작하였다. 하지만 그의 필생 직업은 수사학 교사였다. 그는 기원전 392년에 리케이온(Lykeion) 근처에 유명한 수사학교를 세우고, 약 50여 년 동안 오직 학생들을 가르치는 데 전념하였다.

이소크라테스는 교육의 목적을 두 축으로 파악하였다. 그것은 곧 '도덕적인 개인'과 '정의로운 시민'이다. 교육은 개인과 시민의 행위가 바람직한 방향으로 나아가 전인 완성에 기여하는 일이다. 여기서 가장 중요한 요소는 타고난 본성이고, 연습과 훈련이 그 뒤를 따라야 한다고 보았다. 영혼과 육체로 구성되어 있는 인간은 둘 다 기능이 제대로 발현되기 위해서는 훈련을 필요로 한다. 이소크라테스는 육체의 훈련을 위해서 '체육'이 필요하고, 영혼의 단련을 위해서 '철학(philosophia)'이 필요하다고 주장하였다. 이 둘은 지적이고 유익한 삶을 살아가는 데 필연적으로 요구되는 것으로, 조화를 이룰 때 비로소 전인의 완성에 기여할 수 있다.

수사학은 단지 언어의 기술과 방법만을 가르치는 학문이 아니다. 인간의 존재 규정의 기초로서 언어가 있으며, 수사학은 인간과 문화의 모든 영역을 총괄하는 학문이다. 말을 잘한다는 것은 지혜와 분별력이 뒷받침될 때 가능한 것이며, 말을 다루는 수사학은 인간의 모든 생각과 행동을 이끌어 주는 차원으로 연결된다. 이소크라테스는 "말을 잘한다는 것은 모름지기 분별 있게 생각하는 것의 가장 확실한 징표로 간주해야 하며, 진실하고 적법하며, 정의로운 말은 선하고 신실한 정신의 외형이다"(『안티도시스』: 255)라고 말하고 있다.

이소크라테스의 수사학교는 훌륭한 화술과 분별력 있는 사고력을 바탕으로 공익과 사해동포주의가 결합된 전인적 인간을 양성하고자 하였다. 그의 명성에 걸맞게 그리스 전역에서 100여 명의 학생이 몰려들 정도였다. 이소크라테스는 주어진 테마를 학생들이 독자적으로 고유하게 탐구하도록 대화하고, 자신의 작품을 만들 수 있도록 격려를 아끼지 않았다. 언어의 창조성과 생동감을 문체와 형식보다 우선시하였다. 그는 교육의 내용 면에서 말, 사고, 행동을 수사학 안에서 통일시켰을 뿐만 아니라 교육의 실제에서도 수사학교를 통하여 당대는 물론 헬레니즘과 고대 로마 문화에 지대한 공헌을 하였다. 이소크라테스의 수사학은 로마시대의 키케로와 퀸틸리아누스, 중세기의 3학 4과의 수사학 전통으로 고스란히 이어져 내려왔다.

소크라테스가 철학적 질문을 자연에서 인간 자체로 전환시킨 후 플라톤, 아리스토텔레스를 비롯한 철학자 주변엔 많은 학생이 몰려들었다. **철학 학파** 혹은 학교가 생겨난 것은 형이상학적·윤리적 문제에 대한 집단적 탐구의 염원을 반영한 것이다. 제노(Zeno)의 **스토아학파**는 폴리스의 좁은 범주를 완전히 탈피하여 자연법과 보편적인 정의에 의해 지배되는 세계 국가를 염원하였다. 개별적인 인간의 행복에 더 많은 관심을 둔 스토아주의자들은 행복을 정신과 영혼의 안정에서 찾았으며, 이를 위하여 금욕주의를 실천적인 생활 윤리로 제시하였다. 에피쿠로스학파를 창시한 **에피쿠로스**(Epicurus)는 개별적인 인간의 행복을 탐구하는 데 노력을 집중하였다. 인간의 최종 목표를 육체나 감각적인 즐거움을 포함한 즐거움에서 찾았기 때문에 쾌락주의자라는 별칭을 얻었다. 플라톤주의, 스토아학파, 에피쿠로스학파의 학설은 로마에서도 삶의 이상으로 그대로 수용되었다.

고대 그리스 철학의 융성은 결국 초기 형태이긴 하지만 고등교육기관인 대학의 창설로 이어졌다. 아테네의 대학은 이들 학교의 조합으로 이루어졌다. 플라톤의 아카데미, 아리스토텔레스의 소요학파, 스토아학파가 그것이다.

대학의 총장은 아테네 의회에서 선출하였다. 적어도 유스티아누스 대제가 집권하기 이전까지 아테네 대학은 서구 지성의 산실로서 기능을 하였다. 초기 기독교 시기에는 알렉산드리아 대학으로 그 주도권이 넘어갔다. 하지만 알렉산드리아에서도 아리스토텔레스의 탐구방법이 수용되었고, 여러 중요한 과학적 이론들이 정립되었다. 아르키메데스, 유클리드, 프톨레마이오스 등은 그 중 몇 예에 불과하다. 고대 대학의 전통은 아쉽게도 640년 이슬람 침공 이후 일부 아랍인들에게 전달이 되었지만 대학의 학문 활동은 일시 중단을 맞게 되었다.

기원전 146년, 로마에 의해서 그리스가 멸망한 후 그리스 문화는 로마의 정복자들에게 수용되었다. 그리스 고유의 성격을 간직한 채 그리스 교육은 좁은 경계를 넘어 로마인에 의해서 오히려 확장되는 새로운 계기를 맞았다. 어떤 점에서 로마의 교육은 그리스의 세계시민적 교육을 확산하는 데 기여한 셈이다.

2. 고대 로마의 교육

1) 로마인의 문화와 교육

그리스 민족이 심미적 · 이상적인 반면, 로마인은 실제적 · 현실적인 성격을 지니고 있었다. 현저하게 다른 민족성만큼 그들의 교육은 자신의 민족성을 고스란히 반영하였다. 문학 · 철학 · 예술 분야에서 그리스인이 두각을 나타낸 반면, 로마인은 실제적인 방면, 즉 도로, 교량, 건축, 법률 등에서 인류에 소중한 자산을 남겼다. 서구 문명의 발전에서 그리스의 철학과 로마의 법률만큼 후세에 영향을 준 것도 없을 것이다.

그리스 교육은 도시국가인 폴리스를 중심으로 발전하였기 때문에 통일성을 지니지 못한 채 각 폴리스마다 자신의 형식과 체제를 고수하였다. 고대 로마에서도 그리스와 마찬가지로 그들만의 독특한 형태의 교육체제를 갖추고자 하였다. 그럼에도 불구하고 그리스 문화와 그리스의 교육철학의 영향으로부터 자유로울 수 없었다. 물질문명의 창건에서는 탁월한 능력을 지녔지만 로마인은 그리스인에 비하여 정신적인 능력에서는 열등의식을 지니고 있었다. 로마의 상류 계층일수록 그리스 문화에 대한 동경과 열망은 컸다. 기원전 27년에 그리스 전 영토를 정복한 로마인은 그리스 제국의 많은 이념을 자국의 문명과 교육제도 속에 수용하려고 하였다. 가령, 3세기에 그리스 언어에 대한 연구가 로마 교육제도의 일부가 된 것은 좋은 예로 볼 수 있다.

로마인들은 그리스인들이 성취한 문화를 높이 평가하였지만 모든 것을 그대로 받아들이지는 않았다. 그리스인이 중요시하였던 이념과 가치라도 로마의 문화와 문명에는 별다른 의미를 줄 수도 있고, 두 민족은 시민의 교육에서도 그 지향점이 달랐기 때문이다. 로마인들은 종종 음악, 철학, 예술, 문화를 숭상했던 그리스인들을 비현실적 몽상가로 보기도 하였다. 실제적인 고려를 우선시하였던 로마인은 아동이 어른이 되어 실제로 무엇을 할 것인가를 진지하게 고민하였다. 로마인이 배워야 할 과목으로 제시한 내용들은 자연히 그리스인들이 제시한 교육내용과도 달랐다. 로마의 건국신화에 등장하는 영웅과 위인들의 이야기는 그들이 이상으로 삼았던 도덕적 덕목, 즉 애국심, 경건, 근면, 인내, 노력 등을 잘 보여 주는 것이어서 강조되었다.

로마의 교육은 크게 두 시기로 나누어 볼 수 있다. 그리스 문화가 유입되기 이전의 로마의 순수한 전통이 비교적 잘 보존된 공화정시대의 교육과 그리스 문화가 널리 유입되면서 새로운 교육기관이 생겨나고, 영토의 확장과 함께 세계화가 진척된 제정시대의 교육이 그것이다.

2) 공화정시대의 교육

로마 건국 이후부터 기원전 146년 로마가 그리스를 정복하기 이전 시기로, 로마는 귀족적 공화정 체제를 유지하였다. 가정은 여전히 교육의 중심지였고 훈육과 생활예절 및 도덕교육을 주로 하였다. 초기 로마의 교육목적은 전시에는 강건한 군인, 즉 정복자가 되게 하고, 평상시에는 유능한 시민, 선량한 노동자가 되도록 훈련시키는 것이었다. 전쟁과 정복을 근간으로 한 고대 로마사회는 양질의 군사력 확보가 관건이었기 때문에 교육에서도 국민을 강건한 시민으로 훈련시키는 것을 중시하였다. 따라서 애국심과 용기는 교육받은 인간이 갖추어야 할 중요한 덕목으로 간주되었다.

교육의 내용은 기본 능력으로서 읽기, 쓰기, 셈하기가 부과되었고, 체육과 군사훈련 그리고 12동판법이 강조되었다. 특히 12동판법은 기원전 451~450년에 채택이 된 이후 거의 1,000여 년간 로마사회를 지탱하는 주춧돌이 되었다. 시민권을 얻기 위해서는 로마인들은 이 기본법을 알아야 했기 때문에 실제로는 교육의 주요 내용이 되었다. 12동판법이 교육적으로 중요한 이유는 개인의 권리와 재산 등에 관한 조목이 상세히 기술되어 있기 때문이다. 가령, 자식에 대한 아버지의 권리, 처에 대한 남편의 권리, 노예에 대한 주인의 권리, 자유민 상호 간의 계약에 관한 권리, 소유권에 관한 개인의 권리 등이 규정되어 있다. 법조문 전반에서 알 수 있는 중요한 사실은 로마사회가 철저히 가부장적 체제를 옹호하고 있다는 점이다. 아이의 양육은 물론 체벌, 심지어는 생명에 대한 권한을 아버지에게 부여하였고, 남녀 간의 관계 설정에서도 철저히 남편의 권리만이 있을 뿐 여성은 남성의 처분 대상으로 간주되었다.

로마 초기의 교육에서는 가정의 역할이 중시되었다. 아버지는 공무와 사교를 통해 도덕적인 본보기가 되었고, 어머니는 전적으로 아이의 양육을 책임졌다. 어린 소년들은 아버지로부터 승마, 수영, 무기 사용법과 같은 실제적인 육체훈련을 받았고, 어린 소녀들은 현모가 되기 위한 몸가짐과 예의범절을 교육받았다. 가족의 아버지는 법적으로 무제한적인 권력을 가지고 있으나, 어머니에게는 엄격한 관습에 의하여 아동교육의 전권을 주었다. 여성의 가장 큰 영광은 가정을 대표하며, 아동을 양육하는 것이다. 동시에 친척 가운데 나이 든 부인을 선택하여 가족의 아이들에게 실생활에 도움이 되는 고상한 관습을 교육시켰다. 아이들은 여기서 사악한 말을 하거나 나쁜 짓을 하는 것이 악하다는 것을 배웠다. 부인은 신성함과 경건성을 지니고 있었으며, 진지한 일에만 몰두한 것이 아니라 아동의 휴식과 놀이를 지도하기도 하였다. 이러한 '어머니 품 안의 교육' 정신 속에 진정한 로마 가정의 긍지가 남아있다.

아이가 어머니의 감독에서 벗어나는 경우는 아버지의 직무실에 동행하는 경우가 유일하다. 아이는 아버지로부터의 교육을 통하여 나중의 의무를 충분히 익히게 된다. 그는 아버지가 보호자로서 법률적 정보를 얻기 위해 찾아온 손님에게 환대를 하는 동안 그 자리에 함께 있었다. 고대 로마에서는 아버지가 외출용 긴 상의인 미성년 토가(toga)를 입혀 아이를 의회에 데리고 들어갈 수 있었다. 찬양과 회상연설에서 아이들은 선조들의 명예를 지각하였다. 충실한 가정생활, 법률감각, 보호, 법률과 전술의 학문적 취급, 무사 정신이 로마적인 삶의 일반적이고 공적인 사실이었다. 아이들은 이러한 분위기 속에서 성장하였다.

로마 초기의 교육은 가족정신, 가족사, 법률질서, 국가행정으로 구성된 역사의식과 밀접한 관련이 있다. 현재가 과거와 연결되어 있다는 의식이 도처에 있었으며, 이것을 감사하게 받아들였다. 경건성, 연속성, 법률감각은 이러한 예들에 속한다.

그리스에서와 마찬가지로 로마에서도 가정 내에서 할 수 있는 수업의 욕구가 생겨났다. 로마적 삶 자체의 위대한 요소들을 통한 교육 외에 이러한 교사를 통한 수업은 처음에는 제한된 범위 내에서 실시되었다. 기원전 4세기에 아동에게 기초 수준의 공동수업을 제공해 주는 학교가 등장했다. 이 학교는 아테네에서와 같이 사교육기관이었다. 교육의 중심이 가정에서 학교로 이동한 후 조직적으로 정비된 것은 제정시대부터이다.

3) 제정시대의 교육

로마가 이탈리아 전역을 장악하고 동쪽과 서쪽으로 확장하기 시작하면서 부터 사람들은 그리스 문화를 보편적이면서 모든 것을 아우르는 문화의 요소로 접하게 되었다. 기원전 2세기 초에 그리스가 마케도니아의 지배에서 해방되었고, 마침내 그리스는 항복하여 로마제국의 한 지방으로 재편되었다 (B.C. 146). 폴리비오스(Polybius)를 위시한 그리스인 1,000명이 기원전 167년에 이탈리아로 끌려오게 되었고, 그곳에 7년간 머무르는 동안 그리스 교육의 씨앗을 퍼뜨렸다. 기원전 155년에는 그 당시 가장 명망 있었던 아테네 철학학교의 대표자들이 아테네의 사신으로서 로마에 오게 되었다. 이 학교는 스토아학파, 아카데미학파, 소요학파의 학교들로 이 가운데 가장 유명한 철학자인 카르네아데스(Karneades)는 몇몇 동료와 함께 로마에 입성하여 명망 있는 로마인들로부터 존경을 받았다. 이처럼 그리스 정복은 그 영향을 거역할 수 없는 것으로, 더 높은 문명에 대한 열망과 그 문화에 참여하려는 본원적인 로마인의 욕구에서 비롯되었다. 독자적인 예술과 학문적 능력이 부족하여 오직 정치적 · 법률적 · 군사적 능력에 의존하여 존속해 오던 로마사회는 그리스적 사고와 시의 찬란함에 완전히 매료되었다.

이러한 정신적 위기 상황에서 로마 정신을 보존하고자 하였던 원로였던 카토(Cato)는 그리스 문학을 엄격하게 검열하였다. 그는 노예를 자립하도록 양육하고, 스스로 자신의 아들을 가르쳤으며 심지어 아들을 위하여 문필가가 되었다. 하지만 그는 아들을 위하여 그토록 경멸하던 그리스 교육을 받아들이지 않을 수 없었다. 그리스 교육은 그에게도 불가피하게 보였던 것이다. 그어느 것으로도 그리스 문명의 확산을 막을 수 없었다.

그리스적 학교교육의 영향을 받아 가정에서 학교로 교육의 중심이 이동된 이후 로마의 교육은 지적 발전에 그 목적을 두게 되었다. 언변과 토론, 공적 담론에서 유능한 능력을 발휘할 수 있는 웅변가가 최종 교육목적이 된 것이다. 웅변가는 넓은 의미에서 넓은 식견과 교양, 원만한 도덕적 성격, 언변과 설득력을 겸비한 로마시대의 교육받은 인간상을 의미하는 것이었다. 연설과 웅변에 능숙하여 국가의 주요 업무에 실제적으로 봉사할 수 있는 실용적 유능인을 기르는 것이 이 시기 교육의 주요 과제였다. 그리스 문화의 유입으로 로마에 조직화된 교육기관은 다음과 같다.

(1) 문자학교

루디마기스테르(Ludimagister)는 문법 교수자에 상응하는 것으로, 초등학교 교사였다. 그리스의 문법교사는 문학교사였다. 나중에 문학교사 외에 그리스의 어학교사가 등장하였다. 로마 사람들은 그리스 모형을 따라 이 사람을 문법학자라고 불렀다. 이 단계에서는 주로 읽기, 쓰기, 셈하기 등이 부과되었다. 왁스로 된 칠판에 교사가 써 준 글자를 아이들이 따라하는 방식으로 철자법과 쓰기를 배운 뒤 읽기를 시작하였다. 뒤이어 설명문과 문단을 분석 및 암송하고, 강세와 발음을 익혔다. 그다음 계산을 배웠는데, 처음에는 암산과 흑판으로 하였다. 아이들은 작은 상자에 수학용 돌을 넣고 다녔고, 이것으로 사칙연산을 연습하였다. 물론 최초의 수업 내용으로 로마 공화정 초기부터 12동판법에 대한 숙련이 존재하였다. 여기에 더해 호머의 번역본이 학교에서 빼놓을 수 없는 교재였다. 이러한 기초 능력을 숙달한 자는 상급학교로 보내졌다. 교육은 대단히 엄하게 실시하였고, 학생들의 수업료를 받아 학교를 유지하였다.

(2) 문법학교

중등교육기관으로, 라틴어로 수업을 하였다. 로마제국에서는 **문법학교**(Grammaticus)를 중요시하여 제국의 모든 도시에 학교를 설립하도록 하였다.

로마가 멸망하기까지 로마교육의 고유한 모습을 가장 잘 간직한 학교가 바로 문법학교였다. 학생들은 호머와 버질의 작품을 배웠으며, 『오딧세이』를 즐겨 읽었다. 이 외에도 중세의 7자유교과에 해당하는 문법, 논리학, 수학, 음악, 변증법, 기하학, 천문학 등을 교육내용으로 배웠다. 하지만 그리스에서 강조된 체조와 무용은 부과되지 않았다. 문법학교의 교사는 비단 언어적 소양만이 아니라 문학에 대한 비평에도 조예가 깊은 사람이 담당하였다.

한 가지 특이한 사항은 로마제국시대에 문법학교에 대한 재정보조가 특정 시기에 있었다는 점이다. 그렇다고 해서 오늘날과 같은 의미의 공교육의 확립으로 보는 것은 섣부른 판단이다. 제국의 도시마다 문법학교가 하나씩 생겨났지만 정부의 감독이나 학교법은 존재하지 않았기 때문이다. 하지만 제국의 통치자들은 교사들에게 의원직에 버금가는 특전을 준다거나(Pius, 138~161), 교사에게 자격증을 부여할 것을 요청(Julian, 361~363)하거나, 제국 전역의 교사들에게 봉급을 줄 계획(Gratian, 367~383)을 세우기도 하였다.

(3) 수사학교

수사학교(Rhetoric School)는 소피스트들의 학교와 유사한 점이 많았다. 교육의 목적은 연설과 웅변을 훈련시켜 로마의 공적 삶을 준비시키는 데 있었다. 교육내용은 7자유교과를 비롯하여 로마법, 윤리학 등이 새롭게 부과되었다. 공적인 경력을 쌓는 데 주력하였기 때문에 이 학교 출신들은 로마제국 말기에 대부분 국가의 요직을 맡았다. 수사학교에서 공식적인 훈련을 받는 시기는 아이가 15세가 되어 미성년 토가를 벗고 정식으로 남성 성년 토가를 받게 되면서부터이다. 그는 단체에 가입하여 공회에 참석하고, 유명한 법률학자와 관계를 맺거나 자신이 국가 행정의 일부분을 담당할 때까지 정치적 집회에 참석하였다.

학교를 졸업하고 아동기를 벗어난 로마인들은 대부분 최우선적으로 미래 직업의 실제적 적용을 위해 보내졌다. 집단으로 들어간 후 원하는 직업에 따라 농장이 있는 공동체에서 행정을 주관하는 농가로 보내지거나 혹은 지휘관으로 추천되어 군인이 되기도 하였다. 군인이 된 후에도 병영생활에서 시낭송 연습을 절대로 게을리하지 않았다. 만일 정치나 법률가가 되는 길을 택할 경우 유능한 변호사나 법률가에게 맡겨져 공공토론장이나 공회에 동행하였다. 이와 같은 방식으로 키케로는 변호사인 스카에볼라(Scaevola)에게 넘겨져 그 자신은 나중에 로마 최초의 변호사 및 탁월한 정치가가 되었다.

4) 로마의 교육사상가

(1) 키케로[2]

키케로

키케로(Marcus Tullius Cicero, B. C. 106~43)는 로마 공화정 말기의 정치가, 철학자이자 수사학자였다. 그는 실제로 연설과 변론에도 능하여 기원전 63년에는 카탈리나 내란 음모사건이 발생하자 이를 폭로하여 쓰러져 가는 로마를 위기에서 구하기도 하였다. 그가 로마 시민들로부터 **국부**(國父, pater patriae)로 불리게 된 것은 이 사건과 관련이 깊다. 공화정의 신봉자였던 그는 브루투스(Brutus)에 의해 카이사르가 암살당하자 공화정을 지키려 하였으나 그의 정적(政敵) 안토니우스(Antonio)에 의해 무참히 살해되었다.

로마의 실용주의 노선으로 그리스의 인문적 정신과 사유가 점차 사그러들던 시기에 키케로는 철학적 탐구를 진지하게 수행하였다. 그는 스토아학파, 에피쿠로스학파, 페리파토스학파 등 당대의 헬레니즘 철학에 대해서 특정한 입장을 취하지 않고 열린 태도를 견지하며 자신의 독특한 견해를 확립하고자 하였다(Cicero, 1999). 키케로는 이론적 세계에 안주하지 않고 직접 수사학을

2) 보다 자세한 내용은 손승남(2011). 『인문교양교육의 원형과 변용』. 제2장 '후마니타스' 참조.

연구하고, 이를 연설과 변론에 적극 활용하였다. 언어의 중요성을 간파한 그는 자신의 말과 언어를 충실히 기록으로 남겨 근대 르네상스를 여는 초석이 되었다. 그는 『연설가에 대하여(De oratore)』 『공화정론(De republica)』 『수사학(Partitiones oratoriae)』 『의무론(De officiis)』 등의 작품을 남겼다.

실천과 유용성으로 특징지워지는 로마의 교육 전통에 걸맞게 키케로는 당대에 수많은 법정 변론과 원로원 정치연설을 하였다. 자신의 주변 사람들은 물론 위기에 처한 사람들을 위해 당당히 변론을 하였고, 위기에 처한 국가를 구하고자 연설을 하였다. 키케로는 이상적 연설가가 되기 위해서는 적어도 세 가지 능력이 필요하다고 보았다(안재원, 2003: 120-127). 편향된 지식이 아니라 모든 영역을 두루 꿰뚫어 볼 수 있는 지적 능력, 공동체에 대한 의무감, 주어진 상황과 주제를 잘 파악하고 효율적으로 연설을 조절할 수 있는 능력이 그것이다. 이러한 연설가의 능력은 높은 수준의 일반도야(allgemeinbildung)에 해당하는 것으로, 이를 이루기 위해서는 역사·철학·법률 분야에서 심오한 지식이 요구되었다(Christes, 1995: 9). 역사는 연설가에게 역사적 인물들의 전범(exempla)을 제시해 주는 데서 그 의미를 찾을 수 있다. 키케로는 실제로 그리스와 로마의 전범을 서로 비교하면서 연설에 활용하였다. 철학, 그중에서도 윤리학은 연설가에게 도덕적 가치 기준을 설정하는 데 많은 도움을 준다고 보았다. 대부분의 연설 주제가 미덕과 악덕, 명예와 불명예, 이익과 손해, 아름다움과 추함과 같은 윤리적이고 도덕적인 것들이었기 때문에 철학 연구는 필수적이었다(Cicero, 2007: 396). 로마 교육이 실천과 실용을 중시했던 만큼 법률 지식의 가치 또한 소중하게 생각하였다. 키케로가 공동의 일, 즉 정치 참여를 중요한 의무로 생각한 만큼 공적인 장소에서의 연설과 법률 지식은 필수불가결한 것으로 보았다. 이상적 연설가는 연설 내용과 장소, 청중에 따라 그에 부합한 연설을 할 수 있는 능력을 갖춘 인물이다. 연설가는 주어진 상황에 따라 섬세한 주제는 정밀하게, 무거운 주제는 장중하게, 일상적 주제는 가볍고 부드럽게 조절하여 다룰 수 있어야 한다.

키케로의 후마니타스의 개념에는 인간의 가치에 대한 존중이 깔려 있고, 지속적인 정신도야를 통하여 자신을 좀 더 고귀한 존재로 끌어올리려는 정신이 자리하고 있다. '교육받은 교양인(humanissimi)'은 인간이 기본적으로 갖추어야 할 덕목들, 가령 박애, 관용, 자유, 평등, 교양 등을 두루 갖춘 인물이다. 지구상의 그 어떤 존재보다도 인간이 고귀하고 존엄한 것은 정신적 도야와 성숙을 향한 사랑과 염려를 하는 존재이기 때문이다. 이렇게 본다면 '인문학'은 인간이 살아가는 데 가장 기본적으로 필요한 양식과 양심을 제공하는 역할을 수행한다. 키케로 입장에서 보면 그러한 학문은 한 인간이 사회나 국가의 한 시민으로서 살아갈 수 있도록 권리와 의무에 대한 기본 교양과 상식을 제공하는 것으로, 시대와 장소를 떠나 인간이 공동체를 이루고 살아가는 한 필연적으로 요구된다고 할 수 있다. 인본주의의 기본 가치로 자리매김하게 된 후마니타스와 관련된 이들 다양한 개념들은 인문정신의 정수를 잘 보여 주며, 나중에 르네상스의 인본주의의 기반을 이루게 됨은 물론 영국의 신사 정신과 프랑스혁명이나 미국의 독립 정신에도 영향을 주었다.

(2) 퀸틸리아누스

퀸틸리아누스

퀸틸리아누스(M. F. Quintilianus, 35?~95)는 로마 제정시대의 대표적인 웅변가, 수사학자, 교육실천 및 교육이론가였다. 그의 태생은 스페인이었으나 수사학자인 아버지를 따라 로마에 와서 수사학과 법률을 공부하였다. 그는 20년 동안 수사학교에서 학생들을 가르쳤다. 그 당시 로마 황제 베스파시아누스(Vespasianus, 9~79)는 그의 수사학교에 재정 지원을 했을 뿐만 아니라, 그를 공립 수사학교의 장으로 임명하였다. 이로써 그는 국가로부터 봉급을 받는 **최초의 공립학교 교사**(public teacher)가 되었다.

자신의 교육실천 경험을 토대로 대표작인 『웅변교수론(Institutione Oratoria)』

을 저술하였다. 총 12권에 달하는 이 작품은 웅변가를 훈련하기 위한 기본 원리와 교육방법을 담고 있는 중요한 교육학 저술로 평가된다. 그에 의하면, 웅변가는 단지 언어를 능숙하게 할 수 있는 능력을 소유한 사람이 아니다. 그와 더불어 중요한 것은 인간적 덕목이다. 1권과 2권에서는 교육원리와 방법, 주요 교과목, 관리와 훈련에 관해서 다루고 있다. 특히 1권에서는 수사학 교수 이전에 아동에게 어떤 교육을 해야 할 것인가를 분명히 하고 있다. 개인차를 강조하며, 아동의 진보 가능성을 믿고 기억훈련과 도덕적 훈련을 할 것을 기술하고 있다. 사교육보다는 공교육을 중요시하였는데, 그 이유는 아동이 학교에서 다른 아동들이나 교사와 서로 배울 수 있기 때문이다. 3권에서 7권까지는 문장의 창작과 구상, 8권에서 12권까지는 본격적으로 웅변술, 웅변가의 이상 등을 체계적으로 다루고 있다.

그는 교육목적을 웅변가의 양성에서 찾았다. 그 당시 웅변가는 연설과 변론에서 탁월한 능력을 발휘하는 인물이었음은 물론 인간적으로도 공적이나 사적으로 타의 모범이 되는 유덕한 인간이었다. 교육받은 인간의 전형으로서 웅변가는 선한 도덕적 품성과 지적으로는 7자유교과의 연마를 통한 지성과 판단력을 겸비한 이상적인 사람이었다.

훌륭한 웅변가를 양성하기 위한 교육은 가급적 이른 시기에 시작해야 한다. 그가 힘주어 조기교육을 강조한 것은 이미 어렸을 때 '미래의 웅변가'로서의 사전 준비가 중요하다고 판단하였기 때문이다. 어려서부터 언어를 적절히 구사할 수 있는 훈련을 해야 하며, 그를 훈련하는 유모나 교사 또한 그 수준의 언어 능력을 구비할 것을 요청하였다. 그와 동시에 어려서부터 선과 악에 대한 구분을 하도록 도덕적 훈련을 받아야 하며, 특히 자기통제 능력을 개발시켜 습관화할 것을 주장하였다. 아동이 비도덕적 습성에 젖어 들기 이전에 도덕교육의 모범이 되는 부모부터 도덕적 환경을 가정에서부터 잘 갖추는 일이 매우 중요하다. 오늘날 강조되는 인성교육(character education)의 뿌리는 퀸틸리아누스의 사고와 정확히 일치하는 부분이 있다.

퀸틸리아누스가 후세에 남긴 가장 소중한 유산 중의 하나는 아동의 고유한 존재를 발견하기 훨씬 이전에 '체벌금지론'을 폈다는 사실이다. 그는 학생 훈육을 이유로 신체적 체벌을 가하는 것은 잘못이라고 보았다. 체벌은 오직 노예에게 가해지는 처벌이지 아동에게 가해서는 안 된다는 것이다. 그는 체벌을 하면 아동이 더욱 나빠질 뿐 결코 더 나아질 수 없다고 보았다. 실제로 체벌은 아동으로 하여금 무력감과 반감을 심어 줄 뿐이다. 아동의 마음을 짓누르고 커다란 상처를 주게 되어 결국 어두운 세계관을 심어 주기 쉽다. 아동의 잘못에 대해서도 그는 강력한 제재나 처벌보다는 가급적 지속적 관심과 피드백으로 아동에게 힘과 용기를 북돋아 주어야 한다고 보았다. 그는 아동이 잘못하더라도 희망을 가지고 지속적으로 개선해 나간다면 아동 스스로 능력을 발휘하고 잘못을 교정해 나간다는 신념을 버리지 않았다. 그는 교육에서 희망의 소중함과 기다림의 미학을 우리에게 가르쳐 준 위대한 교사였다.

중세 기독교 교육과
세속 교육

1. 중세 기독교 교육

1) 중세사회와 기독교 교육의 성격

중세는 476년 서로마제국의 멸망에서 르네상스가 시작되기 이전인 15세기 중반까지의 1,000여 년에 거친 시기를 말한다. 흔히 중세를 암흑기(Dark age)라고 부른다. 이는 고대 로마의 찬란한 문명 이후 미개한 야만족에 의해서 대로마제국이 붕괴하면서 서구사회가 방향을 잡지 못하고 혼돈과 야만의 시대로 추락한 것을 상징적으로 지칭하는 것이다. 적어도 중세 초기에는 게르만족의 로마 침공 이후 로마적 요소가 파괴되고, 그나마 존속하던 학교기관들마저 하나둘씩 사라지게 되면서 그 어둠은 더 깊어 갔다. 그나마 중세를 구원한 것은 기독교였다. 로마제국기에 온갖 수난과 박해를 받으면서도 기독교는 민중의 지지를 얻어 중세사회를 지탱하는 구심점이 되었다.

중세사회는 신, 교회, 신학, 사제, 성직자와 같은 기독교적 요소를 기반으로 한 사회이다. 신 본위의 주정주의를 표방한 중세사회는 인간 본위의 주지주의를 근간으로 한 고대사회와는 분명 달랐다. 신의 형상을 담고자 하는 도야사상(Bildung)과 현세보다는 내세(來世)를 신봉하는 내세주의 혹은 초현세주의는 초기 기독교의 이상으로 자리 잡았다. 여기에 기독교적 사랑과 헌신을 바탕으로 사해동포주의(四海同胞主義)의 가치가 가미되었다. 이러한 기독교의 이상과 가치가 중세 초기에는 자연스럽게 교육의 이상과 목적으로 받아들여졌다. 지적 훈련 대신 신앙심의 고양과 도덕적 훈련을 교육의 주요 과제로 삼았다. 그리스도의 말씀과 사제의 교훈, 그리고 교리가 곧 교육의 목적이요 동시에 교육의 내용이 되었다. 내세에서 영원한 생명을 얻기 위한 종교적 노력과 헌신이 교육활동의 전부가 될 정도로 중세사회는 획일화된 성격을 지니고 있었다. 학교교육도 교회와 관련된 것으로, 교회 신자 교육은 물론 점차 교회 외부의 이교도들을 교화하기 위한 목적으로 교회부속학교들이 생겨나게 되었다. 문답학교와 고급문답학교가 바로 그것이다.

다른 한편, 기독교의 이상과 가치를 신봉하면서도 중세 교회와는 달리 현세의 향락생활을 거부하고, 영적 생활을 추구하는 사람들이 수도원을 창설한 것은 중세사회에서 가장 눈여겨봐야 할 대목이다. 수도원은 로마제국의 퇴폐와 더불어 기독교 신앙의 품속에서 심오한 영적 생활을 추구하자는 하나의 운동으로 나타나, 13세기에 이르러 북으로는 아일랜드에서, 남으로는 북아프리카 지역의 모로코까지 널리 전파되었다. 수도원에서는 인간의 금욕을 최고의 규율로 제시하고, 현세와 동떨어진 은거생활을 주장하는 한편, 극심한 육체적 고통을 인내하려는 습관과 정신을 훈련시켰다. 수도원 운동의 창시자라고 할 수 있는 **성 베네딕트**는 529년에 이탈리아의 몬테 카시노 산상(山上)에 수도원을 창설하였고, 수도생활에 관한 세 가지 규칙을 제정하였다. 그 이상은 빈곤, 순결, 복종이었고, 수도생활을 실천하려는 승려는 개인생활, 사유재산, 개인의 자유를 철저히 부정하였다. 수도원 교육은 수도원에서 별도의 학교제도를 설립하여 운영한 것이 아니라 수도원 자체 내에서 이루어진 독서와 학문, 그리고 교육활동의 총집합으로 볼 수 있다.

기독교 교육에서 스콜라 철학 또한 언급될 가치가 있다. 중세에는 만학의 여왕으로 군림할 정도로 신학이 위세를 떨쳤다. 기독교는 원래 그리스도에 대한 믿음과 내세적 구원을 근간으로 하는 신앙이다. 특히 십자군 전쟁 이후 기독교로 물든 유럽사회가 이교도와의 전쟁을 통하여 회의주의의 기운이 여기저기 감지되었다. 중세 교회는 기독교 교리 차제를 내적으로 강화하고, 외적으로는 이교도로부터 교리를 정당화할 필요성을 강력하게 느끼게 되었다. 이런 상황에서 발전한 것이 스콜라 철학이다. 학문적 정당화와 교리의 논리적 정교화는 학문의 발전에 공헌을 하게 되고, 결국 중세 대학의 성립에 결정적인 기여를 하게 되었다.

2) 중세 기독교 교육기관

(1) 문답학교

문답학교(問答學校, catechumenal school)는 묻고 답하는 방식에 의하여 교육하는 학교를 말한다. 이 학교는 교회 내부의 아직 세례를 받지 않은 아동과 교회 밖의 이교도(異敎徒)들에게 세례를 받게 하기 위한 준비교육을 실시하고자 설립한 것이다. 초기에는 1년 이내의 단기간에 거쳐 세례를 받고자 하는 사람들에게 실시하던 교육이 시간이 갈수록 길어져 2년 혹은 3년간 지속된 경우도 적지 않았다. 문답학교는 문자 그대로 교회부속학교로서 그 교육수준은 낮았고, 그 내용도 기독교 교리에 한정된 단편적 지식에 불과하였다.

(2) 고급문답학교

상기한 문답학교의 교사 또는 교회의 지도자를 양성하기 위해 발달한 것이 고급문답학교(高級問答學校, catechetical school) 혹은 문답교사학교였다. 기독교 교리의 내용을 근간으로 하면서도 이 학교의 교육내용은 신학, 철학, 자연과학, 수사학, 천문학, 수학, 문학, 역사학 등을 다룬 점에서 교육 수준이 상당하였음을 짐작할 수 있다. 그 당시 지적 활동이 활발하였던 로마와 아테네는 물론 동방의 알렉산드리아는 도덕 훈련의 중심지 역할을 하였다.

(3) 사원학교

사원학교(寺院學校, cathedral school)는 각 교구의 본산 소재지에 세운 학교로, 본산(本山)학교 혹은 감독학교(監督學校 : episcopal school)로도 불린다. 11세기를 전후하여 20여 개의 본산학교가 유럽에 설립되었다. 이 학교는 교회의 지도자와 성직자를 양성하는 데 목적을 두었으나, 나중에는 일반 자녀도 받아들여 중세 교육의 일대 중심을 이루게 되었다. 프랑스에서는 주교 풀버트(Fullbert)가 감독한 학교와 독일의 쾰른 사원학교가 훌륭한 교육으로 명성을 얻었다. 읽기, 쓰기, 찬송가 등 기초적 공통교과를 이수한 후에 7자유교과(문법, 수사학, 변증법, 기하, 대수, 천문학, 음악)와 신학을 교육내용으로 배우도록 하였다. 점차 고대 로마의 키케로, 세네카, 퀸틸리아누스 등이 국가의 지도자 양성을 위해서 제시한 원리와 방법을 활용하였다. 가령, 독일의 뷔르츠부르크 사원학교의 경우 7자유교과와 도덕 훈련에 치중하였음을 알 수 있다. 언어를 조리 있게 다룰 수 있도록 수사학, 웅변술, 시를 가르쳤고, 도덕적으로 올바른 삶을 위해서 윤리학을 부과하였다.

(4) 수도원 학교

수도원은 원래 부정의 정신에서 싹튼 것이다. 수도원이 생기게 된 배경을 보면 첫째, 정신적인 면에서 로마 말기에 팽배하였던 사회의 타락과 향락주의에 대한 반발이었다. 둘째, 직접적인 계기를 마련해 준 것은 역시 로마 말기에 있었던 기독교에 대한 심한 박해 때문이었다. 현세의 타락과 기독교 박해를 피해서 동방으로 이주한 사람들이 집단을 형성하여 수도원이 생기게 되었다.

동방의 수도원이 로마로 다시 전파되어 성 베네딕트(St. Benedict, 480?~547?)에 의해 완성을 보게 되었다. 그는 529년에 이탈리아 중부의 몬테 카시노(Monte Cassino)산 위에 수도원을 건립하고, 공동체 생활을 영위하기 위한 엄격한 규율을 제정하였다. 그는 청빈, 정결, 복종의 베네딕트 규율에 따라 수도사들이 인간의 세속적 욕망을 부정하고 금욕적 생활을 할 것을 강조하였다. 수도원 생활의 중심에 근검, 절약, 인내, 경건이 굳건하게 자리하도록 기도와 명상, 노동을 의무화하였다. 베네딕트 수도원에서 노동의 가치를 강조한 것은 교육적으로 값진 것이었다. 매일 2시간 이상의 독서를 의무화한 것도 교육과 학문의 진작에 적지 않은 기여를 하였다.

실제로 수도원은 어두운 중세기에 독보적인 교육의 기능을 수행하였다. 수도사들은 전문적 연구와 교육을 하였고, 책을 보존하였으며, 도서관을 보유하고 있었다. 수도원에 독립된 학교가 존재하였던 것은 아니지만 수도원의 본래 정신을 널리 전파하고 영적 생활을 유지하기 위한 별도의 교육소를 마련하여 교육을 하였다. 이러한 수도원 학교는 그 수용 대상에 따라 내교(內校, oblati)와 외교(外校, externi)로 나뉘었다. 내교는 수도원 생활을 통하여 승려를 지망하는 5세 내지 7세의 아동을 양성하는 것이었고, 외교는 승려를 지망하지 않는 일반 아동을 수용하여 교육하는 것이었다. 교육내용은 미미하였고, 종교적인 것이 대부분을 차지하였다. 종교교육 이외에도 읽기, 쓰기, 음악, 대수 등이 제공되었다. 나중에는 수도원마다 일반 습자실(general writing room)을 설치하여 일부 수도사들은 고된 필사작업에 전념하였다. 수도원에서 고대 문헌이 보존되었고 후세에 전달된 것은 이러한 노력의 산물이다. 그 결과 7자유교과와 함께 그리스·로마의 고전들을 수도원 교육의 내용으로 활용할 수 있게 되었다. 수도원 교육은 엄격한 것이어서 육체적 단련과 명상과 같은 정신적 수련을 강조하였고 체벌이 용인되기도 하였다. 수도원은 10세기에 정점에 이르렀고, 수도원의 학문적 기풍은 그대로 중세 대학의 성립에 영향을 주었다. 11세기 들어 수도원의 사회적 지위가 높아짐에 따라 점차 귀족화되었고, 그 순수한 정신을 상실한 채 쇠퇴의 길로 접어들게 되었다.

3) 스콜라 철학과 교육

스콜라주의(scholasticism)는 원래 하나의 교육 혹은 지적 생활의 방식으로, 중세기 11세기에서 15세기까지 널리 유행하였다. 스콜라 철학은 기독교를 학문적으로 체계화해 철학적 기초를 마련함으로써 중세 교회를 지키고자 하는 열망에서 비롯되었다. 10세기까지 기독교 교리는 의심없이 받아들여졌으나, 동방을 원정한 십자군이 돌아온 이후 기존의 교리를 의심하는 회의주의가 팽배하였다. 기독교 교회의 입장에서는 회의주의로부터 신자들을 보호할 필요성이 생겼고, 외부적으로 교리의 의문에 대한 정당화 작업이 시급히 요청되었다. 이에 본산학교, 수도원 학교에서 그리스의 철학, 특히 논리정연한 아리스토텔레스의 철학 체계를 빌려 교회의 교리를 이성적 견지에서 재정립하고, 신학을 보다 학문적으로 체계화하려는 노력을 한 결과 스콜라 철학이 정립되었다.

스콜라주의의 교육목적은 논쟁의 능력을 개발시키고 지식을 체계화하며 이러한 지식 체계를 개인적으로 완전하게 습득하도록 하는 것이다. 스콜라주의는 지적 훈련과 연마를 통해서 지식의 확충과 학문의 발전에 일조한 측면도 있으나, 기계적 암송과 단순 반복 훈련 방법에 의한 교육은 나중에 비난의 대상이 되기도 하였다. 오늘날 스콜라주의를 학자연함, 지적 현학주의와 연결시키는 것은 바로 이 때문이다.

전반적으로 스콜라 철학이 당시의 교육에 미친 영향을 살펴보면 다음과 같다. 첫째, 종래 맹목적으로 받아들이던 교회의 권위에 대해 다소나마 인간으로서 회의(懷疑)할 수 있는 자유와 신앙에 대한 논쟁이 허용되었다는 것이고, 둘째, 치밀한 연구 및 논쟁의 기풍과 함께 이름난 스콜라 철학자의 명성 때문에 많은 학생이 모여들어 대학의 발전에 커다란 자극을 주었다는 점이다. 셋째, 스콜라 철학에 대한 반동으로 16세기에 와서 문예부흥, 종교개혁을 통한 인문주의 교육이 탄생하게 되었다는 점이다.

2. 중세의 세속 교육

1) 카를대제의 교육혁신

카를대제

서로마제국 멸망 이후 이민족이 세운 왕국 중에 프랑크 왕국은 교육혁신에 대대적인 기여를 하였다. 이 중에서도 카를대제(Karl the Great, 742~814)의 공헌은 특히 눈여겨볼 필요가 있다. 그는 교육에 남다른 열정을 가지고 일반 대중의 교육을 장려하였으며, 당시의 교육제도를 혁신하는 데 기여하였다. 그는 요크(York) 사원학교의 책임자였던 알퀸(Alcuin, 735~804)을 초빙하여 교육고문으로 임명하였다. 그에게는 아헨(Aachen)에 교회와 국가를 위해 더욱 지적으로 일할 수 있는 지도자 양성을 위해서 귀족 자제를 수용할 궁정학교(宮廷學校, palace school)를 재건할 책무가 주어졌다. 이곳에서는 라틴어와 작문, 대수의 심화를 위한 수학, 달력과 천지운행을 알기 위해 천문학을 가르쳤다. 학생들로 하여금 자연의 다양한 현상, 가령 일식과 월식, 조수 간만의 차, 지진의 발생 원인 등에 대해서도 해박한 지식을 갖도록 하였다.

카를대제의 교육수장이었던 알퀸은 고대의 방식과 완전 일치하지는 않았지만 소크라테스식 교수방법을 옹호한 인물이었다. 그는 학생들이 믿는 것에 관심을 두고, 왜 그들이 그와 같은 신념에 이르게 되었는지를 알고자 하였다. 동틀 무렵 잠자리에서 일어나 그는 학생들에게 제기할 질문과 답변을 일일이 적어 중요한 내용을 암기하게 하였다. 기억과 회상을 최상의 교수방식으로 여겼기 때문이다. 그는 스스로도 40권의 책의 내용을 기억할 만큼 놀라운 기억력의 소유자였다.

카를대제와 알퀸이 교육적으로 고심한 부분은 그 당시 상당수의 성직자가 글을 모른다는 사실이었다. 대중 앞에서 설교를 하고, 신자들의 고민을 상담해 주어야 하고, 찬송을 해야 할 성직자가 읽거나 쓸 수 없는데 본연의 임무를 제대로 수행할 수 있을까 염려하였다. 그리하여 카를대제는 789년에 칙령을 발포하여 모든 교구와 수도원에 학교를 설치할 것을 명령하였다. 고대 그리스·로마에서와 같이 그는 교육이 민중의 삶에서 가장 중요하다는 것을 꿰뚫어 보았다. 그리하여 성직자들이 더 많이 배울수록 대중들을 더 잘 가르칠 수 있다는 소박한 신념을 실천에 옮기고자 한 것이다. 점차 거의 모든 수도원, 교구, 마을에 학교가 들어서게 되었고, 학교에 입학한 자를 무상으로 교육하라는 명령에 따라 초등교육 수준의 무상교육이 실시되었다. 802년에 마침내 모든 학생을 읽을 수 있도록 학교에 보내고, 그들이 읽기와 쓰기를 숙달할 때까지 학교에 머물게 해야 한다는 의무교육령을 선포하였다. 카를대제의 교육령은 근대기에 본격적으로 의무교육이 실시되기 전까지 역사상 최초로 조직된 의무교육의 시도라는 점에서 커다란 의의가 있다.

2) 중세 대학의 성립과 발전

중세의 세속교육의 발전은 대학의 발전으로 활짝 꽃을 피우게 되었다. 중세의 산물 가운데 대학은 현재까지 가장 지속적인 영향을 미치고 있다. 대학의 기원을 찾기란 그리 간단치 않다. 그만큼 다양하고 복잡한 원인에 의해서 성립되었기 때문이다. 가장 우선적으로 중세의 사원학교의 학문적 열기와 수도원에 설치된 **일반연구소**(Studium Generale)에서 그 기원을 찾을 수 있다. 특히 이들 기관에서 세속학문의 내용인 7자유교과가 널리 교수된 것은 결정적 기여를 한 것으로 볼 수 있다. 스콜라 철학의 탐구 · 논쟁 · 변론 등도 대학의 성립과 깊은 연관이 있다. 당대의 유명한 스콜라 철학자들은 많은 추종자를 거느릴 정도로 별도의 기관이 없이 이미 교육 · 토론 · 연구의 중심이 되었다. 그와 동시에 십자군 원정과 사라센 문화와의 접촉도 대학의 발전을 더욱 자극하였다. 요컨대, 유럽인들의 이슬람 및 그리스 학자들과의 교류, 도시의 지식 발달과 함께 나타난 세속적 학문에 대한 열성, 변천하는 사회의 요구를 만족시키기 위한 의학과 법학의 발전, 중세의 기독교 사상에 만족하지 못한 학자들의 학문적 열기 등 대학의 발생 원인은 다양하다.

초기 대학은 교회에 의해서 설립되기도 하였지만 독일 황제와 프랑스 국왕이 보여 준 바와 같이 국가의 현실적 요구를 충족하기 위해 설립되기도 하였다. 교회에서 성직자와 같은 교회 지도자를 필요로 하듯이 사회에서도 법률가, 변호사, 의사, 회계사와 같은 전문직업인과 예비지도자를 필요로 하였다. 중세 대학은 전문적 인력과 지도자 양성에 중요한 역할을 하였다. 설립 초기에는 신학이 강세를 보였으나 법학, 의학, 철학 등이 등장하였다. 그렇지만 요즘과 같은 종합대학이 아니라 한 지역에 특화된 학문 분야가 자리를 잡는 방식으로 발전하였다. 가령, 살레르노대학의 의학, 볼로냐대학의 법학, 파리대학의 신학과 같은 방식이다. 이 중에서 최초의 대학은 법률학으로 명성을 떨쳤던 이탈리아의 볼로냐대학(1158)이었다. 신학의 전통이 강했던 파리대학(1180)은 유럽 대학의 전형으로 영국의 명문 옥스퍼드대학(1167)과 케임브리지대학(1209)의 모체가 되었고, 동유럽으로는 체코의 프라하대학과 오스트리아의 빈대학의 모델로 작용하였다. 중세 대학에서 일반적인 강의는 라틴어로 했고, 교육은 교양과 전공으로 구분하여 실시되었다. 대개 철학부에서 7자유교과로 기초를 쌓은 후에 전공에 진입하여 신학 · 의학 · 법학을 전문적으로 연구하였다. 수업 연한은 일정치 않았으나 대체로 4년 내지 길게는 7~8년이 걸리는 경우도 많았다.

대학이 이전의 교육기관과 전적으로 다른 점은, 첫째, 민주적 자치기구라는 점, 둘째, 거주지 중심에 위치한 점, 셋째, 몇 가지 특권을 소유하였다는 점 등이다. 그 당시 교수와 학생은 병역·부역·세금이 면제되었고, 대학 내에 독립된 법정을 설치하여 대학의 교수와 학생들은 교회의 감독이나 국가의 사법권 밖에 있는 일종의 치외법권적 특권을 누렸다. 또 교수와 학생은 자유롭게 여행할 수 있는 신분상의 보호와 자유가 보장되어 있었다. 대학(university)이라는 말이 원래 'universitas'에서 나온 것은 그것이 하나의 길드 혹은 조합체의 성격을 지니고 있었다는 의미이다. 교수와 학생의 조합으로 구성된 자치기구로서 대학은 또한 조직의 지도자인 학장·총장을 선출하는 자치권을 보장받았다.

하지만 중세의 대학생들은 여러 면에서 곤궁한 생활을 하였다. 대개 가난한 집안의 출신인데다가 대학이 위치한 도시의 생활비가 만만치 않아 어려움을 겪기도 하였다. 비싼 등록금, 생활비, 교재비로 고심하는 현재의 대학생들의 삶과도 유사점을 발견할 수 있는 대목이다. 도시의 주민들과 대학생 사이에도 마찰이 잦았다. 그들은 학업기간이 길거나 학과목이 어려워서 한숨과 탄식을 자아낸 것이 아니라 생활비가 부족하여 혹은 수년간의 학업을 견딜 자구책을 마련하느라 오랜 인고의 시간을 보내야 하였다. 그리하여 종종 싸움에 연루되거나 지나친 음주 혹은 도박으로 학업을 중단한 학생들도 적지 않았다.

중세 대학이 끼친 영향을 살펴보면, 첫째, 고유의 자치권을 바탕으로 대학이 이후 민주적 조직 운영의 본보기가 되었다. 둘째, 헬레니즘 문화를 계승함은 물론 아라비아 문화를 서구에 소개하여 새로운 문화의 창조자 역할을 하였다. 셋째, 교회와 국가에 필요한 인재를 양성함으로써 전문 인력 양성기관으로서 위상을 확립하였다. 넷째, 자유로운 탐구와 학문 연구 정신은 후일 르네상스와 근대 학문의 발전에 선구자적 역할을 하였다.

3) 기사도 교육

수도원 교육과 스콜라 철학이 기독교 교회에 의해 발전된 것에 비해, 기사도(Chivalry) 교육은 봉건체제가 발전했던 9세기 말에 등장하여 12세기 전후 십자군 전쟁에 정점을 이룬 후 16세기에 점차 쇠퇴하였다. 봉건체제는 중세 유럽에서 봉토수수(封土授受)에 의해서 성립되었던 지배 계급 내의 주종 관계로, 봉건제도의 확립에 따라서 기사(騎士, knight)계급이 등장하였다. 기사는 왕과 영주에게 충성을 다하고, 전쟁이 발발하면 군사력을 제공하는 의무를 지님과 동시에 영주 관내의 농노를 관리하고 보호하는 중간자적 역할을 수행하였다.

기사도 교육의 궁극적인 목적은 기독교적인 무인(武人)을 양성하는 것이었다. 중세 교회와 세속적 국왕 혹은 영주 사이에서 기사는 한편으로는 경건과 자비를, 다른 한편으로는 충성과 용기의 미덕을 지니고 있어야 했다. 기사도 교육에서 중시한 것은 예의범절, 인간의 고귀함 등이었으므로 기사도 교육에서는 늘 약자와 숙녀에 대한 보호와 만사에 정직할 것을 가르치고, 윗사람에게 봉사하는 훈련을 위주로 진행되었다. 고귀하고 완전한 기사를 기르기 위해 소위 기사의 십계명이 제시되었다.

- 기도
- 죄악을 피하는 일
- 교회를 지키는 일
- 과부와 고아의 보호
- 여행
- 충성스러운 전쟁의 수행

- 귀부인이나 숙녀를 위해 싸울 것
- 정의의 수호
- 신을 사랑하는 것
- 진실하고 성실한 사랑의 말을 듣는 것

이러한 기사도 교육은 세 단계로 구성되었다. 제1단계는 7세까지 주로 가정에서 어머니로부터 순종의 미덕, 쾌활한 성격, 경건한 신앙심 및 예의에 관한 훈련을 받았다. 제2단계는 7세에서 14세까지 **시동**(侍童, page)으로서 영주의 저택이나 궁정에 들어가 귀부인에게 시중을 들면서 궁정생활의 예법과 충성심, 노래·무용·종교의식과 읽기·쓰기 등을 배우며, 달리기·권투·씨름·말타기·수영 등 신체적 훈련과 간단한 무기 사용법을 익혔다. 제3단계는 14세부터 21세까지 기사의 **종자**(從者, squire)가 되어 주군의 충실한 봉사자 역할을 하고, 장래에 기사가 되기 위한 경험을 본격적으로 쌓았다. 이 시기에 말타기·수영·활쏘기·검술·수렵·서양 장기·시 짓기와 읊기 등 기사로서 필수적인 7예(藝) 외에 음악·무용 등을 배운다. 21세가 되면 성대한 기사입문식을 거쳐 교회를 보호하고, 부정의를 물리칠 것을 내용으로 하는 기사서약을 통하여 정식 기사로 입문하게 된다.

결국 기사도 교육은 정의를 위한 교육, 약자를 위한 교육, 고귀함을 위한 교육의 전통으로 자리 잡아 후일 영국의 신사도 교육의 전형이 되었다. 사회적 부정의가 넘쳐나는 오늘날 '정의의 이름으로' 약자 편에서 섰던 기사도 정신은 더욱 음미할 가치가 있다.

4) 시민교육의 발달

중세 후기 상공업의 발전은 한자동맹에서 볼 수 있는 바와 같이 자유시(自由市)의 성장을 가져오게 되었다. 봉건제도의 사슬에서 벗어난 신흥 상공업자들은 축적된 부를 바탕으로 사회의 주요 세력으로 등장하였다. 중세 교회의 지배층들이 행하던 교육과는 달리 이들은 현실적이고 실용적인 교육에 더 관심이 많았다. 실제 생활에서 활용할 수 있는 지식과 능력을 중시하였고, 생산적이고 직업적인 교육을 요구하였다. **조합학교**(guild school)와 **도시학교**(city school)는 이러한 요구에 대한 결과물이다.

조합학교는 도시 상공업자들의 자제들을 위한 학교제도로서 대학준비교육을 실시하는 라틴어중학교와 직업훈련을 목적으로 하는 직업학교의 두 가지 유형으로 발달하였다. 라틴어중학교는 경제적으로 부유한 가정의 자제들이 입학하였고, 직업학교는 빈한한 하층계급의 자제들이 입학하였다. 그리고 도시학교(都市學校)는 도시민의 교육기관으로, 경제적으로 부유한 가정의 자제들이 입학하는 영국의 **문법학교**(文法學校, grammar school)와 **공중학교**(公衆學校, public school), 독일의 라틴어학교 등 오늘날 중등교육의 기초가 된 학교이다. 또한 사립학교로서 부유치 못한 가정의 자제들에게 초등 정도의 교육을 실시하는 습자학교(習字學校)가 있었다.

시민교육의 발달에서 후일 직업교육의 관점에서 언급되어야 할 교육이 도제교육이다. **도제교육제도**(徒弟教育制度)는 일종의 기술자 양성교육으로, 그 당시 기술자가 되기 위해서는 반드시 거쳐야 하는 교육이었다. 도제교육은 도제, 직공, 마스터의 세 단계로 구성된다. 첫 단계에서는 10세 전후에 도제(견습공, apprentice)가 되어 배우고자 하는 기술의 마스터(master)를 찾아가 그에게 봉사하면서 일정 기간 동안 기술을 습득하였다. 두 번째 단계에서 마스터에게 어느 정도 기술을 습득한 후 도제는 직공으로 승격하게 된다. 이때 여러 곳을 여행하면서 삶의 실제에서 다양한 경험을 쌓는 것은 물론 더 높은 기술을 습득하여 장차 마스터가 되어 도제를 지도하는 데 필요한 교양과 수양을 쌓았다. 습득한 기술과 풍부한 경험을 바탕으로 직공은 독자적인 작품을 제출하여 엄격한 심사를 받아 정식 마스터로서의 자격을 받게 된다. 대개 10여 년이 넘는 교육과 훈련의 귀한 산물이므로 마스터 자격증은 고귀하게 여겨졌다. 마스터가 되면 정식으로 조합에 가입하여 도제를 가르치고 직공을 두면서 독자적인 사업을 운영할 수 있는 자격을 얻었다. 중세 말기의 도제 교육은 생활을 위한 실제적인 교육을 실시하여 직업교육 · 기술교육 · 실업 교육의 소중한 유산을 남겼다.

제3장

인문주의와 종교개혁기의
교육

1. 르네상스와 인문주의 교육

1) 르네상스의 의미

좁은 의미의 르네상스는 문예부흥이나 문화운동을 의미한다. 넓은 의미의
르네상스는 서양에서 새로운 시대라고 일컫는 근대와 관련된 전반적 변화 운
동을 가리킨다. 그것은 종교가 지배하는 중세시대를 벗어나 현세적 삶을 긍
정하는 인간 중심 사회로의 전환을 의미한다. 신의 섭리에 따라 사는 금욕주
의가 아니라 인간에 대한 새로운 관심과 인식이 싹트게 된 것이다.

15세기와 16세기에 걸쳐 전개된 고전적 르네상스는 본질적으로 지적 · 예
술적 · 사회적 운동이었다. 이 시기의 가장 중요한 정치적 변화는 프랑스와

영국에서 군주의 힘이 급격히 증대하였고, 이탈리아는 여전히 독립된 도시국가의 형태를 지니고 있었다는 점이다. 중세 이후 성장한 상공업 세력은 경제발전의 견인차 역할을 하였으며, 이러한 부유한 세력을 중심으로 '부르주아지(bourgeoisie)' 계급이 탄생하였다.

르네상스의 이상은 중세 교회의 권위에 대한 '개인의 발견'에서 찾을 수 있다. 그 가치를 실현하기 위하여 이 시기 사람들이 추구한 것은 고대 그리스와 로마 세계, 주관적 감성의 세계, 그리고 자연의 세계였다. 이러한 세계는 중세기에 뒷전으로 밀려나 있었다. 문예부흥이 일기 시작하면서 사람들은 고대 그리스와 로마의 문학을 집중 연구하였고, 주관적 감성은 회화나 문학작품으로 적극 표현되었다. 동시에 내세가 아닌 현세적 삶과 외적 자연에 대한 새로운 관심이 표출되었다.

2) 이탈리아의 르네상스

르네상스는 1500년경 이탈리아에서 정점에 이르렀다. 이탈리아의 피렌체는 문예부흥의 중심지가 되었는데, 그 당시 이 도시는 직물산업과 은행업의 중심지 역할을 하였다. 활발한 상업, 교통, 무역의 왕래는 경제와 사회는 물론 교육의 발전에도 영향을 주었다. 특히 메디치 가문을 위시한 피렌체의 부호들은 예술과 건축의 애호가들로서 화려한 저택을 새로 짓고, 교회와 개인주택을 아름다운 그림과 화려한 건축양식으로 치장하였다. 피렌체 사람들은 그들이 황금기를 누리고 있다고 믿었다. 메디치가는 예술가들을 지원·육성하여 레오나르도 다빈치, 미켈란젤로, 라파엘로와 같은 거장의 탄생을 뒷받침하였다. 그 당시에 회화 외에도 건축과 조각상이 새롭게 만들어졌다.

인문주의의 아버지로 불리는 페트라르카(Petrarch, 1304~1374)는 고대와 중세의 교육적 이상과는 달리 인간은 고독한 삶에서가 아니라 집단이나 사회적 활동과 책임 가운데서 존재 가치를 찾을 수 있다고 보았다. 교육과 덕, 시민적 행위가 긴밀하게 연결되어야 한다고 보았다. 고전의 연구는 바른 인성과 문학의 폭넓은 이해에 도움이 된다고 보아 이탈리아 인문주의자들(Vergerio, Bruni, Vegio)이 장려하였다. 고전의 이해에서도 과거 사건의 원인을 정확하게 알아야 미래에 닥칠 유사한 상황에 대비할 수 있음을 역설하였다. 그만큼 과거 사건에 대한 폭넓은 이해가 미래의 삶에 중요하다고 본 것이다. 가령, 우리가 제2차 세계대전이나 나치의 홀로코스트를 공부하는 것은 적어도 그러한 과거의 사건이 미래에는 다시는 발생하지 않도록 하려는 인문주의적 가치가 배후에 있음을 알 수 있다.

3) 북유럽의 르네상스

이탈리아의 르네상스가 점차 문학연구에서 형식적으로 흐르고, 인문주의 교육방식도 '키케로주의(ciceronianism)'로 변질되어 갔다. 고대에서도 특히 로마의 키케로 문학에 심취했던 이탈리아 인문주의자들은 시간이 갈수록 그 본질에서 벗어나 좁고 고루하며 문법과 형식에 치우치는 경향을 보였다. 반면, 사회적 성격이 강했던 북유럽에서는 르네상스가 종교개혁 운동과 비슷한 양상으로 전개되었다. 타락한 교회와 국가와 결부된 사회악을 치유하고, 가난하고 고통받는 민중을 아래에서부터 근본적으로 개혁하려는 동기가 강했던 것이다. 그런 점에서 알프스 북쪽의 인문주의자들은 대부분 사회개혁가 혹은 종교개혁가였다. 이들은 개인의 발전보다는 사회적 개선과 증진에 목표를 두었으므로 이탈리아 르네상스보다는 좀 더 넓은 의미에서 르네상스를 사회적 운동으로 승화시켰다.

4) 르네상스의 교육적 의미

르네상스는 자유교육의 이념을 재생시켰다는 점, 그리고 교육에서의 인

베르게리우스

문주의 전통을 확립했다는 점에서 그 의미를 찾을 수 있다. 인문주의자들은 그리인스들이 최초로 표방하고, 로마기의 키케로, 타키투스, 퀸틸리아누스에 의해서 계승·발전된 자유교육의 이념을 복원하려는 열망이 컸다. 초기의 인문주의자들은 고대의 전범을 따라 교육의 목적을 주요 사회기관에 참여하는 인간의 형성에서 찾았다. 가령, 베르게리우스(1349~1420)는 『고귀한 성격과 자유교과에 관하여』라는 저작에서 이러한 성격을 분명히 하고 있다.

> "자유인의 가치에 부합하는 교과를 자유교과라고 부른다. 자유교과를 통해 우리는 덕
> 과 지혜를 습득하고 실천한다. 그러한 교과야말로 우리의 몸과 마음의 최상의 재능을 훈
> 련하고 개발시키고, 인간을 고귀하게 할 수 있다."

이 시기의 인문주의자들은 대개 이와 유사한 교육목적을 제시하고 있으며, 그러한 목적에 맞게 교육내용으로 고전 연구를 강조하였다. 인문주의 교육이 고대 그리스와 로마의 언어와 문학을 주요 대상으로 하는 인문학(humanities)에 근간을 두고 있지만 적어도 16세기까지만 해도 상당히 좁은 의미로 받아들였다. 즉, 고대 세계의 언어와 문학을 문법적이고 언어학적 의미에서 보았지 좀 더 광범위하게 고대의 인문학적 연구로까지 확장되지는 못하였다는 것이다. 초기 인문주의자들의 이상으로부터 멀어진 결과 인문주의 교육은 고전에 대한 형식적 탐구에 그치고, 아동을 단순한 암기와 지루한 작업으로 몰아넣어 키케로주의를 낳게 한 것이다.

5) 인문주의 교육기관

인문주의 교육이념은 대학과 중세 말기에 새로 설립된 시민학교에 널리 전파되었다. 근대의 여명기가 대부분 르네상스와 종교개혁이 맞물려 진행된 이유로 학교 실제 또한 순수하게 인문주의적 요소만을 간직한 교육제도를 찾기란 쉽지가 않았으며, 여러 이념과 요소가 혼재된 양상을 보였다.

중세의 전통을 간직한 대학들은 새로운 학풍과 이념을 처음에는 거부하였지만 점차 언어 연구 분야에서 그리스어를 교수하기 시작하였다. 새로운 인문주의 기운의 전파는 이탈리아 대학들(Pavia, Rome, Padua, Milan, Florence)에서 비롯하여 북쪽으로 파리·하이델베르크·에어푸르트·라이프치히 대학으로 전파되었고, 마침내 16세기 초기에는 옥스퍼드와 캠브리지 대학에 도달하였다. 하지만 16세기 중엽부터는 대학 학문 연구에서도 키케로주의가 나타나기 시작하였다.

르네상스 이후에 기존의 수도원 학교와 교회학교의 틀에서 벗어나 새로운 유형의 학교가 설립되었다. 이탈리아의 도시국가에서는 **궁정학교**(court school)가 널리 유행하였다. 가령, 이탈리아에서 비토리노가 설립한 만투아(Mantua) 학교는 인문교육과 기사교육을 결합하여 만든 새로운 학교였다. 독일의 군주학교(Fürstenschulen)는 이탈리아의 궁정학교와 유사한 부분이 있었지만 **김나지움**(Gymnasium)에 비할 바는 아니었다. 북부의 가장 전형적인 인문주의 학교로 김나지움을 꼽을 수 있는데, 그 이유는 인문주의 정신에 충실하게 고전과 수학, 그리스어와 헤브루어 등을 교육내용으로 부과하였기 때문이다. 그 당시 전형적인 김나지움은 1537년에 슈투름(Sturm, 1507~1589)에 의해서 설립된 스트라스부르 김나지움이다. 이 학교는 교육의 목적을 키케로의 라틴어를 읽고 쓸 수 있는 능력을 배양하고, 다양한 지식과 동정심을 연마하는 데 두었다. 학생들의 나이와 학업성취도에 따라 9학년으로 구분하였고, 교육내용은 대부분 로마의 고전에서 선택하였다. 하지만 모국어와 과학엔 관심을 두지 않았다. 슈투름의 김나지움은 이 시기에 설립된 김나지움의 전형이 되었으며, 나중에 공교육 체제의 조직과 정비에 적지 않은 공헌을 하였다.

독일의 김나지움과 더불어 영국의 **공립학교**(public school)의 출현을 들 수 있다. 여기서 공립이라는 말의 의미는 교회와 국가로부터 독립된 학교라는 의미이지, 요즘과 같은 국가 지원의 학교를 지칭하는 것은 아니다. 르네상스 이전에 윈체스터(1387), 이튼(1440)과 같은 명문학교가 존재하였으나 성 파울(1512)과 새로운 학교가 이 시기에 생겨났다. 성 파울은 르네상스 인문주의자 콜렛(Colet, 1461~1519)의 공헌에 힘입어 교육목적, 교육과정, 교육방법 면에서 다른 학교의 모범이 되었다. 성 파울의 교장이었던 릴리(Lily, 1468~1522)는 수세기 동안 영국 학교의 교재로 널리 쓰인『라틴어 문법』을 저술하였다. 이 시기에 웨스트민스터, 해로우, 럭비, 머천트 테일러스와 같은 공립학교들이 인문주의 교육의 기치하에 설립되었다.

6) 인문주의 교육사상가

이 시기에 이탈리아, 프랑스, 영국, 독일 등지에서 다양한 인문주의자가 출현하여 활동하였다. 인문주의 학교를 창설한 이탈리아의 **비토리노**(Vittorino da Feltre, 1378~1446), '학습을 최상의 정신의 양식'으로 보고 남녀의 평등교육을 주창한 스페인의 진보주의적 교육자 **비베스**(Juan Luis Vives, 1492~1540), 『가르강튀아와 팡타그뤼엘』를 지어 몽테뉴, 로크, 루소에 많은 영향을 주었던 프랑스의 **라블레**(François Rabelais, 1483~1553)를 들 수 있다. 영국에서는 앞에 언급한 콜렛(Jonh Colet), 『유토피아』를 쓴 **모어**(Thomas More, 1478~1535), 플루타크의『어린이 교육론』을 영어로 번역한 엘리엇(Thomas Elyot, 1490~1546) 등이 인문주의 교육에 영향을 주었다. 독일에서는 사회적 인문주의에 결정적 기여를 한 그루트(Gerhard Groot, 1340~1384)와 인문주의 정신으로 독일교육을 진작시킨 아그리콜라(Rudolph Agricola, 1443~1485)와 빔펠링(Jacob Wimpheling, 1450~1528)을, 네덜란드에서는 인문주의의 완성자인 에라스무스(Desiderius Erasmus, 1465~1536)를 들 수 있다. 이 중에서 개인적 인문주의의 대표자인 비토리노와 사회적 인문주의 대표자인 에라스무스를 상술하고자 한다.

(1) 비토리노

비토리노는 르네상스기에 이탈리아 최초로 인문주의 학교를 설립한 인물이다. 비토리노 학교는 젊은이들에게 다양한 인문교과를 가르치기 위하여 설립되었다. 라틴어 고전, 역사학, 수사학, 문법, 시, 도덕철학이 인문교과로 다루어졌다. 이들 교과의 목적은 삶과 공적인 봉사를 위한 개인의 능력을 최대한 끌어올리는 것이었다. 교육의 사회적 의무를 강조한 결과, 이 학교 학생들은 사회로 진출하여 대부분 사회의 공적 업무에 종사하였다.

그는 일찍이 여성의 교육에 눈을 떠 소년과 같이 소녀들도 신체적 훈련을 받아야 한다고 주장하였다. 그리하여 말타기는 물론 펜싱, 달리기, 볼 놀이 등을 소녀들에게도 실시하도록 하였다. 그리스어와 라틴어를 가르칠 때 그는 저자의 생애를 요약하여 학생들의 작품에 대한 관심과 이해를 촉진하였다. 고전 원전을 읽으면서 서로 그 의미를 토론하도록 하였다. 수학과 알파벳을 가르칠 경우, 그는 특별히 고안된 교구를 활용하여 셈하기와 문자를 익히도록 하였다. 학생들이 하루 종일 교실에 앉아 있는 것을 막기 위하여 학습과 휴식 시간을 적절히 조절하기도 하였다. 가령, 2시간 수업 후 2시간은 체육을 하는 등 매 수업 시간마다 적절하게 휴식 시간을 안배하였다. 그가 물론 전통적인 암기 방법을 버린 것은 아니지만 학생들이 학습에서 재미와 흥미를 느끼고, 자신의 삶과 관련이 되도록 하고자 하였다. 이 모든 노력은 오직 학생들의 요구를 반영하고 주의집중을 높이려는 그의 교육적 배려에서 나온 것으로, 인문주의적 요소가 깊이 스며들어 있다.

(2) 에라스무스[1]

에라스무스

에라스무스는 네덜란드 사람으로 파리대학에서 신학을 공부하였다. 자유로운 문필가로 활동하며 당대의 지식인들과 폭넓게 교류하였다. 네덜란드, 영국, 이탈리아, 독일, 스위스 등 그는 가는 곳마다 유럽 사회에 자유의 기풍과 인문적 발자취를 남겼다. 그는 대표작인『우신예찬(Encomium Moriae)』과 그 당시 널리 유행한『대화집(Colloqies)』, 그리고 교육과 직접 관련되는『기독교 군주의 교육(Institutio principis christiani)』『올바른 교수방법(De ratione studii)』『아동교육론(De pueris statim ac liberaliter instituendis)』등을 남겼다.

검열과 종교재판이 판치던 시대에 에라스무스는『우신예찬』에서 번득이는 기지와 익살로 그 시대의 모순과 비리를 낱낱이 고발하였다. 에라스무스는 독단적 광기의 시대에 인간 정신의 자유에서 나오는 현명함, 인간성, 도덕성을 인간이 지닐 수 있는 가장 인간적인 것으로 끌어올리려고 하였다.

『아동교육론』에서 에라스무스는 인간 행복을 결정하는 중요한 세 가지 요소로 '본성(nature)' '방법(method)' '실천(practice)'을 강조하였다(Erasmus, 1985: 311). 여기서 본성이 인간이 선천적으로 타고난 성향과 능력을 말한다면, 나머지 두 요소는 후천적인 학습과 실생활의 훈련과 연습을 각각 의미한다. 인간은 태어나는 것이 아니라 만들어지는 존재이므로 타고난 재능만을 믿고 그대로 두어서는 안 되며, 본성을 방법에 의하여 부단히 개발하고, 방법은 실천을 통하여 완성시켜야 한다고 보았다. 에라스무스는 고대 그리스어와 라틴어를 가급적이면 조기에 습득하도록 해야 한다고 보았다. 고대의 언어와 문학은 아동교육의 지적 원천이 되기 때문이다. 그는 고대의 문학작품

---

1) 보다 자세한 내용은 손승남(2011).『인문교양교육의 원형과 변용』. 제2장 '후마니타스' 참조.

들, 가령 호머의 양대 서사시, 고대 그리스의 서정시, 고대의 희극들, 속담과 유명인들의 경구들을 배워야 한다고 주장하였다.

교육방법에서는 놀이(play)의 중요성을 강조였다. 에라스무스는 작문, 번역, 지리학과 같은 어느 정도 공부의 중압감을 느끼는 교과에서도 얼마든지 적합한 놀이와 함께 가르칠 수 있다고 보았다. 또 학습자의 내적인 동기와 자발성을 중요시하였기 때문에 에라스무스는 그 당시 성행하던 상습적인 구타와 회초리 교육을 극구 반대하였다. 강제적인 교육은 인간성 교육에 전혀 도움이 되지 않을 뿐만 아니라 노예 근성만을 고착시킨다고 보았다. 그는 한걸음 더 나아가 당나귀나 송아지와 같은 동물을 길들이는 경우나 노예를 다루는 경우에도 구타나 학대의 방법보다는 온후함과 지혜에 바탕을 둔 자유교육이 훨씬 더 낫다는 신념을 피력하였다.

에라스무스의 전기를 편찬한 츠바이크는 에라스무스를 "최초의 의식 있는 세계주의자이자 유럽인"이라고 평한 바 있다. 츠바이크의 주장은 적어도 두 가지 의미를 함축하고 있다. 하나는 에라스무스가 근대 여명기에 이미 '세계적인 교양인'으로서 살았다는 것이고, 다른 하나는 어느 특정한 국가, 계층, 종파를 초월하여 '화해'와 '평화'의 정신을 전파하였다는 것이다. 급진적인 루터와 달리 에라스무스는 종교 대립의 시기에 대립을 적대관계로 보지 않고, 조화와 화해로 인도하여 결국 인간의 조화를 이루어 내고자 하였다. 여기서 이러한 평화를 실현하기 위한 가장 훌륭한 수단을 교육에서 찾았다. 인간 내면의 인간성의 고양은 오직 인간 형성의 교육과 책을 통해서 가능하다고 본 것이다. 교육받은 인간, 문명화된 인간은 폭력을 저지를 능력이 없으며, 교양인과 문화인이 사회에서 우위를 점하게 되면 혼란과 야만은 저절로 사라질 것으로 보았다.

2. 종교개혁기의 교육

1) 종교개혁

종교개혁(Reformation)은 로마 가톨릭 교회의 부패와 타락에 대한 불만에서 비롯된 것이다. 그 발단은 1517년에 루터가 교회의 면죄부 판매에 대하여 95개조 반박문을 내걸면서부터이다. 그는 구원의 문제를 하느님의 은총과 신실한 믿음, 그리고 하느님의 말씀을 가장 충실하게 담고 있는 성서에서 찾고자 하였다. 성직을 매매하고, 구원을 돈으로 살 수 있다는 생각은 로마 가톨릭의 타락상의 극치를 보여 주는 것으로, 그 당시 신학 등을 공부하고 성서에 능통한 젊은 신학자 루터는 이러한 상황을 더 이상 방치할 수 없다고 판단하였다. 그 당시 민중들이 내야 할 조공은 수입세에서부터 기부금, 십자군 자금은 물론 십일조의 강요와 심지어 베드로 성당의 건축에 따른 막대한 비용을 망라하는 것으로 교황청의 착취는 이루 헤아릴 수가 없었다.

루터가 특히 문제 삼았던 것 중의 하나는 성직자들의 형편없는 문해능력이었다. 교육을 제대로 받지 못한 성직자들이 민중을 교화하고 설교를 한다는 것은 어불성설이었기 때문에 가톨릭 교회의 개혁은 더욱 절실한 상황이었다. 그 당시 성직자들은 도덕적 역할 모델이었음에도 불구하고 더 이상 제 역할을 수행하지 못하자 루터와 독일의 농민들은 불만을 표출하기에 이르렀다. 루터의 종교개혁은 나중에 스위스의 츠빙글리와 칼뱅의 종교개혁운동으로, 바다 건너 영국에서는 헨리 8세에 의한 성공회의 종교개혁으로 이어졌다.

2) 성서주의와 독일어 성서 번역

종교개혁은 한마디로 성서주의에 그 바탕을 두고 있다. 중세 교회에서는 신앙과 구원의 문제에서 개인과 하느님 사이에 교황을 포함한 성직자가 개입되어 있었다. 오랜 중세기를 거치면서 민중의 하느님에게로의 직접적인 통로가 차단된 상태에서, 민중은 하느님보다도 교황이나 성직자를 섬기는 그릇된 구조가 형성된 것이다.

기존 가톨릭에서 루터가 간파한 모순 중의 하나는 바로 민중에게 하느님의 말씀이 직접 전달되지 못한다는 것이었다. 그는 하느님으로 향하는 통로의 열쇠를 성서에서 찾고자 하였다. 왜냐하면 성서야말로 남녀노소, 빈부귀천을 떠나 사람이면 누구나 언제, 어디서든 접할 수 있고, 그 안에 하느님의 말씀이 고스란히 담겨 있기 때문이다.

하지만 문제는 그 당시 성서가 모두 라틴어로 쓰여 있었기 때문에 일부 식자층을 제외하고는 접근할 방법이 없었다. 그가 95개조 반박문을 쓴 죄로 로마 교황청의 분노를 사 거의 사형에 처할 뻔한 위기를 겪으면서도 게을리하지 않은 작업이 성서의 독일어 번역이었다. 어려운 라틴어보다 모국어인 독일어로 성서를 번역하면 성직자는 물론 일반 백성들까지도 널리 성서를 접할수 있으리라는 생각 때문이었다. 하지만 독일어 성서는 생각보다 널리 확산되지 못하였다. 민중들이 모국어인 독일어 자체를 읽고 쓸 능력이 없었던 것이다. 성서 이전에 모든 사람에게 읽고 수 있는 능력을 구비하는 것이 더 급선무로 떠오르자 루터의 관심은 학교의 설립으로 옮겨지게 되었다.

3) 종교개혁기 교육기관

독일의 각 영방국가에서 신교도들은 교육의 종교적 개념을 강조함과 동시에 그것이 지닌 보편적 이념을 널리 전파하였다. 교육은 이들에게 종교적으로뿐만 아니라 시민적으로도 중요한 것이었다. 교육을 비단 교회의 안녕만이 아니라 국가의 안녕에도 중요하다고 본 것이다. 이러한 이념을 실현하고자 종교개혁가들은 교육의 문제에 관해서 영방의 왕이나 제후와 적극 협력하였다.

종교개혁이 일어난 독일의 대학에서 대학 발전은 개신교 신학의 발전과 궤를 같이하였다. 1502년에 설립된 비텐베르크(Wittenberg)대학은 새로운 학문과 연구의 중심지로 급부상하였다. 독일 종교개혁의 선두주자인 루터와 멜란히톤이 이 대학에서 근무하였고, 그 당시 개혁적 아이디어의 본산지였기 때문이다. 대학들은 점차 교황에 대한 충성 언약을 파기하고 독일의 제후들과 유대를 맺기 시작하였다. 그리하여 마부르크(Marburg)대학은 최초의 개신교 대학이 되었고, 그 뒤를 이어 쾨니히스베르크, 예나, 헬름슈타트, 타르투 대학 등이 개신교의 이념을 따라 설립되었다.

독일 영방국가에서 설립한 공립학교는 국가 지원과 의무 취학의 이념을 구현한 최초의 현대학교이다. 가령, 독일의 뷔르템베르크에서는 1559년에 법령을 정비하여 모든 마을에 초등 모국어 학교를 설립하도록 하였다. 이들 학교에서는 읽기, 쓰기, 종교, 교회음악 등을 가르쳤다. 멜란히톤의 교육계획안에 따라 독일의 다른 도시에도 이런 이념을 지닌 공립학교가 설립되었다. 동시에 15세기에 라틴 중등학교를 세속화하려는 경향성이 나타났다. 종래에 귀족의 자제들만이 다닐 수 있었던 라틴학교의 문호를 서민들에게도 활짝 열게 된 것이다. 하지만 교육이 국가의 통제하에 있었기 때문에 주요 교육적 목적은 종교적인 성격을 벗어나지 못하였다. 대부분 모국어에는 별다른 관심을 두지 않았고, 교육과정에는 여전히 라틴어가 주가 되고, 그리스어나 수학이 거기에 덧붙여졌다. 최초의 개신교 김나지움은 1524년에 마르부르크에 설립되었다. 이 학교 또한 종교개혁기의 대표적인 교육자였던 멜란히톤의 모델에 의해 체계화된 것이다.

4) 종교개혁기 교육사상가

16세기의 인문주의자와 종교개혁가를 구분하기란 그리 쉽지 않다. 대부분의 종교개혁가는 인문주의자들이었기 때문이다. 국적을 막론하고 이 시기에

활동하였던 교육사상가들의 작품에서 종교적 관점을
쉽게 찾을 수 있다. 실제로 개혁가들은 종교개혁에서
교육의 중요성을 깊게 인식하고 있었다.

츠빙글리

츠빙글리(Urlich Zwingli, 1484~1531)는 스위스의 종
교개혁가로, 그의 교육관은 『청소년의 기독교 교육』
(1523)에 집약되어 있다. 그의 저술은 다분히 인문주
의적 경향과 방법을 따르고 있으며, 그는 여기서 학교
의 설립과 감독에 많은 관심을 두었다. 그의 교육목적 또한 하느님의 위대
한 지식을 널리 가르치려는 것이었다. 츠빙글리에 이어 스위스 제네바에 개
신교 학교를 설립한 칼뱅(John Calvin, 1509~1564)은 종교적 훈련을 주목적
으로 하였지만, 동시에 인문주의적 가치를 존중하였다. 개인의 직업은 하늘
에서 부여받는다는 소명(Beruf)의식은 직업교육관 확립에 기여하였고, 근검
과 절약을 바탕으로 전개된 청교도 정신은 나중에 자본주의와 근대사회의
발전에 지대한 공헌을 하였다. 스코틀랜드의 종교개혁가인 녹스(John Knox,
1513?~1572)는 청교도 창시자의 한 사람이며 장로주의의 선구자이다. 종교
개혁이 개혁파의 승리로 끝나자 그 편에 서서 스코틀랜드 교구학교의 설립에
커다란 기여를 하였다.

이 시기의 대표적인 교육사상가로는 독일의 루터와 멜란히톤을 들 수 있다.

(1) 루터

루터(Martin Luther, 1483~1546)는 위대한 종교개혁
의 선구자이다. 그는 교회의 지배로부터 교육을 독립
시켰고, 근대적 의미의 의무교육을 확립하였으며, 세
속교육과 종교교육의 조화를 꾀한 인물이었다. 그는
독일의 각 영방 제후들에게 보내는 서한에서 각 도시
에 학교를 설립하여 취학 연령의 아동을 의무적으로

루터

학교에 보낼 것을 권고하였다.

루터는 가정교육을 가장 중요한 교육으로 보았다. 가정에서의 교육적 실패는 보상이 되지 않을뿐더러 아동이 인간으로 성장하는 모든 자양분을 가정에서 얻는다고 보았기 때문이다. 그렇지만 아동의 전 교육을 가정이 담당할수 없으므로 적절한 나이가 되면 학교에 취학하여 공교육을 받아야 한다고 보았다. 양육 단계에서는 부모가 아이의 교육을 책임지고 이끌 수 있지만 아동이 나이가 들수록 가정교육은 한계를 지닐 수밖에 없다. 따라서 아동에게 교육내용과 교육방법 면에서 체계적인 교육을 할 수 있는 학교교육을 실시해야 한다. 이때 국가가 학교의 설치와 유지, 감독 및 책임을 져야 한다. 이 점에서 루터는 교육사상사에서 최초의 국가 지원 및 의무 취학의 공교육을 체계화시킨 인물이라고 할 수 있다.

이외에도 루터는 여성의 지위 향상과 여성교육에 남다른 관심을 보였고, 교육의 성공을 위해서 훌륭한 교사의 양성이 중요함을 역설하였다. 그는 특히 가르치는 교사의 직무를 중시하여 교육자의 직책과 그 지위는 존경을 받을 만한 것이라고 하였다. 그리고 인간의 심성 계발을 위해 음악교육이 중요하다는 점을 강조하였다. 음악은 정서의 순화와 안정에 중요한 기여를 하므로 청소년의 교육에 반드시 포함되어야 함을 역설하였다. 자신의 불행한 어린 시절을 돌아보며 그는 실제 교육에서 놀이의 가치, 신체적 처벌의 금지, 사랑의 양육 등을 교육의 중요한 이슈로 삼았다.

자신의 교육사상에 입각하여 루터는 독자적인 교육제도를 구상하였다. 우선 모국어 초등학교(Vernacular Principal School)에서는 읽기 · 쓰기 · 체육 · 음악 · 성서 · 직업 · 가사를 가르치고 라틴 중학교(Latin Secondary School)에서는 라틴어를 위시하여 그리스어 · 수사학 · 문법 · 변증법(논리학) · 역사 · 과학 · 수학 · 음악 · 문학 · 체조 등을 가르쳤다. 그리고 최고의 교육기관인 대학에서는 전문 직업훈련을 하고, 언어학 및 아리스토텔레스의 저서 등과 같은 고등 수준의 학문을 접하게 한다. 비텐베르크대학에서 30년 동안 교수직을 지냈던 루터는 대학의 교육과정 개편에도 많은 공헌을 하였다. 그가 주창한 새로운 교육과정에는 성서, 신학, 수학, 역사와 라틴어, 그리스어, 헤브라이어 등이 망라되어 있다.

(2) 멜란히톤

멜란히톤

루터와 동시대 인물로서 개신교적 인문주의를 확립한 인물이 독일인 멜란히톤(Philipp Schwarzert Melanchthon, 1497~1560)이다. 그는 과격한 루터와는 달리 온화한 성품의 소유자로서, 신교의 종교개혁이 제기한 그 당시의 종교·정치·사회적 모순과 부조리에 대한 과감한 도전을 인문주의 정신의 토대에서 해결하고자 하였고, 구체적인 실현 방법을 학교와 대학의 개혁과 같은 교육실천에서 찾았다.

그가 인문교육의 기초로 가장 강조한 영역은 고대 언어였다. 그 당시 교양인의 공통 언어였던 라틴어는 물론 그 언어의 근간이 되는 그리스어를 철저하게 배워야 한다고 보았다. 모든 학문, 특히 철학이 그리스에서 유래한 만큼 인간과 사물에 관한 원래의 기록이 그리스어로 되어 있고, 그리스어에 대한 소양은 지식의 근원에 한발 더 가까이 접근함을 의미하는 것이었다. 그는 또한 신학과 성서에도 많은 관심을 기울였는데, 복음(Evangelium)의 근원적 이해를 위해서 그 모태가 되는 히브리어를 수학해야 한다고 보았다.

멜란히톤은 자신의 교육방법을 실천에 옮기고자 그리스 고전에 대한 해박한 지식을 토대로 다양한 교재를 편찬하였다. 1519년『그리스 문법』과 1925년 그리스의 명언과 시들을 선별하여 어학교재로 만든『경구집(警句集, Chrestomatie)』을 편찬·보급하였다. 1925년 독일에서 최초로 간행된『라틴어 문법』은 18세기까지 인문주의자들이 가장 널리 사용한 어학교재가 되었으며, 나중에 유럽 전역에서 학교문법의 모범이 되었다.

멜란히톤은 기존 학교의 재조직과 새로운 학교, 가령 1527년 마부르크(Marburg), 1558년 예나(Jena), 1576년 헬름슈타트(Helmstätte)의 신설을 통해 개신교 인문학교와 신교적 인문주의로 탈바꿈한 근대 대학을 만들어 나갔다. 그의 교육사상이나 학교 조직보다 더 중요한 사실은 그의 많은 제자가 학교의 교사나 대학의 교수가 되어 인문주의적 복음을 전 독일과 유럽에 널리 퍼뜨렸다는 점이다. 인문주의 교육의 기본적인 방향을 제시하였고, 오랫동안 학교와 대학에 영향을 주었다는 점에서 그는 분명 '독일민족의 교사(praeceptor germaniae)'로 칭송될 만하다. 16세기 스트라스부르(Strasbourg)의 저명한 학교장이자 학교개혁가였던 슈투름(Sturm, 1507~1589), 골드베르크(Goldberg) 학교장이자 학교개혁가였던 트로첸도르프(Trotzendorf, 1490~1556)와 그리고 네안더(Neander, 1525~1595)와 볼프(Wolf, 1516~1580) 등이 모두 그의 제자였다.

5) 반종교개혁과 예수회의 교육

신교의 종교개혁이 유럽을 휩쓸고 지나간 후 로마 가톨릭에서도 자체 모순을 정비하여 신교에 대항하려는 일련의 움직임이 일어나게 되었다. 그 개혁의 중심에 선 단체가 1540년에 창설된 **예수회**(Jesuits 혹은 society of Jesus)이다. 예수회는 중세 수도원과 다른 형태로 기존 가톨릭을 혁신하고자 하였다. 그 혁신을 위하여 가장 중요한 일이 교육조직을 새롭게 구성하는 일이었다. 창시자인 **로욜라**(Ignatius of Loyola, 1491~1556)는 구교의 복음 전파를 통하여 잃어버린 가톨릭 세력의 영향권을 다시 회복하고자 하였다.

예수회의 총 강령은 10개의 부분으로 구성되어 있는데, 이 중 교육과 관련된 부분이 4번째 강령(Ratio Studiorum)으로 연구 및 교육조직을 망라하고 있다. 예수회의 대학과 학교의 조직과 전파는 이 강령을 따르고 있으며, 1599년 개정 이래 예수회의 교육행정, 교육방법, 교육과정을 총체적으로 관리하는 역할을 맡고 있다.

　예수회는 초등교육보다는 중등교육이나 대학교육에 더 많은 관심을 두었다. 교육내용으로는 인문학을 위시하여 철학과 신학이 주가 되었으며, 수학과 과학은 부차적으로 교육되었다. 모국어보다는 라틴어와 그리스어를 보다 중시하였다. 예수회는 두 가지 유형의 대학을 창설하였는데, 초급 단과대학과 상급대학이 그것이다. 초급 단과대학에서는 5년에서 6년간 문법, 수사학, 인문학을 주로 가르쳤고, 상급대학에서는 3년간 스콜라 신학의 심화와 함께 철학, 수학, 자연과학 등을 교수하였다. 교사교육을 특히 중시하였던 예수회에서는 초급 단과대학과 상급대학을 졸업한 학생들 가운데서 신규교사를 선발하였으며, 현직교사는 대학에서 지속적인 훈련을 받도록 하였다. 교육방법으로는 암기, 주제에 관한 리뷰(일별, 월별, 연별), 신체적 처벌 금지, 학생들 사이의 경쟁심리 조장 등을 들 수 있다.

　반종교개혁을 주도한 예수회는 창시자인 로욜라의 기본 인식, 즉 신교에 대항하는 효율적인 종교적 무기로서 최상의 교육훈련이 필요하다는 다소 편협한 시각에서 출발하였다. 하지만 교육사상사적으로 볼 때 그 파급효과는 큰 것이어서 가톨릭의 다른 수도원 조직의 개편에 영향을 주었을 뿐만 아니라 세속 교육에서도 교사교육의 체계화에 적지 않은 기여를 하였다.

제4장

실학주의, 계몽주의, 신인문주의 교육

1. 실학주의 교육

1) 시대적 배경

실학주의는 17세기 과학의 시대에 탄생한 교육사조이다. 천문학 분야에서 코페르니쿠스와 갈릴레이가, 물리학에서 뉴턴이 새로운 자연법칙을 발견하여 과학의 시대를 활짝 열었다. 과학과 실험이 활발해지고, 실제 세계에 대한 경험연구가 새로운 연구방법으로 부각되었다. 신대륙의 발견과 다양한 지리상의 발견도 이러한 탐구와 과학정신 고취에 일조를 하였다. 인문주의와는 달리 이 시기의 실학주의는 실용적·공리적·실제적 경향을 그 특성으로 한다.

실학주의는 자연현상과 사회적 실생활에 대한 관심에서 생겨난 것이다.

언어와 문학을 중시하였던 인문주의와는 차별성을 지닌다. 15세기의 인문주의가 언어와 문학, 16세기의 종교개혁이 종교와 도덕을 주요 탐구대상으로 삼았다면, 17세기의 실학주의는 과학과 철학을 가장 중시하였다. 실학주의는 서로 구별되는 세 가지 발전단계를 따라 전개되었다. 인문적 실학주의, 사회적 실학주의, 감각적(혹은 과학적) 실학주의가 그것이다. 진정한 의미에서 실학주의 본질에 가장 충실한 것은 감각적 실학주의이다.

2) 인문적 실학주의

15세기에 널리 유행하던 인문주의는 실학주의 초기에도 여전히 영향력을 행사하고 있었다. 인문주의적 경향성을 다소 지니고 있었지만 인문적 실학주의는 키케로주의의 좁은 형식주의를 탈피하고자 하였다. 문헌과 문체 연구의 틀을 벗어나 인문적 실학주의자들은 고대인들의 삶의 지식을 토대로 자신 고유의 삶을 영위하는 데 도움을 얻고자 하였다. 그들이 보기에 그리스와 로마의 원전이 중요한 것은 우리가 사는 실제적 삶의 문제를 해결하는 데 단서를 줄 수 있었다. 이들은 교육목적을 신체 · 도덕 · 사회적 발달에 두었다. 대표적인 사상가로는 밀턴을 들 수 있다.

영국의 밀턴(John Milton, 1608~1674)은 『교육에 관한 고찰(Tractate on Education)』(1644)을 저술하였다. 그는 여기서 12세에서 21세까지 성장기 인간의 발달과 교육을 기술하고 있다. 당대의 형식적인 교육 대신 고대 작가들을 연구하여 과학과 도덕성을 교육하는 데 적극 활용해야 한다고 주장하였다. 밀턴이 강조한 교육내용은 라틴어 문법, 대수, 기하, 도덕훈련을 기본으로 하고, 기본적 지식 습득 후 농업, 건축, 생리학, 자연철학, 지리학, 의학 등의 실용학문으로 나갈 것을 권장하였다. 가령, 농업을 배울 때 고대 로마

밀턴

의 작가인 카토(Cato), 바로(Varro)와 같은 농업에 관한 고전 지식을 잘 연구하여 실생활의 문제를 해결해야 한다고 주장하였다. 고대 작가를 이해하기 위해서는 물론 그리스어와 라틴어를 필수적으로 배워야 한다. 인문주의적 영향을 받고 있지만 밀턴은 고전의 실생활 적용을 강조함으로써 키케로주의에서 탈피하고자 노력하였다. 이러한 교육을 하는 기관으로는 아카데미가 적합한데, 이 기관은 중등학교와 대학을 결합한 형태로 고차적 학문 연구와 실생활 적용이라는 두 가지 목적을 달성하기에 적합한 것으로 보았다. 교육기관의 성격상 특권층의 자녀가 입학하여 교육을 받아야 한다고 주장함으로써 귀족주의적 성향에서 탈피하지 못한 한계가 있다.

3) 사회적 실학주의

사회적 실학주의는 교육이 인간의 실제적 삶에 도움을 주어야 한다는 입장을 지닌다. 이전의 인문주의는 신사적 삶을 준비하는 데 부족하므로 다양한 실제 경험을 통하여 삶의 문제해결력을 길러 나가야 한다고 보았다. 이 점에서 사교와 여행은 새로운 장소와 사람을 직접 대면하면서 새롭게 배울 수 있으므로 실제적 지식을 습득하는 가장 좋은 교육방법이 된다. 사회적 실학주의의 대표자로는 프랑스의 철학자 몽테뉴를 들 수 있다.

프랑스의 철학자이자 사색가인 **몽테뉴**(Michel de Montaigne, 1533~1592)는 중세의 낡은 가치에 의심을 품었던 회의론자였다. 그는 시종일관 독단을 피하고, 모든 것에 대해 비판적 자세를 취함으로써 인생에 대한 고찰을 집대성하여 유명한 『수상록(Essais)』(1580)을 남겼다. 이 중에서 교육과 관련이 있는 부분은 「박식함에 관하여(Of Pedantry)」 「자녀교육에 관하여(Of the Education of Children)」 「아버지의 자녀에 대한 영향에 관하여(Of the Affects of

몽테뉴

Fathers to their Children)」 등이다. 그는 교육과 지식을 엄격하게 구분하였다. 지식은 책에서 얻어지며 그 자체로는 별 쓸모가 없다. 교육의 목적은 고귀한 도덕성을 길러 내는 데 있다. 그렇다고 공부 자체를 반대한 것이 아니라 공부가 행복한 삶에 기여를 해야 한다는 점을 강조하였다. 내세와 관념보다는 현세적 삶과 자신의 실천적 행위 속에서 삶의 가치를 찾고자 한 그의 삶의 태도는 사회적 실학주의의 특성을 잘 보여 준다. 중세의 미몽이 채 사라지기 전에 현명한 판단을 위해 교육을 강조하고, 책보다는 실천의 중요성을 일깨워 주었으며, 공부 이전에 삶 자체가 중요함을 역설한 몽테뉴는 분명 공리주의적 실용주의자임에 틀림없다. 사회적 실학주의 또한 아쉽게도 상류층 자제의 교육에 널리 퍼지는 데 그쳤다.

4) 감각적 실학주의

17세기 과학의 시대의 이념을 가장 잘 반영하고 있는 실학주의가 감각적 실학주의이다. 이는 시대적으로 약간 앞선 인문적·사회적 실학주의의 한계를 극복하고 그 장점을 절충하여 탄생한 사조로 볼 수 있다. 감각적 실학주의 교육론이 심리학, 사회학, 과학적 관점을 기본으로 삼고 있어 어떤 의미에서는 다양한 학문을 배경으로 성립된 현대교육론에 근접한 형태로 볼 수 있다. 이 입장은 지식이 주로 감각을 통해서 가능하다고 본다. 그에 따라 기억보다는 감각지각을 통한 교육을 강조하였다. 이 시기에 새로 부상한 과학기술의 발전은 감각적 실학주의에 직접적인 영향을 끼쳤다. 신과학은 탐구에 기반을 둔 교육철학의 형성과 자연과학과 실제적 삶에 근접한 교육과정을 개발하는 데 기여하였다. 감각적 실학주의자들은 고대어 대신 모국어를 교육의 초기 단계에서 필수적으로 배워야 한다고 보았다. 귀납법의 적극적 도입과 백과사전적 지식을 강조하는 **범지주의**(pansophism)적 경향도 엿볼 수 있다. 대표적인 감각적 실학주의자로는 영국의 베이컨, 독일의 라트케, 체코의 코메니우스를 들 수 있다. 이 중에서도 코메니우스는 실학주의의 완성자로 볼 수 있다.

(1) 베이컨

영국의 철학자이자 정치가인 베이컨(Francis Bacon, 1561~1626)은 귀납법(induction)의 창시자로 유명한 인물이다. 그 스스로 교육에 대한 관심은 그리 많지 않았지만 그의 작품 『수필』(1597), 『학습의 진보』(1605) 등에 교육사상이 스며들어 있다. 그는 신학과 형이상학에서 과학으로 사회의 관심을 돌림으로써 인문주의적 형식주의에서 실학주의로 전환하는 계기를 마

베이컨

련하였다. 과거의 지적 성취를 포괄적으로 연구한 후 그는 『신기관(Novum Organum)』(1620)에서 새로운 학문의 방법으로 귀납법을 제시하였다. 이는 개별 사실로부터 일반적인 법칙을 발견해 나가는 자연현상의 탐구방법이다. 『새로운 아틀란티스』(1627)는 자연현상의 탐구가 사회운영의 원리가 되고, 과학 지식의 소유가 사회에 널리 퍼진 이상사회를 그린 작품이다. 그는 새로운 과학기술이 인간의 번영과 행복에 기여할 것이라는 확신을 품고 있었다.

(2) 라트케

충실한 루터주의자로서 라트케(Wolfgang Ratke, 1571~1635)는 성서의 지식을 만인이 공유해야 한다는 굳건한 신념의 소유자였다. 그 신념은 성서의 학습이 인간 영혼의 치유에 도움이 된다는 믿음에서 비롯된 것이다. 따라서 인간은 성서 수업을 받아야 한다. 특히 모국어로 성서 수업을 받는 일이 중요하다. 이러한 배경하에 그는 교수법의 제1원리가 될 수 있는 중요한 명

라트케

제를 천명하였다. 즉, 수업은 모든 인간을 위해서 필요하며, 신분이나 성에

결코 얽매여서는 안 된다는 것이다. 그리하여 그는 소년과 소녀를 위한 보통 의무교육을 실현하기 위해 노력하였다. 교수법의 문제는 라트케에 있어서 비단 수업방법이나 기술의 차원이 아니라 교육의 평등 문제와 직접적인 연관이 있다. 신학자, 철학자, 교사였던 그는 개선된 수업방법에 관한 저술(1612)과 몇 가지 교육방법에 관한 글들을 남겼다. 그 저술에서 '합자연의' 귀납적 교수방법에 대하여 언급하고 있다. 그 내용은 다음과 같다.

첫째, 모든 것은 자연의 질서와 흐름에 따라야 한다. 쉬운 것에서 어려운 것으로, 간단한 것에서 복잡한 것으로, 잘 알고 있는 것에서 아직 잘 모르는 것으로, 가까운 곳에서 먼 곳으로 수업이 진행되어야 한다.

둘째, 모든 것은 경험과 탐구를 통해서 얻어져야 한다. 교육에서 중요한 방법은 실험과 고유한 인식에 도달하기 위한 체험이다.

셋째, 우선 학습자에게 사물 자체를 제시한 연후에 사물에 접근하는 방법을 가르쳐야 한다. 가령, 언어 수업에서 우선적으로 전체 텍스트를 제공한 후 그 안의 문법을 가르쳐야 한다. 구체적인 것에서 추상적인 것으로 나아가는 순서를 밟아야 한다.

넷째, 모든 것은 우선 모국어로 가르쳐야 한다. 전체적으로 먼저 이해를 한다음 형식을 가르치라. 이해하지도 못한 내용을 암기하게 해서는 안 된다.

(3) 코메니우스

코메니우스

교사와 학교장, 그리고 보헤미안 형제단의 주교를 역임하였던 코메니우스(Johann Amos Comenius, 1592~1670)의 본명은 Jan Amos Komensky이다. 그는 원래 체코인으로, 신교와 구교의 갈등으로 빚어진 30년 전쟁의 중심에서 파란만장한 생애를 영위하였다. 그는 근대기 최초로 교수법을 체계화한 인물로, 오늘날 교수법이 교육학의 한 분과로 자리매김되는 데 많은 공헌을 하였다.

그는 자신의 주저 『대교수학(Didactica magna)』(1657)을 저술하여 교수학을 사람들에게 모든 것을 재빨리, 재미있게, 근본적으로 가르칠 수 있는 기술로 명명하였다(Comenius, 2007). 라틴어로 이것을 표현하면 'Omnes, Omnia, Omnino'이다. 'Omnes'는 모든 인간에게, 다시 말해서 신분, 성과 같은 차별을 넘어 가능한 모든 사람이 교육을 받아야 한다는 평등사상을 말하며, 'Omnia'는 교육의 내용과 관련되는 것으로, 세계의 모든 지식을 빠짐없이 가르쳐야 한다는 것이고, 'Omnino'는 교육의 방법에 해당되는 말로서 근본적으로 철저하게 가르쳐야 한다는 의미이다.

교육목적에 이어 그는 여기서 교육목적과 교육방법을 구체화하고 있다. 학문과 학문의 체계가 교수론적 사고의 출발점이 아니라 학습자의 이해가 그 출발점이 되어야 한다고 천명함으로써 학습자의 학습가능성을 교육의 출발점으로 삼았다. 교육방법에서는 **합자연의 원리**를 따르고 있다. 첫째, 가까운 곳에서 먼 곳으로, 즉 인간의 학습은 아는 것으로부터 출발하여 점차 낯선 것들을 익혀 가는 과정이다. 둘째, 기본적인 것에서 개별적인 것으로, 즉 학습은 세부적인 요소를 포괄하는 전체 구조를 필요로 한다. 셋째, 행위에서 그림을 거쳐 상징으로, 즉 인간의 학습은 구체적인 행위에서 출발하여 그림을 거쳐 모국어에 도달하고, 더 점진적으로 외국어나 학문적 언어로 발전해 간다.

합자연의 원리를 바탕으로 그는 인간발달에 근거한 체계적인 수업과정과 교육기관의 구성원리를 제시하였다. 수업은 단계적으로 진행되어야 하며, 그 배후에는 자연적 원리가 숨어 있다. 제1단계는 어머니학교에서의 가정교육(6세까지), 제2단계는 모국어학교에서의 고유문화에 대한 교육(7~12세), 제3단계는 라틴어학교에서의 외국 문화와 학문 준비를 위한 교육(13~18세), 제4단계는 대학에서의 학문적 연구(19~24세)가 이루어져야 한다.

코메니우스에 따르면, 모든 인간은 신의 동일한 피조물로서 동등하게 교육을 받을 권리와 의무가 있다. 따라서 모든 아동은 성과 출신배경에 상관없이 학교를 다닐 수 있어야 한다. 이러한 주장이 교육적, 경제적으로 가능하기 위해서는 한 교사가 다양한 집단의 학생을 가르칠 수 있는 조건이 갖추어져야 하며, 아동들이 쉽게 배울 수 있는 교재가 필요하다. 교재는 저렴한 인쇄물로 교육내용을 교수법의 원리에 입각하여 쉽고, 재미있게 구성된 것이어야 한다. 세계 최초의 시각 교재인 『세계도회』(1658)는 이런 배경에서 만들어진 것이다.

『세계도회』는 세계를 그림으로 나타낸 책이며, 동시에 실과 및 언어 학습 교재라 할 수 있다. 약 300쪽 150장으로 구성된 이 책은 17세기 당시의 세계를 책 안에 고스란히 담고 있다. 내용적으로 신과 자연, 우주, 인간 등의 문제를 포괄적으로 다루고 있다. 신과 관련된 인간 도야의 문제는 다음과 같은 순환구조를 갖는다(Comenius, 1998).

신 → 문화 → 역사 → 종교 → 언어 → 인간 → 미생물 → 식물→ 동물 → 자연 → 신

시각 자료를 교재에 사용한 코메니우스는 현대의 학습심리학적 요소를 담고 있다. 그의 저술 안에는 행위, 그림, 개념이 학습에서 밀접한 관련을 맺고 있다. 행위가 그림에서 전체적, 직관적으로 제시되고, 그림은 언어적 의사소통을 가능케 하는 개념으로 상징화된다. 이 책의 특징은 내용의 다양성에서도 찾을 수 있다. 이 책에서는 자연, 사물, 사회과의 모든 내용이 포괄적으로 망라되어 있다. 한편엔 그림, 다른 한편엔 사물의 이름과 설명을 라틴어와 독일어로 제시하여 언어 학습을 가능하게 하고 있다. 사물은 이름을 가지고 있으며 그 기능에 따라 규정된다. 코메니우스는 이 교재를 통해서 감각적 실학주의의 교수방법을 구현하고자 한 것이다.

(4) 로크

실학주의자 코메니우스의 영향을 받은 영국의 철학
자 로크(John Locke, 1632~1704)는 대표작으로『인간오
성론(An Essay Concerning Human Understanding)』(1690)
과 『교육론(Some Thoughts Concerning Education)』
(1693)을 남겼다. 대륙의 합리론에 맞서 경험론을 주창
하여 경험이 유일한 지식의 원천임을 주장하였다. 마
음 내부의 본유 관념을 철저히 부정하면서, 경험이 모

로크

든 지식의 근원이며 감각지각과 이성을 통해 인간은 사물의 인식에 도달함을
밝히고자 하였다. 그의 **백지설**(tabula rasa)은 인간의 마음이 백지(wax tablet)와
같아서 얼마든지 경험을 통해서 채워 넣을 수 있다는 교육만능론(인간에 모든
지식을 얼마든지 가르칠 수 있다는 생각)의 가능성을 열었다.

그 당시의 귀족계급에 국한된 교육을 비판하며 '신사(gentleman)' 양성 교육
을 대안으로 제시하였다. 교육에 반드시 필요한 네 가지 본질적 요소는 덕,
지혜, 양육, 학습이다. 덕은 좋은 성격, 지혜는 올바른 판단, 양육은 좋은 습
관과 매너, 학습은 유용한 지식을 위해서 필요하다고 보았다. 여기서 학습이
제일 나중에 위치한 것은 덕과 지혜가 오히려 신사교육에서 우선시되어야 함
을 의미한다. 로크는 학교교육보다는 가장교육이 더 중요하다고 보았다. 그
는 교육적 단련주의를 지지하는 입장에서 신체적 단련을 위한 체육교육과 도
덕적 훈육 및 자기통제가 중요함을 역설하였다. 교육내용에서는 그리스어와
라틴어 대신 모국어 교육을 강조하였고, 교육방법에서는 암기주의를 반대하
고 인간의 소질을 발견하여 그에 따른 교육을 실시해야 한다고 주장하였다.
로크는 철학적으로 인식론 분야에서 새 지평을 열어 버클리, 흄, 칸트에게 영
향을 주었고, 교육학에서는 인간 본성의 치밀한 분석과 체계적 교육론을 제
시하여 루소, 바제도우, 페스탈로치, 헤르바르트에 의한 근대 교육학의 발전
에 지대한 공헌을 하였다.

(5) 프랑케

감각적 실학주의는 17세기 종교단체의 교육에서 실제로 널리 활용되었다. 대표적으로 독일의 경건주의자들은 민중의 교육과 사회 구제를 위한 방법으로 실학주의를 채택하였다. 경건주의(Pietismus)란 17세기에서 18세기 독일을 중심으로 전개된 종교적·교육적 경건주의 운동을 말한다. 이는 1670년 이후 개신교 신학자였던 슈페너(Philipp Jakob Spener)의 신학적 경건주의에서 시작된 것이다. 기독교의 본질이 지식이 아니라 행동과 실천에 있다고 주장한 사람들은 종교단체를 결성하여 이를 교육적으로 실천하게 되었다.

프랑케(August Hermann Francke, 1663~1727)는 독일의 할레(Halle) 지역 목사와 신학교수로 활동하면서 경건주의 정신을 널리 실천에 옮겼다. 그는 지역의 가난한 청소년과 부랑아들을 모아 자신이 설립한 학교에서 교육을 시켰다. 교육과 사회구호시설로 설립된 거대한 프랑케 학원은 당시 교육이 얼마나 광범위하게 전개되었는지를 잘 보여 준다.

기독교 교육과 삶의 준비를 위한 교육을 목적으로 설립된 프랑케의 학교는 지식과 경건성을 조화시키고자 하였다. 당시 이 학교에서 아이들은 오전에는 이론적 교과목에 따른 일반 수업을 받았다. 오후에는 수업을 받지 않는 빈 시간에 게을러지거나 유혹에 빠질 것을 염려하여 오전과는 전혀 다른 학습활동을 제공하였다. 이러한 전환을 통해 지속되는 수업으로 인한 학습능률의 저하를 방지하고, 학습자의 기분전환을 가져와 새로운 마음으로 수업에 임할 수 있도록 배려하였다. 오늘날 일부 대안학교에서 실천하고 있는 작업장 견학, 산약초 캐기, 텃밭가꾸기, 실험, 그림 그리기 등 교재 중심의 교육에서 탈피하여 실학적 요소를 도입하였다. 전혀 다른 학습활동을 함으로써 학습자는 재충전을 할 수 있게 된다고 보았다. 이 점에서 이러한 활동을 프랑케는 '여가 훈련'이라고 명명하였다.

프랑케의 이러한 생각을 그의 제자인 헤커(Hecker)가 이어받아 1747년 독일 베를린에 최초로 실과학교(Realschule)를 창설하게 되었다. 실제적인 것의 경험이 인간을 도야한다는 그의 신념을 반영함으로써 이 학교는 성공을 거두게 되었다. 실과학교는 김나지움과 함께 오늘날 독일의 중등교육을 지탱하는 중요한 축으로 작용하고 있다.

2. 계몽주의 교육

1) 시대적 배경

18세기 계몽주의는 종교개혁 이후 출현한 전제주의, 절대군주, 사회적 불평등에 대한 반발이며, 고대와 중세의 지식세계에서 벗어나지 못한 지적 세계에 일대 전환을 가져온 정신운동이다. 로크의 자유주의적 정치이념이 유럽에 널리 퍼지게 되면서 자유와 평등의 이념이 널리 확산되었다. 그의 사회계약론에 의하면, 시민들이 대리권자를 선출하여 정부에서 일할 권한을 부여하고, 대신 정부는 시민의 천부적 자연권인 생명, 자유, 재산을 보호해 주어야 할 의무를 지니게 된다. 프랑스의 **몽테스키외**는 『법의 정신』(1748)에서 로크의 이념을 재천명하였다. 그는 로크의 영향을 받아 절대군주제를 격렬하게 비판하고 국가의 기원, 법의 본성을 설명하고자 하면서 '자연적'인 기초 위에서 사회개혁의 계획을 세웠다. 입헌군주제를 옹호한 그는 삼권분립과 양당제의 정치적 아이디어를 제시하였다.

국민의 기본적 인권을 보장하기 위하여 통치 및 공동체의 모든 생활이 헌법에 따라서 영위되어야 한다는 **입헌주의**(constitutionalism)가 중류층에 널리 받아들여지면서 유럽과 아메리카에서 혁명의 도화선이 되었다. 프랑스에서는 루이 15세(1715~1774)의 오랜 집권을 무너뜨리고 1789년에 대혁명을 통해 정치 · 경제 · 사회 · 문화 전반에 거친 변혁이 시작되었다. 프러시아에서는 프리드리히 I세(1713~1740)와 프리드리히 대제(1740~1786)를 거치면서 독일의 유럽 내 입지를 강화하는 데 기여하였다. 영국에서는 제임스 2세의 폭정에 항거하여 1688년 명예혁명이 일어나 절대왕정에 종지부를 찍고 권리장전을 통해 의회민주주의의 기틀을 다지게 되었다.

이 시기의 교육은 18세기 정치 · 경제 · 종교적 변화상을 그대로 반영하고 있다. 자유주의와 인권주의를 민주주의의 필연적 요소로 보는 교육이론들이 등장하게 된 것이다. 새롭게 부상한 중산층은 자신들의 요구에 부합하는 교육을 요청하게 되었다. 영국에서는 성경의 진리를 생활 속에서 실천하는 감리교(methodism)의 등장이 종교적으로 교육을 쇄신하는 계기를 마련하였다.

2) 계몽기 프랑스의 교육

구교의 전통이 강했던 프랑스는 16세기부터 18세기까지 예수회를 비롯한 각종 종교단체에서 교육을 관장해 왔다. 1763년 예수교 학교가 문을 닫자 프랑스의 사상가들은 서서히 교육에 관심을 갖기 시작하였다. 이들은 기존의 가톨릭 교회의 교육에서 벗어나 국가적 수준의 완전한 교육제도를 정비하고자 하였다.

(1) 엘베시우스
프랑스의 철학자이자 문학가인 엘베시우스(Claud Adrien Helvetius, 1715~1771)는 자신의 주저『영혼에 관하여』(1758)에서 성격과 인격의 차이가 교육에 의한 지적 수준의 차이에서 기인한다고 주장하였다. 그는 모든 교육을 시민이 주도해야 한다고 보았다.

(2) 샬로테
프랑스의 법률가였던 샬로테(Louis-René de Caradeuc de La Chalotais, 1701~1785)는 자신의『국가교육론』(1763)에서 중등교육의 개혁을 주장하였다. 그 당시 교육체제가 시민을 기르는 데 부적합하다는 진단을 내린 후 그는 중등학교 수를 제한할 것과 교육방법을 쇄신할 것을 자신의 교육론에서 피력하였다. 예수회의 교육과정을 대체할 과학 교육 프로그램을 기획하기도 하였다. 특히 교육과정에 체육과 현대어를 강력 추천하였고, 성직자로 구성된 교사 대신 세속적 인물이 교사가 되어야 함을 역설하였다.

(3) 콩도르세

프랑스의 정치가, 교육사상가, 공교육론(公敎育論)의 주창자로서 **콩도르세**(Marie Jean Antoine Nicolas Caritat Marquise de Condorcet, 1743~1794)는 저서 『공교육의 대상과 본질』(1792)을 남겼다. 국가에 제출한 법안에서 그는 당시의 교육 상태를 전반적으로 진단하여 새로운 교육제도에 대한 자신의 구상을 피력하였다. 콩도르세안(案)으로 불리는 이 법안(1793)은 모든 시민에

콩도르세

게 공통의 공교육과 만인 무상교육을 제공하려는 내용을 담고 있다. 그의 교육사상을 구체적으로 살펴보면 다음과 같다.

첫째, 교육은 자유와 평등을 위해서 필요하며, 도덕성과 인간 진보의 기초를 형성하는 데 중요한 역할을 한다. 둘째, 교수(敎授)는 보편적으로 행해져야 한다. 셋째, 국가가 교육을 지원하더라도 교육은 정치적 통제와 종교적 간섭으로부터 독립해야 한다. 넷째, 여성의 교육권을 보장해야 한다. 다섯째, 교육내용에 과학교육을 반드시 포함시켜야 한다.

이러한 생각을 토대로 그는 초등학교, 중등학교, 대학, 과학과 예술 왕립협회로 구성되는 학제를 제시하였다. 학문의 왕좌에 과학과 예술을 위치시킨 점은 눈여겨볼 만하다.

3) 루소의 아동교육사상

루소

프랑스의 계몽사상가이자 철학자, 사회학자, 교육론자인 루소(Jean Jacques Rousseau, 1712~1778)는 서양 교육의 역사에서 가장 중요한 인물로 간주된다. 아동을 그 자체로 발견한 인물이며, 체계적인 교육론을 제시하여 이후 교육이론과 실제에 지대한 영향을 주었기 때문이다. 그는 대표작으로 『사회계약론』(1762)과 『에밀』(1762)을 남겼다.

루소가 살던 18세기 프랑스에는 여전히 어린이를 성인의 축소판으로 보고 아동의 특성을 전혀 고려하지 않았다. 이러한 당시의 사회 풍토에 강한 반기를 들고 어린이가 어린이답게 살 수 있도록 어린이의 자유와 권리를 인정해야 함을 주장하였다. 그의 저술 『에밀』의 서문에 등장하는 "모든 것은 창조주의 손에서 나올 때에는 선하나 사람의 손으로 옮겨지면서 약해진다"는 구절은 그의 인간관을 단적으로 보여 준다. 가톨릭의 원죄설을 정면 부정하는 이 저술로 루소는 금서 처분을 받는 것은 물론 평생 동안 온갖 박해를 받게 되었다.

그에 따르면, 로크가 말한 것처럼 어린이는 백지 상태의 존재가 아니라 자연스럽게 성장할 수 있는 능력을 가진 선(善)한 존재이다. 교육에서 관건이 되는 것은 어린이의 타고난 선성(善性)을 얼마나 잘 보존하고, 유지 · 발전시켜 주느냐이다. 이는 정원사가 식물을 가꾸는 것에 비유할 수 있다. 식물은 자연의 상태에서 스스로 성장해 나간다. 정원사가 하는 일은 다만 필요할 때 햇볕에 빛을 쏘이거나 수분이 필요할 때 물을 주는 일이다. 그러기 위해서는 아동의 발달단계를 제대로 인식하고 그에 상응하는 교육을 해 나가야 한다. 각 발달단계마다 고유한 가치와 의미를 가지고 있다는 점을 강조한 것은 루소의 커다란 공헌이라 할 수 있다. 아동의 독자적인 존재가 어른과는 근본적으로 다르기 때문에 아동에게 어른의 의도나 요구를 그대로 따르게 요구해서는 안 된다.

> "아동에게는 보고 생각하고 느끼는 아동 특유의 방식이 있다. 그런데 거기에다 우리 어른들이 보고 생각하는 방식을 강요하는 것처럼 어리석고 무분별한 짓은 없다"(『에밀』 중에서).

어른의 의도에 의하여 아동의 성장과 발달의 가능성을 왜곡하지 않기 위해서라도 아동의 자유와 개성을 존중하고, 아동의 흥미와 요구에 따라 자발적이고 자주적으로 활동시킬 필요가 있다. 아동의 심신의 발달에 따르는 교육이야말로 참교육이라고 할 수 있다. 이는 오직 학습의 주체로서 아동의 존재를 인정할 때 가능하다. 아동의 발달단계를 무시하고 아동에게 무의미한 언어나 지식을 주입함으로써 그들에게 그릇된 편견을 갖게 할 수 있다. 자기의 눈으로 보고, 자기의 감정으로 느끼고, 자기의 이성에 비추어 판단하고 행동하는 인간을 육성하는 데 교육의 목적을 둔 루소는 교사와 서적 중심의 지식교육을 철저히 배격하였다.

그 당시 프랑스 학교에서는 전통적인 지식을 암기와 주입에 의해 아동에게 강요하고, 예의범절을 기계적으로 훈련하였다. 교사는 한 손에 책을 들고 교권을 휘두르는 감시자로 군림하였다. 이러한 상황에서 아동의 개성과 흥미는 무시되고, 자주성과 자발성은 손상을 입었다. 이러한 상황에서 루소는 교육의 중심을 교사와 서적 중심에서 아동 중심으로 일대전환을 꾀했던 것이다. 그와 함께 루소는 아동의 고유한 권리를 확보하고자 하였다.

> "아동들은 인간으로 또 자유인으로 태어났다. 그들의 자유는 그들의 것이고, 그들 이외의 어떤 사람도 그것을 마음대로 처분할 권리를 가지고 있지 않다"(『사회계약론』 중에서).

4) 칸트의 교육사상

칸트

고대 그리스의 아리스토텔레스 이후 가장 위대한 철학자이자 영향력 있는 사상가가 칸트(Immanuel Kant, 1724~1804)일 것이다. 그는 '계몽이란 무엇인가'라는 물음에 대하여 '인간이 자신의 오성을 사용하여 미성숙 상태에서 벗어나는 것'이라는 명쾌한 답변을 제시하였다. 중세의 봉건적인 속박과 미몽에서 벗어나지 못한 인간은 자신의 운명을 신과 교회에 그리고 근대 여명기에는 절대군주의 폭압에 내맡긴 채 살았다. '네 자신의 오성을 사용하라'는 칸트의 계몽에 대한 외침은 인간의 자각과 사회의 혁신을 위한 새로운 신호탄이 되었다.

수학과 과학에 관심이 많았던 그는 인류에게 널리 적용될 수 있는 사고의 보편적 원리를 개발하고자 하였다. 그러한 노력은 3대 비판서로 결실을 맺게 되었다. 그 사유의 열매는 『순수이성비판』(1781), 『실천이성비판』(1788), 『판단력 비판』(1790)이다.

『순수이성비판』은 객관적 실재에 대한 인식의 문제를 다룬 작품이다. 그는 형이상학적 탐구방법을 통하여 대륙의 합리론(라이프니츠)과 영국의 경험론(흄)을 종합하려는 시도를 하였다. 합리론에서는 모든 지식의 근원을 오성에서 찾는 반면, 경험론에서는 그 근원을 경험에서 찾는다. 경험론은 '백지설'에서 볼 수 있는 바와 같이, 인식을 경험의 세계에 의하여 비로소 채워지는 것으로 보는 관점으로 본유관념을 철저히 부정하였다. 하지만 칸트는 경험이 일어나기 위한 선결조건을 사유한 결과, 인간의 내부로 들어오는 외부 경험의 여과장치 혹은 내부구조로서 카테고리를 착안하였다. 그리고 카테고리는 시간과 공간의 틀에서 작동한다는 점을 밝혔다. 이러한 인식의 과정에서의 직관형식을 발견한 칸트는 대립되는 두 입장을 종합할 수 있는 근거를 찾게 되었다.

『실천이성비판』은 인간의 윤리적 문제를 다룬 도덕철학 혹은 윤리학에 관한 작품이다. '네 행위가 보편적 준칙에 맞도록 하라'는 정언명령은 도덕행위의 보편적 기준을 제시한 것으로, 선의지와 도덕적 의무의 중요성을 일깨워준다. 이상주의자 칸트는 인간이 선험적(Apriori)으로 도덕법칙을 따라야 한다고 보았다. 인간은 도덕성을 통해서만 인격적 자유, 품위 및 인격성을 얻을 수 있다. 칸트의 정언명령, 즉 인간을 결코 수단으로 다루어서는 안 되며 목적 그 자체로 다루어야 한다는 윤리학은 인간성의 실현을 추구하는 신인문주의 교육에 결정적인 영향을 주었다. 인간의 존엄성은 가장 순수하며 절대적인 가치를 지니고 있기 때문에 어떠한 경우에도 훼손되어서는 안 된다.

『판단력 비판』은 미학과 종교의 차원을 다룬 것으로, 진리와 선함의 문제에 이어 아름다움과 성스러움의 문제를 근본적으로 통찰하고 있다. 칸트가 제시한 '이해관심에 얽매이지 않는 미적 감식력을 통한 판단'은 인간의 이성과 감성의 조화를 추구하는 인간도야 이념 형성에 적지 않은 영향을 주었다. 인간의 모든 힘이 어떤 특정한 목적에 고정되지 않은 채 조화롭고 균형이 잡힌 성장을 한다는 것을 보여 줌으로써 칸트의 판단력에 대한 통찰은 '인간성의 조화로운 발달'을 지향하는 인간도야의 새로운 가능성을 열어 주었다(정영근, 1991: 174).

이로써 칸트는 과학, 윤리, 예술과 도덕을 아우르는 위대한 사유결과를 인류에게 유산으로 남겼다. 정확한 사고, 올바른 판단, 용기 있는 실천은 칸트의 비판철학이 우리에게 남긴 소중한 교훈이다.

칸트는 말년에 교육학에 관한 강의를 몇 차례 하였는데, 그 강의 내용이 『교육학강의』(1803)에 수록되어 있다. 칸트의 교육목적은 개인의 완성뿐 아니라 인류의 완전성을 고취하는 것이다. 이러한 목적을 달성하기 위하여 인간은 자연으로부터 받은 소명에 대한 개념적 지식을 갖추어야 하며, 선으로 향하고자 하는 성향을 계발해야 한다. 즉, 지식교육과 도덕교육이 조화를 이루어야 한다. 인간의 완전성을 지향하는 이러한 교육은 단순한 반복이나 모방에 의해서 달성되는 것이 아니기 때문에 반드시 체계적이고 조직적인 교육이 필요하다. 교육을 담당하는 주체 또한 가정의 부모나 국가가 직접 관여할 것이 아니라 계몽된 교육의 전문가가 담당해야 한다.

인간의 완성은 훈육, 문화화, 문명화, 도덕화의 단계를 거쳐 실현된다. 훈육은 인간에 내재된 야만성과 동물성을 제거하고 충동을 억제하는 일이다. 문화화는 신체와 마음의 능력을 고양하는 일이다. 문명화는 처세, 사교술, 실용적 분별력, 사회생활 요령 등을 숙달하는 일이다. 마지막으로 도덕화 단계에서는 보편적인 선을 선택할 수 있는 선량한 마음씨를 기르는 일이다. 결국 칸트는 교육과 훈련을 통하여 도덕적인 인간을 기르고자 하였다. 이러한 칸트의 교육사상은 바제도우를 위시한 박애주의자들에 의해 교육실천으로 옮겨졌고, 교육학의 창시자인 헤르바르트의 교육철학으로 계승·발전되었다.

5) 바제도우와 독일의 교육개혁

바제도우

루소와 칸트의 영향을 받아 18세기 독일에서는 교육기관의 설립에 커다란 진전을 보였다. 프랑케(Francke)의 경건주의 학교 또한 독일의 학교 발전에 지속적 영향을 주었다. 프리드리히 I세는 1717년에 초등학교 취학 의무에 관한 법령을 발포하였고, 이를 바탕으로 프리드리히 대제는 1763년에 「일반학교법」을 제정하게 되었다. 이로써 5세부터 14세 사이의 아동이 모두 학교에 의무적으로 취학하게 되었다. 18세기 독일의 학교개혁에 새로운 바람을 몰고 온 사람은 범애주의자 바제도우이다.

독일의 교육자로서 프러시아의 공교육 제도의 선구적 개혁자인 **바제도우**(Johann Bernhard Basedow, 1724~1790)는 **범애파**(汎愛派)의 창시자로서 교육

실제에 기여를 한 교육자이다. 코메니우스가 제시한 근대 초기의 교육과정이 신에서 출발하여 신으로 귀결된 것과는 달리, 이 시기는 세계관의 변화에 따른 교육적 변화가 급격하게 이루어졌다. 특히 과학의 발달과 실학주의의 등장 이후 실재성과 유용성이 강조되었다. 자연과 세계는 이제 인간의 개인적인 능력에 의해 구성되며, 유용한 능력, 기술, 기능으로 전환되어 결국 인간의 사회적 삶에 변화를 주는 것으로 파악되었다.

이 시기에 변화된 세계관을 담을 다양한 방식의 교육과정이 개발되었다. 하지만 대개 학교설립자의 이념을 반영한 것이라 일반성을 크게 확보하지 못한 상황이었다. 출판의 형태는 아동·청소년·학부모 교재 혹은 기본서의 형식을 띠고 있었고, 개념의 의미를 시각적으로 제시하여 교육적 효과를 극대화하였다. 이 중에서도 1774년에 바제도우에 의해서 출간된 『입문서(Elementarwerk)』는 그 당시 프러시아 교육개혁에 많은 기여를 하였다. 이 책에 등장하는 주요 내용은 기초적 교수기술, 아동의 놀이의 종류, 인간과 영혼, 종교, 윤리학, 역사학의 요소, 자연학 등이다(Basedow, 1972: Bd. 1).

6) 계몽기 영국의 교육

청교도 혁명 이후 교육개혁이 왕정복고(1660)로 효율적 진전을 보지 못한 채 영국은 국가 수준의 교육제도를 확립하지 못하고 답보상태를 거듭하였다. 국가 수준은 아니더라도 18세기에 런던과 근교도시에 자선학교가 설립되었는데, 교회단체가 주가 되어 어려운 소년과 소녀에게 무상교육을 실시하기 시작하였다. 그런 노력을 주도적으로 이끈 단체가 1698년에 브레이(Thomas Bray)에 의해 창설된 그리스도 지식진보협회(Society for the Promotion of Christian Knowledge: SPCK)이다. 이들은 교육내용으로 읽기, 쓰기, 교리문답을 강조하였다. 종교적 활동의 배후에 숨은 교육목적은 저소득층의 악과 타락을 방지하려는 의도가 있었다. 초등 수준의 교육은 감리교도

들에 의한 일요학교 운동으로 활발하게 진행되었다. 이들은 일요일 자유시
간을 이용하여 노동자 자녀들에게 기초교육과 종교교육을 제공하고자 하였
다. 18세기의 영국은 산업혁명의 여파로 공장에 고용된 아동이 늘어나고, 부
모가 공장에 나가면서 남겨진 아동은 탁아와 교육을 필요로 하게 되었는데,
이러한 교육적 욕구를 종교 혹은 선교단체가 맡은 일은 특기할 만하다.

18세기의 이러한 교육적 노력은 19세기 오웬(Robert Owen, 1771~1858)에
의한 유아학교(infant school) 창설과 랭커스터(Joseph Lancaster, 1778~1838)에
의한 조교학교(monitorial school)의 출현으로 이어진다. 조교제도는 한 교실에
다수의 학생을 책임진 교사가 고학년의 학생들을 미리 교육하여 그들로 하여
금 분단을 맡아 가르치게 하는 방법이다. 학업성취능력에 따라 분단을 구성
하여 조교로 하여금 10여 명의 학생을 책임지도록 하였다.

3. 국가주의 교육

1) 19세기 국가주의와 공교육 제도의 발전

19세기에 교육 발전에 영향을 준 몇 가지 이념상의 변화를 찾아볼 수 있다.
이들 요인은 상호작용하여 사회적 갈등을 유발함과 동시에 다른 한편으로는
사회 발전의 원동력으로 작용하였다.

우선 국가주의 경향을 들 수 있다. 이 시기에 팽배한 국가주의는 경쟁하는
국가 간의 갈등과 전쟁을 가져오기도 하였다. 문화적 동일성을 추구하는 경
향성이 결국 정치적 동일성의 추구로 이어지고, 그 힘은 불가피하게 다른 세
력과 충돌을 가져오게 되었다. 이때 교육은 국가주의, 심지어는 애국주의를
고취시키는 중요한 수단으로 작용하게 되었다.

다음으로 자유주의와 민주주의 이념의 전파이다. 18세기 계몽정신의 연장

선상에서 자유민주주의 발전의 급속한 진전이 있었다. 만인의 복지와 안녕을 위하여 국가는 교육을 포함한 사회기관의 재조직에 많은 노력을 기울이게 되었다.

마지막으로 산업주의와 자본주의의 발전이다. 19세기 유럽의 가장 결정적인 변화는 산업혁명에 기인한 것이다. 신기술의 발전은 사회적 조직의 변화를 가져오게 되었고, 공장제도의 정착, 도시화, 자본가와 노동자의 갈등을 낳았다. 이 시기의 산업자본주의는 엄격한 정부의 통제를 특징으로 하는 초기 중상주의를 넘어 자유경쟁, 시장개방, 재산의 사적 소유를 근간으로 하는 자유방임주의(laissez-faire)를 토대로 발전을 한 제도이다. 공장제가 정착되면서 자본가에게 막대한 부와 권력이 집중되어 빈부 간의 격차와 같은 자본주의의 모순이 발생하게 되었다.

국가주의와 산업혁명을 바탕으로 유럽의 각국에서는 국가의 정체성을 확립하고 지속적인 경제 발전을 위해 공교육 제도의 확립에 많은 노력을 기울이게 되었다. 이러한 노력은 대개의 경우 초등학교 제도를 무상 의무교육으로 하고, 만인에게 보편교육을 실시하며, 교회나 경제 세력의 간섭으로부터 교육을 독립시키는 제도의 정착으로 결실을 맺는다.

2) 프러시아(독일)

독일은 18세기 말까지 루터교파가 교육의 주도권을 장악한 상태에서 학교가 신교의 복음을 전파하는 중요한 역할을 하였다. 신교의 학교에 대한 관심은 민중의 문맹률 저하라는 긍정적 효과를 낳기도 하였지만 교육이 교회에 종속되는 부작용을 가져왔다. 이에 학교행정을 교회행정으로부터 분리하려는 노력이 뒤따랐고, 1787년에 마침내 학교를 국가의 통제하에 두게 되었다. 프러시아 법령(1794)에서는 교육을 더 이상 부모나 교회가 아닌 국가의 기능으로 명시하였다. 1817년에 국가의 교육부가 창설되고, 1825년에 지역교육위원회가 설치되면서, 이전에 교회의 감독과 통제를 받던 학교는 국가의 조직으로 자리를 잡게 되었다. 각 지역마다 교육위원회가 설립되어 새로운 학교가 국가교육기관의 표준에 적합한지 여부를 판단하는 역할을 맡게 되었다.

이 시기에 지역주민들의 세금으로 운영되는 **국민학교**(Volksschulen)가 세워졌다. 이 학교는 노동계급을 위한 학교로, 6세에서 14세까지의 아이들이 주로 다녔다. 교육과정으로는 종교수업, 독일어, 문학, 대수, 그리기, 역사, 지리, 기초과학, 소년을 위한 체육, 소녀를 위한 뜨개질이 주가 되었으며, 종교수업에서는 여전히 교회 세력의 힘이 작용하였다. 1872년 이후 중급학교 (Mittleschulen)는 중하위 계층의 교육적 욕구를 충족하기 위하여 생겨났다. 6년 과정의 이 학교는 수업료를 지불하였고, 시민적 봉사와 상업 기초인력을 양성하는 주 목적으로 하였다. 10세에 입학한 후 마지막 3년간은 외국어를 배웠다.

프러시아의 중등교육기관으로는 김나지움과 실과학교가 있었다. 국가교육위원회의 결정에 의해 김나지움 졸업자에게만 대학 입학의 자격증을 주는 제도가 생기게 되었다. 다른 중등학교 출신은 별도의 대학입학시험을 치룬 다음 대학에 들어갈 수 있었다. 1834년에 별도의 대학입학시험이 폐지되면서 김나지움 졸업생만 대학 입학이 허용되었다. 이에 1859년에 실과학교를 개선한 9년간의 학문 준비 교육기관으로 실과김나지움이 등장하여 대학 입학의 자격을 얻게 되었다. 중요한 점은 프러시아의 중등교육이 철저하게 국가의 관리를 받았다는 사실이다.

다른 한편, 1810년 베를린대학의 창설은 연구와 교육의 통합이라는 새로운 가치를 내걸고 학문적 자유의 이념을 표방하였다. 교수의 자유 (Lehrfreiheit)와 학습의 자유(Lernfreiheit)의 가치를 널리 전파한 **베를린대학**은 근대 대학의 전형이 되었으며, 독일 대학은 19세 후반까지 명성을 얻었는데, 국내는 물론 세계 각국의 대학 발전에 지대한 영향을 주었다.

3) 프랑스

프랑스혁명 이후 교육개혁과 입법을 위한 제안들이 활발하게 전개되었다. 도노우 법안(Daunou Law, 1795)은 지역교육청 관할의 대도시 초등학교 설립과 현대 교육을 중심으로 한 제한된 중등학교를 설치할 것을 제안하였다. 하지만 대부분의 사람은 사립학교와 교회학교를 더 선호하였다. 나폴레옹이 집권하면서 대대적인 교육개혁이 이루어졌다. 그는 국가적 목적을 위한 공교육을 강력하게 주장하면서 정치적 교화를 교육과정에 포함시켰다. 제국대학을 인가하여 국가의 교육당국에 의한 철저한 관리를 받도록 하였다. 1808년에는 중등교사교육을 위한 법령을 제정한 후 국립 중등학교로 리세(lycées)와 콜레주(collèges)를 설치하였다.

1833년에「학교법」을 발포하여 왕정복고(1815~1848) 후 학교체제를 정비하였다. 하급의 기초학교에서는 읽기, 쓰기, 프랑스어, 도덕, 종교를 가르치고, 상급의 기초학교에서는 기초과목에 더하여 기하, 과학기초, 역사, 지리를 가르쳤다. 기본적으로 수업료를 부과하였고, 수업료 이외의 교육재원은 지역세로 충당하였다. 1837년에 유아학교가 학교기본법에 포함되었지만 의무취학에 대한 법령을 여전히 마련하지 못하였다.

프랑스의 공교육 체제는 나폴레옹 III세가 프러시아와의 전쟁에서 패한 후 제3공화국에서 실현되었다. 최우선적으로 종교적 영향력을 막으려는 법령을 발포하여 성직자의 교육 통제를 막고 자유로운 공교육 체제를 구축하고자 하였다. 1882년까지 6세에서 13세까지의 모든 아동에게 무상의무교육을 실시하고, 학교에서 종교수업을 공식적으로 폐지하였다. 1886년 이후 국가의 행정과 감독에 의한 단일 교육체제를 확립하고, 직업교육을 실시하여 해당 지역의 상업과 산업적 요구에 부응하도록 하는 한편, 사립(가톨릭) 교육을 전면 금지하였다. 1902년에는 중등학교 7년 과정(11~18세)의 교육과정, 즉 라틴-그리스어, 라틴-현대어, 라틴-과학, 현대어-과학을 정비하였다. 어떤 유형을 선택하든지 간에 프랑스어가 최우선적으로 강조되었다.

4) 영국

독일과 프랑스에 비해 영국의 공교육 체제는 발전이 더디게 전개되었다. 19세기 초에는 두 가지 유형의 교육이 공존하였다. 하나는 가난한 사람들을 위한 초등학교, 다른 하나는 상류계층을 위한 중등 수준의 문법학교가 그것이다. 이 시기에 **공립학교**(public school)가 출현하였는데, 이 학교는 국가가 국민을 위해 마련한 학교로서의 공립이 아니라 실제로는 옥스퍼드와 캠브리지와 같은 명문대학 입학을 준비하는 특정 계급을 위한 엘리트 학교의 성격을 지니고 있었다.

1870년까지 영국의 초등의무교육은 실현되지 못하고 교회와 박애주의자들의 자발적 헌신에 의존하여 비정규적, 단기적, 제한적으로 행해지고 있었다. 국가는 교육에 대한 재정지원과 감독에 별다른 관심을 두지 않았다. 1870년에 「초등교육법」을 제정하여 학교위원회를 구성하고, 초등학교를 위한 지방세를 부과하게 되었다. 동시에 아동의 의지에 반하는 종교교육을 금지하도록 하였다. 그 후 영국의 공교육은 점진적인 발전을 이루게 되는데, 1876년 「기초교육법」이 마련되면서 10세까지 의무교육이 실현되고, 1891년에 국가보조의 무상교육, 1899년에 국가교육위원회가 창설되고 의무교육이 12세까지로 확대되었다.

영국의 초등교육과정은 다른 국가들과 달리 **지방교육청**(Local Education Authorities: LEA)에서 관장하는 특징을 지니고 있다. 1870년 법령 이전에는 종교를 위시하여 읽기, 쓰기, 대수, 지리, 역사, 문법, 그리기, 기초과학 등이 교육의 내용을 구성하였다. 하지만 1870년 이후에는 종교가 전면 폐지되고, 교육내용을 국가가 아닌 지역에서 담당하게 되었다.

중등교육은 상류계층을 위한 공립학교와 중류계층을 위한 문법학교가 양립해 오다가 1902년 「발포아 교육법」 이후 공립 초등학교 졸업생들을 위한 국가 지원의 중등학교 설립이 가능하게 되었다. 영국의 중등무상교육은 1944년 「버틀러 교육법」이 발효되면서 비로소 실현되었다.

5) 미국

미국의 공교육은 1642년 메사추세츠 교육령으로 거슬러 올라간다. 영국에서 신대륙으로 건너온 청교도들은 청교도 교리를 전파하기 위한 교육에 많은 관심을 두게 되었다. 이들은 교사의 고용을 통한 정식교육을 실시하고자 50가구 이상의 지역단위마다 교사를 의무적으로 배치하여 읽기와 쓰기를 가르치게 하였다. 이때 필요한 비용은 학생들의 부모들이 조직한 협회에서 담당하였다.

미국에서 공교육 발전의 계기를 마련한 인물은 바로 제퍼슨(Thomas Jefferson, 1743~1826)이다. 교육이 민주주의의 수호자임을 확신한 그는 버지니아 의회에 교육적 제안을 하게 되는데, 그 법안이 「지식의 일반적 확산을 위한 법안」(1779)이다. 여기서 그는 모든 아동을 위한 초등학교 무상교육을 제안하였다. 그 내용은 3년간 기초교육을 제공하고 그 후의 교육비는 자비로 한다는 내용이었다. 라틴학교 수준의 중등학교를 제안하여, 이 중 우수한 학생들에게 대학에 입학할 수 있는 자격을 부여하도록 하였다. 그의 공헌은 무엇보다도 최초의 공립대학인 버지니아 주립대학의 건립 아이디어를 제출하였다는 것이다. 그의 제안은 두 차례 기각되었으나 결국 받아들여져 1825년에 버지니아대학이 개교를 맞게 되었다. 그 당시 주립대학은 주로 남부에 설립되었는데, 조지아대학(1785)과 북캐롤라이나대학(1789)이 그 예이다. 1862년 「모릴법(Morill Act)」에 의해 각 주마다 주립대학이 생겨나게 되었다. 이 법안의 골자는 각 주마다 30,000에이커의 토지를 기부하여 그 주 특성에 맞는 농업 및 기술 대학을 설립하여 보급한다는 것이다. 이로 인하여 미국의 고등교육은 엘리트 교육을 지향하는 사립대학과 고등교육의 기회 확대를 위하여 마련된 주립대학의 이원화된 체제를 갖추게 되었다.

19세기 영국의 교육제도는 미국의 공교육 제도 성립에 많은 영향을 주었다. 이 중에서도 영국의 유아학교, 조교학교, 일요학교가 대표적이다. 오웬에 의해서 창시된 유아학교는 4~8세 아이들에게 기초교육을 제공하여 미국 유아교육의 공교육화에 기여하였다. 보스턴(1818)에 이어 뉴욕(1827)에도 유아학교가 설립되었다. 랭카스터에 의해 창설된 조교학교는 미국에 도입되어 대규모 수업을 가능하게 하였다. 뉴욕(1806)에 최초로 개설된 후 1818년에 랭카스터가 직접 미국에 와서 운동을 전개할 정도로 1830년까지 공립학교 운동에 지대한 공헌을 하였다. 성공회에서 주도적인 역할을 한 일요학교 또한 대도시의 가난한 가정의 학생들을 교육하는 빈민교육활동으로 미국 공교육 발전에 기여를 하였다. 이 시기의 교육과정에는 과학과목이 커리큘럼으로 들어오면서 화학, 식물학, 천문학 등이 새롭게 가르쳐졌다. 영어교육의 표준화를 위한 작업도 활발하게 진행되었다. 가령, 웹스터(Noah Webster, 1758~1843)에 의해 그 당시 발간된『미국영어사전』(1828)은 기록적인 판매부수를 기록하며 학교에 널리 보급되었다.

1825년「주립학교법」이 통과된 후 공립학교 설립을 지지하는 세력과 반대하는 세력 간의 갈등이 심화되었다. 이 시기에 공립학교 설립을 위한 다양한 노력이 전개되었다. 공립학교 설립을 지지하는 교육저널이 출현하여 그 정당성을 널리 홍보하였다. 만(Horace Mann)의「Common School Journal」(1838)과 러셀(William Russell)의「American Journal of Education」(1826)이 대표적인 예이다. 특히 프러시아의 공교육 제도에 관한 교육보고서는 공교육 활성화에 긍정적인 영향을 끼쳤다. 프랑스 철학자 쿠쟁(Victor Cousin, 1832)의 프러시아 교육보고서가 영어로 번역되어 널리 보급되었다. 1800년에서 1825년 사이에는 가난한 집안 학생들의 교육을 위한 자유학교협회가 결성되었다. 가령, 1805년에 결성된 뉴욕협회는 1826년 뉴욕공립학교협회로 발전하여 공립학교 보급에 결정적인 기여를 하였다.

미국의 동부에서 6년간의 학년제 초등교육이 도입된 것은 1818년 보스턴에서였다. 하지만 그 시기의 시골 학교에서는 학년별 체제가 수립되지 못한 채 다양한 연령의 아동이 한 교실에서 동시에 수업을 받았다. 최초의 공립 고등학교 또한 1821년에 보스턴에 설립되었다. 처음에는 교명이 English Classical School이었다가 1824년에 English High School로 개명되었다. 그 이후 19세기 말까지 공립 고등학교의 학교연한, 교사교육, 졸업단위, 학급규모, 도서관, 과학실 등의 표준화 작업이 이루어지게 되었다.

4. 신인문주의 교육

1) 신인문주의

오늘날 휴머니즘이란 용어는 지식인들 사이에 널리 사용되고 있다. 하지만 서구의 역사에서 휴머니즘(Humanism)이라는 말이 처음 사용된 것은 19세기 초 독일에서였다. 독일의 교육개혁가인 **니트함머**(Friedrich Immanuel Niethammer, 1766~1848)는 계몽주의 정신으로 무장한 박애주의자들의 실과학교 건립과 그에 따른 지나치게 기술적이고 실용주의적인 교육(Ausbildung)에 반대하며 그리스 고전에 기반을 둔 도야(Bildung)의 이념을 지키는 데 사용하였다. 유사한 맥락에서 이러한 도야의 이념을 구현하고 있는 인간상(Menschenbild)을 헤르더(Herder)는 "윤리적 · 이성적 · 미적 도야와 같은 모든 인간 존재의 완성의 총체적 개념으로서의 참인간(wahren Menschseins)"이라는 인본주의적 개념으로 발전시켰다(Reble, 2004: 311). 사람들은 참인간의 이상을 고대 그리스에서 찾을 수 있다고 생각하였다. 이러한 사고를 토대로 19세기 중엽에 르네상스 시기의 인문주의와는 다른 새로운 사조가 등장하게 되는데, 바로 이 사조가 고대 그리스와 로마 문화를 본질적으로 탐구하고, 이 결과를 인간의 도야에 유용하게 하려는 '신인문주의(Neuhumanismus)'이다.

신인문주의는 19세기 독일의 고전주의, 이상주의, 낭만주의 시대에 나타난 정신적 경향으로 '독일 인문주의'로 불리기도 한다. 가령, 『빌헬름 마이스터의 수업시대(Wilhelm Meisters Lehrjahren)』(1795)에서 고전주의자 괴테는 인간의 자기도야 과정을 하나의 유기체적 발달사로 묘사하였다. 인간에게 실패는 필연적이며, 오히려 실패를 거듭하면서 인생의 다양한 양상을 체험하여 스스로를 도야해 나간다는 것이다. 인간은 스스로를 제한하고 특정한 일에 전적으로 헌신함으로써 내면적인 모습을 얻게 된다. 개인이 비단 자기 자신의 작품으로서가 아니라 문화공동체의 일원으로서의 의미가 강조되면서 괴테의 『빌헬름 마이스터의 편력시대(Wilhelm Meisters Wanderjahren)』(1829)에서는 개인적 도야와 사회적 요소가 하나로 통합되고 있다.

신인문주의가 로마인보다 그리스인을 선호하였고, 수사학보다 시학을 우선시한 점은 이전의 인문주의와는 근본적으로 다르다. 언어와 문학이 이제 더 이상 규칙체계로서가 아니라 역사적 현상으로 받아들여지게 되었다(Blankertz, 1982: 92). 이로써 언어의 도구적 사용과 고대 고전 작가들을 단순하게 모방하려는 경향이 퇴조하고, 신인문주의자들은 언어와 개별 작품을 통해 드러나는 인간상과 세계관에 주목하게 되었다. 계몽주의 시대에는 관심 밖에 있었던 민요, 신화, 동화, 민중시가 순수한 예술로 새롭게 발견되었으며, 개성적이고 특별한 민중의 표현으로 칭송되었다. 교육을 정치, 경제, 시민적 유용성으로 몰고 가는 것은 편협한 속물 근성과 인간 존엄성의 박탈로 간주하고, 신인문주의는 인간도야 이념을 근간으로 개별성을 고스란히 간직한 진정한 인간성을 찾고자 하였다.

신인문주의의 인간도야사상은 학교제도의 개혁에도 지대한 영향을 끼쳤다. 공리주의적이고 실리적인 계몽주의의 파고와 맞서 대학, 김나지움, 초등학교 전반에 걸쳐 신인문주의적 개혁이 단행되었다(Fuhrmann, 2002: 30). 대학개혁은 훔볼트의 대학이념에 입각한 베를린대학의 창설과 궤를 같이한다. 초등학교 제도의 개혁은 페스탈로치의 민중교육사상과 그의 교육방법을 계획적으로 프로이센의 교육행정에 적용하려는 노력과 관련이 깊다. 종래의 라틴어학교가 김나지움으로 바뀌면서 대학에서 수학하기 위한 정규 준비기관으로 그 위상이 격상되었으며, 인문적 고등학교인 김나지움이 모든 형태의 고등학교의 표준으로 남게 되었다.

2) 신인문주의 교육사상가

(1) 훔볼트

독일의 정치가이자 학자이며 베를린대학의 창설자인 훔볼트(Friedrich Wilhelm Christian Carl Ferdinand von Humboldt, 1767~1835)는 자신의 도야이론을 근간으로 프로이센 학교제도를 전면적으로 개혁하고자 하였다. 그는 시민의 도야나 전문성 도야 이전에 고유한 개별성을 실현할 수 있는 인간도야의 이념에 관심을 두었다. 인문학의 핵심으로서 철학이 대학의 지배적인 중

훔볼트

심으로 자리매김하게 된 베를린대학은 근대 대학의 전형으로서 그에 의해서 완성된 것이다. 1809년 3월부터 1810년 6월까지 교육행정의 수장으로서 종무(宗務) 공교육장(公敎育長)에 취임한 훔볼트는 참신한 고등 교육시설의 하나로 베를린에 대학을 창설하고자 구상을 세웠다.

훔볼트의 대학이념, 다시 말해 '고독'과 '자유'는 독일 근대 대학의 창설에 기본적으로 깔려 있는 사회적 기본 이념이다. 대학의 기본 이념으로 훔볼트가 고독과 자유를 이토록 강조한 이유는 그 당시 대학을 전문학교, 직업교육의 산실로 몰아가려는 경향성에 대한 강한 거부감에서 비롯된 것이다. 고독과 자유의 풍토 안에서 교수와 학생 모두가 전념해야 할 일은 오직 순수한 학

문을 탐구하는 일이다. 근대 대학이 기존의 대학과 근본적으로 다른 점은 바로 '연구'하는 대학이라는 점이다. 훔볼트는 연구를 개인의 여유와 고독에서 가능한 것으로 파악하였다. '수업' 또한 교수와 학생의 고독과 자유에 기초한 외적 강제가 없는 순수한 의미의 상호작용으로 파악하였다. 그렇게 본다면 수업은 현재적 의미의 학업계획서, 필답고사, 구술고사와 같은 형식적 교육 과정과는 질적으로 다른 의미를 지닌다. 연구와 수업은 이처럼 상보적 관계에서 파악되었다.

눈여겨볼 점은 특히 연구를 위한 대학교수의 고독과 자유뿐만 아니라 '작은 학자'로서 학생들에게도 그러한 가치를 부여하고 있는 점이다. 즉, 학생들은 수동적 존재가 아니라 교수들의 공동연구자이며 동시에 교수와 함께 수업을 구성해 가는 적극적인 존재이다. 훔볼트가 이상으로 하고 있는 '순수한 학문' 탐구는 이처럼 교수와 학생이 함께 연구와 수업의 통일성 안에서 자율성과 자발성을 최대한 발휘하는 데서 가능한 것으로 보았다. 교사가 학생들에게 일방적으로 지식을 전달하는 '학교'와 달리 대학은 교육의 두 주체 간에 상호 협력과 공동연구가 부단히 이루어지며, 보다 나은 인식과 진리를 향한 열정이 충만한 창조적 공간이다.

특히 훔볼트에 의해서 창설된 베를린대학은 나중에 미국의 하버드대학의 본보기가 되어 연구 중심 대학의 발전에 결정적인 기여를 하였다.

(2) 페스탈로치

스위스의 교육실천가이자 사상가인 페스탈로치(Johann Heinrich Pestalozzi, 1746~1827)는 18세기 후반에서 19세기 초반에 교육실천을 통해 유럽 전역의 교육개혁에 영향을 준 인물이다. 그는 당대에 문필가이자 교육실천가로 널리 이름을 떨쳤다. 그의 교육적 실천에 감화를 받은 인물은 훔볼트, 헤르바르트, 프뢰벨 등 이루 헤아릴 수 없을 정도이다.

그는 국민교육과 인간교육을 부르짖었고, 다른 한편으로는 학교를 위한 수업의 구성에 총력을 기울였다. 이러한 노력의 결과로 등장한 것이 '페스탈로치 방법'이다. 훔볼트는 프러시아의 젊은 교사들을 페스탈로치의 학교가 있는 스위스의 학교로 보내서 교수법과 수업방법들을 직접 배우도록 할 정도였다. 교육학을 학문적으로 체계화한 헤르바르트와 킨더가르텐(Kindergarten)을 창시하여 유아교육의 선구자가 된 프뢰벨은 직접 페스탈로치의 학교를 참관

페스탈로치

하여 자신의 독자적인 교육학을 전개하는 자양분으로 삼았다.

페스탈로치는 가정교육을 가장 중요시하였다. 그리하여 학생들이 학교를 가정집과 같이 편안하고 안락한 장소로 여길 수 있도록 구성하였다. 학습의 대상을 먼 곳에서 찾는 것이 아니라 학생 자신이 친숙한 내용에서 구성하도록 하여 자신 주변의 문제를 개인적 혹은 집단적으로 해결하거나 실제적 생활 개선에 도움이 되도록 하였다. 이러한 생활 중심의 교육은 20세기 개혁교육학과 진보주의 교육의 초석이 되었다. 그는 "삶이 도야한다(Das Leben bildet)."는 유명한 명제를 남겼는데, 그 안에 교육의 목적, 내용, 방법 등이 고스란히 담겨 있다고 볼 수 있다. 즉, 교육의 목적이 인간의 행복한 삶에 있다면 그 내용은 삶 속에서 찾아야 하며, 그 방법 또한 살아 있는 생생한 방법으로 해야 한다는 것이다. 이로써 교수론적 교수기술을 강조하였던 17세기 경향이나 계몽적 교재 저술에 몰두하였던 박애주의의 경향으로부터 페스탈로치는 교육의 방법을 공동체적 삶 중심의 문제해결과 개선으로 전환하였다.

인간의 전체적 도야는 '머리, 가슴, 손'의 조화로운 교육을 통해서 가능하다. 지적 교육은 아동을 어두운 직관에서 규정된 직관으로 인도하고, 나아가 명확한 직관으로, 그리고 마지막으로 분명한 개념으로 발전하게 된다. 신체적 도야는 단순한 운동에서 복잡한 기능으로 발전해 나간다. 도덕적 교육에서는 사랑, 신뢰, 사고, 복종심을 길러 주며, 결국 신에 대한 경외심과 복종심을 길러 주는 데까지 나아간다. 교육의 삼위일체를 주장하며 '삼육교육'을 주

창한 페스탈로치는 오늘날 교육에서 인지적·정의적·신체적 영역을 골고루 발달시키려는 교육의 방향에 이정표를 제시해 준 셈이다.

페스탈로치는 인간 능력의 최대한 실현을 위해 **기초교육**을 강조하였다. 지적 관점에서는 수, 형, 어를 강조한 기초교육론이 중요하다. 몇 가지 사물을 보고 있는가[數], 어떤 형태를 갖고 있는가[形], 어떤 이름을 갖고 있는가[語]와 같은 질문은 가르치고 배우는 최초의 기본 형식으로 기본적으로 강조되어야 할 내용이다. 이러한 원리에 따라 학교에서 가르쳐야 할 기초 교과는 언어·음악·쓰기·미술과 셈하기로, 인간의 최고 능력인 정확한 판단의 근본이 된다고 보았다.

도덕적 영역에서 최대의 능력은 신에 대한 경외심과 사랑에서 발현된다. 이러한 윤리성과 종교성의 기초는 사랑의 감정, 신뢰, 복종, 인내와 같은 덕목의 형성과 관련이 깊다. 이러한 기본 능력은 가정에서 부모의 교육을 통해서 형성되며, 나아가 신에 대한 사랑과 복종으로까지 이어진다.

신체적 영역에서 인간 능력의 발달은 잠정적이다. 덕목과 통찰력의 교수는 유덕한 행위를 가져오는 덕목의 훈련을 통해서 실현되기 때문에 실질적 행동은 교육에서 중요하다.

이러한 과정에서 강조되어야 할 요소는 직관이다. 직관이야말로 모든 인식의 절대적 기초이다. 이미 아리스토텔레스가 강조한 바와 같이 그는 인식의 출발점을 감각적 경험에서 찾았다. 페스탈로치의 교육방법의 특징은 다음과 같다.

첫째, 수업의 가장 급선무는 인간의 본성에 내재된 발달을 지향하는 힘을 개발하는 것이다.

둘째, 인간의 내면적 본성의 개발은 외적 자연과의 교제를 통해서 이루어진다. 하지만 도야의 과정은 혼자 내버려둘 경우 질서를 찾지 못하고 우연성에 떨어질 수 있기 때문에 인간적인 기술로 정돈되지 않으면 안 된다.

셋째, 인간적인 기술, 즉 수업이 성공을 거두기 위해서 교육자는 아동과 아동의 발달, 다른 한편으로 자연과 문화를 정확히 인식하지 않으면 안 된다.

넷째, 합자연적 수업이 아동의 학교 입학과 더불어 시작된다는 생각은 그릇된 것이다. 왜냐하면 "첫 수업의 시작은 탄생의 순간부터이기 때문이다" (PSW 13: 196). 기초적 수업을 가능케 하는 것은 결코 사회가 아니라 자연, 그것도 어머니의 근원적인 자녀 사랑에 있다.

(3) 헤르바르트

칸트의 후계자로서 철학자, 심리학자였던 헤르바르트(Johann Friedrich Herbart, 1776~1841)는 교육학의 창시자로 알려져 있다. 그는 교육의 목적을 철학에서, 교육의 방법은 심리학에서 찾아내어 교육학을 학문적으로 정립하였다. 그는 오늘날 보편화된 교육실습의 아이디어를 최초로 낸 사람으로, 장차 교사가 될 사람들이 교육이론을 무장한 후 반드시 교육현장에서 경험을

헤르바르트

쌓을 수 있도록 부속학교를 제안하였다. 그의 교육학은 생존 당시에는 별다른 영향을 주지 못하였으나, 그를 추종하던 학자그룹인 헤르바르트주의자들에 의하여 활발하게 연구되었고, 교육현장에 널리 보급되었다. 그가 남긴 교육학의 저작은 『교육의 목적에서 유도된 일반교육학』(1806), 『일반적 실천철학』(1808), 『교육학적 편지들 혹은 심리학의 교육학적 적용에 관한 편지들』(1832), 『교육학 강의 요강』(1835) 등이다.

헤르바르트는 칸트의 사상을 이어받아 교육의 목적을 인간의 도덕성의 완성에서 찾았다. 이에 따라 개별 인간의 개성을 최대한 살리면서 청소년의 인지적·도덕적 발달을 어떻게 실현할 수 있는가를 자신의 교육학에서 전개하였다. 그는 이러한 질문에 대한 답을 학문적 기준에 따라 조직된 수업을 학습자에게 제공하여 학습자 자신의 인격을 연마할 수 있는 다면적 관심을 길러주는 데서 찾았다. 여기서 주목할 만한 요소는 학문성, 인격성, 다면적 흥미

등이다. 학문성은 수업이 주먹구구식으로 행해져서는 안 된다는 것이고, 인격성은 학습자의 내면성과 인격을 움직일 수 있어야 한다는 것이고, 다면적 흥미는 가능한 한 인간의 다양한 취미와 흥미를 길러 줄 수 있는 수업을 해야 한다는 것이다. 이러한 방식으로 집중적으로 교육을 한다면 지적 발달은 물론 도덕적 발달의 성장을 기대할 수 있다는 것이다. 지식과 의지를 한데 묶는 수업과정을 실현하기 위해서 그는 다소 복잡한 교육방법을 전개하게 되었다. 이러한 사유의 결과 나온 것이 바로 형식단계이론(Formalstufentheorie)이다.

헤르바르트는 아동에게 앞으로 배워야 할 구조에 상응하는 고유한 내면의 구조가 있다고 보았다. 따라서 학습에서 중요한 것은 단지 지식을 축적하는 것이 아니라 기존의 구조에 새로운 인지적 구조를 생산적으로 접목시키는 것이다. 수업에서 이것이 가능하도록 하기 위해서는 일정한 형식적 단계의 순서에 따를 때이다. 그는 이것을 심사(Vertiefung)와 숙고(Besinnung)로 표현했다. 심사는 다시 명료와 연합으로, 숙고는 체계와 방법으로 구분된다. 이를 쉽게 풀어서 설명하면 다음과 같다.

첫째, 명료는 수업에서 다루게 될 지식요소를 깊이 생각하고, 학습대상을 파악하고 이해하는 단계이다. 이제까지 낯선 상념들이 수업의 과정에서 '명료'해져야 한다.

둘째, 연합은 기존의 지식에 새로이 배운 내용들을 연결시키는 단계이다. 이 단계에서 새로 배운 상념들은 '연합'이 되어 서로 연결된다.

셋째, 체계는 새로이 배운 지식 내용을 기존의 지식체계에 녹아들도록 구성하는 단계이다. 이미 배운 체계와 새로운 체계는 관계를 맺게 되고, 이제 하나의 '체계'가 이루어진다.

넷째, 방법은 새로 배운 내용을 지적·도덕적 의미의 교육적 수업에 적용하는 단계이다. 이 단계에서 실천의 '방법'과 적용의 문제가 새롭게 부각된다.

다른 한편 헤르바르트 교육학에서 중요한 개념 중의 하나가 바로 '교육적 수업'이라는 개념이다. 이는 수업이 단순히 지식의 전달에 있는 것이 아니라 수업을 받는 학생들의 인격을 감화하고, 마음을 움직일 수 있는 '교육적'인 방향으로 승화되어야 한다는 의미이다. 그가 수업을 교육적으로 명명한 이유는 학습자가 학습대상과 직면함으로써 통찰력을 얻게 되고, 자신이 옳다고 인식한 것을 의지로 나타낼 수 있기 때문이다. 다시 말해서 수업의 궁극적 목표로 삼고 있는 지식과 의지의 통합, 인지적 구조와 도덕적 구조 간의 통합을 실현하고자 하였던 것이다. 요컨대, '교육적 수업'은 세계의 사물과의 집중적 대면을 가능하게 하고, 학생들에게 다면적이고, 편견에서 벗어난 지적 흥미를 길러 줄 수 있으며, 학생의 오성만이 아니라 고등사고력을 길러 줄 수 있는 방법인 것이다.

(4) 프뢰벨

독일의 교육자이며 유아교육의 아버지로 불리는 프뢰벨(Friedrich Wilhelm August Fröbel, 1782~1852)은 페스탈로치의 영향을 받아 평생을 유아교육의 발전에 헌신한 사람이다. 신성을 중시한 프뢰벨에게 있어서 신은 만물의 근원으로, 자연과 더불어 교육의 출발점을 이룬다. 만물은 신에 의해서 생생한 조화와 통일성 속에 창조되어 있다. 인간, 특히 유아에게도 이러한 만물

프뢰벨

을 지배하는 영원의 법칙이 숨겨져 있다. 여기서 신성은 종교적인 의미에서 전지전능함을 의미하는 것이 아니라, 끊임없이 생성 · 발전하고, 창조적으로 활동하는 생명을 탄생시키는 역동적 에너지와 같은 것이다.

프뢰벨에 의하면, 교육은 아동의 내부에 잠재되어 있는 이러한 신성을 밖으로 이끌어 내는 일에 지나지 않는다. 자기 속에 성장 · 발전의 에너지를 가지고 있는 유아는 자발성을 지닌 존재로 파악된다. 그것은 고정된 것이 아니라 내부에서 외부로 자신을 부단히 발전시키는 것이고, 자기성장을 향하고 있다. 이렇게 볼 때 유아를 연구하고 관찰하는 일에서 언제, 어떻게, 무엇을

가르칠 것인가와 같은 교육적인 관심보다 유아 그 자체가 자기발전을 어떻게 이룰 수 있는지의 성장의 관점이 중요함을 할 수 있다. 루소와 마찬가지로 프뢰벨은 인간의 지속 성장가능성을 신뢰하였다. 따라서 교육에서 아동의 현재를 희생하고 미래를 준비하는 일은 아동의 존재가치를 부정하는 일로 보았다. 그의 교육에 대한 사상을 담고 있는 『인간의 교육』에서 그는 다음과 같은 의미심장한 말을 남겼다.

> "인간은 일정한 연령에 달함으로써 소년이 소년으로 되는 것이 아니고, 청년이 청년으로 되는 것도 아니다. 유년기, 소년기를 정신, 심정, 신체의 요구에 충실하게 생활함으로써 비로소 소년은 소년이 되고, 청년은 청년이 되는 것이다. 마찬가지로 어른은 어른의 연령에 달했기 때문에 어른이 되는 것이 아니라 그의 유년시대, 소년시대, 청년시대의 요구가 그에 의하여 충실하게 충족됨으로써 비로소 어른이 되는 것이다." (『인간의 교육』 중에서)

그가 유아교육 방법의 원리로서 중시했던 것은 유희, 노작, 은물이다. 유희는 아동이 자기 내면을 스스로 자유롭게 표현하는 것으로, 안에 감추어진 심정을 발전시켜 정신의 도야와 감각의 각성을 촉구한다. 유희는 이 시기 아동의 가장 순수한 정신적인 생산이고 동시에 인간생활 전체의 모범이다. 그래서 그는 열심히 유희에 몰두하여 충분히 놀고, 그 후 피로하여 곤히 잠든 모습이야말로 아동생활의 가장 아름다운 현상이라고 하였다. 노작은 노동과 작업을 의미하는 것으로 신체를 건강하게 할 뿐만 아니라 정신도 강하게 하고, 나아가 일과 창조의 의미를 깨닫게 한다. 정원 가꾸기, 바깥놀이, 콩으로 작업하기 등의 일을 프뢰벨이 창안하였다. 유아의 창조적인 자기활동인 유희와 노작을 가능케 하는 고안물이 바로 은물(Gabe)이다. 신이 내린 선물이라는 의미를 지닌 은물은 주로 나무로 만들어졌으며, 기하학적 형태를 띠고 있다. 이것은 작업과 함께 감각기관을 훈련시키고 자기활동을 유도하여 아동의 타고난 잠재 능력을 계발시키게 된다.

  프뢰벨이 교육의 역사에 남긴 최대의 공헌은 아동이 자기활동성, 자발적 활동의 주체임을 깊이 인식하고 이를 위한 전문기관으로서 유치원(Kindergarten)을 창시했다는 데 있다. 이는 정원에서 온갖 식물이 어우러져 자라듯이 어린이들도 이곳에서 자유롭고 자연스럽게 성장하기를 바라는 의미에서 붙인 이름이다. 이로써 종래에는 하찮은 것, 무용한 것으로 배척되었던 유희, 경기, 흉내놀이, 언뜻 보면 무의미한 유아의 동작 자체를 교육적 방법의 초석으로 삼을 수 있는 계기를 마련하였다. 아울러 유희와 노작을 통해서 서로 협력하는 자세를 익히게 하여 집단생활에 필요한 사회성을 키울 수 있는 계기를 마련하였다.

  프뢰벨은 20세기 몬테소리 유아교육학에 직접 영향을 주었다. 그녀는 교육의 실제적 경험과 교육적으로 형성된 학습환경이라는 통찰력으로부터 유아를 위한 학습자료를 개발하였다. 은물과 마찬가지로 몬테소리 교구는 오늘날 유치원의 필수적인 요소가 되었다. 미국의 교육자 해리스(William Torrey Harris)는 프뢰벨의 킨더가르텐 제도를 연구한 후 세인트루이스에 유치원

몬테소리

교육을 실시하고, 초기 유아교육의 중요성을 미국 전역에 널리 전파하였다.

20세기 미국의
현대 교육사조

1. 진보주의 교육

1) 실용주의 사상

실용주의(Pragmatism)는 20세기 미국을 대표하는 철학사상이다. 이 말은 그리스어 'pragma'에서 유래한 것으로, 행동과 사건의 의미를 담고 있다. 기존의 관념론과 달리 실용주의는 이론이나 추상적 진리가 아닌 실제적 지식과 실용적 학문에 관심을 표명하였다.

19세기 후반에 등장한 실용주의는 피어스(Ch. S. Peirce, 1839~1914)가 창시하고, 제임스(W. James, 1842~1910)에 의해 계승·발전되었으며, 듀이(J. Dewey, 1859~1952)에 의해 완성된 가장 미국적인 철학이라고 볼 수 있다. 인간 삶에 유용한 변화를 가져올 지식과 학문의 발달에 관심을 둔 실용주의 철학에 힘입어 미국은 20세기 들어서 세계의 당당한 주역으로 자리매김할 수 있게 되었다.

실용주의에서는 현실적 가치와 실천을 강조한다. 초월적 관념이나 변하지 않는 진리를 거부하고 진리나 가치가 오히려 상대적인 것이라고 주장한다. 세계가 고정불변한 실체가 아니라 끊임없이 변하기 때문에 인간 사회의 규범, 가치, 윤리 등도 시간적 흐름에 따라 또한 사회나 문화의 변천에 따라 변해 간다고 본다. 우리가 가지고 있는 사고와 명제의 실용적 의미는 오직 우리의 생각을 현실에 적용할 때 생겨나는 실제 결과 속에 들어 있다고 보는 것이다.

이런 전제하에서 본다면 우리가 학생들에게 특정 지식을 가치 있다고 주입하는 것은 적절치 않을 수 있다. 시간과 공간의 변화에 따라 그 지식의 가치도 변할 것이기 때문이다. 그렇다면 변화하는 세계 속에서 늘 새롭게 등장하는 문제들에 직면하여 나름의 해결 방안을 찾을 수 있는 능력을 학생들에게 길러 주는 것이 도움이 될 수 있다.

실용주의는 지식의 축적을 일삼는 지식 위주의 교육에서 벗어나 인간 삶의 문제 자체에 주목한다. 인간의 사고는 결국 인간 자신의 필요와 이해관계에 의해 생겨나며, 그 정당성 여부는 효율성과 효용성에 달려 있다. 지식과 학문의 가치도 우리가 삶에서 직면하는 문제들을 해결하는 데 도움을 주느냐, 그리하여 인간 삶의 환경 조건을 개선하고 재구성하는 데 유용한가 여부에 의해 결정된다.

2) 진보주의 교육

진보주의는 여러 가지 의미로 쓰인다. 교육적 사고의 진보적 관점에서는 '진보주의 교육사상'을 의미하지만 실용주의 철학이 교육과 결합하여 하나의 운동으로 전개되었다는 관점에서는 '진보주의 교육운동'을 뜻하기도 한다.

교육의 역사에서 진보주의는 오랜 전통을 지니고 있다. 시대마다 주류의 고정된 교육과는 다른 생각과 이념으로 교육의 개선과 혁신을 주도해 온 코메니우스, 루소, 페스탈로치, 프뢰벨의 사상이 그 경우에 해당된다고 볼 수 있다. 20세기에 와서 실용주의 철학을 기반으로 하여 교육적 사고는 물론 학교교육의 실제에 지대한 영향을 끼친 운동이 바로 진보주의 교육운동이다. 그 중심에 미국의 걸출한 교육학자 존 듀이가 지대한 공헌을 하였음은 재론의 여지가 없다.

진보주의 교육은 전통적 교육과의 대결에서 그 존재 가치를 드러낸다. 전통적 교육은 교사와 교재 중심의 전달과 주입식 교육이다. 교사의 일방적 가르침과 수동적이고 종속적인 학습자를 전제로 기존의 지식과 관념을 영속화하는 데 주된 관심을 두고 있다. 진보주의자들은 관념의 주입 대신에 지식과 관념이 실제 삶 속에서 얼마나 적합성을 갖는지 실험하는 데 주안점을 둔다. 여러 지식 중에서도 과학적 지식이 중요하다. 이 지식이야말로 가설, 검증, 결론 도출에 이르는 합리적 문제해결 과정에서 필수불가결하기 때문이다.

진보주의자들은 교육의 출발점을 학습자의 흥미와 필요에서 찾는다. 교사로부터 강제로 부과되는 관념이나 전승된 교재의 지식보다도 학습자의 흥미와 필요야말로 지적 호기심과 학습 동기를 유발할 수 있는 최적의 동인이라고 본 것이다. 이로써 교과나 지식 중심에서 경험과 생활 중심으로 교육과정의 성격과 내용이 전환된다. 학습자의 흥미와 직접적으로 연관이 있는 경험과 생활의 세계로부터 교육의 내용을 끌어와 학습자 스스로 그 문제를 해결하도록 하려는 것이 진보주의자들이 생각한 기본적 교육원리이다. 이러한 아동 중심 혹은 학습자 중심 교육이 가능하려면 학습자의 자발성과 잠재 가능성을 최대한 존중하지 않으면 안 된다.

교육방법에서도 강의식 주입과 전달이 아니라 실제 '행하면서 배움(learning by doing)'을 몸소 실천하고, 진보주의 교육방법으로 널리 알려진 구안법(project method)에 의해서 대화, 토론, 협력, 탐구를 조장하게 된다. 삶 속에서 발굴된 생생한 주제를 다루면서 다양한 접근 방법을 적용하고, 대화와 협력을 하면서 문제해결을 시도하는 과정에서 학습자 스스로 역량을 키울 수 있다. 문제해결 학습에서 개인 간의 경쟁보다 구성원의 협동학습이 널리 장려된다. 그렇다고 모든 문제해결 과정에서 천편일률적으로 특정한 방법을 권장하거나 활용하는 것은 아니다. 진보주의는 학습자의 개인차를 인정하므로 학습자가 처한 문화, 능력, 경험의 차이를 인정하며 상황에 따라 적합한 방법을 적용해야 한다고 본다.

전통적 교육에 대한 비판과 맞물려 교사의 역할도 전환이 요구되었다. 학습자 위에서 지시하는 교사가 아니라 학습자의 학습활동을 촉진하는 안내자로서의 교사의 역할이 부각되었다. 교실 내에서 교사와 학습자의 관계도 수직적 관계에서 수평적 관계로 전환되면서 민주적인 분위기가 점차 무르익게 되었다.

진보주의 교육은 미국에서 하나의 운동으로 전개되면서 진보주의 교육협회로 발전하였다. 기존의 사회질서와 전통교육에 도전장을 내밀면서 미국 내의 교육개혁은 물론 그 영향력이 전 세계적으로 확장하는 데 기여하였다. 진보주의 교육은 일본과 중국은 물론 우리나라 교육에도 적지 않은 영향을 미쳤다. 하지만 가장 아쉬운 점은 진보주의가 아동의 경험에 기반을 둔 열린 교육을 지향하다 보니 나중에 기초 학력의 저하라는 비판에 직면하게 되었다는 사실이다.

3) 듀이

민주주의와 교육의 관계에 대해서 듀이만큼 근본적인 사고를 전개한 인물을 찾기 힘들다. 그의 민주주의 개념은 정확하게 표현하면 '민주적 삶의 양식'과 같은 것이다. 그는 민주주의를 법이나 제도적 차원에서만 바라보지 않았다. 오히려 민주주의가 의미를 갖기 위해서는 '사회적 · 도덕적' 측면에서 그

가치가 실현되어야 한다고 보았다. 민주적 삶에 필요
한 지적이고 정서적인 특성이 형성되지 않는 한 민주
주의는 단지 구호에 그치기 쉽다는 것이다. 한 사회가
보다 민주적이 되었다는 것은 사회적 이동의 기회가
커졌다는 것을 의미할 수도 있고, 경험과 사고의 순환
이 활발하게 이루어지는 것을 의미할 수도 있다. 강제
적이고, 권위적인 삶의 실제가 지배적인 전통사회와는

듀이

달리 민주사회에서는 '공유된 관심'에 따라 의사결정이 이루어지며, 공적 가
치에 대한 개인적 존중이 이루어진다. 이러한 특성은 저절로 생겨나는 것이
아니라 교육에 의해서 잘 계획되고, 촉진되어야 한다.

　민주주의를 실현하는 과정에서 교육은 필수불가결하다. 교육은 비단 개인
의 성장뿐만 아니라 사회의 민주적 성숙에서도 중요한 역할을 한다. 교육은
분명 사회의 모든 구성원의 다양한 성장에 기여를 할 수 있다. 듀이는 저서
『학교와 사회(The School and Society)』(1899)에서 학교가 민주주의를 실천하
기 위한 하나의 훈련장이라는 입장을 분명하게 서술하고 있다. 교육을 통해
서 개인은 서로 공유된 관심의 영역을 점차 넓힐 수 있고, 자신의 능력을 다
양하게 펼칠 수 있다. 이러한 기회와 가능성을 찾아 증대시키는 일이 바로 민
주사회에서의 교육이 해야 할 일이다. 생활에서의 실천과 과정으로서의 민
주주의는 이러한 노력을 바탕으로 점진적 발전을 이루게 된다. 그래서 듀이
는 "민주주의는 모든 세대마다 새롭게 태어나야 하며, 교육은 항상 민주주의
의 동반자이다."(Dewey, 1916: 81)라고 하였다.

　민주주의 교육에서 듀이가 특히 강조하고 있는 부분은 '습관의 형성'이다.
습관은 숨쉬기, 식이요법과 같은 생리학적 관점뿐만 아니라 환경과의 조화에
서 요구되는 개인의 단순한 기능을 넘어 질서, 훈육, 명시적 기술 등과 같은
보다 고차적 기능을 필요로 한다. 게다가 습관은 사회적 기능으로서 주변의
환경적 조건, 사회 혹은 특정 동료집단으로부터의 지지를 필요로 한다. 그러

므로 "습관이 형성되는 조건에 참여하는 것은 매우 중요하다"(Dewey, 1922: 15). 마찬가지로 학습의 과정에서도 습관의 형성은 결정적이다. 가령, 교사가 아무리 많은 지식을 '성공적'으로 전달한다고 하더라도 올바른 습관이 형성되지 않는 한 그 지식은 학생의 마음의 틀 외부에 남아 있게 되고, 결국 교육이 궁극적으로 지향하는 '진정한 이해'에 도달할 수 없다. 교과가 학생의 '관심'을 불러일으키지 않는 한 학습자의 성장을 결코 도울 수 없다. 산발적으로 습득된 지식은 개인의 경험 속에 체화되지 못하기 때문에 유의하면서도 지속적인 학습으로 발전될 가능성이 낮다.

듀이의 관점에서 보았을 때 지식이 그 고유한 기능을 다하기 위해서는 교사가 단지 설명하고 넘어갈 것이 아니라, 학생들이 주제에 관하여 스스로 사고하고, 글을 써 보고, 토론할 수 있도록 기회를 주어야 한다. 이 관점을 실현할 수 있는 방법은 무엇보다도 교수자의 교수(teaching)가 아니라 학습자의 학습(learning)에 관심을 쏟아야 한다는 것이다. 교사와 커리큘럼 중심에서 진정 학습자 중심으로 교육의 축이 바뀌지 않으면 사고의 개조와 교육의 혁신은 기대하기 힘들다고 듀이는 보았다.

2. 본질주의 교육

본질주의는 진보주의 교육이 1920년대 미국에서 맹위를 떨치고 나자 1930년대에 하나의 반격 운동으로 전개되었다. 그 중심에는 실재론자인 베글리(W. C. Bagley, 1874~1946)가 있으며, 그를 중심으로 교육학 관심 집단이 '미국 교육 향상을 위한 본질파 위원회'를 조직하면서 하나의 교육운동으로 대두되었다. 본질주의는 특정한 철학사상을 표방하지 않았고 그 운동의 확산도 진보주의에 비할 바는 아니지만, 전통적 교육에서 표방하는 가치와 이념을 내세운다는 점에서 교육의 실제에 적지 않은 영향을 주었다.

본질주의는 교육에서 문자 그대로 '본질적인 것'을 가르쳐야 한다고 주장한다. 그 본질은 역사적으로 전승된 문화 가운데 존재하며, 문화유산 중 가장 핵심적인 요소나 본질적인 내용을 찾아 다음 세대에 전승해야 한다는 것이다. 본질주의자 사상가 칸델(I. L. Kandel, 1881~1965)은 본질주의의 교육적 관점을 다음과 같이 표현한 바 있다.

> "본질주의자들의 관점에 따르면, 교육의 주요 기능은 인류의 문화적 유산을 전승시키는 것이다. 교과목은 새로운 지식을 획득하기 위해 사용되는 지적 자본을 나타내며, 가치 있는 경험들을 구체화시킨다. 근본적인 기능의 숙달은 기능의 필요성이 제기될 때 우발적으로 획득될 수는 없다(Kandel, 1955: 239)."

문화의 본질은 비단 과거의 산물로서가 아니라 현재를 살아가는 우리에게 필수불가결한 요소가 되기 때문에 학습자가 반드시 습득해야 한다. 본질적인 것의 습득은 더 나은 교육과 인생 자체를 위해서도 필요하다. 그 과정이 고난과 훈련을 요구할지라도 더 나은 삶과 교육에서 필요하므로 견뎌 내지 않으면 안 된다. 보다 나은 미래를 위해서라면 즉시적 충동이나 일시적 흥미는 유보할 줄도 알아야 한다는 입장이다.

구체적으로 볼 때, 본질적인 요소는 초등 수준에서는 읽기, 쓰기, 셈하기와 같은 기본적 기능이 해당될 것이고, 중등 수준에서는 본질적인 교과목들, 가령 국어, 영어, 수학, 과학, 외국어 등이 해당될 것이다. 이러한 기본 기능과 본질적 교과목들은 한 인간이 사회공동체에서 성장하는 데 밑거름이 되며, 장차 건전한 사회시민으로서 역할을 하는 데 자산이 된다.

본질주의는 어떤 점에서는 전통적 교육의 부활로 볼 수 있다. 교육의 주도권이 학습자에서 교사로, 아동의 경험에서 본질적인 교재로 강조점이 바뀐 점에서도 그렇고, 학습의 과정에서 자유 대신 훈련과 노력의 중요성을 다시금 강조한 점에서도 그렇다. 교육방법에서도 지시와 전달 위주의 강의법과 주입식의 전통적 교수방법을 옹호한 데에서 그 보수성을 확인할 수 있다.

본질주의는 진보주의의 한계, 즉 아동의 기초 학력 부족과 같은 근본 문제에 대한 날선 비판을 가한 점에서 나름의 의의가 있지만, 다시금 교사와 교재 중심의 전통적 교육으로 회귀함으로써 학습자의 동기와 자발성을 약화시켰다는 비판을 받게 되었다.

3. 항존주의 교육

1) 항존주의

본질주의와 마찬가지로 항존주의도 진보주의 교육에 대한 비판에서 시작되었다. '항존'은 영어 'perennial'에서 유래한 것으로 원래 브래멜드가 '영원성'의 의미로 처음 사용하였다.[1] 본질주의가 문화적 유산과 전통을 강조한 것에 비해 항존주의는 한걸음 더 나아가 영원히 변치 않는 절대적 진리를 학교에서 가르쳐야 한다고 보았다. 시대와 장소를 초월하여 영구히 존재하는 것은 다름 아닌 '고전'이다. 항존주의에서 교육내용으로 '위대한 저서'를 강조하는 것은 그 안에 절대적 가치와 진리가 들어 있다고 믿었기 때문이다.

항존주의의 기본 입장은 아리스토텔레스와 아퀴나스로 이어지는 고전적 실재론에 기반을 두고 있다. 이들에 따르면, 인간의 마음으로부터 독립적인 외부의 객관적 실재가 있고, 진선미의 가치 또한 절대적이다. 즉, 지식과 진리는 영원하며 보편적인 성격을 지니고 있으므로 언제, 어디서나 보편적인 가치를 갖는다고 보았다. 인간성 또한 불변하는 것으로 보았다. 따라서 급변

---

1) 항존주의에 속한 교육이론가로는 허친스를 포함하여 아들러(Adler), 마리탱(J. Maritain), 부캐넌
(S. Buchnan), 도렌(M. Doren), 네프(J. Nef) 등이 있다. 항존주의는 원래 교육철학자 브래멜드에
의해서 처음으로 명명되었다(Brameld, 1955: 289-290).

하는 세계에서 외부적 요구만을 수용한다면 교육은 적응주의, 전문주의, 직업주의, 물질주의의 늪에 빠질 수 있다고 보고, 인간의 내면적 이성을 최대한 발현하도록 하여 인간성을 고양해 나가야 한다고 보았다.

항존주의는 학습자를 영원한 진리에 적응시키는 데 목적을 두고, 인류의 오랜 지혜의 보고인 '위대한 저서'를 통해 탁월한 인간성을 연마해야 한다고 주장하였다. 이로써 인간의 이성적 본성과 진리의 절대성에 근거한 인간교육의 본질적인 측면을 부각시켰다는 점에서 의의를 찾을 수 있다. 하지만 항존주의 교육이론은 교사는 물론 대중이 받아들이기에는 지나치게 귀족주의적이고 엘리트주의적이라는 한계를 드러냈다. 항존주의자들이 강조한 위대한 저서, 위대한 대화, 지성의 연마는 소수의 지적 엘리트에게 적합하였을 뿐 TV나 스포츠 관람에 관심이 많은 현대의 대다수 대중에 의해 널리 받아들여지지 않았다.

2) 허친스

시카고대학 총장을 역임한 허친스(Robert Maynard Hutchins, 1899~1977)는 『위대한 대화(The Great Conversation)』를 출간하였다. 그는 서구적 사고의 근간을 담고 있는 고전 작품들이 인간성의 문제를 둘러싸고 인류가 지금까지 지속해 온 대화를 잘 보여 준다고 보았다. 따라서 그 작품들은 흩어진 진술로서가 아니라 하나의 지속적인 대화로서 널리 읽힐 필요가 있다고 주장하였다.

허친스

허친스의 **자유교양교육**에 대한 사고는 미국의 현대 교육철학의 발전 과정에서 성립된 것이다. 1930년대를 전후하여 실용주의(pragmatism)에 기반을 둔 진보주의는 미국 전역을 한바탕 휩쓴 후에 그 한계를 드러냈다. 실용주의는 '고정된 실체의 부정'과 '유기체와 환경의 상호작용'에 철학적 기반을 두고 있다. 인간이 환경과 상호작용하는 과정에서 직면하는 문제를 스스로 해결해 나가면서 발전과 성장을 거듭한다는 전제가 실용주의자들의 배후에 깔려 있다. 실용주의를 기반으로 진보주의는 교과서보다는 아동의 흥미와 경험, 그리고 생활 자체에서 교육의 내용을 자유롭게 구상하고자 하였다. 진보주의의 대표자인 듀이는 학교를 '사회의 축소판'으로 보고 학생을 사회적 환경에 순응시키는 것을 주 목적으로 삼고자 하였다. 이러한 사고가 실제로 자유로운 인간발달에 얼마나 기여하였는지는 여전히 의문의 여지를 남긴다.

허친스는 사회와 학교의 관계에서 학생들을 단순히 기존의 사회에 적응시키는 것은 문제가 있다고 보았다(Hutchins, 1968: 20). 현대사회의 급속한 변화로 인해서 학교가 그 발전을 따라갈 수 없기 때문에 수동적 대응만으로는 곤란하다. 만일 사회의 긴급한 요구를 학교가 충족시키려고 준비할 때 그러한 사회적 요구는 이미 지나가 버리고 만다. 시대에 뒤진 교육은 비효율적일 뿐만 아니라 진정한 의미에서 학생들의 자유를 신장시키는 데도 기여할 수 없다. 사회의 요구는 그 사회가 속해 있는 사회체제의 요구로부터 나온다. 이 점에서 사회적 요구에 부응하는 교육은 체제순응적 인간을 양산하는 방향으로 기울 수밖에 없고, 그에 따라 필연적으로 인간의 기본적인 자유는 제약을 받게 된다.

허친스는 돈이나 직업과 같은 즉흥적 가치에서 벗어나 '항존' 및 '영원성'과 같은 보편적 가치에 깊은 관심을 갖게 되었다. 항존주의자로서 허친스는 지식과 진리는 영원한 것이며, 시대와 장소를 초월하는 보편적인 가치를 지닌다고 보았다. 일종의 공통의 형식을 지닌 인간성(humanity) 또한 불변하며, 보편타당성을 지닌다고 믿었다. 허친스는 이러한 기본 신념하에 교육 외적인 목적이나 가치에 의해서 교육의 원래 목적이 결코 훼손되어서는 안 된다고 보았다. 즉, 수단과 목적 사이의 가치 전도현상이 결국 배금주의, 직업주의, 전문주의, 적응주의를 가져오며, 수단적으로 양산된 인간은 진정한 의미에서 교육받은 인간이 될 수 없고, 오직 단순한 기능인이나 편협한 전문가를 길러 낼 뿐이라는 것이다. 아리스토텔레스적인 의미에서 '이성적이고 합리적인 인간'이야말로 진정 교육받은 인간이며, 따라서 학교와 대학의 교육목적은 그러한 이성인을 도야하는 일에서 찾아야 한다고 보았다.

4. 재건주의 교육

재건주의는 1930년대의 경제대공황 이후 미국 사회의 변화와 밀접한 관련이 있다. 실용주의 철학을 기반으로 한 진보주의 교육운동이 그 기운을 다해 가고, 미국이 대공황의 여파로 위기에 빠져 있던 상황에서 국가와 사회의 위기를 극복할 수 있는 대안으로 떠오른 것이 바로 재건주의 교육사조이다. 교육철학자인 브래멜드(T. Brameld)는 진보주의, 본질주의, 항존주의를 설명하고 비판을 가한 후 이를 절충하고 종합하여 자기만의 교육이론을 제창하였다. 그 이론의 핵심은 한마디로 새로운 사회질서를 수립하는 데 교육이 주요 수단이 되어야 한다는 것이다.

미국 사회와 세계를 진단한 브래멜드는 사회와 문화의 위기 상황을 교육의 힘에 의해서 극복하고 새로운 사회질서를 창조하여야 한다고 보았다. 새로운 사회는 국민들에 의해 지배되는 민주주의 사회이다. 이 점에서 브래멜드는 교육을 '사회적 자아실현(social self-realization)'으로 보고, 각 개인이 사회적 관계 속에서 자신의 건강, 노동, 소속감을 지켜 나가는 것은 물론 다양한 사회적 참여, 질서를 향유하는 삶을 살아갈 수 있기를 바랐다. 사회적 가치는 중요한 것이어서 이것만 실현되면 정치적 · 경제적 · 과학적 · 미적 · 종교적 · 교육적 목표도 성취될 것으로 보았다.

재건주의는 현대사회의 문화적 위기 속에서 교육을 통하여 새롭고 민주적인 세계질서가 수립될 수 있다는 낙관적인 주장을 폈으나, 교육의 실제에 미치는 영향력은 미미하였다. 사회 재건의 과정에서 교육과 교사의 주도적 역할에 기대를 하였으나 성공하지도 못했다. 어쩌면 미국과 같이 풍요롭고 안정된 사회에서 사회 전체를 한꺼번에 개조한다는 사고를 받아들이기 힘들고, 보수적 성향을 지닌 교육계에서 급진적인 교육개혁은 더군다나 지지받기 어려운 것이었는지 모른다.

교육철학 및 교육사 · 제2부

한국교육사

제6장 고대사회의 교육

제7장 삼국 및 남북국 시대의 교육

제8장 고려시대의 교육

제9장 조선시대의 교육

제10장 서구 교육의 유입과 근 · 현대 교육

고대사회의
교육

1. 고조선의 <건국신화>와 교육적 특성

1) 교육의 원형으로서 신화

한국 교육의 시원을 찾기 위해서는 고대 한반도에 살았던 사람들의 삶이 어떠했는지 그 원형을 찾아 나설 수밖에 없다. 기록으로 남아 있는 그 최초의 역사는 일연(一然, 1206~1289)의 『삼국유사(三國遺事)』「기이(紀異)」의 첫 번째 조목인 '고조선'이다. 그런데 고조선에 등장하는 환웅(桓雄)이나 환인(桓因) 등은 신(神)으로 묘사되어 있고, 그와 관련된 이야기는 신화(神話)로 인식되어 왔다. 교육의 차원에서 볼 때 '신을 믿느냐 믿지 않느냐'의 문제도 심각하게 고려할 일이지만, '기이(紀異)'라는 저술의 편명에서 알 수 있듯이 기이한 설화로 가득한 신들의 이야기인 신화를 어떻게 믿을 수 있겠는가? 하지만『삼국유사』의 저자 일연은 신화를 괴이하게 여기지 않았다. 그러기에 나름대로 확신을 갖고 '고조선'과 당시 사람들의 삶을 자신의 저서 맨 앞쪽에 기록하였다.

옛날부터 성인(聖人)이 문명을 일으켜 나라를 창건하고, 인의(仁義)의 방법으로 교화(敎化)를 베풀 때, 괴이한 일이나 폭력, 도깨비 이야기와 같은 것은 어디에서도 말하지 않았다(『論語』「述而」). 그러나 제왕(帝王)이 일어나 나라를 건설하려고 할 때, 하늘은 천자(天子)가 될 사람에게 신비로운 표식을 내렸다. 이런 일은 기록상으로 보아도 무수히 많다. 고구려, 백제, 신라 삼국의 시조들이 모두 신비로운 기적으로부터 태어났다는 것이 무엇이 그리 괴이한가! 그것은 괴이한 일이 아니라 얼마든지 그렇게 형용할 수 있는 부분이다. 따라서 고조선 건국 당시에 일어난 이야기도『삼국유사』첫머리에 그대로 실었다(『三國遺事』「紀異」).

최남선(崔南善, 1890~1957)이나 조지훈(趙芝薰, 1920~1968)의 경우에도 이와 유사한 의견을 제시하였다(이은봉, 1986). 신화는 신들의 이야기라기보다 인간들의 삶을 반영한 이미지 형상이다. 동서고금을 막론하고 인류 최초의 지혜는 신화 속에 결정(結晶)되어 있다. 원시인의 신앙, 도덕, 과학, 역사에 대한 요구와 노력은 신화를 통해 종합적으로 표현되었다.

신화(神話, Myth)라는 것은 유사 이전에 내려오는 희랍어 뮤토스(Muthos)를 번역한 용어로 원시시대, 또 원시사회의 인류가 그들의 독특한 심리, 감각 또는 추리력으로 자연계를 비롯하여 인간의 생활상을 포함하는 모든 사물의 내력을 설명하는 데서 발생하고 성립한 지식의 덩어리이다. 그것은 초자연적 세력을 빌어 모든 것을 설명한다. 주술(呪術)이나 제례(祭禮)와 더불어 친밀한 관계를 이루는 측면에서는 종교와 비슷하다. 자연계의 물상(物象)이나 현상(現象)의 유래, 그것의 성립을 탐구하려는 측면에서는 과학과 비슷하다. 또한 사회집단생활의 문화 현상을 천명하려는 측면에서는 역사와 비슷하기도 하다. 이는 곧 원시인의 종교나 과학, 역사를 통괄하는 존재가 신화라는 사실을 보여 준다.

이를테면 미개(未開)사회의 인간은 문화가 발달한 인간 사회의 삶의 방식과 판이한 사고 방법을 지니고 있다. 그들은 이 우주 자연에 일종의 신비한 힘이 있어 그것이 일체 사물을 만드는 것으로 믿고, 또 만물과 사람 사이에 서로 융통감응(融通感應)하는 관계가 있다고 생각한다. 그중에 어떤 것은 씨족의 뿌리나 수호자로 삼고, 어떤 것은 집단의 표상으로 받듦으로써 사회를 약속하는 유대로 삼는다. 그런 사유가 진보하면 신령스러운 힘은 인격화 과정을 거치고, 표상은 신격화 과정을 거쳐 하나의 강고한 **민족 신앙**으로 성립된다.

학술적으로 볼 때, 이러한 신령스러운 힘을 '마나(Mana)'라 하고, 씨족의 수호자로 믿는 것을 '토템(Totem)'이라 한다. 신령스러운 힘 또는 신격화 과정을 거친 것을 외경하기 위해 사회적으로 금지하는 행위를 '타부(Taboo)'라고 한다. 이런 사안을 전반적으로 통합하여 만든 신앙의 형태가 **원시종교**이고, 원시사회는 이 종교를 중심으로 하여 기축(祈祝), 제사본위(祭祀本位)로 다스림을 지속하였다. 이러한 정치형태를 '**신정**(神政, Theocrary)'이라 한다. 이러한 사실과 관계되는 여러 신의 활동을 종합적으로 표현하여 신념적으로 전승한 것이 신화의 내용이다. 신화는 당시 사람들에게는 비유도 아니고 우어(寓語)도 아니다. 엄숙하고 적실(的實)한 움직일 수 없는 사실이었다.

신화에 나타나는 여러 신의 행위는 신화를 가지고 있는 여러 사람의 행위와 동일하다. 신화에 나오는 일체의 관계는 신화가 있는 여러 사람의 상호 관계로서 통일체를 이룬다. 그러기에 그것은 신과 인간이 동체(同體)이고, 세계의 모든 관계가 상즉상입(相卽相入)해 있는 관계이다. 이러한 형태에서는 당연히 신의 세계가 인간의 세계이고, 신화가 곧 사실이었다.

다시 말하면, 신화는 단지 신화로 그치는 것이 아니다. 물론 신화는 신과 관계되는 신의 이야기임에 분명하다. 따라서 신화의 주인공은 신이고, 신화는 신의 세계를 풀이한 것이다. 하지만 그 신은 실상 인간의 영웅을 신격화한 것이고, 인간의 생활을 신화화한 것이므로 신화는 곧 고대 사람들의 생활과 지식, 이상이 반영된 삶의 이야기이다. 그러므로 신화는 신의 이야기로 그치는 것이 아니라 인간이 터득하고 만든 원초적인 인간의 이야기이다. 때문에 신화는 인간이 발견한 정치와 사회, 과학과 문학, 역사 등 인간의 삶에서 필연적으로 실천해야 하는 교육의 원형으로서 의의를 지닌다.

모든 신화는 신화라는 공통된 본질의 민족적 표현과 민족적 변성(變性), 민족적 소장(消長)에 지나지 않는다. 그러므로 우리는 신화로서 고대 한국인의 심리와 민족적 사고방식의 원형을 찾을 수 있다. 고대의 사회구조와 문화권의 접촉이 어떠했는지 그 유연성을 찾을 수 있다. 한 민족의 역사적 풍토와 민족 문화의 성격, 민족이 추구한 이념의 원형과 방향을 추출할 수가 있는 것이다.

2) 〈건국신화〉의 교육성

우리가 신화에서 신화적 요소를 제거한다면 거기에는 인간적 요소가 풍부하게 담겨 있다(이을호, 1986). 우리 민족의 〈건국신화〉에 등장하는 환인(桓因)과 환웅(桓雄), 단군(檀君) 이야기도 단순히 형이상학적인 신들의 괴이한 이야기가 아니다. 그것은 철저하게 당시 인간의 삶이 녹아 있는 윤리적이고 정치적인 삶의 지속을 염원하는 교육적 차원의 설화이다.

『삼국유사』에서는 '고조선(古朝鮮)', 이른바 '왕검조선(王儉朝鮮)'의 건국설화를 다음과 같이 기록하고 있다.

> 2천 년 전에 단군왕검이라는 이가 있어 현재의 황해도 구월산 지역인 아사달(阿斯達)에 도읍을 정하고 나라를 세워 이름을 조선이라 하였다. …… 옛날 하느님인 환인(桓因)의 아들 중에 환웅(桓雄)이 있었다. 그는 자주 자신의 나라를 가져 볼 뜻을 내비쳤다. 그러면서 인간 세상을 탐내었으며 그곳에 가고 싶어 했다. 아버지 환인은 아들 환웅의 이러한 뜻을 알아차렸다. 늘 인간 세상을 내려다보며 아들이 어디로 가면 좋을지 고민했다.

그러다가 황해도 구월산 일대의 삼위(三危) 태백(太白)을 발견했다. 이곳은 아들이 인간을 널리 이롭게 할 만한 곳으로 판단되었다[弘益人間]. 그리하여 한 나라의 임금을 상징하는 천(天)·부(符)·인(印) 셋을 주며 내려가서 다스리도록 하였다. 환웅은 3,000명의 무리를 거느리고 현재의 묘향산인 태백산 꼭대기 신단수(神檀樹) 아래에 내려왔다. 그리고 그곳을 신시(神市)라 명명했다. 아울러 환웅은 환웅천왕(桓雄天王)으로 일컬어졌다. 그는 바람을 담당하는 고문인 풍백(風伯)과 비를 담당하는 고문인 우사(雨師), 구름을 담당하는 고문인 운사(雲師)를 통해 농사와 생명, 질병과 형벌, 선악(善惡) 등을 맡게 하였다. 그리고 인간이 살아가는 데 필요한 360여 가지의 일을 주관하여 세상을 살면서 정치와 교화를 베풀었다[在世理化]. 이때, 곰 한 마리와 범 한 마리가 같은 굴에 살면서 늘 신령스러운 환웅에게 인간으로 되게 해 달라고 기원하고 있었다. 이에 환웅은 쑥 한 다발과 마늘 스무 개를 주면서 이렇게 말하였다. "너희가 이것을 먹고 100일 동안 햇빛을 보지 않으면 사람의 형상이 될 수 있으리라." 곰과 범은 이를 받아먹었다. 그러고는 21일 동안 햇빛을 보지 않는 금기를 지키기 시작했다. 금기를 제대로 지킨 곰은 여자가 되었으나, 범은 금기를 지키지 못해 사람이 되지 못하였다. 곰은 여인[熊女]이 되기는 했으나 혼인할 상대가 없었다. 늘 신단수 아래에서 아기를 잉태하게 해 달라고 빌었다. 이에 환웅이 잠시 사람으로 둔갑하여 웅녀와 혼인을 하고, 웅녀는 아들을 낳았는데, 그 이름을 단군왕검(檀君王儉)이라 하였다. 이분이 중국의 요(堯) 임금 즉위 50년에 지금의 서경인 평양성에 도읍을 정하고 조선(朝鮮)이라고 하였다(『三國遺事』 「紀異」).

〈건국신화〉에 나타난 '환인–환웅–웅녀–단군'으로 이어지는 인간의 관계망에서 우리는 무엇을 발견할 수 있을까? 농사의 근본 요건인 바람과 비와 구름을 주관하는 관리들, 이른바 풍백(風伯)·우사(雨師)·운사(雲師) 등이 등장하는 것으로 볼 때 환웅은 농경사회의 지도자이다. 뿐만 아니라 농업·의료·법률·도덕 등을 통해 나라를 다스리며 정치력을 발휘하였다. 이는 인

단군상

간의 모든 행위를 관장하여 '사람이 더불어 사는 세상'을 만들려는 열망이 깃들어 있다. 그 열망은 환웅 자신의 포부와 아버지인 환인의 지원이 결합하면서 현실적인 양태로 등장한다. 환인이 제기한 '홍익인간(弘益人間)'의 바람은 아들 환인을 통해 지상에서 구현된다. 환웅은 앞에서 비, 구름, 바람을 담당하는 고문들의 도움을 받아 인간을 다스리는 존재이다. 지상의 세계로 내려온 환웅 천황은 인간을 다스린다. 그 다스림의 이념적 도구는 아버지 환인이 고려한 홍익인간이다. 널리 인간을 이롭게 할 수 있다! 이는 현재 대한민국의 교육이념으로 자리하고 있다.

그렇다면 환웅은 무엇을 통해 인간을 이롭게 할 수 있었을까? 〈건국설화〉에서 환웅은 바람을 담당하는 고문인 풍백(風伯)과 비를 담당하는 고문인 우사(雨師), 구름을 담당하는 고문인 운사(雲師)를 통해 농사와 생명, 질병과 형벌, 선악(善惡) 등을 맡아 보도록 하였다. 그리고 인간이 살아가는 데 필요한 360여 가지의 일을 주관하여 세상을 살면서 정치와 교화를 베풀었다. 이것이 이른바 '재세이화(在世理化)'이다. 환웅으로 상징되는 한국 고대인들의 사유에는 이런 모습이 담겨 있었다.

이러한 생활양식에는 다음과 같은 의미가 내포되어 있다. 첫째, 경제적 풍요를 지향하고, 둘째, 사회적 지위를 획득하며, 셋째, 일신의 안녕을 추구하고, 넷째, 사회적 질서를 유지하며, 다섯째, 도덕·윤리적 가치를 부여한다. 경제적 풍요를 비롯하여 도덕·윤리적 가치의 부여에 이르기까지 고조선 〈건국신화〉의 내용을 뒷받침할 만한 자료는 중국의 사료인 『한서(漢書)』이다(『漢書』「地理志」.) 특히 『한서』에 등장하는 '8조범금(八條犯禁: 八條法禁, 八條敎)'의 내용은 매우 중요하다. 그것은 엄밀히 말하면 단군조선의 것이 아니다. 중국의 은(殷)나라 말기에 기자(箕子)가 조선으로 가서 백성을 다스렸다는 '기자조선(箕子朝鮮)'의 이야기이고, 한사군(漢四郡)의 낙랑군에 속하는 사람들의 제도이다. 하지만 고조선이라는 한반도 선인들의 생활 풍습임을 고려한다면, 한국 고대 사유의 일부로 보는 데 무리는 없다.

'홍익인간'의 핵심 내용 가운데 경제적 풍요는 농사를 통해 생산력을 확보하는 과정에서 발생하였다. 고조선은 "상곡(上谷)으로부터 요동(遼東)에 이르기까지 땅은 넓고 인구는 적어 자주 외적의 침입을 받기도 했지만, 생선과 소금, 대추, 밤과 같은 농산물이 풍족하였다"라고 기록되어 있다.

사회적 지위는 사회에 필요한 다양한 직책과 그런 것에 대한 생명력 부여 차원에서 살펴볼 수 있다. 예컨대, "농사짓는 백성들은 대부분 대나무나 기타 나무로 만든 그릇을 사용하여 음식을 담아 먹었고, 도읍지에 사는 관리나 장사꾼들은 종종 술잔 같은 용기를 사용하여 음식을 먹었다." 이는 처한 상황에 따라 그에 맞는 적절한 문화를 향유한 것으로 이해된다. 일신의 안녕은 질병의 예방과 치료를 고려하여 백성의 생명과 안전을 고민하는 데서 확인된다. 사회적 질서는 형벌을 주관하는 관리를 통해 체제 유지를 모색한 데서 알 수 있다. 특히 사회적 질서 유지는 '8조범금'을 통해 구체적 내용을 확인할 수 있다.

현재 전하는 '8조범금'은 여덟 가지 모두를 갖추고 있지는 않다(『漢書』「顔師古注」). 그러나 사회질서 유지의 내용을 자세히 전하고 있다. "사람을 죽인 자는 즉시 죽인다." "남에게 상해를 입힌 자는 곡식으로 갚는다." "도둑질한 자는 남자의 경우 그 집의 남자 종으로 만들고, 여자인 경우 여자 종으로 만든다." "죄를 지었는데 용서받으려는 자는 한 사람 앞에 50만을 내게 한다." 등이 범금의 구체적 내용이다.

도덕·윤리적 가치는 선악의 개념과 의미 부여를 통해 실천되었다. 그러기에 "죄지은 자가 용서를 받아 평민이 되어도 부끄러움을 씻지 못하여 결혼을 하려고 해도 짝을 구할 수 없었고, 여자들은 모두 정조를 지키고 신용이 있어 음란하고 편벽된 짓을 하지 않았다."라고 하였다.

이러한 내용은 〈건국신화〉를 구성하던 시기의 사회적 상황과 요구를 반영한다. 단군 고조선의 시대는 곡식을 주된 식량으로 삼는 농업 경제의 시대였다. 아울러 사회적 지위가 문제되는 계급사회의 시대이다. 질병으로부터의 해방을 위한 의료 행위가 존재하던 시대이고, 죄악을 다스리기 위한 사회적 장치로서의 형법이 존재하던 시대였다. 뿐만 아니라 옳고 그름의 도덕적 기준이 분명히 제시되던 시대였다. 이러한 시대적 요청이 건국신화에 반영되어 '홍익인간'의 이념으로 구성되었다.

전체적으로 〈건국신화〉의 '홍익인간(弘益人間)'이 지시하는 내용을 다음과 같이 정돈할 수 있다. 정치적 차원에서는 단군을 통해 삶을 실현하는 민족국가의 성격을 지니며, 경제적으로는 이용후생(利用厚生) 차원의 민본주의를 염원한다. 그런 정신을 실현하는 모습은 광제창생(廣濟蒼生)하는 인류 복지의 형태로 드러난다. 그것은 교육적 의미에서 해석하면, 인간주의를 지향하는 휴머니즘(humanism)인 동시에, 박애(博愛) 정신이 가득한 민주적 인간상을 염원하는 데모크라시(democracy)로 이해할 수도 있다(정영훈 외, 1999). 이와 더불어 단군조선은 아니지만 『삼국지(三國志)』에 의하면 '위만조선(衛滿朝鮮)'의 경우 '박사(博士)'라는 관직 제도가 있는 것으로 보아 과학 문화 교육사업 전반을 담당하면서 교육사업을 체계적으로 진행한 것으로 되어 있다. 즉, 지식을 다루는 분야의 제도적 정비가 이루어졌고, 다양한 학문 연구가 진행되었을 것으로 추측된다(『三國志』「魏書」; 홍희유, 채태형, 1995).

이런 점에서 건국신화에 담긴 교육은 광명(光明), 사랑, 생명, 평등, 평화, 조화 등 인류의 보편 이념을 주요 내용으로 한다. 그것은 좁게 이해하면, 한 공동체의 구성원에게 따뜻하고 행복한 생활을 보장하는 것이 목표이다. 공동체 구성원에게 삶의 조건과 교육의 마당을 마련한다. 천상의 하느님인 환인이 자식인 환웅을 통해 지상의 세계에 관심을 갖고, 삶의 조건을 적절하게 베푸는 장면을 연출한다. 달리 말하면 천상이라는 문명세계의 교육 모습을 지상이라는 미개사회에 제공함으로써 교육의 질을 향상시킬 수 있는 교육의 마당을 제공한 것이다.

2. 고대 부족국가의 교육: 성년식

성년식(initiation ceremony)은 청소년기에 접어든 젊은이들이 공적 시험의 과정을 거쳐 성인의 자질과 자격을 공인 받는 의식이다. 동서양을 막론하고 인류의 고대사회에서 성년식은 대개 종교적인 의식과 함께 이루어졌으며, 젊은이들에게 신체적인 고통을 가하여 시련을 이겨 내게 하였다. 원시사회에서 성인식은 젊은이들을 그 사회의 어른으로 만들어 주며, 종족의 집단적 동일성을 갖게 해 준다. 대부분의 경우, 신체의 일부에 고통을 주는 고난 의식을 통해 상징적으로 죽음의 분위기를 만들고, 거기서 다시 상징적으로 재생(再生)의 기분을 맛보게 한다. 이런 재생의 의식을 통해 청소년들은 구출되었다는 경험을 하고, 그것은 씨족이나 부족 집단과 자아와의 진정한 통합을 인식하게 한다.

성년식은 고대 인류 사회에서 대부분의 부족에게 행해졌던 것으로, 그 형식은 다양하다(Monroe, 1999: 18-19). 원시사회에서 성인식은 할례식(割禮式)으로 거행되는 경우도 많다. 예를 들면, 오스트레일리아의 원주민 할례식에는 네 단계가 있다. 첫 번째 단계는 소년들을 담요 밑에 눕힌다. 이는 상징적 죽음으로, 소년은 이 죽음으로부터 재생하게 된다. 두 번째 단계는 담요를 치우고 어른들이 할례를 거행한다. 세 번째 단계는 할례가 끝난 소년들에게

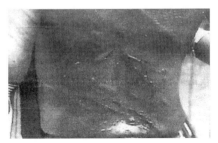

성년식

는 새로운 자격을 얻었다는 표시로 어른들이 쓰는 원추 모양의 모자를 씌워 준다. 마지막 단계는 소년들을 정화하고 교화하기 위해 부족으로부터 격리한다.

우리나라 고대의 성년식에 관한 기록은 아주 짧게 전해 오는데, 사료는 달라도 내용은 유사하다.

나라에서 성곽을 쌓을 때 장정들이 필요하여 젊고 용감한 청소년들을 모아 등가죽에 구멍을 내어 새끼줄을 꿰었다. 또한 그 줄에 큰 나무를 매달아서 하루 종일 환호하면서 힘을 써도 아프지 않다고 하였는데, 이를 실천하여 강건해졌다(『삼국지(三國志)』「위서(魏書)·동이전(東夷傳)」;『후한서(後漢書)』「동이전(東夷傳)」).

이러한 성년식은 신체 단련의 모습을 통해 자제들에게 군사훈련을 시키는 고상한 도덕적 의무를 보인다. 그런 점에서 성년식은 고통을 감내해 내는 가운데 여러 가지 교육적 의의를 갖는다.

첫째, 성년식에는 **도덕·정치 교육적** 의미가 들어 있다. 성년식을 치르는 동안 청소년들은 고통을 견디고, 어른들에게 복종함으로써 인내와 존경을 배운다. 동시에 어른들은 성년식을 통해 자신들의 권위를 높이고, 사회의 질서와 체제를 유지하였다. 이는 일종의 사회적 책무성을 부여하는 작업으로 강력한 사회성이 담겨 있었다.

둘째, 성년식에는 실용적인 **생활교육**이 포함된다. 성년식을 통해 청소년들은 실생활에 필요한 여러 가지 지식과 기술을 습득하고, 부족을 보호하고 전쟁을 수행하는 데 필요한 능력도 익힐 수 있었다.

셋째, 성년식에는 **종교교육**의 의미가 스며들어 있다. 한반도 고대인들의 생활양식은 토테미즘과 애니미즘 등 무속적이며 종교적이었다. 종교는 부족의 구성원이 공통된 가치관과 신념 체계로 결속될 수 있는 구심점이었다. 성년식은 바로 이러한 부족 고유의 종교적 의식으로 행해졌다.

제7장

삼국 및 남북국 시대의
교육

1. 삼국시대의 교육

1) 고구려의 유학 및 문무 교육

중국의 역사 자료에 의하면, 고구려는 상당한 수준의 교육이 발달한 것으로 보인다. 『구당서(舊唐書)』나 『신당서(新唐書)』에는 다음과 같이 고구려의 교육 상황을 자세하게 기술하고 있다.

고구려의 풍속 가운데 하나는 **서적**을 좋아하는 것이었다. 누추한 심부름꾼이나 하인들이 모여 사는 곳에 이르기까지, 거리마다 큰 집을 지어 놓고 '**경당**(扃堂)'이라고 불렀다. 자제들이 혼인하기 전에는 밤낮으로 여기에서 글을 읽고 활쏘기를 익혔다. 그들이 읽는 책은 오경(五經: 『시경(詩經)』『서경(書經)』『역경(易經: 周易)』『예기(禮記)』『춘추(春秋)』)과 『사기(史記)』『한서(漢書)』『후한서(後漢書)』『삼국지(三國志)』『진춘추』『옥편』『자통』『자림』 등이 있었고, 또 『문선』이 있었는데 매우 중요시하였다(『舊唐書』 '列傳'). 고구려 사람들은 배우기를 좋아했는데, 보잘것없는 마을의 서민의 집일지라도 서로 부지런히 배우도록 권하였다. 네 거리마다 육중한 건물을 지어 놓고 **국당**(局堂)이라 불렀다. 여기에는 자제 중에 혼인하지 않은 자들이 모였는데, 경전을 외우고 활쏘기를 익혔다(『新唐書』「列傳」).

역사 기록으로 볼 때, 고구려에는 **태학**(太學)과 **경당**(扃堂)이라는 두 종류의 교육기관이 있었다.

태학은 소수림왕(小獸林王) 2년(372년)에 설립된 우리나라 최초의 관학(官學)이며 고등 교육기관이다. 『삼국사기』에는 "태학을 세워 자제를 교육했다."라고만 기록되어 있어 그 자세한 모습은 알 수 없다. 중국의 교육제도를 모방한 것으로 추측해 본다면, 귀족의 자제들을 대상으로 오경(五經)과 삼사[三史: 『사기(史記)』『한서(漢書)』『후한서(後漢書)』] 등 유학을 가르쳐 국가의 관리를 양성하려고 했던 것 같다.

그리고 경당은 언제 설립하였는지 분명하지 않으나, 일반 서민들을 대상으로 한 사설 교육기관이다. 『구당서』와 『신당서』의 기록처럼, 경당(국당)은 큰 마을마다 설립되었으며, 미혼의 자제들이 모여 오경과 삼사, 『삼국지』, 『진춘추』 등의 경서(經書)와 사서(史書)들을 읽고 활쏘기를 익혔다고 한다.

2) 백제의 중일 교류 교육

백제의 교육과 관련된 기사도 매우 제한적이다. 특히 공식적인 교육기관인 학교를 세웠다는 기록은 현재까지 확인된 사료에서는 보이지 않는다. 대신 박사제도, 문자 기록, 유학의 전래 등을 보여 주는 단편적인 자료가 있을 뿐이다.

백제의 교육과 관련된 사료는 『삼국사기(三國史記)』『주서(周書)』『수서(隋書)』『구당서(舊唐書)』『일본서기(日本書紀)』 등이 대표적이다. 따라서 중국과 일본의 관계를 통해 그 대강을 알 수 있다.

『고기(古記)』에 이르기를, "백제가 나라를 창건한 이래로 문자로 사실을 기록한 것이 없었으나, 이때에 이르러 박사 고흥에 의하여 비로소 『서기(書記)』가 있게 되었다." 그러나 고흥의 이름이 일찍이 다른 서적에 보이지 않으니 그가 어떤 사람인지는 알 수 없다(『三國史記』「百濟本紀」).

백제의 풍속은 말타기와 활쏘기를 중요하게 여겼고, 아울러 고서(古書)와 사서(史書)를 좋아했으며, 특별한 자들은 문장을 잘 짓고 풀이하였으며, 음양오행(陰陽五行)도 이해하였다. …… 또한 의약(醫藥), 복서(卜筮), 점성술(占星術)도 이해하였다(『周書』「列傳」).

백제의 풍속은 **말타기**와 **활쏘기**를 중요하게 여겼으며, **경서**와 **사서**를 읽고 관리의 서무에 능숙하였으며, 또한 의약, 점술, 관상법(觀相法)을 알았다. 두 손을 땅에 짚는 것으로 경의를 표하였다(『隋書』「列傳」).

그 서적으로 오경과 자부(子部)와 사부(史部)가 있고, 또 표문(表文)과 소문(疏文)은 나란히 중국의 법에 의거하였다(『舊唐書』「列傳」).

15년 가을에 백제의 왕이 아직기를 보내면서 좋은 말 두필을 함께 바쳤는데, 경 지역의 제방에 만든 마구간에서 길렀다. 아직기에게 말 기르는 관직을 맡겼는데, 말 기르던 곳을 구자카(廐坂)라고 했다. 뿐만 아니라, 아직기는 **경전**도 능숙하게 읽었다. 때문에 우치노와 키이로치코(菟道稚郎子) 태자의 스승이 되었다. 이에 천황이 아직기에게 물었다. "너희 나라에 너보다 나은 박사도 있는가?" 아직기가 대답하였다. "왕인이라는 사람이 있는데 아주 뛰어납니다." 그러자 백제에 사신을 보내 왕인을 모셔 왔다. 그 아직기라는 사람은 아직기 역사의 시조가 되었다. 16년 봄에 왕인이 왔는데 태자의 스승이 되었다. 태자는 여러 가지 전적을 왕인에게서 익혔는데, 모조리 통달했다. 이에 왕인이란 사람은 문장가의 시조가 되었다(『日本書紀』卷10).

다양한 역사서의 기록으로 볼 때, 백제는 일찍부터 중국과 교섭이 잦았으며 교육을 담당하는 관직인 박사(博士) 제도를 두었다. 백제에는 오경(五經) 박사, 모시(毛詩)박사, 의(醫)박사 등 각종 전문 박사가 있었으며, 이들은 자주 일본에 초빙되었다. 박사 왕인은 『천자문(千字文)』과 『논어(論語)』를 일본에 전했다. 그것이 고구려에 태학이 설립되기 87년(285년)인 것으로 보아 백제의 교육 수준이 매우 높았음을 짐작할 수 있다.

삼국사기

삼국유사

3) 신라의 유불선 교육

(1) 고유사상으로서 풍류

신라에서는 초기부터 한자를 사용하고 유학이 행해졌다. 그러나 고구려나 백제에 비해 중국 문화의 수입이 다소 늦어진 것 같다. 삼국통일이 될 때까지는 27대 선덕왕 9년(640년)에야 비로소 당나라에 유학생을 파견하여 국학(國學)에 입학시켰다는 기록이 있을 뿐, 학교교육에 관한 기록은 없다. 대신 삼국통일 이전까지는 **화랑도**(花郎徒)라는 고유의 제도를 통해 교육이 이루어졌다.

신라에는 예로부터 전해오는 **풍류**(風流)가 있는데, 그것은 유(儒)·불(佛)·선(仙)의 세 가지 가르침을 포함한 현묘한 도라고 하였다. 화랑도는 바로 풍류를 근본정신으로 하였으므로, 유학의 '충효'사상, 선교의 '말하지 않고 묵묵히 실천함', 불교의 '악한 것을 금하고 착한 것을 실천'하는 사상을 포함하고 있었다.

우리나라에는 말로 표현하거나 설명하기 힘든 현묘한 도가 있다. 그것을 '풍류(風流)'라고 한다. 이 가르침을 어떻게 만들었는지, 그 근원에 대해서는 『선사(仙史)』에 자세하게 실려 있다. 풍류는 실제로 세 가지 가르침을 포괄한 것으로, 모든 중생을 직접 교화하고 있다. 그들은 집에 들어와서는 부모에게 효도하고 밖에 나아가면 나라에 충성을 다하는데, 이는 노나라 사구[공자]의 뜻, 즉 유교의 가르침과 일치한다. 아울러 억지로 행함이 없는 일에 처하고 말없는 가르침을 행하는데, 이는 주나라 주사[노자]의 뜻, 즉 도교의 가르침과 같다. 그리고 악한 일을 하지 않고 착한 일만을 행하는데, 이는 축건태자[석가]의 교화, 즉 불교의 가르침과 동일하다(『三國史記』「新羅本紀」).

풍류는 최치원(崔致遠)이 유교(儒), 도교(老莊), 불교(佛)를 원천적으로 융합한 사상이다. 최치원은 우리나라에 예로부터 딱 꼬집어 말할 수 없는 고유한 도가 있음을 지적하고, 이것은 유·불·도 3교가 들어오기 이전부터 있어 온 한국 고유의 사상임을 밝혔다. 즉, 풍류는 외부로부터 들어온 유·불·도의 요소를 지니고 있는 것이 아니라, 근본적으로 세 가지 사유를 묘합(妙合)하고 있는 고유사상이다. 이 풍류는 **현묘지도**(玄妙之道)의 다른 이름이며,

최치원

선천적인 우리 고유의 사상이다. 그러기에 한반도의 한민족(韓民族), 특히 신라인들에게는 정신의 표상으로 자리했다.

실제로 상고시대의 우리 조상들은 봄, 가을에 음주가무(飲酒歌舞)를 즐기며 하늘에 제사하였다. 여기에서 그들은 인간과 자연, 하늘과 땅이 하나로 융합하는 강신(降神) 체험을 하였다. 이를 사상 체계로 표출한 것이 풍류로 생각된다. 그러므로 풍류는 하늘을 섬기는 천신도(天神道)이고, 그 핵심은 하늘과 인간이 하나로 융합되는 데 있다. 내가 없어지고 내 안에 신이 내재한 상태의 '나'가 풍류의 주체가 되는 것이다.

신과 하나가 된 풍류객은 새로운 존재 양식을 갖춘다. 자기중심의 세계에서 벗어나 다른 사람과의 '관계의 장'을 통해 삶의 의미를 찾아간다. 그리고 타자들과 접촉해서 그들이 본연의 인간으로 돌아가도록 교화한다. 이는 우리 안에 있는 하늘의 본성이 작용하기 때문이다. 풍류의 실천자는 널리 사람들을 유익하게 만드는 인간이다. 그것은 앞에서 살펴본 고조선의 〈건국신화〉에 등장하는 동시에 대한민국의 교육이념인 '홍익인간(弘益人間)'과 직결된다.

사실 최치원의 기록은 요점만을 간추려 놓았기 때문에 자세한 의미를 파악하기에는 불충분한 측면이 있다. 『선사』라는 책도 현재 전해지지 않고 있기 때문에 풍류도가 무엇인지 명확하게 알기는 어렵다. 그러나 여러 정황으로 미루어 해석해 보면, 최치원이 화랑도의 창립과 정신을 말하는 부분에서 풍월도(風月道)를 언급하고 있는 것으로 보아 풍류는 화랑도의 핵심적 이념이 된 것은 분명하다.

어쨌든 풍류는 유교(儒敎)의 충효(忠孝)와 노장(老莊: 道敎)의 무위(無爲), 그리고 불교(佛敎)의 선행(善行) 등 세 가지 가르침을 모두 포괄하고 있다. 그러기에 유교이기도 하고 아니기도 하고, 도교이기도 하고 아니기도 하며, 불교이기도 하고 아니기도 한 독특한 고유사상을 이루게 되었다. 원광의 세속오계(世俗五戒) 또한 이러한 전통사상에 불교적 특성을 가미하여 계율화한 것이다. 이는 원효의 화쟁(和諍)과 대각국사의 회삼귀일(會三歸一), 지눌의 선교

일치(禪敎一致) 사상 등으로 확대 발전하였다.

다시 강조하면, 풍류는 세 가지 가르침을 융합하고 있다. 세 가지를 제시하는 가운데 유교와 도교, 불교의 본질이 지적된다. 이 중 유교는 사리사욕에 가득찬 자신의 욕망을 버리고 착한 인간의 본성인 예로 돌아가는 데 강조점이 있다. 그것은 흔히 **극기복례**(克己復禮)로 표현되고 인(仁)으로 귀결된다. 도교의 본질은 인간의 거짓된 언행심사(言行心事)를 떠나 자연의 법도를 따라 사는 **무위자연**(無爲自然)의 세계를 구현하는 데 있다. 상선약수(上善若水)처럼, 서로 다투지 않고 자연스럽게 묵묵히 흘러가는 물과 같은 성질을 삶의 모델로 삼는다. 그리고 불교의 본질은 아집(我執)을 버리고 인간의 본성인 한 마음[一心], 이른바 불심(佛心)으로 돌아가는 데 있다. 그것이 **귀일심원**(歸一心源)이다. 이렇게 볼 때, 세 가지 가르침의 차원은 모두 욕망에 사로잡힌 자기를 없애는 지점에서 통일된다. 우주의 법도인 천부의 본성, 이른바 '참마음'으로 돌아가는 작업과 상통한다. 우주적 참마음이란 하늘이 준 마음이자 자연스런 마음이다. 그 참마음의 회복이야말로 교육의 최고 가치이다. 신라인들이 고유한 정신으로 자부심을 가졌던 풍류는 바로 화랑의 정신으로 추구되었고, 사회공동체의 영혼으로 삼투되었다.

요컨대 풍류는 인간이 천지와 자연에 의빙(依憑)하려고 할 때, 거기서 생명의 근원을 체감하려는 사유를 담고 있다. 이에 대해 화랑도는 자연에서 얻어진 풍류성(風流性), 즉 생명의 근원을 인간 집단에 매개하려는 행위이다. 이런 차원에서 풍류도는 이론을 정립하는 개념적 명명(命名)이며, 화랑도는 실천 행위를 담보하는 형식적 지칭이다(김충렬, 1987). 다시 말하면, 풍류도는 인간 생명의 근원이 자연 속에 있음을 체감함으로써 영원한 생명, 무한한 생명, 절대 생명에 감응(感應)된다고 믿는다. 그리고 스스로 그 생명의 근원에 자기 생명을 계합(契合)시키려는 행위이다.

(2) 화랑도 교육

화랑도는 풍류적 생명성을 자각한 인간들이 모인 집단이다. 즉, 화랑도는 풍류 사상을 온몸으로 받아서 인간들 사이에 또는 국가나 사회에 그 큰 생명력을 활용하려는 인간의 길이다. 따라서 화랑도는 자연을 인격화하는 원리이다. 이를 한층 더 격화시킬 경우, 개인적 생명은 집단적 생명으로 승화한다. 개별적 생명력이 풍류를 통해 수련을 거치고, 집단 생명으로 진보한 것이 바로 화랑도였다(한국철학회, 1987: 149). 교육적으로 이해하면 개인의 수양인 개인교육과 학습을 바탕으로 공동체 집단의 질서와 삶에 생명력을 부여하는 공동체 교육으로의 확장을 도모했다.

화랑도는 유 · 불 · 도 삼교를 융합한 풍류사상을 근본으로 한다. 하지만 삼국통일 이전에는 화랑도의 사상도 유교적 색채가 강하였다. 『삼국유사』에 그것을 증명할 만한 기록이 보인다.

> 진흥왕은 양가(良家)의 남자 중 덕행 있는 인물을 선발하고, 사람들에게 악(惡)을 고쳐 선(善)에 옮기게 하고, 윗사람을 공경(恭敬)하고 아랫사람에게 순(順)하게 하니, 오상(五常), 육예(六藝), 삼사(三師), 육정(六正)이 왕의 시대에 행하여졌다(『三國遺事』「彌勒仙花 未尸郎 眞慈師』).

여기에서 인의예지신(仁義禮智信)의 오상이나 예악사어서수(禮樂射御書數)의 육예, 태사(太師) · 태부(太傅) · 태보(太保)를 의미하는 삼사, 성신(聖臣) · 양신(良臣) · 충신(忠臣) · 지신(智臣) · 정신(貞臣) · 직신(直臣)을 뜻하는 육정은 모두 유교의 핵심 이론이거나 교육내용, 제도나 관직의 명칭이다. 이런 점에서 초기 화랑도는 유교를 자신들의 정신적 지침으로 삼았을 수도 있다(한국철학사연구회, 1997). 단재 신채호는 김부식(金富軾)이 『삼국사기』를 지으면서 화랑도를 유교나 신라사회에만 국한되는 조직으로 폄하했다고 비판하며, 이를 고구려까지 확장하여 이해하기도 했다(이만규, 1947: 90-92).

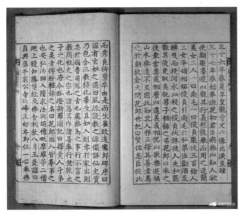

화랑도   임신서기석

주지하다시피,『삼국사기』에 기록된 화랑 교육의 근본은 "사람과 사람 사이에 도의(道義)로 서로 닦고, 가락(歌樂)으로 즐거이 노닐며, 명산(名山)과 대천(大川)을 돌아다니면서 국토의 멀리까지 순례한다"는 대목에서 확인할 수 있다. 풍류처럼 여기에서도 유·불·도 삼교의 특성이 혼재함을 엿볼 수 있다. 즉, 도의로 서로 닦는 작업은 유교적 색채가 강하고, 가락으로 즐거이 노니며 명산대천을 다니는 부분은 불교적 경향이 농후하다(최영성, 2006: 135). 이런 교육을 통해 "열린 마음을 가진 재상과 충신이 화랑에서 나오고, 뛰어난 장수와 용감한 군사가 화랑의 정신과 실천을 담보로 많이 배출되었다"(『三國史記』「新羅本紀」). 이렇게 볼 때, 화랑제도는 개인의 심신 수련을 통한 인격자는 물론 국가를 보위하는 용감한 장수와 전투적인 병사 양성에 그 목적이 있었다.

한반도에서 '고구려–백제–신라'로 통칭되는 삼국시대와 주변 국가와의 역사적 정황과 역학 관계로 볼 때 화랑의 등장과 존재 이유는 다음과 같이 이해할 수도 있다(신창호, 서은숙, 2003). 신라는 제24대 진흥왕 이전에 경상도와 강원도의 일부를 국가 영토로 만들었다. 그런데 남쪽으로는 '왜'라는 해적 떼가 수시로 괴롭히고 있었고, 서쪽으로는 백제와 가야, 북쪽으로는 고구려와

말갈이 해마다 신라를 침략해 왔다. 뿐만 아니라, 경상도와 강원도라는 지역의 지형 자체가 산악이 많고 비옥한 평야가 적었다. 이와 같이 지리적·자연적으로 이롭지 못한 환경에 놓인 신라는 주위의 강적에 항시 대항해야만 하는 처지에 있었다. 더욱이 그들이 염원하였던 통일국가를 달성하기 위해서는 국가적 차원의 주요한 조치가 없이는 이런 어려운 상황을 극복하기가 힘들다고 판단했다. 그것은 난국타개와 삼국통일의 위업을 달성하기 위한 일대 애국적 국민운동을 일으키는 작업으로 이어졌다고 생각된다. 이런 구체적 목적을 향해 신라인은 소년 시기에서부터 교육과 훈련을 통해 충실한 국민으로서 의무를 다하려는 자세를 견지했음에 분명하다. 그것의 교육·군사 제도적 장치가 화랑제도였다. 신라인들은 이 제도를 올바르게 실현하기 위하여 '무력강화'와 '인재 양성'이라는 교육목적을 내세웠다.

화랑단으로 대표되는 화랑제도는 화랑이라는 존귀한 청년 장교를 중심으로 집합된 전사단(戰士團)이다. 화랑단의 사명 중 가장 중대한 의의로 인식되는 것은 청년 전사단으로, 평상시에는 부락을 수호하며 무예를 수련하는 조직이라는 점이다. 그러다가 국가 비상시, 즉 전시에는 국방의 제일선에 나아가 진충보은(盡忠報恩)하는 일이다. 그러기에 화랑의 성격을 다음과 같이 규정할 수 있다.

첫째, 국가에 특별한 일이 있을 때 전사로서 솔선수범하여 국난 극복에 봉사할 수 있도록 평상시에 공공정신과 무예를 단련한다.

둘째, 애국 청년들이 건전한 가무와 오락 등을 통하여 교양을 함양하고 올바른 인간관계를 이해하며, 지도적 인격을 가꾼다.

셋째, 단체 생활을 통하여 청년들이 사회를 이끌어 갈 수 있는 책임감을 가지도록 건전한 사회교육을 한다.

이러한 전사단은 고조선 때부터 존속 강화되어 내려오다가 진흥왕 37년에 이르러서는 원화라는 제도로 확립되고, 후일 화랑제도로 개편된 듯하다(『三國史記』「新羅本紀」). 물론 화랑의 연원에 대해서는 몇몇 선학의 문제제기가 있다. 이만규는 단재 신채호의 견해를 참고로 이에 대한 의구심을 제기하였다. 화랑도의 연원은 그보다 훨씬 앞선다고 지적한 것이다. 즉, 『삼국사기』에는 진흥왕 37년(576년)에 '비로소 원화를 받들었다'고 했는데, 『동국통감』에는 그보다 10년 앞선 진흥왕 27년(566년)에 3급 작위를 받은 백운이 14세에 국선이 되었다고 전하고, 그보다도 4년 이전인 진흥왕 23년(562년)에 가야 토벌에 종군하여 전쟁에서 승리한 17세의 사다함이 16세에 국선이 되었다고 전한다. 뿐만 아니라, 법흥왕 27년(540년)의 기록에도 용모 단정한 사내아이를 택하여 풍월주라 하고 아름다운 선비를 구하여 무리로 삼고 효도와 우애를 가르친다 하였는데, 이는 진흥왕 37년보다 36년 앞서는 것이다. 이런 기록으로 볼 때 진흥왕 37년 이전에도 화랑도가 있었다고 볼 수 있다(이만규, 1947).

어쨌든 화랑제도는 상당히 중요한 조직으로 운영되었다. 이는 국가적 관심에서 지도 감독을 받은 듯하나, 국가에 예속된 교육기관은 아니었고, **자율적 교육조직**이자 학습조직이며 군사조직으로 생각된다. 그리고 화랑들의 교육 훈련이나 활동을 통해 우리는 이 청소년 수양단, 또는 민간 청년 단체인 원화·화랑제도에서 신라인의 독특한 영육(靈肉) 일치관과 진선미(眞善美)의 합일관을 찾을 수 있다. 이는 개인적 차원을 넘어 사회적 인격의 형성을 계획하고 마음과 신체의 관계가 유기적으로 연관되는 곳에서는 매우 깊은 교육적 의미를 갖는다.

화랑도의 경우에도 심신을 동시에 고려하는 교육집단이었다. 즉, 신체와 정신의 온전함을 통해 그 시대의 엘리트, 지도적 인격자를 양육하는 산실 역할을 했던 것이다. 그들은 고대국가 신라에서 책임과 의무를 다하는 핵심 분자들이었기에 신라 사회는 이들이 지배하게 되었고, 신라의 운명 또한 그들이 맡았다. 그리하여 그들은 투철한 국가관으로 신라의 발전에 온갖 힘을 기울였으며, 삼국통일의 밑거름이 되었다. 특히 6세기 전반 진흥왕 때 신라는 대외적으로 팽창하기 위해 정복전쟁을 활발히 전개하면서 국가 수준의 청소년 조직을 개편하기에 이르렀다.

화랑도는 바로 이러한 시대적 상황하에서 보다 확대된 영역과 인구를 가진 새로운 신라 왕국이 필요로 하는 인재를 양성하기 위한 제도적 장치였다. 종래 민간의 청소년 조직을 국가적 차원에서 반관반민(半官半民)의 성격을 띠는 조직체로서 확대 개편한 것이었다. 이들은 일정 기간 단체생활을 하면서 도의(道義)를 닦고 무술(武術)을 연마하였다. 이 기간 동안 명산(名山)과 대천(大川)을 돌아다니며 국토를 사랑하는 마음을 길렀으며 노래와 춤을 통하여 우의(友誼)를 다지고, 나라의 평안과 발전을 비는 종교적 행사를 거행하였다. 때로는 신비스러운 체험과 신비스런 물건의 전수 등을 통하여 화랑들의 자기혁신(自己革新)을 기도하기도 하였다(김철준, 최병헌, 1986: 182).

그런 점에서 화랑도는 형식적으로는 종교성을 띠면서도 편협하지 않고, 내용적으로는 속세를 벗어난 인격 수양과 실용을 주로 한 실천 기풍을 단체로 갈고 닦았다(이만규, 1947: 87). 단순히 무사도(武士道)와 같은 자질의 소유자가 아니라 문무(文武) 가릴 것 없이 청소년을 하나의 유목적적 인격으로 길러 내는 국가적 운동이었고, 개인적 수양이었다. 그러기에 성인이 되어 국가에 봉사할 때 문(文)에 나가면 충성스럽고 본분에 충실한 관리나 참모가 되었고, 무(武)에 나가면 훌륭하고 용맹스런 장군이나 군인이 되었다.

(3) 원광의 세속오계와 교육

화랑도 정신의 핵심으로 정돈된 세속오계(世俗五戒)에서는 다음과 같이 화랑의 정신세계와 실천윤리를 제시한다.

> 귀산은 사량부 사람인데, 아버지는 아간 무은이다. 귀산이 어릴 때 같은 마을 사람 추항과 친구로 지냈다. 두 사람은 다음과 같이 서로를 격려하였다. "우리는 지성을 갖춘 선비나 교양 있는 사람들과 어울려야 하네. 그러기 위해 먼저 『대학(大學)』에서 말했듯이 '정심(正心)·수신(修身)'해야 하네. 그렇게 수양하지 않고 마구 놀다가는 잘못하면 인생에서 치욕을 당할 수도 있을 걸세. 그러니 훌륭한 사람을 찾아가 어떻게 하면 훌륭하

게 살아갈 수 있는지 그 길을 한번 물어보세." 이때 원광법사가 수나라에 유학하고 돌아와서 가실사에 있었다. 당시 사람들은 그를 매우 높이 예우하였다. 귀산과 추항 등이 원광법사의 문하에 나아가 말하였다. "저희들 세속의 선비가 어리석고 몽매하여 아는 바가 없습니다. 종신토록 계명(誡銘)으로 삼을 만한 말씀을 해 주시면 고맙겠습니다." 법사가 말하였다. "불계(佛戒)에는 보살계(菩薩戒)가 있는데, 그 조목이 열 가지다. 너희들이 다른 사람[왕]의 신하로서 산다면, 그 보살계를 제대로 감당하기 힘들 것이다. 그러기에 그 대신 세상을 살아가면서 반드시 지켜야 할 세속오계(世俗五戒)를 일러 줄 것이니, 그것을 실행하는 데 소홀히 하지 말라. 첫째, 임금 섬기기를 충실로 하라[事君以忠]. 둘째, 어버이 섬기기를 효도로 하라[事親以孝]. 셋째, 친구 사귀기를 믿음으로 하라[朋友以信]. 넷째, 전쟁에 임하여 물러서지 말라[臨戰無退]. 다섯째, 생명 있는 것을 죽이되 가려서 하라[殺生有擇]." 귀산과 추항 등이 그 말을 듣고 고개를 갸우뚱하며 말하였다. "다른 것은 말씀대로 할 수 있겠습니다. 그런데 다섯 번째 '살생유택(殺生有擇)'은 무엇을 의미하는지 잘 알지 못하겠습니다." 법사가 말하였다. "제삿날과 만물이 소생하는 봄·여름에는 살생하지 아니한다. 이것은 '때'를 택하는 일이다. 그리고 집에서 부리는 가축을 죽이지 않아야 한다. 예를 들어, 말, 소, 닭, 개와 같은 따위는 함부로 죽이지 않아야 하고, 또한 죽여 봐야 고기가 한 점도 되지 않는 미물은 죽이지 않아야 한다. 이는 '물건'을 택하는 일이다. 이렇게 하여 일반적으로 소중하게 쓰이는 것은 소중한 자원이므로 함부로 마구 죽여서는 안 된다. 그런 정신이 바로 세속의 좋은 계율인 것이다." 귀산과 추항 등이 말하였다. "지금부터 대사의 말씀을 받들어 행하고, 실수하지 않도록 하겠습니다."(『三國史記』「新羅本紀」)

당시 신라 사회의 중추적 인물을 등용할 목적으로 만든 제도임을 감안하면 화랑의 세속오계에 관한 『삼국사기』의 기록은 간략하다. 이런 점에서 화랑의 교육덕목으로서 세속오계는 부족한 점이 많다고 볼 수도 있다(이진수, 1987: 91). 압축적 표현에도 불구하고, 원광법사가 제시한 세속오계는 넓은 의미에서 삶을 예술적으로 발휘할 수 있는 가치 기준을 담고 있다. 임금과 신하 사이에는 충실이라는 삶의 예술, 부모와 자식 간에는 효도라는 삶의 예술, 친구 사이에는 믿음이라는 삶의 예술이 제시되어 있다. 충(忠)이나 효(孝), 신(信)이 삶에서 차지하는 비중은 별도의 논의를 거치지 않더라도 쉽게 이해할 수 있다.

그러나 **살생유택**(殺生有擇)의 경우, 보다 심각하게 눈여겨볼 필요가 있다. 이는 단순하게 사람에게 필요한 물건을 쓸 때 '가려서 하라'거나, 불교에서는 물건을 가려서 죽이는 데 동물과 식물 중에서 식물을 선택하므로 육식을 금하고 채식을 한다는 식의 오해를 불러일으켜서는 곤란하다.

원광법사의 설명에 의하면, '선택[擇]'의 문제를 제대로 고려할 때 화랑의 정신세계와 교육의 핵심이 제대로 간파될 수 있다. 때[時]를 가리고, 물건[物]을 가리는 작업은 시간과 공간, 사물에 대한 배려이다. 인간의 삶 속에서 때를 가리는 일은 자기 배려인 동시에 타자에 대한 관계를 인식할 때 가능하다. 봄-여름-가을-겨울, 계절의 순환 속에서 인간은 제때에 할 일이 있다. 예를 들면, 봄에 새싹이 돋아날 때 그 싹은 보호의 대상이다. 그래야 잎과 줄기가 제대로 뻗어 나와 풀이나 나무로 자랄 수 있다. 그 싹을 마구 밟아 버린다면 어떻게 되겠는가? 식물은 절대 제대로 자랄 수 없다. 어떤 식물의 줄기나 잎, 열매가 필요하다면 어느 정도 자란 후에, 또는 열매가 맺은 다음에 수확하면 될 것이다. 그것은 가을쯤에 해야 할 일이다. 인간교육에서도 마찬가지이다. 식물의 싹에 비유할 수 있는 어린아이를 배려하지 않는다면 어떻게 제대로 성장할 수 있겠는가? 이때는 보살핌과 돌봄의 시기이다. 그 교육적 장치가 가정이고, 보육기관이고, 초등학교이다.

물건을 가리는 일은 더욱 신중해야 한다. 예를 들면, 농경 사회에서 소가 지니는 가치는 엄청나다. 쟁기질에서 수레를 끄는 것에 이르기까지 소는 농사일을 도우는 일등공신이다. 그런 소를 식용으로 사용하기 위해 마구 잡아서는 곤란하다. 그 반대로 쓸데없어 보이는 미물들을 이유 없이 죽이는 것에도 신중해야 한다. 조그만 생물은 잡아 봐야 고기 한 점 제대로 건질 수 없다.

그리고 그것은 지금 당장 인간에게 필요 없는 것처럼 보일지 모르지만, 생태적으로 볼 때 저 밑바닥으로부터 인간의 삶에 균형을 맞추는 구실을 할 수도 있다. 이처럼 때와 물건을 가리는 일은 인간이 행할 수 있는 최고의 삶의 예술 구가이다. 사람과 사람 사이를 넘어 인간과 자연, 시간과 공간을 포괄하는 우주적 시선에서 삶을 상정하고 있다.

그런 삶의 예술은 현실적 적용과 실천은 정치를 통해 발현된다. 동아시아 전통에서 그것은 '왕도(王道)'의 형식을 갖추고, 국민을 배려하는 최고의 마음 씀씀이가 된다(『孟子』「梁惠王上」). 그 핵심은 바로 때와 물건을 가리는 배려였다. 농사철을 어기지 않고 농사를 지으면 농사가 잘되어 국민들이 배불리 먹을 수 있다. 봄에는 밭을 갈고 씨앗을 뿌리며, 여름에는 김매고, 가을에는 수확을 하는 것이 농사의 이치이다. 이렇게 한창 농사일이 바쁜 때 국가에서 부역을 시키거나 농사일을 방해한다면 어떻게 되겠는가? 국민들에 대한 배려가 전혀 없는 것이 아닌가? 그러므로 국민들을 위한 배려를 제대로 하는 지도자는 농사일을 방해하지 않는 겨울에 국가의 토목공사를 일으키거나 기타 필요한 일을 국민들에게 시켰다.

물고기를 잡을 경우에도 심각하게 **때와 물건**을 가린다. 지나치게 촘촘한 그물, 이제 갓 태어난 물고기 새끼까지도 잡을 수 있는 그물을 웅덩이와 연못에 쳐서 고기를 잡지 않는다면 많은 국민이 생선을 먹을 수 있다. 그물눈이 지나치게 작은 것을 쓰면 모든 물고기를 잡을 수는 있다! 문제는 그 다음이다. 새끼 물고기까지 다 잡아 버리면 물고기 씨가 마른다. 그럴 경우, 연못에는 더 이상 물고기가 없다. 이는 매우 근시안적 사고이다. 그러기에 옛날 사람들은 그물눈이 적어도 네 치(12센티미터 정도)가 되는 것을 써서 한 자(30센티미터 정도)가 넘는 물고기를 잡았다. 물론 멸치와 같이 다 자란 고기가 작은 경우처럼 그 적용은 상황에 따라 다르다. 한 자가 되지 않는 고기는 시장에 내다 팔수도 없게 제도를 만들었다. 또한 나무, 목재를 구하는 경우에도 마찬가지이다. 핵심은 나무가 재목으로 쓸 수 있을 정도로 자란 후에 벌목을 한다는 점이다. 그러기에 봄, 여름에 잎과 가지가 무성하게 자라고 있는 상황에서는 벌목하지 않는다. 나무가 성장한 후, 잎이 떨어진 뒤에 산림에 들어가 나무를 구할 수 있게 했다. 농사와 물고기잡이, 산림에서의 벌목은 모두 자연의 이치를 고려하여 살아가려는 인간의 삶을 승화시킨 일종의 예술이다. 인간의 이익을 위해 사용하더라도 우주의 모든 사물과 시공간에 대해 절제하고 애착을 갖는 교육정신이다.

풍류에서 화랑도, 세속오계로 이어지는 고유사상의 핵심적인 교육정신을 현대적 의미에서 한마디로 정리하면, 자기충실을 통한 배려(配慮, caring)의 실천, 그리고 그 사회화의 측면으로 정돈할 수 있다. 그것은 그들의 교육정신처럼 노래하고 즐기며 마음의 충족감을 느끼고, 산수를 찾아 즐기면서 **국토애**를 기른다는 사실은 단순히 오락적 기능을 넘어 주술적(呪術的)·종교적(宗敎的) 기능을 통해 집단적으로 **공동체 의식**을 강화한 것이다. 또한 국가 사회의 안정과 번영을 기원하면서 일체감을 길렀고, 자신의 인격 전환을 꾀하면서 충(忠)·신(信)·의(義)와 같은 신념이나 가치관을 형성하는 데 노력했을 것이다. 그것은 '서로(相)' 닦아 주고 격려하는 유기적 관계망을 통해 증명된다. 그들은 인간의 상호작용, 의사소통의 관계를 통해 서로를 배려하는 교학(敎學)과 수련의 과정을 실천했다. 거기에다 세속오계에서 드러난 것처럼, 물건을 가리는 일과 때를 가리는 작업은 택물(擇物)과 택시(擇時)를 통해 우주적 배려를 실천하였다. 이만규(1947)의 표현처럼, 화랑도의 특성으로 보아 그것은 세계에 적용할 만한 인간의 길이다. 즉, 심신을 통괄적으로 수련하고, 개인적 함양과 사회적 질서화를 동시에 고려하는 최상이자 최고의 교육 양식으로 볼 수 있다.

2. 남북국시대의 제도교육과 인재 선발

1) 신라의 인재 등용

신라는 삼국통일 이후, 신문왕 2년(682년)에야 당나라의 국자감(國子監)을 모방하여 국가의 최고 교육기관인 국학(國學)을 설립하였다. 국학은 유학을 연구하고 관리를 양성하는 것을 목적으로 하였으며, 주로 진골이나 6두품 출신의 귀족 자제들이 수학하였다. 교육과정은 유학의 기본 경전인 『논어(論語)』와 『효경(孝經)』을 필수과목으로 하고, 수준에 따라 오경(五經)을 비롯한 여러 과목을 선택적으로 공부할 수 있게 하였다. 그리고 국학에서는 공자와 그 제자들의 화상을 들여와 문묘제도를 시행하였다. 또한 의(醫)박사·산(算) 박사 등을 두어 기술(技術) 관련 교과도 가르쳤다.

원성왕 4년(788년)에는 독서삼품과(讀書三品科)를 설치하여 인재 등용의 방법으로 삼았다. 독서삼품과는 국학생을 대상으로 실시된 관리 선발시험이었다. 따라서 국학에서 공부한 내용을 가지고 상·중·하의 세 등급으로 나누었다(이성무, 1994: 23-30). 삼품(三品)으로 분류했을 때, 상품(上品)은 『춘추좌씨전』 『예기』 『문선』을 읽을 수 있고 그 뜻을 해독할 수 있으며, 동시에 『논어』와 『효경』에 밝아야 했다. 중품(中品)은 『곡례』 『논어』 『효경』을 읽을 수 있어야 하고, 하품(下品)은 『곡례』 『효경』을 읽을 수 있는 사람으로 국가의 고급 관료가 될 수 있게 하였다. 특히, 오경(五經)과 삼사(三史), 제자백가[諸子百家: 음양가(陰陽家)·유가(儒家)·묵가(墨家)·명가(名家)·법가(法家)·도가(道家)·종횡가(縱橫家)·농가(農家)·잡가(雜家)·소설가(小說家) 등]에 능통한 사람은 특진시키도록 되어 있었다.

이러한 독서삼품과는 국학의 최종 시험에 해당한다. 혈통에 의한 선발이었던 골품제에서 보면, 제한적이기는 하지만 학문적 능력에 의하여 관리의 임용과 승진을 결정하였다. 이는 그 내용상 차이는 있지만, 고려시대 이후에 등장하는 과거제의 초보적 형태로 볼 수 있다.

2) 발해의 교육

발해의 교육도 자세하게 기록된 사료가 없어 정확하게 밝히기가 어렵다. 발해에 대해 본격적인 관심을 보인 조선 후기의 실학자 유득공(柳得恭)의 경우『발해고(渤海考)』서문에서 다음과 같이 지적하고 있다.

> 고려가 발해사를 짓지 않았으니, 그 국력을 떨치지 못하였음을 알 수 있다. 옛날에 고씨가 북쪽에 거주하여 고구려라 하였고, 부여씨가 서남쪽에 거주하여 백제라 하였으며, 박·석·김씨가 동남쪽에 거주하여 신라라고 하였다. 이것이 삼국인데 그들의 역사인 삼국사(三國史)가 있는 것이 마땅하므로 고려가 이를 펴냈으니 옳은 일이다. 부여씨가 망하고 고씨가 망하자 김씨가 그 남쪽을 차지하였고, 대씨가 그 북쪽을 차지하여 발해라고 하였다. 이것이 남북국이라 부르는 것으로 마땅히 남북국사(南北國史)가 있어야 했는데도 고려가 이를 편찬하지 않은 것은 잘못된 일이다(『渤海考』「序」).

유득공의 지적처럼, 고려시대에 김부식은『삼국사기』를 지으면서 발해의 역사를 의도적으로 제외시켰다. 그 후 발해는 우리 민족사의 영역에서 멀어졌다가 조선 후기에 와서야 다시 관심의 대상이 되었다.

발해는 최고 교육기관인 주자감(冑子監)을 설치하여 교육하였고, 문적원(文籍院)을 두어 경서를 비롯한 서적을 보관한 것으로 미루어 볼 때, 상당히 체계적인 교육제도를 정비한 것으로 추측된다. 발해의 교육과 관련해서는『구당서』『신당서』『책부원귀(册府元龜)』등 몇몇 사서에 단편적인 기록이 있을 뿐이다.

『구당서』에는 "발해에서 먼저 보낸 학생 세 명의 학업이 점차 이루어졌다고 판단하고, 그들을 본국으로 보내 달라고 청하였는데, 이를 허락하였다"(『舊唐書』「列傳」)라는 기록이 있다. 『신당서』에는 "건국 초부터 발해의 왕이 자주 여러 학생을 당나라 태학에 보내어 고금의 제도를 공부하도록 하더니 드디어 '해동성국(海東盛國)'이 되었다. 문적원을 설치하여 감을 두었으며, 주자감을 설치하여 감·장을 두었다"(『新唐書』「列傳」)는 기록으로 볼 때, 교육 기관을 설치하여 인재를 양성했음에 분명하다. 또한 『책부원귀』에는 당 문종 7년(833년)에 발해에서 학생 해초경, 조효명, 유보준 세 명과 관리 고상영을 보내어 학문을 배우게 하고, 먼저 보낸 학생 이거정, 주승조, 고수해 등 세 명의 학업이 점차 이루어졌으므로 관례에 준하여 교대하여 본국으로 돌려보내 달라고 청하였는데 이를 허락하였다"고 하여 유학생 파견과 학문 교류 사실을 보여 준다(『冊府元龜』 卷999).

3) 교육사상가의 출현

삼국 및 남북국 시대는 불교가 융성하여 고승들이 속출하였고, 이들이 교육에 큰 영향을 미쳤다. 또한 국가에서 학교를 세워 유학을 장려하여 뛰어난 관료 유학자가 양산되었는데, 이들의 활약이 돋보였다. 그것은 한국교육의 역사에서 교육사상가의 구체적 출현을 의미한다.

유명한 교육사상들로는 원광(圓光), 강수(强首), 원효(元曉), 설총(薛聰) 등이 있는데, 이들은 모두 신라인이다. 고구려와 백제에도 훌륭한 교육사상가들이 있었을 것으로 추측되지만, 일부 승려를 제외하고는 역사 기록에서 찾아보기 힘들다.

원광(圓光)은 유학과 선교, 불교를 두루 섭렵하고 중국에 유학하여 이름이 드높았다. 학문과 덕망이 높아 신라인들의 존경을 받았으며, 불교의 계율을 토대로 세속오계(世俗五戒)를 만들어 당시 국민 교육과 생활 윤리의 지표가 되었다.

원효

강수(强首)는 불교를 세상의 의리를 벗어나는 도라고 비판하면서 유학의 도를 배워 당대 제일의 문장가가 되었으며, 외교문서 작성에 능하였다고 한다.

원효(元曉)는 한국이 낳은 위대한 종교 사상가이며 세계적인 철학자이다. 특히 스스로 인격완성과 민중교화를 통한 불교의 세속화에 공헌하면서 교육 실천가다운 면모를 보여 주었다. 원효는 불교의 여러 주장을 '일심(一心)'의 발현으로 보고, 그 발현의 양상을 하나로 통합하려고 하였다. 일심은 중생이 어떤 상황에 처해 있느냐에 따라 다양한 심리 행동으로 나타나지만, 인간 본성 자체에 어떤 변화가 있는 것은 아니다. 모든 법의 본체는 제각기 다른 것이 아니라 중생들이 각자 지니고 있는 동일한 일심이다. 그래서 일심을 중생심(衆生心), 대승법(大乘法), 제법자체(諸法自體) 등으로도 부른다. 일심은 우리 각자의 본래 마음인 동시에 모든 존재의 본체이며, 중생심의 실체로 불성(佛性)이다. 밝고 깨끗하며 불변하고 고요하며 참되기 때문에 '진여(眞如)'라고 한다. 실재의 측면에서 파악되는 마음인 '심진여(心眞如)'는 오직 하나의 실재, 일체의 사물과 현상을 총체적으로 포괄하는 본체를 가리킨다. 이것이 마음의 본체이고, 그 마음은 시작도 끝도 없고 어떤 구분도 변화도 없다(이홍우, 2006).

원효는 수양이나 교육의 방법에서 '지관(知觀)'을 중시한다. 지식의 문제와 연관되는 지(知)는 인식 주관에 표상된 내용을 객관적 실재로 잘못 안 것이 진여의 빛을 받아 지명되고, 인식 주관의 그릇된 이념이 정지된 것을 말한다. 세계관이나 관찰, 관점으로 대비해 볼 수 있는 관(觀)은 생명의 현상에 따라 모든 존재의 실상을 여실하게 관찰하여 밝고 바르게 앎을 의미한다. 지의 수행방법으로는 몸과 마음을 조절하는 조신법(調身法)과 조심법(調心法)이 있고, 관의 수행방법에는 법상관(法相觀), 대비관(大悲觀), 서원관(誓願觀), 정진관(精進觀) 등 다양하게 세분된다(이문원, 2002: 16-19).

원효의 위대성은 당시 사회 상류 계층의 신앙이자 지도 이념이던 불교를 서민 대중에게 널리 보급시킨 '교육의 대중화'에 있다. 그는 **무애가**(無碍歌)를 지어 서민을 교화시켰다. 무애는 어떤 장애나 조건에도 거리낌 없이 자유로운 것을 말한다. 따라서 모든 생사가 곧 열반(涅槃)이자 '사람은 한번 나면 죽는다'는 사실을 깨달아 부처를 알고 부처로 나아갈 것을 염원해야 한다. 원효는 서민들과 어울리면서 스스로 파계를 하고 소성거사라고 일컬었다. 이때 광대들이 큰 바가지를 들고 춤추고 노는 것을 보고 무애가를 지어 부르면서 방방곡곡을 돌아다니며 서민들을 교화했다고 전한다(김승동, 2001; 태경, 조기영, 2011).

설총(薛聰)은 원효와 요석 공주 사이에 태어난 사람이다. 불교와 유학을 두루 섭렵하였고, 국학의 박사로서 유학의 경서를 우리말로 읽는 새로운 방법과 독특한 표기법인 **이두**(吏讀)를 개발하여 학문 발전에 획기적인 공헌을 하였다. 뿐만 아니라, 신문왕에게 지어 올린『화왕계(花王戒)』는 **군왕**(**君王**)**교육**의 새로운 면모를 보여 주었다.

화왕계는 아랫사람인 신하가 윗사람인 제왕에게 교훈적 내용을 담아 표현한 것으로, 최고 통치자가 지켜야 할 도리와 계율을 풍자 형식으로 서술하였다. 여기서 특기할 교육적 사항은 군왕이 신하의 충간(忠諫)을 듣고 진실로 자신의 잘못을 시인하고 사과하는 의사소통의 차원이다. 이는 유학의 근본정신을 재천명하고 동시에 군왕은 백성을 사랑하여 올바른 정사를 펼칠 수 있도록 정교일치(政敎一致)의 교육을 강조한 것이다(이문원, 2002: 26-27).

이두

제8장

고려시대의
교육

1. 교육제도의 발달

1) 관학의 설립: 국자감과 향교, 학당

고려시대 제도 교육의 상징은 **국자감**(國子監)이다. 국자감은 고려의 최고 교육기관으로 성종 11년(992년)에 창건되었다. 이는 당(唐)나라의 국자감(國子監) 제도를 본뜬 것으로 인재 양성과 관리 등용에 대비하였다. 일종의 종합대학으로 **문묘**(文廟)를 설치하고 6학으로 조직·편성하였는데, 국자학, 태학, 사문학은 모두 **경학**(經學)을 전공하고, 율학, 서학, 산학은 잡학(雜學)으로서 모두 해당 관청의 기술학을 익혔다. 신분에 따라 교육하였는데, 잡학은 서민의 자제도 입학이 허가되었다.

최고 교육기관인 국자감의 발달 과정을 간략하게 살펴보면 다음과 같다 (『增補文獻備考』「學校考」). 태조 13년(933년) 겨울에 왕이 서경[평양]에 거동하여 학교를 창설하고 박사관(博士官)을 두었는데, 수재(秀才)인 정악(廷顎)을 서학박사(書學博士)로 삼고, 별도로 학원(學院)을 창설하여 육부(六部)의 생도를 모아서 가르치게 하였다. 이때 채백(綵帛)을 내려 권장하고 창곡(倉穀) 1백 석을 내려 주었다. 이후 성종 2년(983년)에 박사 임성로가 송나라로부터 와서 문선왕묘도(文宣王廟圖) 1포, 제기도(祭器圖) 1권, 72현찬기(七十二賢贊記) 1권을 바쳤다. 성종 6년(987년)에는 12목에 경학박사(經學博士)를 두었는데, 12목에 각각 1인을 보내어 가르칠 만한 자식이 있는 자를 가르치고, 경전에 밝아 쓸 만한 재목은 목사나 수령이 중앙에 추천할 수 있게 하였다. 성종 9년(990년)에 서경에 수서원(修書院)을 설치하였고, 성종 11년(992년)에 상서(庠序)·학교(學校)에 명하여 문무재략(文武才略)이 있는 사람을 천거하게 하였다.

이런 과정을 거쳐 성종 11년 12월에 드디어 **국자감**(國子監)을 창설하였다. 유사(有司)에게 승지(勝地)를 가려서 서재(書齋), 학사(學舍)를 널리 경영하고, 전장(田庄)도 주어 학궁의 식량으로 충당하게 하였다. 현종 22년(1031년) 윤

국자감

10월에 **국자감시**(國子監試)를 처음으로 설치하였다. 시(詩)와 부(賦)로 국자감 시험을 하는 법이 이때부터 비롯되었다. 선종 8년(1091년) 9월에 72현의 상(像)을 국자감 벽 위에 그렸고, 10년 뒤인 숙종 6년(1101년)에 선현을 국자감에 종사(從祀)하였다. 그러나 국자감 운영에 대한 비난도 적지 않았다. 숙종 7년(1102년)에 재상 소태보 등이 건의하기를, "국학에서 선비를 기르는 데 비용이 적지 않게 들어 백성들의 원성을 들을 만한 폐단이 되니, 이를 해체하십시오."라고 하였으나 받아들여지지 않았다. 예종 4년(1109년)에는 국학에 칠재(七齋)를 두었고, 10년 후인 예종 14년(1119년) 가을 7월에는 국학에 장학기금의 특성을 지닌 양현고(養賢庫)를 설립하여 선비를 양성하였다. 충렬왕 30년(1304년) 5월에 성리학을 도입한 찬성사(贊成事) 안유[安裕, 안향(安珦)]가 건의하여 섬학전(贍學錢)을 넉넉하게 하였고, 6월에 국학에 대성전(大成殿)이 건립되었다. 이 무렵에 국자감의 명칭이 **성균관**(成均館)으로 바뀐 듯하다. 10년 뒤인 충숙왕 원년(1314년) 6월에 찬성사 권보가 이진, 한공 등과 함께 성균관에 모여 새로 구입한 서적을 고열(考閱)하고 경학(經學)을 시험하였다. 그리고 고려 말 공민왕 20년(1371년) 12월에는 인재 등용과 관련하여 다음과 같은 정책이 하교되기도 했다. "문무(文武)의 쓰임은 한쪽을 폐할 수 없으니 서울의 성균관으로부터 지방의 향교에 이르기까지 문무 두 학문을 개설하고 인재를 양성하여 등용할 것에 대비하라." 이후, 공양왕 원년(1389)에는 유학교수관(儒學敎授官)을 두기에 이르렀다.

국자감보다 낮은 단계의 학교인 **향교**(鄉校)는 각 지방에 설치하였는데, 그 설립 시기는 정확하지 않다. 여러 가지 정황으로 보아 예종 때 양현고를 설치하면서 교육 재정을 넉넉하게 할 무렵이나 인종 5년(1127년)경에 각 지방에 설치한 것으로 짐작된다.

학당(學堂)은 원종 12년(1271년)에 개경에 설치하였는데, 문묘가 없고 학생을 강학하는 교육기능만 있었다.

2) 사학의 흥기: 십이도와 서당

고려시대의 사학(私學)은 관학의 쇠퇴와 맞물려 흥기하기 시작하였다. 사학을 대표하는 것은 십이도(十二徒)이다. 십이도는 개경에 설립된 12개의 사립 고등교육기관이다. 십이도는 문종 7년(1053년)에 최충이 사재로 학교를 짓고, 구경(九經:『시경』『서경』『역경』『예기』『악경』『춘추』『논어』『효경』『소학』 또는 『시경』『서경』『역경』『예기』『주례』『의례』『춘추좌씨전』『춘추곡량전』『춘추공양전』을 말함)과 삼사(三史:『사기』『한서』『후한서』), 그리고 제술을 가르친 데에서 비롯된다. 그것이 고려 최대의 사학인 최충의 문헌공도이다. 이 시기에는 관학인 국자감(國子監)과 향교(鄕校)가 교육적 기능을 제대로하지 못했고, 아직 학당은 설립되지 않았다. 문헌공도 이외에 11개의 사학은홍문공도, 국헌공도, 남산도, 서원도, 문충공도, 양신공도, 정경공도, 충평공도, 정헌공도, 서시랑도, 구산도이다. 이 중 최충의 문헌공도가 가장 성대하였다.

최충의 문하에는 과거에 응시하려는 자제들이 반드시 먼저 이 공도에 들어와 수학하였다. 매년 여름이면 승방을 빌려 여름 학업을 닦고, 공도 가운데학문이 우수하면서 급제하고 관직에 나아가지 않는 자를 택하여 교도하였는데, 그 교육의 내용이 구경과 삼사였다. 때로는 시를 짓고 술을 마시며 어린아이와 어른이 좌우에 늘어 있되, 나아가고 물러섬에 예의가 있고 질서가 있어 칭송이 자자했다고 한다.

십이도의 수준은 국자감의 유학부와 같은 등급이었다. 고려 말기의 학자인 이색(李穡, 1328~1396)이 "향교와 학당 학생을 상고하여 십이도로 올리고십이도를 상고하여 성균[국자감]으로 올리자."라고 언급했는데, 이는 십이도가 향교보다는 수준이 높고 '성균으로 올린다'는 말은 국학생만 과거에 응시하게 하기 위하여 사학 출신을 국학으로 편입한다는 의미이다. 이런 점에서볼 때, 사학 12도는 국립대학인 국자감[성균관]에 버금가는 **사립대학**의 자격을 지니고 있었다.

서당에 관해서는 인종 2년(1124년)에 송나라 사신으로 고려에 왔던 서긍이 쓴『고려도경(高麗圖經)』에 잘 나타나 있다.『고려도경』에는 "마을 거리에는 경관과 서사가 두세 개씩 서로 마주보고 있으며, 민간의 미혼 자제가 무리로 모여 선생에게 경서를 배우고, 조금 성장하면 저희끼리 벗을 택하여 절간으로 가서 공부한다. 아래로 서인이나 아주 어린아이까지도 마을의 선생에게 배운다."라는 기록으로 보아 전국 곳곳에서 서당이 매우 성행했음을 알 수 있다.

2. 과거제도의 시행과 인재교육

과거(科擧)는 '과목거용(科目擧用)'을 줄인 말로 관리 등용 시험이다. 과거제도는 고려 4대 광종 9년(958년)에 후주(後周) 사람이었던 한림학사(翰林學士) 쌍기(雙冀)의 건의로 실시하였다. 고려의 과거제도는 대체로 당(唐)의 제도를 따른 것이었다(이성무, 1994; 한기언, 2004).

과거의 방법은 매년 지방관이 지망자를 문묘(文廟)에서 시험한 후, 1~3명 정도 적당한 자를 선발하여 중앙에 보냈는데, 이를 진사(進士)라고 한다. 그 수는 모두 약 400명에 달하였는데, 중앙의 국자감에서는 또 이들을 시험하였다. 이것을 감시(監試)라고 한다. 감시에 급제하는 합격자는 특별히 정해진 수가 없었는데, 급제자는 갑(甲)·을(乙)·병(丙)의 세 등급으로 나누었다.

진사의 시험은 제술업(製述業)과 명경업(明經業)의 두 가지 업으로 나누었고, 이 밖에도 잡업(雜業)이 있었다. 시(詩)·부(賦)·송(頌) 등 시문(詩文)을 시험하는 제술업과 유학의 경전을 시험하는 명경업은 양대 업이라고 하였는데, 이는 문관 등용 시험이었다. 잡업은 의(醫)·복(卜)·풍수지리(風水地理)·육(律)·산(算) 등 기술 기능에 관한 기술관의 등용 시험이었다.

고려 초기 과거에 응시할 수 있는 자격은 향공(鄕貢), 토공(土貢), 국자감생 재관자(國子監生在官者)가 있었다. 즉, 중앙의 귀족 자제들과 지방의 호족 자제, 또는 향리의 자제들이 제술업·명경업·잡업에 응시할 수 있었다.

선종 1년(1084년)에 진사 및 잡업 시험을 3년에 1회 행하는 것으로 정하고, 숙종 때부터 격년 1회로 개정하였는데, 실제로는 매년 또는 격년, 수년에 한 번씩 과거가 실시되었다. 이는 과거제가 철저하게 이행되지 못하고 여러 가지 상황에 의해 그때그때 형편에 따라 실시되었음을 보여 준다.

특이한 사항은 고려 말기 공민왕 때 목은(牧隱) 이색(李穡)이 무과(武科) 설치를 건의했으나 시행되지 않았다. 과거를 주관하는 관리의 장을 지공거(知貢舉)라고 하는데, 처음 과거제도를 도입할 것을 건의했던 쌍기가 이 자리에 최초로 임명되었고, 이후에 문관 1인을 임명하였다. 지공거 아래 동지공거(同知貢舉)가 있고, 기타 시험관은 학사(學士)라고 하였다. 지공거와 동지공거는 시험을 채점하는 권리를 지니고 있어 매우 중요한 자리이다.

과거급제자에게는 홍패(紅牌)를 수여하고 일정한 전답이 지급되며 왕이 직접 인견하여 술과 음식 및 의복을 하사하였다. 뿐만 아니라 형제 셋이 과거에 급제한 경우, 부모에게 일정한 관직과 곡식을 지급하여 표창하는 특전도 있었다.

과거는 국가의 관리를 선발하는 제도일 뿐만 아니라 교육제도와 연계되어 있었는데, 과거 시험의 내용이 바로 최고 교육기관인 국자감의 교육과정이었다. 이런 측면에서는 교육의 발달을 촉진시키기도 했으나 시험에 의한 관리 등용 제도가 정착되어 가면서 교육이 출세를 위한 수단이 되었고, 부작용이 드러나기도 하였다.

3. 유교·불교계 교육사상가의 활동

고려시대는 유학과 불교가 비교적 자유롭게 공존하면서 발전되었으므로 뛰어난 유학자와 고승들이 많이 나왔다.

유학 계통에서는 최충(崔沖)이 큰 활약을 하였는데, 그는 사학 십이도의 선구자로 **해동공자(海東孔子)**라고 불렸다. 특히 **문헌공도(文獻公徒)**를 설립하여 교육하였고, 교육의 본질을 유학이 추구하는 성인(聖人)의 도로 삼았다. 최충은 송악산 아래에 사학 십이도를 열었는데, 많은 생도가 모였다고 한다. 이에 하나의 학당으로는 그들을 모두 수용할 수 없어 아홉 개의 학반을 편성하였다. 이것이 이른바 구재[九齋: 낙성(樂聖), 대중(大中), 성명(誠明), 경업(敬業), 조도(造道), 솔성(率性), 진덕(進德), 대화(大和), 대빙(待聘)]이다. **구재학당**의 학생들은 진퇴(進退)하는 의리와 장유(長幼)의 질서가 뚜렷하였다. 이는 최충의 교육방침이 학문 추구에만 머문 것이 아니고, 언행이 일치하는 교육을 실천한 것으로 볼 수 있다. 예교(禮敎) 질서의 외형적 강조에만 머무르지 않고, 후진 양성에서 이를 실천하는 유교 정신을 강조하였다(이문원, 2002).

한편, 불교계에서는 보조(普照) 지눌(知訥: 1158~1210)이 선(禪) 철학을 완성하여 빛나는 업적을 남겼다. 지눌은 고려 20대 신종과 21대 희종 때 사람으로 속성(俗性)은 정(鄭)이요, 호는 목우자(牧牛子)이다. 8세에 사굴산파(闍堀山派) 종휘(宗暉)에게 출가하여 1182년 승과에 급제하였다. 지눌은 그의 「권수정혜결사문(勸修定慧結社文)」에서 먼저 불법의 근본처를 설파하여 "일심을 어둡게 하여 끝없는 번뇌를 일으키는 것은 중생이고, 일심(一心)을 깨

보조국사 지눌

쳐 끝없는 묘용을 일으키는 것은 모두가 부처이다. 어둡고 깨닫는 것이 비록 다르긴 하지만 모두가 한마음인 일심으로 말미암은 것이니 곧 마음을 떠나서 부처를 구하는 것은 옳지 않다."라고 하였다. 그리하여 동료들과 명리(名利)를 버리고 산림에 은둔하여 늘 습정(習定)과 균혜(均慧)에 힘쓸 것을 언약하였다.

또한 지눌은 「수심결(修心訣)」, 즉 '마음을 닦는 비결'에서 "먼저 개괄적으

로 삼계(욕계, 색계, 무색계)의 유혹을 면하려면 부처를 구해야 한다. 부처를 구하려면 부처는 곧 마음이니 마음 밖에 따로 있는 것이 아님을 깨달아야 한다. 색신은 생멸하나 진심은 끊기고 변하는 것 없이 길이 슬기롭다. 자기의 마음을 보지 않고 마음 이외에 부처가 있고 본성 이외에 법이 있다고 생각하면, 비록 진겁(塵劫)을 다하도록 온갖 고초를 겪더라도 되지 않는다. 마음 밖에서 부처를 이룰 수 없으니 과거, 현재, 미래 할 것 없이 도를 닦는 데 밖에서 구하지 말라. 심성은 본래 물듦이 없어서 스스로 원성(圓成)하는 것이므로 망령된 인연을 떨쳐 버리면 곧 그것이 여여불(如如佛)이다.”라고 하였다. 그러므로 고통과 윤회를 벗어나는 길은 일체 중생이 여래(如來)의 지혜덕상(智慧德相)이 원래 갖추어 있음을 깨치는 데 있다.

이처럼 지눌은 당시 승려들이 불교의 수련보다는 명리를 추구하는 데 빠져 있는 것을 보고 참된 구도의 자세를 지닐 것을 역설하였다. 그리하여 불교의 진리인 선(禪)과 교(敎)가 둘이 아니라는 선교일치를 주장하였다. 특히 교육의 본질을 불교에서의 돈오(頓悟)인 자각에 두었다. 돈오는 ‘단박 깨달음’이다. 그렇다면 무엇을 단박에 깨달아야 하는가? 그 깨달음의 상태는 어떠한가? 일반 사람들이 헤맬 때는 망상에 사로잡혀 자기 본성이 참된 부처인 줄 알지 못한다. 자기의 슬기로움이 참 부처인 줄 알지 못한다. 그러기에 늘 마음 밖에서 부처를 찾아 헛되이 헤맨다. 그러다가 어느 날 갑자기 선지식(善知識)에 들어가는 길을 지시함에 한 줄기 빛을 따라 자기 본성을 깨우칠 때, 본성에는 원래 번뇌가 없고 지성이 스스로 갖추어져 있다. 이것은 부처와 다름없다. 바로 이런 사실을 깨우치는 것을 ‘돈오’라고 한다. 다시 말하면, 자기 본성을 돌이켜 보아 이것이 곧 번뇌가 없고, 그것이 곧 부처라는 깨달음이 돈오이다. 이것은 다른 사람이 ‘너의 마음이 본래 부처이고 본래 번뇌가 없는 것이다’라고 가르쳐 주어 그것을 이론적으로 따져 결론에 도달하는 방법이 아니라, 스스로의 마음을 회광(廻光)하여 보아 진정 고정 불변하는 객체로서의 번뇌가 있지 않다는 것을 깨닫는 일이다. 따라서 돈오는 일념(一念)을 돌이켜 반조하는 회광

반조(廻光返照)에서 얻어지는 것이다(송석구, 1985: 168).

돈오는 자신의 참 자아, 즉 허망한 꿈과 같은 미혹으로 인해 인지하지 못했던 자신의 참 마음을 홀연히 발견하게 됨을 의미한다. 미망에서 깨달음으로의 변화, 꿈에서 깨어남이 즉석에서 일어나기 때문에 '돈오', 즉 갑작스러운 깨침이라 부르는 것이다. 따라서 돈오는 점진적인 과정이 아니라 갑자기 일어나는 하나의 정신적 혁명과도 같다(길희성, 1996: 90-91). 그런데 인간은 습기(習氣)를 지니고 있다. 습기는 인간의 어리석음으로 인해 발생하는 가지가지의 허깨비와 같은 것들로 생각된다. 이런 습기는 하루아침에 벗기기 힘들다. 그러기에 지속적인 수련과 수양이 요구된다. 비유하자면, 저 산에 금이 가득 묻혀 있는 줄은 알지만 저 산의 모든 것이 금이 아니고, 금을 캐내기 위해서는 그에 필요한 수단이 있어야 하는 것과 같다. 즉, 깨달은 이후의 닦음은 필수적이다. 즉, 인간이 이치로 깨달았다 할지라도 그것의 실천을 통하여 '됨'이 중요하다.

이렇게 볼 때, 점수(漸修)는 깨달음 없이 이루어지지 않는다. 깨달음을 밑받침으로 하여 점차적으로 닦음이 진정한 점수이다. 깨달음이 없는 점수는 일시적인 점수이지 영원한 부처의 세계로 들어가는 수행이 아니다. 완전한 부처의 세계에 들어갈 때 증오(證悟)가 된다. 돈오에 습기가 있다면 해오(解悟)에 해당한다. 깨달은 후의 수행인 점수는 어떻게 하는가? 다시 말해 수양의 방법론, 교육의 구체적 단계는 어떻게 이루어지는가? 그것은 정(定)과 혜(慧)라는 두 문밖에 없다.

지눌은 본래의 마음을 '공적영지(空寂靈知)'라고 하였다. 공적은 정이고, 영지는 혜이다. 일심이 공적하려면 정을 닦아야 하고, 영지를 발하려면 혜를 닦아야 한다. 그렇다고 정과 혜, 공적과 영지가 본래 둘이 있는 것이 아니다. 이 둘은 모두 하나의 자성(自性) 위에 체용(體用)의 두 의미로 나누어 본 것일 뿐이다. 결국 정과 혜의 균형 있는 닦음이 중요하다.

이러한 정혜는 두 가지로 구분된다(송석구, 1985). 자성정혜(自性定慧)와 수

상정혜(隨相定慧)가 그것이다. 수상정혜의 정은 수행자가 그때그때 직면하는 상(相)과 사(事)로서의 번뇌에 꾸준히 대처해 나가는 삼매(三昧, samādhi)이며, 혜는 제법 하나하나에 대하여 미혹됨이 없이 그 공(空)을 관(觀)하는 반야(般若, prajñā)를 말한다. 이런 수상정혜의 닦음이 점수의 최상은 아니다. 자성정혜는 자신의 본성 안에 이미 내재하고 있는 정혜를 의미한다. 이는 진심의 체(體)가 지니는 두 측면인 적(寂)과 지(知), 정과 혜를 가리킨다. 그러므로 자성정혜를 닦는다는 말은 이미 우리의 심성 속에 내재한 것을 닦는 일이므로 '닦음 아닌 닦음'이다. 이런 역설적 닦음이야말로 진정한 닦음인 '무념수(無念修)'이다. 그러므로 자성정혜란 일반적 의미의 닦음에 의해 얻어지는 결과이기보다는 돈오에 의해 이미 자신의 현실로서 자각되는 정혜이다. 지눌은 닦음 아닌 닦음으로서 자성정혜의 자유로운 닦음을 돈오 이후 가장 바람직한 수행으로 보았다. 그런데 지눌의 점수론은 정혜쌍수로 끝나지 않는다. 점수는 자리(自利)를 위해서 뿐 아니라 타리(他利), 즉 모든 중생의 복리를 위해서도 필요함을 역설한다. 따라서 돈오후의 점수는 두 면을 지니는데, 인식과 실천의 괴리를 극복하는 정혜의 닦음과 보살행의 실천이다.

4. 성리학의 도입과 새로운 교육의 모색

1) 안향의 성리학 도입

고려 말기에는 중국에서 발흥한 성리학의 도입과 더불어 교육에도 새로운 분위기가 조성되었다. 중국의 원나라에서 성리학(性理學: 朱子學)을 도입한 회헌(晦軒) 안향(安珦, 1243~1306)에 의해 유학의 새로운 학풍이 싹트기 시작했다. 안향은 교육의 목적을 인재 양성에 두고, 국학의 재건을 위하여 일종의 장학기금인 섬학전을 설치하였다. 안향이 주자학을 전래하여 학문을 장려하고 인재를 양성하려고 했던 배경과 과정을 자세하게 서술하면 다음과 같다.

안향

안향이 활동하던 시기의 고려는 장기간의 무신집권에 의한 정치적 불안정과 몽고의 침탈에 의한 국가 주권 상실의 위협으로 인하여 국내외적으로 심각한 위기에 처한 상황이었다. 게다가 고려의 건국이념으로 볼 수 있는 불교사상도 부패하여 흉흉한 민심을 바로잡아 주지 못하고 미신과 무속이 성행하고 있었다.

안향은 18세(1260년)에 과거에 급제하여 관직에 몸을 담게 되는데, 이 당시 고려는 90여 년이라는 장기간의 무신집권체제가 막을 내리고(1258년) 몽고와는 강화가 체결되어 전란도 종식된 시점(1259년)으로, 고려사에서 새로운 시대의 개막을 맞이하는 시기였다(김병구, 1993). 이때 국가의 신흥관료 등용정책에 부응하여 안향은 관직에 등용되고, 뛰어난 문장력을 인정받아 왕의 교지나 외교문서를 작성하는 등 국사에서 중요한 업무를 담당하면서 빠르게 승진하였다.

교육자로서 안향의 관료생활은 36세(1279년)에 국자사업(國子司業)에 임명되면서 전환기를 맞게 된다(『陽村集』「晦軒先生實紀」卷3). 안향은 학문의 진흥과 교육을 담당하는 직무를 맡게 되면서 그의 유학적 소양과 문제의식, 그리고 인생의 지향도 새롭게 전개하였다. 안향은 "학문[儒學]을 일으키고 인재를 양성하는 일을 자신의 임무로 삼는다"라고 하여 자신의 인생 목표를 유학의 부흥에 두었다. 그 후 47세(1289년)가 되던 해에 고려유학제거(高麗儒學提擧)에 임명되어 국가의 유학 진흥과 교육부문의 명예수장이 되었다. 이를 계기로 같은 해 충렬왕의 원나라 행차에 수행하여 원나라의 수도(지금의 북경)에서 주자의 글을 접하게 되는데, 이때 주자의 사상을 마음속 깊이 찬동하게 되어 주자를 유학의 정통 학맥으로 인정하였다. 그리하여 전체 수행 기간이 5개월밖에 되지 않는 짧은 일정 속에서도 손수 주자의 책을 기록하고 공자와 주자의 초상화를 모사하여 이듬해(1290년) 봄에 귀국하였다. 이것이 우리나라에 주자학이 본격적으로 전래된 계기이다.

안향은 56세(1298년)에 집현전태학사(集賢殿太學士)·수문전태학사(修文殿太學士) 등 교육 관련 관직을 맡으면서 본격적으로 유학 진흥과 교육사업을 담당하게 된다. 그리고 59세(1301년)에는 자신의 사저를 국학의 문묘로 조정에 헌납하고, 봉급과 토지 및 노비 100명마저 국학의 진흥을 위하여 헌납하였다. 이어서 61세(1303년)에는 **교육사업을 일으키는** 데 더욱 힘을 기울여 국학에 **섬학전(贍學錢)**을 설치하고 **양현고**를 충당하였다. 이때 그는 "재상의 직책은 인재를 교육하는 것보다 시급한 것이 없다"라는 유학적 소양을 갖춘 고급관료로서의 소명의식을 강조하여 섬학전 설치를 주장하였다. 아울러 양현고의 일부 자금으로 국학박사를 중국 강남에 파견하여 유학 관련 서적, 특히 주자신서(朱子新書)와 예 의식에 소용되는 물품을 구입함으로써 유학교육의 발판을 마련하였다. 안향이 62세(1304년) 되던 해에 대성전(大成殿)이 준공되는 등 국학(國學: 成均館)의 시설이 완비되어 국학이 새로이 개설되고, 안향은 이산(李慄)·이진(李瑱) 등을 시켜서 **성리학 교육**을 체계적으로 시행하였다.

안향이 남긴 글은 아주 적은데, 거의 유일하고도 핵심적인 문장이라고 할 수 있는「국자학의 여러 학생에게 일러 주는 글(諭國子諸生)」을 보면, 그의 학문 성향을 구체적으로 파악할 수 있다.

성인(聖人)의 도(道)는 일상생활의 윤리에 불과하다. 자식은 마땅히 효도하고, 신하는 마땅히 충성하며, 예로 집안을 바로잡고, 신의로 벗을 사귀며, 자신을 수양할 때는 반드시 경(敬)으로 해야 하고, 사업을 일으켜 세우는 데는 반드시 성(誠)으로서 해야만 한다. 저 불교는 부모를 버리고 출가하여 인륜을 무시하고 의리에 역행하니, 일종의 오랑캐 무리이다. 근래에 전란의 여파로 학교가 파괴되어 유학을 배우려는 학자는 배울 바를 모르고, 배우고자 하는 사람은 불경을 즐겨 읽어서 그 아득하고 공허한 교리를 신봉하니 나는 이를 매우 슬퍼한다. 내 일찍이 중국에서 주자의 저술을 보니, 성인의 도를 밝히고 선불교를 배척한 주자의 공로는 공자와 짝할 만하다. 공자의 도를 배우려고 하면 먼저 주자를 배우는 것보다 더 나은 것이 없으니, 여러 학생은 주자의 새로운 서적을 돌려가면서 읽고 배우기를 힘써서 소홀하지 말라(『陽村集』 「晦軒先生實紀」 卷1).

이와 같이 안향은 유학, 특히 성리학의 핵심을 압축적으로 설명하고, 불교와 당시 사상계에 대해 비판하였으며, 공자 이후 유학의 도통을 주자로 확정하고 주자학의 연구를 권면하였다(윤원현, 2005).

충렬왕 30년(1304년) 5월에 찬성사(贊成事) 안향이 국학을 보조하기 위해 섬학전(贍學錢)을 넉넉하게 할 것을 건의한 이야기는 유명하다. 안향은 학교가 날로 쇠퇴함을 근심하여 양부(兩府)에 다음과 같이 문제를 제기하였다.

"재상의 직책은 인재를 교육하는 것보다 우선할 것이 없는데, 지금 양현고가 바닥이 나서 훌륭한 인재를 기를 자본이 없습니다. 청컨대 여러 관료 신하들에게 은(銀)이나 포(布)를 관료의 등급에 따라 차등 있게 내도록 하여 섬학의 자본으로 삼으십시오."

그러자 왕도 내고(內庫)의 재물을 내어서 도왔다. 그런데 밀직(密直) 고세(高世)가 자신은 무인(武人)이라고 하면서 돈 내기를 즐겨하지 않자, 안향이 이렇게 꾸짖었다. "공자의 도는 그 모범이 만세에 드리웠다. 신하가 임금에게 충성하고, 자식이 부모에게 효도하는 것. 이런 훌륭한 인륜이 누구의 가르침인가? 만약에 '나는 무인인데 생도를 기르는 데 구태여 돈을 낼 필요가 있느냐'라고 말한다면 이는 공자를 무시하는 짓이다. 그게 옳은 행동인가?" 고세가 이 말을 듣고 부끄러워하며 바로 돈을 내었다. 또한 안향은 남은 재물을 박사 김문정에게 주고 그를 중국에 보내어 선성(先聖)과 70자상(七十子像)을 그려오고, 제기(祭器), 악기(樂器), 육경(六經), 제자(諸子), 사(史) 등을 구해 오게 하였다. 그리고 이산, 이진 등을 천거하여 경사교수사(經史敎授使)를 삼았다. 그렇게 하자 국학의 7재와 사학 십이도의 학생이 경을 가지고 수업하는 자가 수백을 헤아렸다(『增補文獻備考』 「學校考」).

2) 성리학 교육을 모색한 사상가들

이색

앞에서도 언급한 것처럼, 이색(李穡, 1328~1396)은 문무를 겸비한 인재를 강조하여 과거제도에서 무과를 둘 것을 주장하였다. 이색의 교육론은 그의 유학 진흥책에 잘 나타나 있다(이문원, 2002). 이색은 "유교를 숭상하고 중히 여기는 일에 마음을 다해야 한다. 국학은 풍속 교화의 근본이고, 인재는 정치와 교육의 근본이다. 인재를 양성하지 않으면 근본이 굳지 못하고 국학을 진흥하지 않으면 근원이 맑지 않게 된다"라고 하여 성인의 도리를 숭모하고 학교의 퇴폐를 막아야 한다고 주장하였다. 이것이 유학자뿐만 아니라 서민에게도 복이 된다는 말이다.

이색은 당시 학풍이 과거 시험에만 매달려 진정한 인격교육이나 도덕윤리교육을 소홀히 하는 것을 통탄하였다. 그는 성균관 대사성으로 재직할 때 성균관의 학생 수를 대폭 증원하고, 시설 확충, 도서 구비 등 유학 진흥에 크게 기여하였다. 교수방법도 경술(經術)에 유능한 선비가 교과를 담임하게 하는 등 '전문성 있는 교육'을 강조하였다. 즉, 여러 교관이 제각기 능숙한 경전을 분담하여 교수하고, 강론이 끝나면 매일 의심나는 부분이나 논의할 부분을 상호 토론하여 궁극적인 의미를 밝히도록 하는 방법을 진행하였다. 이러한 그의 노력은 고려시대 정주학(程朱學: 程子, 朱子의 학문) 계통의 성리학이 발흥하는 계기가 되었다.

정몽주

또한 포은(圃隱) 정몽주(鄭夢周, 1337~1392)는 성리학을 깊이 연구하여 철학의 기초를 주자학에 두었으며, 교육이념도 주자학에 충실하여 우리나라 성리학의 비조가 되었다. 그의 교육사상은 성리학을 도입한 안향과 비슷하였다. 즉, "유학자의 도리는 모두 일용생활에 있고, 인격을 함양하려면 수양이 필요하다. 수양의 근본은 일상생활의 지극한 이치에 있다"라고 하였다. 정몽주는 이런 학문의 이치를 실현하고 인재를 양성하기 위해 수도 개경의 오부(五部)에 학당을 확충하고, 지방에는 향교를 활성화하여 유학을 진흥하려고 했다.

정몽주가 제시한 **교육내용**은 경서(經書)였다. 사서(四書)의 경우, 『대학』과 『중용』을 통하여 도를 밝히는 '명도(明道)'와 도를 전하는 '전도(傳道)'의 요지를 얻고, 『논어』와 『맹자』를 통해 마음을 보존하고 닦아 나가는 '조존함양(操存涵養)'의 요지와 체험을 확충하는 방법을 얻는다. 오경(五經)의 경우에는 『주역』을 통하여 선천과 후천은 서로 체용(體用)의 관계임을 알고, 『서경』을 통해서는 정신을 집중하는 것이 제왕전수(帝王傳受)의 방법임을 이해한다. 그리고 『시경』을 통해서는 민간의 정서와 만물의 법칙을 이해하고, 『춘추』를 통해 도의와 의리의 명분을 알게 하였다(이문원, 2002: 74-75). 이 가운데서 『대학』과 『중용』은 가장 중요한 교과로 간주되었고, 이후 조선 성리학의 학풍에 큰 영향을 미쳤다.

조선시대의 교육

1. 교육제도의 발달

1) 관학의 설치와 정비: 성균관과 향교, 학당

조선시대는 고려 말에 유입된 성리학을 바탕으로 교육제도를 정비하였다. 국가의 최고 교육기관은 **성균관**(成均館)으로, 성균관에는 여러 가지 부속건물이 있었다. 특히 **문묘**(文廟: 大成殿)와 **명륜당**(明倫堂)을 중심으로 제사와 교육 기능을 겸비하였다. 교육의 목적은 고급 관리를 배출하는 일이었고, 입학 자격은 과거 시험의 **소과**(小科)에 합격한 **생원**(生員)과 **진사**(進士)를 원칙으로 하였다. 왕족의 자제들을 교육시키기 위해 세종 11년에 **종학**(宗學)을 설립하였다. 성균관보다 약간 낮은 단계의 관학으로 **사부학당**[사학: 四學]을 서울에 설치하였고, 지방에는 향교(鄕校)를 설치하여 인재를 양성하였다. 실업 교육이나 기술 교육에 해당하는 잡과 교육도 있었는데, 이는 각기 소속된 관아에서 자체적으로 교육을 담당하였다.

국가 최고 교육기관인 성균관은 국학(國學), 태학(太學), 국자감(國子監), 반궁(泮宮), 현관(賢關) 등 다양한 명칭으로 불렸다. 이 가운데 반궁은 '절반은 물이 흐르는 궁'이라는 의미인데, 성균관 터는 반드시 물이 둘러 흐르는 곳을 택하는 것이 전례였기 때문이다. 대개 동쪽에서 서쪽의 문 방향으로 물이 흐르고 북쪽엔 물이 없으므로 반궁이라고 하였다. 현관은 『한서(漢書)』에 "대학은 어진 선비가 되는 관문이다"라는 말에서 붙인 이름이다. 주요 시설로는 가장 중요한 건물인 문묘[대성전]와 명륜당을 비롯하여 도서관에 해당하는 존경각(尊經閣), 선현들의 아버지를 모신 사당인 계성사(啓聖祠), 그 외에도 서리청(書吏廳), 제기고(祭器庫), 포주(庖廚), 식당 등 성균관 운영에 필요한 제반 시설이 갖추어져 있다.

조선시대 최고 교육기관인 태학[성균관]이 발달한 내력을 보면 다음과 같다(『增補文獻備考』「學校考」). 태조 6년(1397년) 봄 3월에 태학을 경영하기 시작하였는데, 서울의 동북쪽 모퉁이에 터를 정하고 여흥 부원군 민제(閔霽)에게 명하여 관장하게 하였다. 태조 7년(1398년) 가을 7월에 성균관의 문묘를 낙성하였는데, 문묘에 종향(從享)한 제현(諸賢)은 한결같이 중국의 제도를 따랐고, 동국의 제유(諸儒) 종사(從祀)는 고려의 제도에 의거하였다. 성균관에는 지관사(知館事) 이하의 관원을 두었고, 학전(學田)을 두어 자성(粢盛)을 이바지하고 생도를 먹이며 조세와 요역을 면제하여 쇄소(灑掃)와 사령(使令)에 응하게 하였다. 임금이 문선왕(文宣王: 孔子)을 친히 제사지내고자 하여 좨주(祭酒) 민안인(閔安仁)에게 전례를 밝게 익히게 하고 악기(樂器)를 수리하도록 명하였다. 또한 명륜당을 문묘 북쪽에 건립하였다. 그리고 성균관 제조(成均館提調) 정도전(鄭道傳), 권근(權近)에게 4품 이하와 유사를 모아서 경사(經史)를 강습하게 하였다.

성균관 대성전(좌)과 존경각(우)

이처럼 조선시대는 고려시대와 달리 초기부터 성균관의 규모를 갖추고 국가 인재 양성에 매우 적극적이었다. 성균관의 핵심 건물이자 종교 제사적 기능을 하는 문묘의 내부는 다음과 같이 구성되어 있다.

대성지성문선왕(大成至聖文宣王)은 공자를 지칭하는 말이고, 자리는 정위(正位)로 남쪽을 향한다. 공자를 배향(配享)하는 인물로는 네 사람의 성인이 있는데, 안자(顏子), 증자(曾子), 자사(子思), 맹자(孟子)가 그들이다. 연국 복성공(兗國 復聖公)으로 불리는 안자는 동쪽의 제1위 자리에서 서쪽을 향하고 있고, 성국 종성공(郕國 宗聖公)으로 불리는 증자는 서쪽의 제1위 자리에서 동쪽을 향하고 있다. 기국 술성공(沂國 述聖公)으로 불리는 자사는 동쪽의 제2위 자리에 위치하고, 추국 아성공(鄒國 亞聖公)으로 불리는 맹자는 서쪽의 제2위 자리에 있다.

태조는 즉위 후 임금의 덕을 전국 방방곡곡에 펼치려고 향교를 세우고 학생을 모아 경서를 가르쳤는데, 주, 부, 군, 현에 모두 향교를 세우고 학문을 장려하였다. 임진왜란 전까지 향교는 매우 번창했으나 병란이 자주 일어나 국가의 재정이 궁핍해지면서 쇠퇴하게 되었다. 이에 교육기관으로서의 기능은 상실하고 문묘 제사를 지내는 형식적 기관으로 전락하게 되었다. 그렇다고 하더라도 향교는 교육기관으로서의 역할뿐만 아니라 민간에 도덕적·예의적 향풍을 수립하는 책임도 부여되어 있었다. 즉, 지방의 명망가로서 유지(有志)인 교육자를 중심으로 지방의 문화를 지도하고 향상시키는 일로, 이는 향교 교관의 임무였다. 예를 들면, 특별강습을 행한다든가 향음례(鄕飮禮)나 향사례(鄕射禮), 양노례(養老禮) 등 나이 많고 덕행 있는 사람을 모시고 술과 음식을 대접하며 예를 배움으로써 지역 사회를 교화하는 데 중요한 역할을 하였다. 향음례의 절차와 대강을 살펴보면 다음과 같다(『增補文獻備考』「學校考」).

- 향음주의(鄕飮酒儀)
- 매년 10월에 주현(州縣)에서 좋은 날을 골라서 주인이 나이가 많고 덕행이 높은 사람을 손님으로 맞이한다.
- 그날에 주인이 학당 문밖에서 손님을 맞이하는데, 의식을 돕는 자가 예절을 갖추어 들어오면 여러 손님이 따라 들어와 마루 위로 오른다.
- 손님이 두 번 절하면 주인이 답하여 절하고, 여러 손님이 다 같이 두 번 절하면 예를 행하고 자리에 앉는다.
- 풍악을 울리고 주인이 손님에게 술을 올리면 손님이 주인에게 답하여 잔을 올린다. 술잔을 다섯 차례 돌리고 난 뒤에 손님과 주인이 모두 일어선다.
- 여러 사람이 추앙하고 복종하는 사람 가운데 사정(司正)을 뽑아 다음과 같은 계(戒)를 읽는다.

"우러러 생각하건대, 국가에서 예법에 따라 예교(禮敎)를 숭상하여 이제 향음례를 거행하니 오직 음식을 먹고 마시기 위한 자리만은 아니다. 어른과 어린아이는 각각 서로 권하고 힘써서 나라에 충성하고 부모에게 효도하며 안으로 집안에 화목하고 밖으로 향당에 친밀하며 서로 일러 주고 서로 가르쳐서 혹시라도 잘못된 허물로 인생을 치욕스럽게 함이 없게 하라."

- 자리에 있던 사람이 모두 처음처럼 두 번 절하고, 손님이 내려서 나오면 여러 손님이 따라서 나오고, 주인이 문밖에서 전송하기를 보통 예식과

장수향교 대성전   기장향교

같이한다.

한편, 4부학당[사학(四學)]은 서울 내에서 동서남북의 네 지역에 설치하였
다. 즉, 동부학당, 서부학당, 남부학당, 북부학당이 그것이다. 여기에 중부학
당을 포함하면 5부학당이 된다. 4부 또는 5부학당은 성균관과 교육의 방침과
내용 및 교수법은 거의 비슷하지만 문묘가 없고 규모면에서 작았다.

2) 사학의 성장과 교육적 기여

조선시대에는 관료제도가 발달하면서 교육의 수요가 더욱 증가하여 사학도
발달되고 번창하였다. 대표적인 사학으로는 서원(書院)과 서당(書堂)이 있다.
서원은 조선 초부터 시작된 새로운 교육기관이다. 서원은 선현(先賢)을 존
숭하고 교육을 실천하려는 두 가지 목적을 지니고 있었다. 즉, 학덕이 높은 선
현을 제사하고 그 학덕을 본받고 계승한다는 윤리적 측면과 그 학통을 따라
교육한다는 교육적 측면을 지니고 있었다. 그러면서도 현실적으로는 과거 준
비를 위한 교육이 이루어지면서 여러 가지 병폐를 낳기도 하였으나, 날로 발
전하자 국가에서도 인정해 주어 풍기군수 주세붕(周世鵬, 1495~1554)이 세
운 백운동서원(白雲洞書院)은 최초의 사액서원이 되기도 하였다. 퇴계(退溪)
이황(李滉, 1501~1570)은 서원의 장점을 다음과 같이 말하였다(이만규, 1947:

185-186에서 재인용).

> 왕궁 수도에서 전국 각 군에 이르기까지 학교가 없는 곳이 없다. 그런데 서원에서 무
> 엇을 얻을 수 있기에 중국에서는 서원을 저와 같이 숭상하였는가? 은거하여 뜻을 구하
> 는 선비와 도를 강론하고 닦는 사람들의 특징은 경쟁을 싫어하여 책을 붙들고 한적한 들
> 과 고요한 물가에 숨어 살면서 선왕의 도를 칭송하고 그 덕을 쌓고, 그 어진 행동 익히기
> 를 생각하고, 이것을 즐거움으로 여기기 때문에 서원에 나가는 것이다. 국학이나 향교는
> 서울이나 성곽 안에 있고, 학령으로 인한 구속이나 다른 물건에 대한 욕망에 거리낌이 있
> 으니, 서원의 교육과 비교해 볼 때 공적과 효과가 같다고 할 수 없다. 선비의 배움은 이런
> 교육환경을 지닌 서원에서 힘을 얻을 뿐만 아니라 국가가 어진 선비를 얻는 것도 반드시
> 서원에서 하게 된다면 서원교육은 관학보다 나을 것이다.

서원은 이름난 학자 관료를 숭배하고 청년, 자제들을 모아 학문과 덕행을
연마하는 수도장이었다. 그러기에 위치가 한적하여 수양하기에 좋고, 학칙
과 학령에 의한 구속이 없어 관학과는 다른 교육적 측면이 있었다. 즉, 개인
으로서 참된 학문 연구를 할 수 있을 뿐만 아니라 국가적 차원에서도 훌륭한
인재를 양성할 수 있다고 판단하였다. 그런 인식하에 명종 5년(1550년), 왕은

소수서원

최초의 서원이라고 불리는 소수서원(紹修書院)의 현판을 내려 주었다. 이 서원은 경상도 순흥현 백운동, 현재의 경북 영주에 있다. 그 후 서원은 다음과 같은 흥망성쇠를 거듭하게 된다(『增補文獻備考』「學校考」).

조선에는 원래 서원이 없었으나 중종 37년(1542년)에 주세붕이 풍기군수가 되어 풍기 순흥에 주자학을 전래한 고려의 안향이 예전에 살던 곳이 있어서 그 터에 소수서원을 창건하였다. 이에 선비들이 학문하는 마음을 항상 품고 수습하는 곳으로 삼았다. 퇴계 이황이 주세붕을 이어서 군수가 되어 조정에 건의하기를 현판을 내리고 책과 토지와 노비를 지원해 줄 것을 청했다. 명종이 이를 허락하고 또 대제학 신광한에게 명하여 글을 지어 기록하게 하였다. 이에 선비가 다투어 사모하고 본받아서 서원이 점점 성하였다. 특히, 예안의 도산서원과 해주의 소현서원이 두각을 나타내었다. 나중에는 서원이 더욱 많아져서 대부분의 주·현에 두루 있었다. 효종 때 서필원의 상소로 조정에서 설립 금지를 논의하였고, 숙종 40년(1714년)에 개인적으로 설립하는 것을 제도적으로 금지하였으며, 영조 17년(1741년)에는 숙종 40년 이후 개인적으로 세운 서원을 철거했다. 그 외에 기존에 있던 서원은 조정에서 우대하지 않은 적이 없었다. 선조가 일찍이 어필로 배천의 문회서원(文會書院)의 현판을 써서 내렸는데 임진왜란 때 불타자, 숙종이 다시 어필로 그 현판을 써서 내렸으며, 청주의 화양서원(華陽書院), 상주의 흥암서원(興巖書院)도 모두 숙종의 어필이다. 영조 때에도 양주의 도봉서원(道峯書院)에 현판을 써서 내렸다. 이로 볼 때, 조선의 조정이 얼마나 학문을 숭상했는지 알 수 있다.

이런 서원에 대한 지원 정책은 관학인 향교의 학생들이 사학인 서원이 지닌 분위기를 알고서 공부의 장소를 옮겨 가게 되면서 향교가 쇠퇴하는 원인이 되었다. 뿐만 아니라, 특별한 규제가 적다 보니 서원에 모여서 놀고먹기를 일삼는 일이 잦아지게 되고, 균역의 도피처가 되기도 하였다. 때로는 서원에서 모시는 선현들의 사상적 이념에 따라 당쟁의 원인을 제공하는 등 폐해가 적지 않았다. 이에 고종 8년(1871년)에 흥선대원군 이하응은 679개나 되던 서

서당(양동마을의 강학당)

원을 47개만 남기고 모두 헐어 버렸다.

서당은 범 계급적인 초등 수준의 교육기관으로 규모와 수준, 성격이 매우 다양하였다. 대개의 경우 사학(四學)과 향교(鄕校)에 입학할 수 있을 정도의 교육을 하였고, 서민의 문자 교육과 마을의 도덕적 기풍 진작 등 교화기능을 지니고 있었다.

설립 종류별로 구분해 보면, 훈장 자신이 자기의 생계나 교육적 취미상 스스로 설립한 '훈장 자영 서당'과 마을에서 집안이 넉넉한 사람이 자기 집안의 자식 교육을 위하여 훈장을 초빙하여 가르치는 '유지독영 서당', 몇 사람이 자제 교육을 위해 모여서 조합을 만들고 훈장을 초빙하는 '유지조합 서당', 한 마을의 구성원 전체가 조합을 만들고 훈장을 초빙하여 마을 아이들을 가르치는 '마을조합 서당' 등 다양한 형식이 있었다.

서당은 대개 훈장과 접장, 학동으로 구성되는데, 훈장의 실력은 천차만별이었다. 접장은 훈장이 모든 학생을 가르칠 수 없을 때, 연령과 학력이 우수한 학동 중에서 훈장을 대신할 만한 이를 세우는 것이다. 접장은 자신이 훈장에게 배우는 동시에 자기보다 뒤떨어지는 학동을 가르치고 지도한다. 서당에서 배우는 학과목은 천자문이나 동몽선습, 통감, 소학, 사서, 삼경, 사기 등이 보통이었고, 『춘추』『예기』『근사록』과 같은 경전을 읽힌 곳은 드물었다. 글을 짓는 수준도 오언 또는 칠언 절구 수준이었고, 작문 공부를 하지 않는 곳도 많았다. 또한 글씨를 익히는 습자 연습도 필수적으로 이수했다.

이처럼 서당은 **초등** 단계의 교육을 실시한 곳으로, 도덕 윤리 교육과 문자 계몽 교육, 지역민 교육의 차원에서 중요한 역할을 하였다. 동시에 사학(四學)이나 향교(鄕校)와 같은 상급학교 진학 준비 교육의 기능도 있었다. 즉, 대중적 차원의 학문적 기초를 교육을 통해 보급하는 데 기여했다고 판단된다. **교수법**은 '주입식을 타파하고, 연구력을 배양하며, 엄격한 규정을 지키게 하고, 끈기 있는 노력을 다하게 하고, 긴장된 심신을 가다듬게 한다'는 점에서 간명하고 치밀하며 엄밀한 가치가 있었다(이만규, 1947).

예컨대, '갱신고(更辛苦)'의 경우 아이들을 가르칠 때 먼저 법을 정하여 교육방법의 합리적 차원을 제시하였다.

> "글은 짧고 간단한 아이들 수준에서 알 만한 것을 주고, 반드시 스스로 풀게 하되 급히 풀게 하지 말며, 제대로 이해하지 못하여 맞지 않으면 다시 풀게 하고, 또다시 이해하지 못하여 맞지 않으면 다시 풀게 한다. 두 번 세 번 이해하고 풀면 통하지 않는 아이가 없다. 이와 같이 하여 차차 익혀 가면 글을 이해하고 푸는 방법을 알게 된다. 글을 이해하고 풀어 나갈 때 반드시 글의 양을 줄여야 하는데, 다섯 줄 정도를 감당할 수 있다면 세 줄 만에 그치고, 점차로 열 줄 이상으로 나아가게 한다. 내일 배울 것은 먼저 살피게 하고, 아이들의 수준에 맞는 글을 정하여 통달한 후에 나와서 교육을 받게 하고, 배우기를 싫어하거나 생각하지 않는 아이는 물리치고 꾸짖고 벌하여 반드시 스스로 힘쓰게 한다. 이렇게 하면 어리석고 미련하여 할 수 없는 자는 할 수 없겠지만, 일반적으로 입학한 지 십수 년 내에 경서를 통달하지 못하는 아이는 없을 것이다."

'순승척(循繩尺)'의 경우에도 유사한 교육방법적 차원을 보여 준다.

"반드시 정통하게 외운 후에 가르치고, 통하지 못했으면 물리치고 다시 읽게 하여 다음 날까지 알게 하고, 다시 제대로 통하지 않은 아이는 반드시 벌하고 미봉책을 쓰지 말아야 한다. 해석까지 외우게 하되 반드시 돌아 앉아 외우게 하며, 배울 때는 꼭 꿇어앉아 자세를 반듯하게 하고, 글자를 또박또박 짚어 가게 하고, 하루 읽는 횟수를 정하고 한 번에 읽는 편수를 정하여 어기는 아이는 벌을 준다. 예를 들어, 20편을 읽겠다고 스스로 규정해 놓은 경우, 20편을 못 읽어도 안 되고, 20편을 넘어도 안 된다. 왜냐하면 한번 정한 한도를 넘으면 못 읽는 일도 있어 스스로의 약속을 깨는 결과를 가져오기 때문이다."(『悟堂集』「發蒙正軌」)

2. 과거제도와 인재 선발 교육

조선시대의 과거제도는 고려의 과거제도를 이어서 발전시켰다. 조선시대의 과거에는 문과(文科), 무과(武科), 잡과(雜科)와 문과의 예비시험으로 생원시(生員試), 진사시(進士試)가 있었다. 이 가운데 무과는 조선시대에 새로이 실시된 과거였다. 문·무과와 생원·진사시는 양반들이 많이 보는 시험이었고, 잡과는 중인들이 많이 보았다. 그러나 조선 후기에 와서는 무과가 남발되어 일반 낭인들뿐만 아니라 천인들까지도 많이 응시하였다.

조선시대의 과거 시험은 법제상으로는 천인이 아니면 결격사유가 없는 이상 누구나 과거에 응시할 수 있는 것으로 되어 있었다. 그러나 실제로 신분상 아무런 차별이 없었다고 말하기는 어렵다(이성무, 1994). 문과나 생원·진사시의 경우 다음에 속하는 자는 응시에 제한을 받았다. '죄를 범하여 영원히 임용할 수 없게 된 자, 소송 기한을 일부러 질질 끌어 어기는 자, 관리가 형벌을 남용하여 피의자를 죽게 한 경우, 공물을 대납한 자, 국가 재정을 횡령한 관리의 아들, 두 번 시집갔거나 행실이 좋지 못한 부녀자의 아들과 손자, 서얼의 자손 등이 그에 속했다. 향시의 경우, 각 지방별로 치르는 시험이다 보니 '그 도에 살고 있지 않은 자나 현직 관리'에게는 응시자격이 제한되었다 (『經國大典』「禮典」).

　시험은 초시, 복시, 전시의 3회로 나누어서 행하여졌는데, 정기적으로 보는 식년시(式年試)와 경사가 있을 때 보는 특별시(特別試)가 있었다. 생진과(생원·진사시는 소과(小科)라고도 하는데, 합격자는 성균관에 입학할 수 있는 자격과 하급문관에 등용될 수 있었고, 문과의 응시자격을 부여하였다. 문과는 고급문관의 등용 자격시험으로 대과(大科)라고 하며, 오늘날의 고급 공무원 시험과 비슷하다. 무과는 용호방이라고도 하며, 소과와 대과의 구분이 없이 단일과이다. 잡과는 기술직의 관리 등용 자격시험으로, 잡직에 근무하는 중인 계급의 자제를 대상으로 응시하도록 하였다.

　시험문제는 시관(試官)들이 이른 새벽에 한자리에 모여서 상의하여 출제하였다. 이미 출제되었던 문제나 명나라에 저촉되는 글, 집권자를 비방하는 문제를 냈을 때는 시관을 인책·유배하였다. 또한 과거 시험의 답을 쓰는 데 일정한 양식이 있는데, 그것에 어긋나면 합격할 수 없었다. 예를 들면, 생원시·진사시의 답안은 반드시 정자체인 해서(楷書)로 작성해야 하고, 노장 사상이나 불교 또는 순자(荀子), 음양서(陰陽書) 등 이단의 학설을 인용하지 말아야 한다. 또한 붕당(朋黨)을 언급해서도 안 되고, 국왕이나 역대 왕의 이름을 범해서도 안 되며, 신기하고 기괴한 문자를 쓰지 말아야 했다. 특히 책문 (策問)에서는 먼저 시제(試題)를 베껴 쓰고 초·중·종장의 첫머리에 '신이 엎

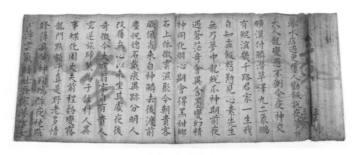

과거시험 답안지

드려 해독해 보건데[臣伏讀]'라는 세 글자를 써야만 한다. 그리고 출제된 문제와 자획이 다르거나 한 자라도 빠뜨리면 안 된다. 이렇게 하여 시험에 합격할 경우, 생원·진사는 입격(入格)이라고 하고, 잡과는 출신(出身)이라고 하며, 문·무과는 급제(及第) 또는 출신(出身)이라고 하였다.

과거제도는 국왕이 모든 백성에게 응시자격을 주어 유능한 관리를 뽑아 쓰기 위한 제도적 장치로 다음과 같은 몇 가지 특성을 지니고 있다.

첫째, 과거는 전제 왕권 확립을 위한 수단으로 운영된 제도이다. 즉, 군현제라는 정치체제에서 왕이 모든 지역을 직접 다스릴 수는 없었다. 특히 지방에 관료를 파견하여 직접 통치하는 중앙집권적 통치방식을 취해야 했다. 이 때문에 관료들이 필요하였다. 과거는 바로 국왕이 이러한 관료들을 선발하는 국가시험 제도였다.

둘째, 과거제도는 능력주의에 바탕을 둔 개방적 선발 방법이다. 관료나 관리를 선발하는 데는 두 가지 큰 기준이 있다. 혈통과 능력이 그것이다. 혈통주의는 기득권층의 특권을 보장해 주는 폐쇄적 관리 선발 방법이었다면, 능력주의는 능력 있는 신료를 확보하는 개방적 관리 선발 방법이었다. 신분사회에서의 음서제나 과전제 등을 개혁하고, 능력 있는 새로운 관료들을 선발함으로써 국가의 발전을 꾀하였다.

셋째, 과거제도는 문치주의(文治主義)와 관련이 깊다. 즉, 문신이 국가의 정치를 주도하는 문치주의를 기초로 형성되었다. 특히 문과, 무과, 잡과 중 문과가 가장 중시되었다. 그러므로 문과에는 예비시험인 생원·진사시가 특별히 있었고, 이른바 관학인 성균관, 향교, 사학은 이 문과를 준비하기 위한 교육기관이었다.

넷째, 과거제도는 신분사회의 제약을 반영하고 있었다. 노비나 천인은 과거에 응시할 수 없었다. 서자도 마찬가지였다. 일반 백성들은 과거에 응시할 수 있었으나 실제적인 경제적 여건이나 교육환경 등의 제약 때문에 오랜 동안 걸리는 과거 시험 준비에 불리하였다. 그러므로 사실 양반을 끊임없이 재생산하는 계급 질서 유지의 수단으로 기능하였다.

교육은 앞에서 본질을 논의할 때 언급한 것처럼, 본질적 가치와 수단적 기능, 교육 목적의 내재설과 외재설이 늘 복합적으로 존재한다. 교육은 그 자체가 목적이기도 하지만 수단이기도 하다. 과거제의 경우, 수단적 가치로서 인재 선발이라는 목표를 지향한다. 이것은 유학 자체의 이상이자 목적인 성인 군자의 양성에 비해 수단적 가치에 치중해 있다. 그러나 유학은 치자(治者; 관료)가 바로 군자라는 인간상을 전제로 성립하는 학문이다. 따라서 교육의 목적과 수단은 명확하게 분리될 수 없다.

총체적으로 볼 때, 과거제도는 다음과 같은 교육양식을 지향했다고 판단된다.

첫째, 국가의 교육은 기본적으로 '과거'를 통해 인재를 양성하기 위한 수단적 · 외재적 가치에 무게 중심을 두고 설정되었다.

둘째, 과거의 종류에 따라 과목을 규정함으로써 교육의 내용을 제한하여 전공 영역의 발달을 지향했다.

셋째, 한계는 있지만 형식적으로라도 응시자격을 개방하고 능력에 따라 인재를 선발할 수 있도록 했다.

넷째, 과거제도 자체가 유학을 중심으로 설정되어 한국교육의 형식적 · 제도적 발전이 유학교육에 치중하고 있다.

과거로 인재를 선발하는 제도를 개인적 차원과 사회적 차원으로 나누어 보면 다음과 같이 이해할 수도 있다(김경용, 2003: 310). 개인적으로는 공개경쟁을 통해 입신양명하는 통로이다. 사회적으로는 사회에 본보기를 제시하고 사회의 각 부문과 영역에서 이 본보기를 따르도록 하는 작업이기도 했다. 즉, 유교 경전에 파묻혀 있는 관념적 이상형이 아닌 실존하는 모범적 인간형을 선보이고 이에 따르도록 하는 사회교육적 성격을 지녔던 것이다.

3. 교육법규의 시행

조선시대는 교육기관이 발달하면서 다양한 교육법규가 나타났다. 조선조 통치의 기본 법전인 『경국대전』 「예전(禮典)」에는 여러 부류의 과거시험 규정을 비롯하여 교육과 관련한 다양한 규정을 마련하고 있다. 또한 최고 교육기관인 성균관에서는 「학령(學令)」을 마련하여 학생들의 일과, 성적, 벌칙 등을 규정하였다. 이외에 대부분의 교육기관은 「학령」을 기준으로 각 교육 기관의 규모와 상황에 맞게 응용한 것으로 보인다. 「학령」은 다음과 같이 규정하고 있다.

매월 초하루 날에 유생들은 관대를 갖추고 문묘의 뜰에 나아가 알성하여 사배례(四拜禮)를 행한다.

매일 공부할 때, 학관(學官)이 명륜당에 가지런히 앉으면 유생이 읍례 행하기를 청한다. 북을 한 번 울리면 유생들이 차례로 뜰에 들어와서 읍례를 행하고, 마치면 각각 재[기숙사]의 앞으로 나아가서 서로 마주보고 읍하고 재로 들어간다.

다음에는 유생이 학관 앞에 나아가서 읽은 책 가운데 추첨하여 강독을 시험하는 일강

경국대전

(日講) 행하기를 청하고, 상재·하재에서 각각 1인씩을 뽑아 읽은 글을 강한다. 통(通)한 자는 세초(歲初)에 획수를 통틀어 고찰하고 과거를 보는 식년에 강서(講書)한 획수를 합계하며, 통하지 못한 자는 벌을 주어 초달(楚撻)한다.

북을 두 번 울리면 유생들은 읽은 책을 가지고 각각 사장(師長)에게 간다. 먼저 이전에 배운 내용 중 어렵고 의심스러운 것을 묻고 토론하며 분변한 뒤에 새로운 내용을 배운다. 많이 배우기만을 힘쓰지 말고 정밀하게 연구하는 것이 중요하며, 혹시라도 책을 대함에 흐리멍텅하거나 꾸벅꾸벅 졸아서 가르침을 받는 데 유의하지 않는 자는 벌한다.

유생들의 독서는 먼저 의리(義理)를 밝히고 만변(萬變)에 통달해야 한다. 모름지기 장구(章句)에 빠져들어 글 자체에 갇혀서는 안 된다. 항상 사서(四書), 오경(五經) 및 제사(諸史) 등의 글을 읽으며, 노자(老子), 장자(莊子), 불경과 같은 잡류(雜類)와 백가자집(百家子集) 등의 책을 끼고 다녀서는 안 되며, 어기는 자는 벌한다.

매월 실시하는 제술(製述)은 초순에는 의의(疑義) 또는 논(論)으로 하고, 중순에는 부(賦)·표(表), 또는 송(頌)·명(銘)·잠(箴)으로 하며, 하순에는 대책(對策) 또는 기(記)로 한다. 그 체제는 모름지기 간결하고 엄격하며, 정밀하고 절실하게 말을 전달하는 것을 요할 뿐이요, 험벽하고 기괴함을 일삼지 말아야 한다. 만일 당시의 문체를 변경하고 부미(浮靡)한 것을 주창하여 인도한 자는 퇴출하고 글씨를 쓴 것이 바르지 못하면 또 벌한다.

유생들이 **강경(講經)·구두(句讀)**가 자세하고 분명하며, 의론이 정통하고 활달하여 한 책의 강령과 뜻을 모두 포괄하여 종횡으로 여러 책을 넘나들면서 융회 관통하여 완전하다는 경지에 이르면 '**대통(大通)**'이라 한다. 비록 완전히 다하는 경지에 이르지 못하였어도 구두가 자세하고 밝으며, 의논이 정통하고 활달하여 한 책의 강령과 의미를 모두 포괄하여 융회 관통한 것을 '**통(通)**'이라고 한다. 비록 융회 관통함에 이르지는 못하였더라도 구두가 자세하고 밝으며, 해석한 뜻이 정통하고 활달하여 위와 연결되고 아래와 접하여 능히 한 장의 큰 뜻을 얻는 것은 '**약통(略通)**'이라 한다. 구두가 자세하고 명백하며 해석한 뜻을 분명히 깨달아서 한 장의 큰 뜻을 얻었지만 의논이 다하지 못함이 있으면 '**조통(粗通)**'이라 한다. 이것 이하는 벌한다.

유생들이 성현을 논하는 것을 숭상하지 아니하고 또는 형이상학적인 이야기를 좋아하여 이전의 현인들을 헐뜯고 조정의 정사를 비방하며 또는 재물이나 이익, 뇌물을 상의하고 주색(酒色)을 이야기하며 또는 때에 따르고 세(勢)에 아부하여 벼슬에 나아가기를 꾀하는 자는 벌한다.

유생들이 죄를 지어서 오륜을 범하거나 또는 예절을 잃어 행실이 어그러져 몸과 명예를 더럽힌 자가 있으면 유생들이 통지하고 의논하여 북을 울리며 성토하고, 심한 자는 종신토록 태학에 함께 참여하지 못하게 한다.

유생들이 간혹 재주를 믿고 스스로 교만하거나, 권세를 믿고 스스로 귀하다고 하거나, 부를 믿고 스스로 자랑하면서 젊은이가 어른을 능멸하고 아랫사람이 윗사람을 능멸한 자와 또는 호걸스럽고 사치스런 것을 숭상하여 복식이 남들과 어긋나거나 또는 교묘한 말과 어여쁜 얼굴색으로 사람들을 기쁘게 하려고 힘쓰는 자는 내치되, 힘써 배우고 행실을 고치면 바로 중지한다.

유생들 가운데 나그네처럼 들락날락하며 국고만 허비하면서 수업도 아니하고 제술도 아니하며 글읽기를 좋아하지 않는 자와 길을 가면서 말을 타고 다닌 자는 아울러 엄금하여 위반한 자를 벌한다.

매월 초 8일과 23일은 유생들이 의복 세탁을 청하여 알리면 허락한다. 그날은 모름지기 예전에 배운 것을 익히고 활쏘기와 바둑·장기·사냥·낚시 등 여러 가지 놀이는 못하게 하며, 어기는 자는 벌한다.

유생들은 길에서 사장(師長)을 만나면 몸을 보이고 길의 왼쪽에 서서 예를 갖춘다. 사장(師長)이 말을 타고 지나가는 데 유생들이 몸을 숨기거나 얼굴을 가리고 예를 행하기 꺼려하는 자는 벌한다.

매일 날이 밝기 전에 북이 한 번 울리면 유생은 자리에서 일어나고, 밝아질 무렵 북이 두 번 울리면 의관을 정제하고 단정히 앉아서 글을 읽는다. 북이 세 번 울리면 차례로 식당에 나아가서 동쪽, 서쪽으로 마주 향하여 앉아서 식사를 한 후 차례로 나온다. 차례를 지키지 않거나 떠드는 자는 벌한다.

유생으로 조행(操行)이 뛰어나고 재예(才藝)가 출중하며 시무에 통달한 자가 있으면 한두 사람을 매년 세초에 유생과 같이 의논하여 천거해서 학관에게 알리고 뽑아 쓰게 한

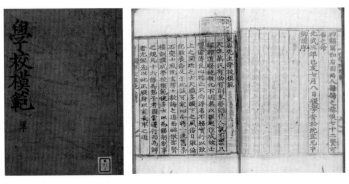
학교모범

다(『增補文獻備考』「學校考」).

이 외에도 다음과 같은 교육 관련 법규가 유명하다. 소학(小學)을 교육의 기초로 하여 생원시 등에 소학을 시험과목으로 부과하자는 규칙으로, 권근이 주장한 「권학사목(勸學事目)」이 있고, 사학 교사를 관학에 채용하는 것과 아동을 강제로 관학에 옮기는 일이 없도록 규정한 법규인 「향학사목(鄕學事目)」이 있다. 또 과목에 대한 진급과 학습할 과목의 순서를 정해 놓은 것으로 학과를 9개로 편성한 「구재학규(九齋學規)」도 있고, 신입생, 결석생, 서루, 학과, 자격 등에 관한 규칙인 「학교절목(學校節目)」, 학업이나 출결 상황 등 성적을 점수로 평가하는 「제강절목(制講節目)」과 「원점절목(圓點節目)」이 있다. 서울 이외의 학교에서 교사의 채용, 교과목 입학, 성적고사, 상벌 등에 관한 학규인 「경외학교절목(京外學校節目)」도 있다. 특히 율곡 이이가 제시한 것으로는 교사와 학생에 관한 인사문제를 규정한 「학교사목」과 학생 수양에 관한 상세하고 구체적인 훈규인 「학교모범(學校模範)」도 있다.

4. 조선 초 · 중기 교육사상가의 활약

1) 성리학의 교육적 특징

주자

성리학은 11~12세기 중국에서 발달한 유학으로, 소강절(邵康節, 1011~1077), 주렴계(周濂溪, 1017~1073), 장횡거(張橫渠, 1020~1077), 정명도(程明道, 1032~1085), 정이천(程伊川, 1033~1107) 등 이른바 북송오자(北宋五子)의 사상을 주자(朱子, 1130~1200)가 종합적으로 집대성한 학문 체계이다. 공자와 맹자의 사상을 원시유학(原始儒學, Confucianism)이라고 한다면, 주자학은 신유학(新儒學, neo-confucianism)이라고도 한다. 원시유학이든 신유학이든 관계없이 유학의 목표는 간단히 표현하여 수기치인(修己治人)이다. 즉, 수신제가치국평천하(修身齊家治國平天下)를 실현하기 위한 교육적 장치이다.

먼저 자기 몸을 닦고 타인을 다스린다는 과정으로 볼 때, 교육은 수기인 동시에 치인이다. 이 중에서도 수기가 본질을 차지한다. 그러기에 유학을 한마디로 요약할 때 '위기지학(爲己之學)'이라고 한다. '자기를 위하는 학문'이다. 이는 다른 사람에게 보이기 위한 가식적이고 허례허식적인 학문이 아니라 자신의 진실한 삶을 위하여 내면적 주체의식을 기르는 참된 공부를 말한다. 그렇다고 유학은 자신만을 수양하는 작업에 그친 것이 아니다. 그것은 철저하게 타자에게로 다가가기 위한 인간의 자기 구제 장치였다. 타자에게 다가갈 때, 즉 타인에 대한 이해와 관심, 배려의 차원으로 승화할 때 수기와 치인은 자연스럽게 연결된다. 여기서 유학은 위기지학에 터하여 자기를 완성하는 동시에 타자도 완성하는 '성기성물(成己成物)'이나 안으로는 성스러운 사람이고 밖으로는 훌륭한 왕과 같은 '내성외왕(內聖外王)'의 단계로 나아가 학문적 완성을 꾀한다.

특히 유학은 인간의 '본성이 착하다'는 맹자(孟子)의 가정 아래, 착한 마음을 가다듬어 타고난 그대로 유지하려는 존심양성(存心養性)을 중시하였다. 이것이 수기의 기본 바탕이기 때문이다. 그리고 이 수기를 근본으로 하여 세상의 이치와 우주의 근본 원리, 하늘과 인간의 관계 등을 깨우치기 위하여 배우고 생각하는 궁리(窮理)에 열중했다. 요약하면, 유학은 존양(存養)과 궁리(窮理), 두 가지 목표를 지니고 있었다. 이 목표는 결국 성현(聖賢)을 본받아 힘쓰는 작업이었다. 그러므로 성리학은 성현을 본받아 배우고 수양하는 체계적 학문으로 이해할 수 있다. 성인(聖人)은 인간 본래의 성품을 다하는 사람이요, 자기를 완전히 실현하는 사람이다. 유학의 교육이념은 바로 이를 실현하는 기준이었다.

유학이 우리나라에 들어오면서부터 교육의 목적에는 두 가지 유형이 나타나기 시작했다. 하나는 성인·군자(聖人·君子)를 목표로 하는 '이상주의적 도덕파(理想主義的 道德派)'라고 할 수 있고, 다른 하나는 경학(經學)을 배워서 과거에 응시하여 관리로 등용되는 것을 유일의 목표로 삼는 '현실주의적 관료파(現實主義的 官僚派)'라고 하겠다. 조선조는 이와 같은 두 갈래의 교육목적에 대해 처음에는 교육의 현실과 이상을 조화시키려고 노력했다. 그러나 조선 중기 이후부터는 관료파의 과거교육이 지나칠 정도로 성행하여 자체 반성이 일어나기도 했다.

수기치인이라는 측면에서 볼 때, 유학은 자신을 수양하는 교육의 과정을 최우선에 놓을 수밖에 없다. 유학의 주요 경전인 『소학』과 『대학』의 관계를 보아도 그렇고, 유학의 이론 체계나 교학 방법을 보아도 교육은 가장 중요한 것이었다. 따라서 유학은 숙명적으로 교육학이 될 수밖에 없으며, 모든 유학 사상은 궁극적으로는 교육철학이고, 또 모든 유학자는 교육학자였다(정순목, 1992).

2) 정도전의 교육입국

정도전

정도전(鄭道傳, 1342~1398)은 고려의 불교를 누르고 조선 성리학을 부각시킨 결정적 인물이다. 즉,『불씨잡변』을 통해 고려말 척불론(斥佛論)의 집대성을 이루었다. 정도전의 사상은 기본적으로 인간의 삶을 바람직한 방향으로 바꾸어 내기 위한 실천적 관심이 중심 또는 근저에 놓이는 형태로 형성되어 있다(유초하, 1993: 87). 이는 참된 유학자의 탄생을 고대한다. 진정한 유학자 [眞儒]에 의한 사(士)·관(官) 일치 사상이 뒷받침되기 위해서는 사의 양성과 사의 엄정한 선발이 문제되지 않을 수 없다. 인간은 태어나면서 사가 되는 것이 아니고, 후천적 수양과 교화에 의해 진유의 인격이 형성되기 때문이다. 여기서 교육과 입관(入官) 제도의 확립이 요청되는 것이다. 이처럼 교육과 관직에 나아가는 일이 유기적으로 연결되어야 한다는 생각이 정도전의 기본 철학이었다(한영우, 1997: 125).

정도전은 주대(周代)의 교육 및 관료 선발제도를 가장 훌륭한 것으로 인식했다. 능력과 자질이 뛰어난 자를 사(士)로 선발하여 수준 높은 리더십 교육을 받은 다음 관리로 나가게 했던 것이다. 관리를 양성하는 고등교육을 위해서는 학교가 설치되어야 한다. 정도전의 교육에 대한 생각을 다시 강조하면 다음과 같다. "학교는 교화의 근본이다. 인륜을 밝히고 인재를 양성해야 한다. …… 뿐만 아니라 정치를 잘하고 못하는 것도 학교의 교육이 잘 이루어지느냐 아니냐에 달려 있다"(『三峰集』). 정도전은 교육에서 주대와 마찬가지로 서민 이상의 신분을 지닌 사람에게는 누구나 교육 참여의 기회를 넓히고 인재 양성을 위한 학

삼봉집

교라는 제도의 확립을 강력히 희망하였다. 따라서 정도전은 수령의 임무 중에서 학교의 진흥을 중요한 임무의 하나로 설정하였다(『經濟文鑑』). 이는 교육과 관리 선발, 즉 인재 양성과 인재 등용이 유기적으로 연관되는 작업으로서 조선 건국과 더불어 교육의 중요성을 설파한 것으로 이해된다. 이른바 '교육입국(敎育立國)'의 선포나 다름없다.

역사적으로 볼 때, 교육은 문자 지식의 보급과 더불어 급속히 확산되었다. 조선 건국을 주도했던 정도전도 이를 정확히 간파했다. 그러기에 학업에 뜻을 둔 사람은 누구나 독서하고 자습할 수 있도록 활자의 주조와 서책의 출간을 강조하였다(한영우, 1997: 128).

> 사(士)가 된 사람은 비록 향학심이 있어도 책을 구할 수가 없으니 이를 어찌할 것인가. 우리나라는 서적이 귀하여 학자들이 모두 독서가 넓지 못한 것을 한탄해 왔다. 나도 또한 이를 오래 전부터 걱정하여 왔다. 그래서 서적포를 설치하고 활자를 주조하여 경사자집 (經史子集)에서 의학(醫學)이나 병률(兵律)에 이르기까지 출간하지 않는 것이 없게 하여 학문에 뜻을 둔 사람은 누구든지 독서할 수 있게 함으로써 만세지탄(晚歲之歎)을 면해 보고 싶은 생각이 간절하였다(『三峰集』).

서적의 보급은 교육을 진흥할 수 있는 중요한 수단이다. 정도전은 국가의 건설 과정에서 국가의 기반이 될 인재 양성을 위한 다양한 방안으로 스스로 공부할 수 있는 서적의 발간과 보급을 고민하였다. 이는 이후 조선 사회의 서적 발간의 기초가 되고 교육을 진흥하는 데 결정적으로 기여하였다.

3) 권근의 입학도설

권근(權近, 1352~1409)은 조선 유학의 터전을 닦았고, 학문 연구, 특히 성리학의 신기원을 열어 놓은 선구적인 학자이다. 그의 유학은 오경(五經)과 사서

권근

(四書)를 나란히 중시하여 유학 일반을 골고루 연구할 수 있는 원통박대(圓通博大)한 터전을 열어 놓았다. 또한 학문 취향은 분석과 종합을 겸하여 정심(精深)하면서도 웅혼(雄渾)한 설계를 꾀하였다. 특히 선현들의 기성학설에 구애받지 않고 스스로 깨달아 얻음을 귀히 여겨 창조적이고 발전적인 학풍을 세웠다. 권근은 무엇보다 순수 성리학의 연구라는 관점에서 볼 때 여말선초를 대표한다. 이는 정도전이 정치와 관련된 시각에서 성리학을 연구함으로써 성리학의 관학화에 힘을 기울인 것과는 좋은 대조를 이룬다(김충렬, 1987; 금장태, 1994).

권근은 "인재는 국가의 생명을 좌지우지하는 것이다. 성현의 가르침은 인재를 양성하는 가장 중요한 기준이다"라고 하였다. 이는 국가의 번영이 인재의 양성에 있으며, 성현의 가르침인 교육을 하루도 중단할 수 없음을 암시한다. 이때의 교육은 물론 유학, 성리학에 기초한 것이다. 유학을 전제로 하는 교육은 인간의 행동규범을 밝히는 데 목적이 있다. 특히 권근은 가깝고 작은 것을 먼저하고 멀고 큰 것을 나중에 하여 어린 시절에는 청소나 응대에 익숙하게 하고, 어른이 되어서는 예의나 염치에 힘쓰며, 몸ㆍ마음ㆍ일ㆍ물건ㆍ인사에 당하여 자신의 임무를 다할 수 있도록 하는 데 교육의 요지를 두었다. 이는 성리학이 제시하는 교육의 대강(大綱)을 잘 정리한 사유의 표본이다. 권근의 교육적 주장은 이러하다.

성현의 가르침에는 차례가 있다. 먼저 가깝고 작은 것을 전하고 뒤에 멀고 큰 것에 미친다. 어릴 때는 일상생활에서 청소나 응대를 잘하는 것을 익히고 어른이 되면서 예의나 염치에 힘쓰고, 안으로는 부모 형제를 섬기고 밖으로는 사회의 어른을 섬긴다. 올바로 정리된 훌륭한 글을 익히고 몸과 마음, 일과 물건을 제대로 경험하여 부모와 자식, 임금과 신하, 부부, 아이와 어른 등 저마다 맡은 임무를 다하지 않을 때, 인륜을 제대로 가르치고 풍속을 아름답게 할 수 있도록 성인의 가르침을 훈육해야 한다(『陽村集』).

이런 자신의 생각을 실천하기 위해 권근은 '인륜 (人倫)'에 대해서 기술한 저작인 『소학(小學)』을 높이 평가하고, 학문하려는 사람이 제일 먼저 읽어야 한다고 강조했다. 뿐만 아니라 정치를 할 때 민중 교화가 가장 중요하다는 사실을 깨닫고 인재를 배양하는 학교를 세우는 일의 중요성을 새삼 강조하였다. 학교 설립의 목적은 당연히 인륜을 밝히는 데 있다. 그러기에 정치가는 중앙에서 지방에 이르기까지 인륜을 두텁게 하고, 풍속을 아름답게 이루기 위해 학교를 세워야 한다고 주장했다(한기언, 1973: 209-220).

입학도설

특히 그의 『입학도설(入學圖說)』은 『논어』와 『맹자』에 대해서는 짤막한 대지(大旨)만을 밝히고, 『중용』과 『대학』에 관해 주로 탐구하고 있다. 여기서 주장한 성(誠)과 경(敬)은 이후 조선 유학에서 수양론의 핵심이 되었을 뿐 아니라 사람됨의 표준으로 여겨졌다. 이는 유학 교육의 기본 내용을 일러 준 주요한 공헌이었다. 또한 도식과 그림으로 유학교육을 알기 쉽게 풀이한 점은 교육방법, 교수방법상 수작으로 평가된다. 40종에 이르는 도표는 요점을 요약 제시하고, 내용을 분석하고, 부류별로 명시하고, 체계를 정연히 하고, 복잡한 것을 간명하게 만들고, 상상을 실제화하고, 형상을 실물로 드러냈으며, 수량을 직감적으로 파악할 수 있게 하였다.

이러한 『입학도설』의 교육적 사유는 이후에 전개되는 유학교육의 기초가 되고 인간의 심성과 수양에 대한 연구를 활발하게 하는 계기가 되었다고 판단한다. 더구나 유학의 교육철학을 체계적인 도설로 정리했다는 점에서 조선 교육사상의 선구로 자리매김된다.

4) 조광조의 도학 교육

조광조

조광조(趙光祖, 1482~1519)는 한국 도학(道學) 사상의 태두로서 정몽주 이래 조선 성리학에서 주요한 위치를 차지한다. 성리학이 천리(天理)·인성(人性)·의리(義理) 등을 이론적으로 추구하는 주지주의(主知主義) 색채가 짙은 데 비하여, 도학(道學)은 그 원리의 실현에 주력하는 실천주의(實踐主義) 색채가 짙다. 따라서 같은 지식 추구를 할지라도 성리학이라고 표현할 때는 비교적 객관지(客觀知)의 추구정신이 두드러지는 데 비해, 도학이라고 명명할 때는 행위를 위한 주체적 실천지(實踐知), 즉 의리(義理)를 추구하는 정신이 강조된다. 그리고 같은 실천궁행(實踐躬行)이라 하더라도 도학의 경우가 성리학이라고 할 때보다 철저한 수기치인(修己治人)을 꾀한다. 한마디로 말하면, 의리(義理)와 대의(大義)의 실현에 의해 유학 전래의 도통을 발전시키려는 '성리학적 실천유학'이 도학이다.

조광조는 『소학(小學)』을 인재를 기르는 근본으로 보았고, 이 정신을 바탕으로 중국 고대의 정치이상을 재현해 보려고 했다(최완기, 1991). 이에 도덕 수행론이 필연적으로 동반한다. 인간 존재를 인의예지(仁義禮智)라 규정했을 때, 그것은 생의 정신과 자연적 실현을 의미하기보다 자연에 대한 형이상학적 사색을 기반으로 인간이 지향해야 할 이념이다. 그러므로 인간은 마땅히 그것의 실현을 위해 노력해야만 한다. 게다가 현실적으로는 오히려 정념이나 욕망이 강하고도 위험스럽게 발동하는 까닭에 수행은 치밀하지 않으면 안 된다. 이것이 인간의 교육 행위이다.

조광조의 수행론은 매우 '심학(心學)'적이다. 그는 우리가 일상생활에서 지켜야 할 행위 규범을 논하기보다는 '행위 이전에 우리의 심성을 어떻게 잘 다스려야 하는가'의 문제를 매우 중요시한다. 왜냐하면 인간 존재를 인(仁)으로

규정하고 인간됨을 무너뜨리는 요인을 정념이나 욕
망에 두었을 때, 이 모두는 '일심내재(一心內在)'의 사
항에 속하는 것이기 때문이다. 이렇게 하여 그의 수
행론은 마음의 행로를 열어 주는 것을 기본으로 한
다(김기현, 1990). 교육 또한 일상생활의 자연스런 운
영을 위해 닫힌 마음을 여는 행위라고 볼 때, 소학 공
부를 기본 실천력으로 삼아 행한 그의 교화는 매우
의의 있는 교육적 행위였다.

정암집

    조광조는 이상적 정치론으로 지치(至治)의 신념을
내비쳤다. 지치는 국가의 기강과 정치의 근본 원리를 천인합일(天人合一), 즉
자연[하늘]과 인간의 이치를 하나로 통일하는 사유를 이어 임금과 백성의 도
리를 하나로 통일하는 작업이다. 그것은 임금의 마음을 바로잡는 데서 출발
한다. 다시 말하면, 임금이 자신의 마음을 밝힘으로써 군자와 소인을 분별해
야 한다. 공정한 의리를 추구하는 군자와 사사로운 이익을 추구하는 소인을
분별하여 군자를 존중하고 소인을 물리쳐야 백성을 위한 정치를 베풀 수 있
다는 주장이다(금장태, 1994: 38-39). 따라서 조광조 교육사상의 정점에는 이
러한 **지치주의**(至治主義)가 자리한다. 교육은 임금의 마음을 바로잡아 백성을
올바르게 다스리는 데 무게 중심이 있다. 동시에 임금을 보좌하여 나라를 다
스리는 관료들의 리더십을 기르는 일이다. 그것이 바로 도학을 실천하는 교
육을 담보한다.

    조광조는 교육의 목적을 성인의 도를 배워 나라를 다스릴 인재 양성으로
보고, 다음과 같이 강조하였다.

> 학문은 단순히 자구(字句)나 문장(文章)만이 아니라 사물의 이치를 알고 마땅하게 처
> 리할 줄 아는 것이다. 조정에 있으면 임금을 바르게 하고 지방에 있으면 교화를 베풀어
> 가는 곳마다 학문으로 하지 않는 것이 없어야 한다. …… 학자가 뜻을 세울 때는 스스로

성인이 될 것을 기약하는 일이 지나친 것은 아니다. …… 학문은 시기에 맞게 힘써야 하니 기개가 쇠약해지면 진척이 없게 된다. …… 학문은 조금이라도 잡된 것이 섞여서는 안 되는 것이니 잡된 것이 섞이지 않으면 일처리가 모두 성현들의 도리에 맞게 된다. …… 학문은 고요한 가운데 이루어져야 하는데, 학문이 견고확실(堅固確實)하지 못하면서 벼슬길에 바빠서 겨를이 없으면 사물은 무궁한데 마음은 불안하여 일을 당하여 잘못하게 된다(『靜菴集』).

조광조는 이처럼 사물의 이치를 바르게 인식하고, 자신의 처지에서 직무를 제대로 수행할 것을 강조하였다. 다시 말하면, 세상의 법칙과 인간의 질서인 성인의 도를 깨우칠 수 있는 인재 양성을 희구하였던 것이다. 그리하여 뜻을 고상히 세우고, 힘써 학문을 연마하여 순수하고 확실한 인간이 될 것을 소망하였다. 이 또한 유학에 기초한 도학의 정신이자 지치주의 태도이다.

5) 이언적의 리학 교육

이언적

이언적(李彦迪, 1491~1553)은 우리나라 리(理) 철학의 선구자이다. 이언적은 리(理)를 곧 태극(太極)으로 이해하고, 체용(體用) 양면으로 나누어 보았다. 즉, 태극은 그 본체 상에서는 미묘한 것이어서 사실상 우리와는 먼 거리에 있는 것처럼 보이지만, 그 쓰임에서는 지극히 넓고 커서 언제 어디서든지 있지 아니한 곳이 없다. 그러나 그 태극이 사람에게 붙어서 날마다 쓰이면 지극히 가깝고 알찬 것이다. 이는 리의 보편성을 의미하는데, 리가 사람이라는 대상과 관련을 맺게 되면 우리의 일상적 도리가 아주 가깝고 알찬 것이 된다.

이런 관점에서 이언적은 도(道)란 어떤 고원한 무엇이 아니라 인간이 다만 일상생활에서 마땅히 지켜야 할 도리이다. 그것은 부자, 형제, 부부간에 지켜야 할 규범은 물론 우주 내 온갖 사물이 제각기 자기실현을 통해 완성되는 사물의 존재 형식까지 포함한다. 이 도를 실현하는 주체는 인간이다. 그런데 인간이 도를 행하는 주체라고 했을 때, 그 행위를 지배하는 것은 마음이다. 따라서 먼저 마음을 다스리지 않으면 안 된다. 이 수양론이 바로 교육이론이다.

회재집

이런 사유는 그의 「오잠(五箴)」「입잠(立箴)」「양심잠(養心箴)」「경신잠(敬身箴)」「자신잠(自新箴)」 등에 잘 나타나 있다(금장태, 1994). 이언적은 「오잠」에서 "하늘을 두려워하고 마음을 배양하며 몸을 공경하고 허물을 고치며 의지를 돈독히 하자"라고 스스로 다짐하였다. 또한 「입잠」에서는 "한결같이 성인을 본받아 경솔함을 고치고 나태함을 경계하며 진실함을 쌓고 지속적으로 노력하여 성인의 경지에 들어가기를 서약한다."라고 스스로 약속하였다. 이때 립(立: 자신을 확립하는 부분)은 이언적의 교육론에서 기초를 이루며, 공자의 "서른 살 무렵에 자립할 수 있어야 한다"는 '삼십이립(三十而立)'과 상통한다.

> 립(立)이란 어떤 것인가? 마음은 안정되고, 진리는 깨우쳐졌고, 마음에 충실하고, 밖으로는 바르고 방정하고 의젓하여 편협하게 기울어지지 않고, 인(仁)에 거주하고 의를 행하며 부귀에 빠지지 않고 빈천하다고 마음을 바꾸지 않으니 천하의 만물이 나를 휘어 꺾지 못한다. 이것을 립(立)이라고 한다(『晦齋集』「立箴」).

이언적은 자기확립의 방법으로 경(敬)에 집중하였다. 즉, 수신의 정신적 좌표를 경에 두었다. 그의 경의 이론적 구극처는 내 마음의 허령(虛靈)한 이치인 '마음에 있는 이치[在心之理]'로서의 인극(人極)과 대자연을 관통하는 궁극적인 씨앗인 '사물에 있는 이치[在物之理]'로서의 태극이 혼연일체가 되는 데 있다(김형효, 1985). 이것이 그를 '리(理)' 철학자로 규정하게 하는 계기이기도 하다.

요컨대, 이언적에게서 인간의 길은 일상의 도리에 불과하므로 존심(存心)의 공부도 생활 속에서 처사(處事)의 합리에 그 목적이 있다. 따라서 우리의 공부는 내면뿐만 아니라 외면에 나아가서도 행해지지 않으면 안 된다.

> 내 몸은 아주 귀중하여 만물에 비할 바가 아니니 이를 알고도 몸을 공경하지 않을 수 있겠는가. 경(敬)은 어떻게 하는가. 몸을 바르게 하는 것이다. 용모를 장엄하게 하고, 의관을 단정히 하며, 보는 것, 듣는 것, 말하는 것, 동작하는 것을 법도에 맞게 해야 한다. 출처(出處)와 진퇴(進退)엔 반드시 의리에 맞게 결행한다. 부귀나 빈천에 마음을 움직이지 않고 의연히 공정하게 처하여 오직 도(道)에만 따른다(『晦齋集』 「敬身箴」).

여기에서 경(敬)이란 우리의 행위를 보편적 리(理), 즉 도(道)에 맞추는 것을 의미한다. 그의 수양, 교육태도는 58세 때 유배지에서 지은 「자신잠(自新箴)」에서 "하늘 아래 땅 위에서 털끝만큼도 속이는 일이 없어서, 하나의 생각이 정성스럽게 되면 어떤 일에든 종사하여 직책을 다할 수 있으리라. 사사로운 욕심을 극복해서 예법에 맞게 되면 하늘을 우러르고 땅을 굽어보아 부끄러움이 없으리라."고 서약하고 있다. 이는 유학자로서의 실천적 교육태도를 잘 보여 준다.

6) 서경덕의 기학 교육

서경덕(徐敬德, 1489~1546)은 조선조 유학자 중에서도 좀 독특한 위치를 점하고 있다. 우주 만물의 궁극적 근원을 기(氣)로 보아 **기일원론(氣一元論)**의 철학을 열었다. "천지 만물이 아직 생성·변화되기 이전의 우주원형을 태허

(太虛)라 한다. 그것은 맑고 형상이 없으며, 얼마나 큰지 바깥이 없으며, 그 먼저 됨이 시작이 없다. 태허는 만유의 궁극적 실체인 기의 원형으로서 빈 것이지만, 없는 것이 아니라 오히려 전 우주 공간을 빈틈없이 꽉 채우고 있는 것이다"(『花潭集』). 따라서 태허는 비어 있으면서도 비어 있는 것이 아니며, 소리도 없고 냄새도 없어 없는 것 같지만 사실은 실재하는 것이어서 '허즉기(虛卽氣)'라고 하였다. 이와 같은 기(氣)는 소멸하지 않는다. 서경덕은 그것을 다음과 같이 설명한다.

서경덕

나는 죽음 · 삶 · 영혼이란 기의 뭉침과 흩어짐일 뿐이라고 생각한다. 모이고 흩어짐은 있어도, 있고 없음은 없다. 그것은 기의 본질이 그런 것이다. 기의 담일청허(湛一淸虛)한 것은 더 이상의 바깥이 없는 허공을 꽉 채우고 있다. 그러다가 크게 뭉친 것은 천지가 되고 작게 뭉친 것은 만물이 된다. 그래서 뭉쳤다 흩어졌다 하는 것은 크거나 작은 차별이 있기 때문이다. 한 포기의 풀, 한 그루의 나무 같은 미미한 것일지라도 그 기는 마침내 흩어지지 아니하거늘, 하물며 그 흩어짐을 보면 모두 없어짐에 돌아가는 것 같다. 이 경지는 모두 생각해 낼 수 없는 일이다(『花潭集』).

이 세계는 단지 기(氣)가 모였다 흩어지는 것에 불과하다. 기가 모이면 태어남이요 흩어지면 그것이 죽음이다. 따라서 생사는 하나이면서 둘이요 둘이면서 하나이다. 이와 같이 화담은 "기의 작용은 천차만별의 차이가 있을지라도 그 기는 영원불멸한다"고 하여 기의 항존성을 주장하였다(황의동, 1992). 이러한 철학에 바탕을 둔 서경덕은 교육목적을 격물(格物)과 궁리(窮理)를 실천하는 데 두었다(이만규, 1947). 그는 사색의

화담집

생활화를 통하여 이를 달성하려고 했다. 화담에게는 자연 세계가 학문의 대상이며, 이 자연은 사색을 통하여 연구 달성되어야 하는 그 무엇이었다. 이런 태도는 과거(科擧) 등을 목적으로 하는 경전과 강독 및 문장 기송(記誦)의 술(術)만을 내세우는 교육을 반대하는 관점이다. 서경덕이 학문을 인식하는 태도는 다음과 같다.

> 18세에 『대학』을 읽다가 "앎에 이르는 것은 사물의 이치를 캐물어 들어가는 데 있다[致知在格物]"라는 구절에 이르렀다. 이 말을 보고 "학문을 하는 데 사물의 이치를 연구하는 것을 먼저 하지 않으면 책을 읽은들 무슨 소용이 있겠는가?"라고 탄식하였다(『花潭集』).

서경덕에 의하면 교육은 오로지 궁리와 격물을 핵심으로 전개하는 작업이다. 그러기에 서경덕은 교육방법으로 자학자득(自學自得)을 중시하고 의심을 일으키고 의심을 깨뜨리는 것을 학문의 방법으로 삼았다(손인수, 1991). 따라서 만물을 하나씩 연구하여 한 사물에 대한 의문이 밝혀진 뒤에야 다른 사물을 연구하였다. 이런 교육적 사고는 다음과 같은 그의 언급에서 확인된다.

> 의리가 문자상에 드러나는 것은 옛 사람들도 핵심으로 여기지는 않았다. 중요한 것은 깨닫는 데 있다. …… 천지만물의 이름을 모두 벽에 붙이고 날마다 궁리하면서 공부하되, 하나의 사물을 제대로 통한 다음에 또 하나의 사물을 연구하였다(『花潭集』).

요컨대, 서경덕은 격물(格物)과 궁리(窮理)의 실천에 교육의 목적을 두고, 스스로 배우고 깨닫는 방법을 중시하였다. 동시에 의심나는 것에 대해서는 하나씩 연구하여 의문을 밝히는 점차적이고 자연스런 방식을 채용하였다.

7) 조식의 경의 교육

조식(曺植, 1501~1570)은 평생을 정치 일선에 나가지 않았다. 그러나 산림처사(山林處士)로서 국가의 치란 (治亂)을 걱정하지 않은 적이 없었다. 조식은 "고상한 선비로서 벼슬에 나가지 않았다고 해서 세상일을 남의 일처럼 방관해서는 안 된다. 학자는 세상일에 통하지 않으면 안 된다. 세상의 일이란 한 집안의 일과 같다. 내가 하지 않으면 누군가 하겠지 하고 세상일을 내버 려 두면 결국 자기 자신을 그르치게 된다. 어려운 것은 세상 속에 살면서 세 상일에 어떻게 응변하느냐이다"(『南冥集』)라고 하였다.

조식

이런 태도는 실천적 지성인으로서 학문 이외에 사회에 져야 할 책임도 있 음을 보여 준다. 이의 기초로 조식은 "내 집에 경(敬)과 의(義)라는 두 글자가 있음은 하늘에 해와 달이 있는 것과 같다. 이 이치는 만고에 걸쳐 변하지 않 을 것이며, 성현의 천언만어도 그 귀착되는 요결은 경(敬)과 의(義)의 뜻에서 벗어나지 않는다"(『南冥集』)고 하였다. 따라서 한결같은 마음으로 수양하여 조금도 게을리하는 일이 없었다. 이것이 조식의 경(敬)과 의(義)를 중심으로 몸을 돌아보고 실천하는 반궁실천(反躬實踐)의 행동철학이다(최해갑, 1995).

여기서 조식의 교육목적이 경(敬)과 의(義) 두 글자에 집중되어 있음을 알 수 있다. 즉, '지경거의(持敬居義)'는 그의 생활신조이자 교육이념이기도 한 것 이다. 이와 같은 그의 교육목적은 제자들을 가르치며 훈계하는 대목에서 구 체적으로 드러난다.

지금의 학자들은 가까운 것은 버리고 높고 먼 곳만을 향하고 있다. 학문을 하는 일은 부모를 섬기고 형을 공경하며 어른을 받들고 어린아이를 사랑하는 데 있다. 이런 노력은 하지 않고 당장 필요하지도 않은 천성(天性)과 천명(天命) 등 심오한 것들만 궁리하고 있다. 이는 사람의 삶에서 중요한 일은 하지 않고 하늘의 이치만을 구하는 것이니 실제로 마음에 얻는 것은 없다. 그러니 철저하게 경계하여야 한다(『南冥集』).

남명집

조식은 교육의 중심을 인간의 삶을 아름답게 살아갈 수 있는 인간의 사업인 인사(人事)에 두었다. 천리(天理)를 인식하고 통하는 작업은 나중의 문제이다. 인사를 배우지 않고 천리를 말하며, 스스로 도를 닦지 않고 지식만을 넓히려 하는 일은 문자만을 일삼는 학문일 뿐이다. 조식은 현실적인 삶을 실천할 수 없는 형이상학적 처세를 경계했다. 이는 하학이상달(下學而上達), 즉 구체적이고 낮은 것, 가까운 사실로부터 출발하는 것을 기초로 삼고 높은 진리에 도달하는 사안은 다음 문제로 제기한 것과 마찬가지이다. 당시 시대 상황은 과거에 얽매어 문장의 장구나 외우는 성향이 짙었다. 조식은 그와 달리 실사(實事)적인 경세치용에 교육의 목적을 두었다.

이처럼 조식은 일상생활에서 늘 삼가는 실천적 태도를 지향했다. 사악함을 멀리하여 성(誠)을 보존하는 마음가짐으로, 안으로 경(敬)에 힘쓰고 밖으로 의(義)에 의한 행동을 실천했던 것이다. 그러니 경(敬)과 의(義) 두 글자를 최후의 유언으로 남길 정도였다. 그는 경과 의를 한몸에 집약하는 자아를 형성하기에 이르러 그것을 평생의 학문과 수양, 교육의 기본 철학으로 삼았다. 이를 실천할 교육방법으로 자해자득(自解自得), 성경(誠敬), 박문약례(博文約禮), 윤상(倫常) 실천, 개성과 자질을 신장시키는 데 두었다(손인수, 1991).

나는 제자들에게 성현의 저술에 대해 각성할 기회를 준다. 눈만 뜨면 스스로 하늘과 땅과 해와 달을 볼 수 있기 때문에 학생들을 위하여 경서를 다시 이야기하고 설명할 필요는 없다. …… 그리고 학생들의 자질에 기초하여 가르친다. …… 질문에 대해서는 의미를 해부하고 완전히 이해하여 스스로 표현할 수 있도록 한다(『南冥集』).

조식은 평생을 벼슬에 나아가지 않았으면서도 제자 교육에는 이처럼 철저하였다. 일상 삶의 구체적 실천을 통해 성인의 경지를 염원하였다. 이 과정에서 학생들이 스스로 해명하고 깨달을 수 있는 분위기를 조성하였고, 개인의 자질을 존중하는 개성교육을 실시하였으며, 의혹을 해명하는 데 심혈을 기울였다.

8) 이황의 경 교육

이황(李滉, 호는 退溪; 1501~1570)은 우리에게 너무나 익숙한 영남학파의 거두이다. 이황에 의하면, 선한 본성을 실현시키는 조건이 곧 경(敬)이다. 즉, 본성의 실현을 중요시하는 그 정도로 경을 중요시한다. 경은 의식을 집중시켜 마음의 흐트러짐이 없는 주일무적(主一無適)의 상태로, 매사에 조심하는 일이다. 따라서 경(敬)이 없고서는 올바른 행위뿐 아니라 학문도 이루어지지 않는다. 지(知)와 행(行), 내(內)와 외(外)에 일관되는 기본 조건이 경(敬)이다. 그의 경 중시는 그의 철학을 '경(敬)'의 학문이라고 일컬어도 무방할 정도이다. 이황에게서 경은 인간의 본성을 드러내는 조건이므로 그의 경 중시는 곧 인간 본연의 회복에 대한 의지를 의미하는 것이기도 하다(윤사순, 1990). 따라서 경(敬)은 이황의 교학 이념으로 자리하였다. 이황은 경을 주로 삼고 근본으로 하였다. 경을 인격 실현의 지도

이황

퇴계전서

이념으로 삼았을 뿐 아니라 교학(敎學) 정신의 중심 개념으로 하였던 것이다.

이황에 의한 경은 도덕적 자아의 구현을 위한 통일 개념이기도 하다(정순목, 1986).

경(敬)은 다양한 모습으로 인식된다. "오로지 하나를 주체적으로 실현하고 다른 곳으로 나아감이 없음[주일무적(主一無適)]" "가지런하고 엄숙한 모습[정제엄숙(整齊嚴肅)]" "항상 마음을 깨어 있게 하는 법[상성성법(常惺惺法)]" 등 깨달음과 성찰을 통해 자기를 다스리는 방법이다. 이황은 바로 이러한 의미의 경을 교학의 핵심적 지위에 두었다.

경을 실천하는 교육은 먼저 배우고 가르침에 대한 유학의 태도로부터 시작된다. "쓸데없이 문장을 외우고 여러 가지를 많이 아는 것은 오히려 해가 된다"(『近思錄』). 이에 따라 이황도 "배우는 일은 반드시 성현의 말과 행동을 본받아 잘 익히고 실천한 뒤에 학문에 나아가는 공이 함양된다"라고 했다. 그러므로 빨리 이루어지기를 서둘거나 입으로만 지껄이려 들어서는 안 된다. 이렇게 해서야 글을 천 편 외우고 머리가 희도록 경전을 말한들 무슨 소용이 있겠는가?(『退溪全書』).

마음[心]은 한 몸의 주재이고, 경(敬)은 그 한 마음을 주재하는 만사의 근본이다. 그러므로 경에 힘쓰는 방법을 아는 일이 성학(聖學)의 처음이자 끝이다(『聖學十圖』). 따라서 학문을 하는 뜻은 의리를 밝혀서 그 몸을 닦은 뒤에 미루어 사람에게 미치려 함이고, 한갓 널리 보고 억지로 기억함에 힘써 문장으로 이름이나 날리고 녹봉으로 이익을 취하는 것은 아니다. 이에 마음을 주재하는 경(敬)의 구체적인 공부로 정좌법(靜坐法)을 원한다. 정좌한 뒤에라야 몸과 마음이 거두어지고 비로소 도리가 한곳으로 모이게 된다는 것이다.

다음으로 인격교육의 실천이념으로서의 경(敬)이다. 이황에 의하면, 진정한 지식은 곧 실천지(實踐知)이기 때문에 궁리와 실천을 통하여 몸소 체인체득(體認體得)하는 행위의 원리와 주체가 경이라는 것이다. 그러나 이황은 마음공부로서의 경을 출세간적 방법이나 명상을 통해 구하려고 하지는 않았다. 그는 일상생활의 평범한 삶 속에서 지경(持敬)을 이룰 수 있다고 보았다.

다시 말하면, 모든 삶의 현실 가운데 인격교육이 가능하다고 보았던 것이다. 이에 "아침저녁으로 한결같이 나날이 계속하고, 기(氣)가 청명할 때 이를 자세하게 완미하고, 평상시에 체험하고 북돋우라"(『聖學十圖』)고 하였다.

이와 같은 경의 삶을 누리는 일은 생각하는 일과 배우는 일을 겸하는 일이며, 움직임과 고요함을 일관시키는 일이며, 마음과 행동을 합치시키는 일이고, 마음의 나타남과 감춤을 하나로 하는 길이다(『聖學十圖』). 경(敬)은 사(思)와 학(學), 동(動)과 정(靜), 내(內)와 외(外), 현(顯)과 미(微)를 종합하여 통일하는 원리이다(정순목, 1986). 경의 길은 사람됨의 알맹이기 때문에 이는 가장 바른 교육의 길이 된다. 이황은 진지(眞知)와 실천(實踐)이라는 수레의 두 바퀴를 경(敬)의 축으로 밀고 나아가게 하였다. 이런 경은 앎과 됨을 하나로 묶는 교육 실천 이념의 축이다. 따라서 이황의 유학교육은 '경(敬)의 교육학'으로 이해할 수 있다.

9) 이이의 성 교육

이이(李珥, 1536~1584)는 이황이 경을 강조한 데 비해 상대적으로 성실(誠實)을 중시했다. 즉, 성(誠)을 교육사상의 핵심에 두었다. "배우는 자는 반드시 성심(誠心)으로 도에 향하고 세속의 잡된 일로 자신의 뜻을 흔들리지 않게 해야만 학문의 기초가 이루어졌다고 할 수 있다"(『擊蒙要訣』). 이는 배움이 성실로부터 싹틈을 얘기하고 있다. 또 『성학집요(聖學輯要)』에서 다음과 같이 말한다.

이이

증자의 학문은 성실하고 독실한 것뿐이다. …… 그러므로 배움이란 성실을 귀한 것으로 여긴다. …… 증자는 말하기를 "나는 날마다 나 자신을 세 가지로 반성하는데, 남을 위해 일을 도모하는 데 마음을 다하지 않는가[忠], 벗들과 사귀는 데 믿음이 없지 않은가 [信], 스승으로부터 가르쳐 받은 것을 익히지 않았는가[傳]. …… 자기에게 다하는 것을 충(忠)이라 하고, 진실하게 하는 것을 신(信)이라 한다. 전(傳)은 스승에게 가르침을 받는 것이고 습(習)은 몸에 익히는 일이다. 증자는 이 세 가지로서 말마다 그 자신을 반성하여 이런 일이 있으면 고치고 없으면 더욱 힘썼는데, 그가 스스로 자기를 다스리는 성(誠)이 이와 같으니 정말 학문을 하는 바탕을 얻었다고 할 수 있다. 그리고 이 세 가지의 순서로 는 충(忠) · 신(信)을 전습(傳習)의 근본으로 삼는다(『聖學輯要』).

율곡전서

이로 볼 때, 이이의 교육사상을 꿰뚫고 있는 것은 성실(誠實)이다(손인수, 1987b). 글자 자체에서도 성(誠)은 '말을 이룬다[言+成]'라는 의미가 배어 있다. 그리고 성실이라는 말은 그 뜻이 깊고 넓으나, 한마디로 참이요 거짓이 없는 것을 말한다. 나를 속이지 않는 동시에 남을 속이지 않는 행동이다. 그것은 진실로 자신에 대하여 충실한 동시에 남에 대하여 정성을 다할 것을 요청한다. 자기충실과 타자배려라는 관점에서 개인과 공동체의 조화를 꾀한다.

성실(誠實)은 성인들의 기본적인 삶의 자세이다. 이이는 모든 유학자가 내세우는 이른바 성인(聖人)을 모델로 자신의 교육을 입론하였다. "처음 배우는 사람은 뜻을 세워 반드시 성인이 될 것을 기약하라."(『擊蒙要訣』), "무엇보다도 먼저 뜻을 크게 가지고 성인을 표준으로 하여 털끝만큼이라도 그에 미치지 못하면 나의 일은 끝나는 것이 아니다."(「自警文」), "옛날 성실하게 삶을 영위했던 성인의 위업을 깊이 깨닫고 그 업적이 계속 이어지도록 노력하라." (「學校模範」) 등 자신을 채찍질하고 교육을 논의하는 저술에서 성인을 모범적으로 내세우고 있다.

성인은 성(誠)이라는 진실함의 체현자이다. 성인을 모델로 할 때, 인간은 성(誠)을 떠나서 참다운 존재와 학문을 이룩할 수 없다. 인간적 태도란 결국 인간이 인간답게 살려고 애쓰는 성(誠), 성실함 그 자체인 것이다. 그러기에 『중용』에서는 "성은 하늘의 도이고, 성실하려고 노력하는 것은 인간의 사명"이라고 언급하였다.

이이에 의하면, 한 마음이 진실로 참되면 모든 일이 참된 것이니 성은 사람으로서 사람 구실을 할 수 있는 사람의 길이다. 이이에게 실리(實理: 天道), 실심(實心: 人道)이라는 것도 다른 의미가 아니고 성(誠)일 따름이다. 성은 천도이고, 성을 온전히 하는 것이 인도이다. 사실 성(誠)은 인간이 노력해서 달성할 수 있는 이상향이 아니다. 성(誠)은 언제나 무위(無爲)로 존재한다. 그것은 인간의 자기 노력을 통하여 실현된다. 여기서 교육은 수기(修己)라는 자기 노력을 통해 진실함의 경지로 나아가는 데 기여한다. 이런 측면에서 이이는 사람됨의 길과 인간교육의 방법론을 구체적으로 가르쳐 주었다. 그것을 이름하여 '성(誠)의 교육학'이라 할 수 있겠다.

5. 조선 후기 실용적 교육사상가의 주장

1) 유형원의 공거제와 학제의 계열화

유형원(柳馨遠, 1622~1673)은 조선 후기 유학의 실학적 경향을 열어 놓은 교육사상가이다. 그는 당시 민중들의 피폐한 삶을 목격하고 사회 제도의 문제점을 심각하게 고민하였다. 유형원은 기본적으로 유학의 도를 사회에 구현하려는 점에서는 당대의 학자들과 동일하다. 그러나 유학의 내용에 밝은 인간을 양성하기 위한 교육을 실시하되 능력에 의한 교육을 주장하고, 교육기관 사

유형원

이의 계열화를 주장하는 학제 개혁안을 제시한다는 차원에서 혁신적이다.

유형원은 학문의 목적을 유학의 도를 밝히고 현명한 사람을 기르는 데 두었다. 이전의 유학자들이 유학의 본질적 차원, 즉 성인·군자라는 이상적 인간상에 교육의 궁극 목적을 둔 데 비해, 유형원은 당시 과거시험 준비 차원에서 이루어지던 교육을 바로잡기 위하여 개혁을 시도하였다. 다시 말하면, 유학이 사회를 발전시키는 사상적 기초로 작용하지 못하고 오히려 사회를 정체시키는 요인으로 전락한 것에 대해 심각한 위기의식을 느꼈다. 따라서 그는 유학의 근본원리를 탐구하여 그 본질을 밝히고 이를 실천에 옮길 수 있는 인재 양성을 간절히 바랐던 것이다.

이런 차원에서 유형원은 제도의 개혁을 모색하면서 능력에 따른 교육기회의 확대를 주장하였다. 그는 '세상에 태어나면서부터 귀한 사람이 정해진 것은 아니다'라고 하면서 신분 차별이 심한 사회 현실을 개탄하였다. 우리의 풍속이 지나치게 문벌을 숭상하여 선비들조차도 양반과 품류를 따져서 향적에 가입시키는 실정을 비판하였다. 그의 이러한 정신은 교육관에도 그대로 반영되었다.

교육은 신분의 높낮이보다는 개개인이 지닌 능력이나 연령에 따라 실시되어야 하며, 아울러 학교는 사대부의 자제는 물론 평민의 자제들도 모두 입학하여 공부할 수 있어야 한다고 주장하였다. 이것은 과거라는 선발제도보다

반계수록

는 학교를 통한 교육의 본질을 구현할 때 훌륭한 인재도 길러질 수 있다는 의미이다. 이에 유형원은 과거제를 폐지하고 공거제(貢擧制)를 주장하였다. 공거제는 학교교육을 통하여 나타난 개인의 덕행을 준거로 인재를 등용하려는 것이다(이문원, 2002: 170-175). 또한 학교교육을 강화하여 교육의 본질을 회복하려는 그의 노력은 학제의 계열화로 나타났다.

서울에는 태학(太學)을 세우고 또 중학(中學)과 사학(四學)을 세우며, 사학에는 내사(內舍)와 외사(外舍)가 있다. 여러 도의 감영(監營)에는 모두 영학(營學)을 두고 주현(州縣)에는 읍학(邑學)이 있고, 읍학에도 내사와 외사가 있다. 태학은 선발된 선비들이 거처하는 곳이다. 중학은 사학에서 논의하여 올리는 선비를 받는다. 사학은 동서남북 네 곳의 학교이다. 「대대례(大戴禮)」를 살펴보건대, 옛날에는 태학이 있었고, 동서남북의 학이 있었으며, 당나라의 제도에는 태학 이외에 또 사문학(四門學)이 있었다. 내사는 액내생(額內生)이 거처하는 곳이고, 외사는 증광생(增廣生)이 거처하는 곳이다. 증광생은 지금은 액외생(額外生)이라고도 한다. 내사는 안에 있어 동재(東齋), 서재(西齋)로 나눠 서고, 외사는 밖에 있는데 또한 동재, 서재로 나눠 선다. 그 내외의 두 사는 동일한 담으로 둘러 있으며 작은 담으로 막고 가운데 문을 통해 개방한다. 지금 외방의 향교에서는 양반은 동재에 거처하고 서민들은 서재에 거처한다. 서재가 비어 있어도 양반이 즐겨 들어가지 아니하고 동재가 비어 있어도 서민들이 들어갈 수 없으니 아주 이치에 맞지 않는 일이다. 마땅히 하나로 하여 편의에 따라 들어가 거처하고, 결코 동서재실로 차등을 나눠 정하지 말아야 한다. 영학은 주현의 읍학에서 논의한 선비를 받는다(『磻溪隨錄』).

유형원은 초등 교육기관으로 지방에는 향상(鄕庠), 서울에는 방상(坊庠)을 두고, 지방에는 읍학(邑學)과 영학(營學)을 두어 태학에 입학할 수 있게 하였다. 서울의 경우 사학(四學)과 중학(中學)을 거쳐 태학에 진학할 수 있게 학제를 개편하려고 하였다. 이런 측면에서 유형원은 유학에 충실하면서도 능력에 따라 인재를 선발하려는 개혁적 교육사상가로 지목할 수 있다.

2) 이익의 과거제 비판과 능력 중심 인재 선발

이익(李瀷, 1681~1763)은 일생을 초야에 묻혀 살면서 유형원의 학문을 더욱 발전시킨 사상가였다(이문원, 2002: 181-185). 그는 주자와 퇴계의 학문을 바탕으로 사상을 전개했으나, 성리학의 사변성에 회의를 품고 **실용성을 강조**

이익

하는 학문에 관심을 기울였다. 특히 나라를 다스리는 데 어진 인재가 필요하다고 보고, 과거시험이 아닌 학교 교육을 통해 인재를 선발하려고 하였다. 그것은 다음과 같은 이익의 과거제 인식과 관련된다.

과거라는 것은 선비들이 자기 재능을 자랑하여 유사에게 뽑히기를 바라는 짓이다. 즉, 그들이 배운 글을 외우고 짓는 등 말단적인 일일 뿐이다. 세상에 태어나 머리털이 마르기도 전에 과거공부만 하고 있으므로 요행히 과거에 급제하여도 그들이 배운 것은 여전히 서투르고 거칠어 배운 것은 소용이 없고, 소용되는 것은 배운 것이 아니다. 그러니 어찌 관청에 앉아서 법령을 내어 국가를 견고하게 하고 백성을 편하게 할 수 있겠는가? …… 옛날에는 인재를 등용하는 데 명목이 많았다. 문장만으로 뽑는다면 시골에서 효도하고 공경하는 순박한 사람을 뽑을 수 없고, 덕행만으로 뽑는다면, 실무 능력도 있고 재능도 있는 사람이 나올 수 없다. 그러므로 마땅히 다방면으로 등용할 수 있는 길을 열어 놓아야 한다(『星湖全書』).

성호사설

이익의 교육개혁은 이처럼 과거제 개편과 능력 본위의 인재 선발로 요약된다. 당시 폐단이 많던 과거제를 오년대비지제(五年大比之制)로 바꾸고 향거이선(鄕擧里選) 제도를 채용하여 인재 선발 방법을 보완하려고 하였다. 오년대비지제의 핵심은 종전의 과거제가 3년에 한 번씩 실시하는 식년제인데, 이를 폐지하고 5개년에 걸쳐 소정의 과별 시험을 실시하여 응시자의 학업 내용을 보다 착실하게 해서 인재를 가려내자는 것이다. 이는 "재능이 있는 사람이 태어나는 데는 귀한 가문이나 천한 가문의 차이가 없다"라는 이익의 인간관과 연결되어 있다. 따라서 이익은 인재 등용에서 문벌 존중이나 신분적 제한을 풀고 모든 사람에게 개방하는 일이 급선무로 보였다. 특히 노비에 대해 점진적으로 응시자격을 부여하자는 주장은 평등적인 시각의 정점을 보여 준다.

그리고 향거이선 제도는 3년마다 인재를 천거하는데, 향대부 이상은 각 1인씩을 **추천**하되 귀천을 가리지 않고 오직 어진 사람을 취하도록 하고, 또한 주와 군에서 각 1인씩을 추천하게 하되 주와 군내에 제한하지 않고 널리 도내에서 취하도록 하는 것이었다. 추천된 사람은 그 문적을 만들고 많은 사람으로부터 추천받은 사람을 상위로 정하였다. 결국 이익은 과거제 개편과 추천제를 병행하는 **능력 중심**의 새로운 인재 선발 방법을 모색하였다.

또한 이익의 사상에서 교육과 관련하여 눈여겨볼 것은 **자율과 자각에 의한 교육방법**이다. 이익은 인간을 도덕 판단의 척도를 지닌 존재로 규정하면서 자율의지에 의해 행동한다고 보았다. 이는 인간 자신이 정밀하게 판단하여 진리에 도달한다는 의미이다. 이런 주체적 신념의 자율인 강조는 민족 주체성을 자각하는 방향으로 나아갔다. 이에 당시의 유학자들과는 달리 이익은 우리의 역사와 철학을 상징하는 『동국사』와 『퇴계집』을 교육내용으로 첨가하자고 주장하였다.

교육방법에서도 이익은 '자각'을 중시하였다. 즉, 자신이 스스로 깨닫는 방법이 가장 좋고, 그 다음으로 분발하여 깨우치는 것이다. 그러기에 아이가 지각이 조금 열릴 때 깨닫는 바에 따라 격려하고 칭찬하면 바로 공부에 흥미를 갖게 되어 배움을 좋아하게 된다고 인식하고 아이들의 개성을 존중하였다.

요컨대, 이익은 '인간은 평등하다'라는 인식 가운데 '개인의 특성을 발견하여 신장하는 것'을 교육의 핵심으로 본 듯하다. 다시 말하면, 인간은 온갖 이치와 처리 방법을 갖춘 영명한 존재라는 관점에서 **계발교육**을 강조하였다. 귀천의 차별 없이 인간에 대한 신뢰를 전제로 자발성에 의한 계발교육을 열었다고 볼 수 있다.

3) 박지원의 삼서불가독 교육

박지원

박지원(朴趾源, 1737~1805)은 이른바 조선 후기 학풍 중 북학파(北學派)라고 불리는 사조의 중심 인물이다(이문원, 2002: 224-227). 북학파는 청[중국]의 선진 문물을 과감히 수용하려는 일군의 학자들이다. 이들은 상공업 발전의 중요성을 통감하고 **이용후생**(利用厚生)의 사고를 중시하였다.

박지원은 학문의 정신을 '선비'에 비유하였다. 선비는 인간 삶의 근본을 터득하고 있는 존재이다. 이는 성현처럼 도를 밝힐 수 있는 능력을 지녀야 한다. 다시 말하면, 인간과 사물에 대한 올바른 법칙과 질서 체계를 담보할 수 있어야 한다. 이것은 배움을 통해 가능하다. 그런데 성현의 법을 배우는 데는 두 가지 종류가 있다. 하나는 형식 또는 외피를 배우는 일이고, 다른 하나는 그 정신 또는 내용을 배우는 일이다. 형식만 배우고 그 속에 담겨 있는 정신을 배우지 못하면 그것은 참다운 배움이 아니다. 이런 정신과 내용을 배우는 일의 핵심은 바로 개인의 완성으로 지향하는 존덕성(尊德性)과 공동체의 완성을 고려하는 도문학(道問學)이었다. 이런 차원에서 박지원의 눈에 비친 교육은 개인적 완성뿐만 아니라 사회적 완성의 과정이었다.

열하일기

박지원의 교육에 대한 언급 중 획기적인 제안은 익히 알려진 '삼서불가독설(三書不可讀說)'이다. 이는 『천자문(千字文)』『사략(史略)』『통감절요(通鑑節要)』 등 세 저술이 아동용 교재로 적합하지 않으므로 아동이 읽어서는 안 된다는 주장이다. 『천자문』은 그 구성상 의미가 개념의 구성 원리에 맞지 않고, 『사략』과 『통감절요』는 내용이 비합리적이어서 교육적으로 의미가 없다는 것이다. 다시 말하면, 당시 아동용 교재로 많이 쓰였던 이런 책을 아이들에게 가르쳤을 때 잘못하면 단순히 글자를 익히는 데로 떨어질 소지가 있다. 박지원의 비판은 이런 사태에 대한 경고이다.

박지원이 볼 때, 진정한 교육은 문자의 참뜻을 알고 삶의 질서와 운행을 인식하여 **분별력과 종합력**을 제대로 갖추는 일이다. 단순히 글을 배우는 것이 아니라 삶을 올바르게 이해하고 탐구하는 문제이다. 그러기에 삼서불가독설을 통해 엿볼 수 있듯이, 배움의 초기 단계에서 단순한 글자가 아니라 삶과 배움의 올바른 의미를 가르쳐 주어야 한다. 이것이 바로 존덕성에 해당한다. 박지원은 성현들의 가르침을 배우고 검토함으로써 삶과 배움의 참 의미에 접근할 수 있다고 판단하였다.

4) 이덕무의 평생교육

이덕무(李德懋, 1741~1793)는 박지원과 같은 북학파로서 교육에 대한 심도 있는 논의를 전개하였다(이문원, 2002: 234-238). 그가 지은 『사소절(士小節)』은 인간의 출생 이전인 태교부터 유아기—아동기—성인기—노년기—죽음에 이르기까지 한 평생의 교육내용을 구체적으로 담고 있다. 특히 아동교육에 관한 그의 견해는 매우 각별하다.

이덕무는 말한다. "말은 태어난 후 길들이지 않으면 천리마가 될 수 없다. 소나무 묘목은 북돋아 주지 않으면 좋은 재목이 될 수 없다. 자식을 낳아 두고서 가르치지 않으면 내버리는 것과 다름없다." 이덕무는 동물이나 식물이 어릴 때부터 기르고 가꾸어서 제대로 형성되듯이 인간도 그런 과정을 거쳐야 한다고 역설한다. 이는 바로 교육의 기능과 역할에 대한 지적이다. 이런 인식에 기초하

사소절

여 이덕무는 아이들의 특성과 교육의 양식을 다음과 같이 구체적으로 제시하였다.

- 어린이들은 경솔하고 수선스럽고 들뜨고 천박한 버릇이 많다. 행실이 완전하지 못하고 일을 제대로 하지 못하는 것은 바로 이러한 특성 때문이다. 그러므로 『주역』에서 말하였다. "무지몽매한 아이들을 교육하여 바른 사람으로 만드는 것은 위대한 성인(聖人; 교사)의 공적이다."
- 어린이들은 말을 급하게 하고 걸음을 허겁지겁 빨리 걷는다. 교사들은 이를 보는 대로 주의를 주어 바로잡아 주어야 한다.
- 어린이의 성품은 깨끗하고 새로운 것을 좋아하는 버릇이 있어 스스로 그러한 것을 시험해 보려고 한다. 이는 사치하는 버릇에 빠지기 쉽다. 교사들은 이를 조절하여 검소하게 바로잡아서 소박한 의복을 입게 해야 한다. 또한 헝클어진 머리와 때묻은 얼굴, 옷과 띠를 잘 정비하지 않는 경우가 있다. 이는 검소한 것이 아니라 용렬하고 천한 것에 가까워 칭찬할 것이 못된다. 교사는 이를 조절하여 깨끗하게 바로잡아서 잘 씻고 정비하여 누추하게 되지 않게 해야 한다.
- 어린이들은 뛰놀기를 좋아한다. 그러므로 열이 많아 물을 절제 없이 자꾸 마시고 상당수가 고질병을 이룬다. 이에 조용한 행동을 익히고 마시는 것을 조절하도록 교육해야 한다.
- 어린이들은 거짓말을 해서 남을 놀라게 하고, 명치 끝을 짓누르고 발목뼈를 후려치며, 바람을 일으키며 춤을 추고, 한 발로 걷고, 곤두박질하고, 남의 얼굴에 먹칠을 하고, 종이를 말아 가지고 남의 콧구멍을 쑤시는 등 애꿎은 버릇이 많다. 교사는 이런 행동에 대해 적절한 교육을 해야 한다.
- 어린이들은 칼이나 송곳 같은 뾰족하고 날카로운 기구를 가지고 놀기를 좋아한다. 그러다 보니 심한 경우에는 잘못해서 살에 상처를 내어 딱지가 앉게 만들고, 눈동자를 찔러 애꾸눈이 되게 하는 일도 있다. 교사는

항상 이를 조심시켜야 한다.

- 어린이들은 말하는 것이 급하니 신중히 하도록 경계해야 한다. 예컨대, 거지를 대하더라도 비렁뱅이라 부르지 말고, 애꾸눈을 대하여도 애꾸눈이라 부르지 말게 해야 한다. 또한 '참혹하다, 원통하다, 재수 없다' 등의 부정적인 말을 가볍게 입 밖으로 내지 말도록 교육하는 것이 좋다.

- 앉을 때 반드시 기대어 앉고, 오래 앉는 것을 견뎌 내지 못하며, 무릎을 흔들고 손을 뒤척이고, 들떠서 항상 돌아다니려는 아이가 있다. 교사는 이런 기운을 바로잡고 버릇을 고칠 수 있도록 교육해야 한다. 그렇지 않으면 성인이 되었을 때, 험상궂고 패악한 행실을 하게 될 수도 있다.

- 어린이들은 놀기를 좋아하고 구속받기를 꺼려서 항상 선생님이 교실에 없기를 바란다. 이는 착한 마음이 아니다. 선생님이 교실에 없는 것을 틈타 친구들을 모아 콩 볶듯 시끄럽게 놀며 하지 않는 짓이 없다가, 문득 선생님의 큰 기침 소리가 들리면 창문 구멍으로 엿보며 가만가만 걷고 조용조용 이야기하여 굳이 책 읽는 체한다. 그렇다고 선생님이 속아 넘어가는가? 그러기에 『예기』에서 "그 마음을 훤히 들여다보는 것과 같다"라고 말하였다. 어린이들은 하는 짓이 대개 이와 같다. 그러니 교사가 이런 행실을 고쳐 주지 않으면 불량아가 되고도 남음이 있으니 심각하게 교육해야 한다.

- 어린이들은 책을 읽을 때, 마음이 몹시 조급하고 산만하여 스승이 가르치는 뜻을 듣기 싫어하는 경향이 있다. 그러다 보니 손가락으로 책장을 넘기려고만 한다. 심지어는 설명이 마지막 줄의 뜻에 이르기도 전에 빨리 책장을 넘겨서 그 뜻을 잘 이해하지 못하기도 하고, 또한 어려운 점을 묻는 일도 없이 가르치자마자 바삐 책을 덮어 놓기도 한다. 또 선생님이 소리를 내어 같이 읽도록 인도할 때, 어린이들은 다급하게 빨리 읽어서 그 소리가 선생님보다 앞서기도 한다. 이는 교육의 도리에 어긋난다. 가르치는 뜻을 잘 이해하지 못하여 마음이 안정되지 않으니 훌륭한 인재

가 되기 어렵다. 교사는 이를 깊이 고려해야 한다.

• 어린이들의 버릇은 거의 다 '책읽기[지식 공부]'를 싫어하고 '일하기'를 꺼려한다. 그러면서도 '노는 일'은 권하지 않아도 잘하고, 가르치지 않아도 부지런하다. 장기, 바둑, 투전, 윷놀이, 돈치기 등을 훤히 알면 부모형제들과 친구들은 그 재주와 지혜를 칭찬하며 장려하고, 간혹 잘하지 못하면 조롱하고 비웃으며 따돌리니, 어찌 이렇게 고질병이 되었는지 모를 일이다. 이런 놀음은 모두 정신을 피폐화하고, 의지와 기개를 더럽히며, 공부를 그만두게 하고, 바른 품행과 절도가 엷어지며, 경쟁을 조장하고, 간사함을 기른다. 심해지면 도박에 재산을 탕진하고 죄를 져 형벌을 받는 데까지 이른다. 그러므로 교사는 이를 엄중히 꾸짖어 금하고 종아리를 쳐야 한다.

• 어린이들이 담배를 피우는 것은 아름다운 행실이 아니다. 담배는 골수를 스미고 혈기를 마르게 한다. 그 독한 진은 책을 더럽히고 재는 옷을 태운다. 담배통을 물고서 난잡하게 다투는 놀이를 하여 입술이 터지고 이가 부러지고 심지어는 골을 꿰고 목구멍을 찌르게 하니, 어찌 두렵지 아니한가? 선생님이 절실히 금하고 종아리를 때려도 몸을 숨기고 훔쳐 피워서 마침내는 잘못을 고치지 못하는 아이도 있다. 더욱 심각한 것은 부모형제나 친구들이 담배를 피우라고 권하는 사람도 있다. 담배를 피우는 일이 성행하는 것은 그리 아름다운 일이 아니다(『士小節』「童規」).

나아가 이덕무의 『사소절』에서는 성인기-노년기-죽음에 이르기까지 평생 교육의 내용을 담고 있다. 즉, 아동을 가르치는 부모의 경우 스스로 성품과 행실을 점검하고, 일상생활에서 모범을 보이도록 평생을 수행하면서 자기교육, 자기수양에 힘써야 한다.

요컨대, 아동은 학습자로서 부모와 주변의 어른으로부터 교훈을 따라 배우고 익히게 하고, 부모도 성현의 가르침을 준칙으로 평생 동안 교양을 쌓으며 자기반성을 행하는 수련자로서 교수와 학습을 겸했다.

5) 김정희의 실사구시 교육

김정희(金正喜, 1786~1856)는 학문의 기본, 혹은 근
원처를 실사구시(實事求是)에 두고 있다. 실사구시는
'실제'와 '올바름'을 근본 축으로 하는 교육의 핵심이다.
「실사구시설」의 첫 대목은 바로 교육의 길을 제시하는
것으로 시작한다.

김정희

> 『한서(漢書)』「하문헌왕전(河間獻王傳)」에 다음과 같은 기
> 록이 있다. "실제적인 일에서 올바름을 추구한다." 이 말은 학문의 핵심이 무엇인지 명확
> 하게 지시한다. 만약 실제적이지 않은 일을 하면서 속이 텅 비고 엉성한 잔꾀만을 부린다
> 거나, 올바름을 구하지 않고 잘못 들은 말로 자기주장만을 되풀이한다면 그것은 성현의
> 도에 어긋나는 짓이다(『阮堂先生全集』卷1).

"실제적인 일에서 올바름을 추구한다"는 '실사구시(實事求是)'는 "옛것을 좋
아하여 배우고 닦아 실제적인 일에서 올바름을 추구한다"라는 '수학호고 실

완당집

사구시(修學好古 實事求是)'에서 유래하였다. 따라서 실사구시(實事求是)는 수학고(修學好古)가 전제되어 있다. 이것은 원래 청대 초기에 고증학을 표방하는 학자들이 공리공론을 일삼는 송 · 명대의 학문을 배격하여 내세운 표어이다. 이때 실사구시는 '공론을 피하고 착실한 증거를 찾는다'는 뜻으로, 문헌학적인 고증의 정밀함을 존중하고 객관주의 · 사실주의적 학문 태도를 지닌다는 의미이다.

김정희에 의하면, 실사구시는 궁극적으로 고대 '성현의 도'로 회귀한다. 공자에 의해 집대성되는 유학의 근본 뿌리가 담긴 세계를 갈망한다(신창호, 2006).

가만히 생각해 볼 때, 학문의 길이 요(堯) · 순(舜) · 우(禹) · 탕(湯) · 문(文) · 무(武) · 주공(周公) · 공자에게로 돌아가는 것을 기본으로 삼는다면 마땅히 실제적인 일에서 올바름을 구해야 할 것이요, 공허한 이론을 신봉하며 그릇된 곳으로 빠져서는 안 된다(『阮堂先生全集』 卷1).

인용문을 볼 때, 김정희는 요순에서 공자에 이르기까지 유학의 기본 뼈대를 형성했던 학문이 실사구시이다. 이는 유학의 실질을 찾으려는 노력이다. 그러기에 궁극적 귀결처는 유학의 도통으로 불리는 지점이 된다. 그러기에 김정희는 성현의 도를 강조하며 '실사구시' 정신에 모든 역량을 집중시킬 것을 권고한다.

성현의 도는 몸소 실천하는 데 있지 공허한 이론을 숭상하는 일이 아니다. 실제적인 일은 마땅히 구해야 한다. 그러나 공허한 사안은 근거할 것이 없어 아득하고 깜깜한 가운데 무엇을 찾는 것 같고, 드넓은 빈터에 내던져진 것 같아 옳고 그름을 판단할 수 없어 본래의 뜻을 모두 잃어버리게 된다. 그러므로 학문을 하는 길은 반드시 한나라와 송나라의 경계를 나눌 것도 없고, 정현과 왕숙, 이정과 주희의 단점과 장점을 비교할 것도 없으며, 주희와 육구연, 설선과 왕수인의 문호를 다툴 필요가 없다. 중요한 것은 마음을 바로 잡고 기를 맑게 하여 널리 배우고 힘써 실행하는 일이다. 오로지 '실제적인 일에서 올바름을 구한다'는 이 한마디 말을 기본으로 하여 실천하는 것이 좋다(『阮堂先生全集』卷1).

김정희는 실사구시의 핵심을 성현의 도를 '몸소 실천하는 작업'이라고 단언한다. 그리고 그것이 공허한 이론이 아니라면, 어떤 학문은 옳고 어떤 학문은 그르다는 구분도 허물어 버린다. 기준은 오직 실사구시이다. 다시 강조하면, 그것은 마음을 바로잡는 작업이고, 기운을 맑고 고요하게 하는 일이며, 널리 배우고 힘써 실천하는 일이다. 주체를 평정(平正)하여 고원(高遠)한 것에 애쓰지 않고, 절문근사(切問近思)하여 가치 판단 기준을 사실에서 구하며, 박학(博學)으로 사실에 부합하느냐의 여부를 고증하여 경험적이고 사실적인 실천궁행을 하는 작업이다(이문원, 2002: 267-269).

원래 성현이 걸어갔던 길이자, 우리가 본받고 나아가야 할 삶의 길은 다름 아닌 도덕적 실천이다. 김정희에 의하면 그것이 성리학이든, 실학이든, 고증학이든, 현대의 어떤 학문이든 학문이 공허한 곳으로 빠지지 않고 실사구시하고 있다면 그것은 교육의 표준이 된다.

실사구시의 입장에서 김정희의 교육적 사고를 다음과 같이 정리할 수 있다. 첫째, 공리공담이나 형이상학적 해석을 지양하고 옛 행적에서 착실한 진리 증거를 찾는다. 둘째, 스승으로부터 전수받은 진리를 신뢰하며 정확한 주석을 통해 경전을 해석한다. 셋째, 실제적 사실이나 일상에서 경전의 가르침을 적용한다. 넷째, 마음을 바로잡고 기운을 맑게 하여 널리 배우고 직접 실천한다.

6) 정약용의 본성론과 경학 교육

정약용(丁若鏞, 1762~1836)은 조선 후기 유학을 대표하는 지성이다. 고위

정약용

관료는 물론 오랜 유배 기간을 통해 다방면의 저술활동을 하면서 해박한 지식과 사회의 모순을 꿰뚫어 보는 냉철한 의식으로 여러 개혁안을 내놓았다. 널리 알려진 일표이서(一表二書), 즉 『경세유표(經世遺表)』 『목민심서(牧民心書)』 『흠흠신서(欽欽新書)』는 정약용의 정치 · 경제 · 산업 · 형법 등 인간의 삶과 관계되는 여러 가지 사안을 논의한 저서들이다.

여유당전서

정약용은 인간을 이해하는 방식에서 이전의 성리학자들과 다른 특징을 보였다. 그는 인간의 성(性)을 '내 마음이 좋아하는 것'이라고 하는 유명한 '성기호설(性嗜好說)'을 주장하였다. 이는 '성즉리(性卽理)'라든가, 본연지성, 기질지성으로 나누어 보는 성리학적 인성론을 극복한 것이다. 성기호설은 '인간의 본성이란 기호, 즉 자연적 경향성이다'라는 주장이다. 즉, 본성이란 생명의 자연스런 욕구, 충동, 본능의 영역을 가리킨다는 것이다. 어떤 사람의 성은 산수(山水)를 좋아하고 어떤 사람의 성은 서화(書畵)를 좋아한다고 할 때, 이는 모두가 그 사람이 좋아하는 기호를 성으로 본 것이다.

인간이 좋아하는 기호, 좋아하는 경향성인 성은 선과 악이 동시에 존재한다. 성은 '좋아하는 것', 기호이기 때문에 결정적이 아닌 개방적이며, 선으로 갈 수도 있고 악으로 갈 수도 있는 경향성이 된다. 다시 말하면, 성이란 선천적으로 결정된 주어진 것이 아니라 후천적인 자신의 환경, 도덕에 따라 변하고 형성되는 가능태로 주어질 뿐이다. 성리학에서는 '천명지위성(天命之謂性)'이라고 하여 인간의 성품을 하늘로부터 부여되는 고정된 것이라는 느낌이 강했다. 하지만 정약용은 여기에 유연성을 부여했다.

정약용의 성기호설은 천명지위성과 같은 인간 내면에 도덕적 실체가 선천적으로 부여되었다는 신념이나 이기론에 입각한 성리학적 인간관을 거부하고, 가능태로서 인간의 실천을 강조하는 인간관으로 변모시켰다. 인간의 성이 '선이냐 악이냐' 하는 차원이 아니고, 자신의 **자주적 능력**으로 자신의 삶을 순간순간 결정한다는 것이다. 이렇게 인간의 성품을 경향성인 기호로 본 결과, 정약용의 인성론은 인간의 지위 변화에 상당한 기여를 했다. 자주적 인간 능력을 전제할 경우 인간의 선천적 차별을 정당화할 수 있고, 그 자주성이 갖는 인간에 대한 이해를 받아들일 경우 교육과 윤리에 대한 이해 또한 매우 유연하게 받아들일 수 있는 기반이 된다(김경태, 1996: 55-59).

이러한 인간 이해에 기반하여 정약용은 교육에 대한 포괄적 관심을 가졌다. 교육의 내용 측면에서 그는 효(孝)·제(弟)·자(慈)를 중시하였고, 당시 풍미하던 사서삼경(四書三經)을 넘어 **서서육경**(四書六經), 이른바 십경(十經)을 강조하고 **경학**을 중시하며 평생 경학 연구에 심혈을 기울였다. 뿐만 아니라, 『삼국사기』 『고려사』 『동국통감』 등 우리나라 역사서를 통해 현실을 읽고 백성을 다스리는 방법을 모색할 것을 주장하였으며, 기예(技藝)를 익혀 실제 삶에서 지혜와 생각과 궁리를 내어 삶에 실제성을 추구하였다. 특히 기예는 이론적인 측면에서 농업·방직·군사·의술 등에 대해 논의하였고, 실제로 화성(華城) 축성 계획서로 드러나기도 하였다.

정약용이 교육의 핵심 내용으로 내세운 **효**는 자식이 부모에게 행하는 가장 중요한 예이다. 다시 말하면, 아랫사람이 윗사람을 향해 실천하는 기본적인 예로 우리 생활의 핵심적 가치를 형성한다. 제는 공경을 총체적으로 일컫는 말로, 인간과 인간 사이에 형과 아우라는 상하—수평적 관계에서 행해지는 가장 중요한 예이다. 그리고 **사랑**은 부모가 자식에게, 윗사람이 아랫사람에게 베푸는 가장 성스러운 예이다.

효도와 공경과 사랑, 이 세 가지는 사람과 사람 사이에 이루어질 수 있는 삶의 길을 가장 압축된 모습으로 보여 준다. 한 인간이 다른 한 인간에게 행할 수 있는 행동의 기본 패턴이다. 그것은 일방통행하는 질서체계가 아니라 쌍무적 윤리관계이다.

　이런 인식 아래 정약용은 "모든 사람이 부모에게 효도하고 어른을 공경하여 모실 때 이 세상이 평화롭게 된다."라고 한 맹자(孟子)의 말을 인용하여 다른 사람과의 관계를 이해했다. 그리고 인간 사이의 화목과 친애를 매우 중시하였다. 이처럼 정약용에게서 교육은 효도와 공경과 사랑이라는 범주를 넘어서지 않는다. 교육은 개인과 공동체의 조화를 추구한다. 정약용의 다음과 같은 인식은 그것을 더욱 뒷받침하고 있다.

> 노인을 노인으로 대접하여 백성들이 효도 의식[孝]을 일으키고, 어른을 어른으로 모셔
> 공경 의식[弟]을 일으키며, 고아와 같은 외로운 이를 불쌍히 여겨 백성들이 등 돌리지 않
> 게 하여 한 가정이 사랑으로 화목하고 한 국가가 화평하도록 하는 것이다(『大學公議』).

　정약용은 교육을 통해 인간의 윤리가 단순하게 가족 내에서의 효·제·자에 멈추는 것이 아니라 사회와 국가의 효·제·자의 윤리로 확장되어야 한다고 강조했다. 이것은 공맹(孔孟)이 지닌 유학을 더욱 실천적으로 고취하려는 의도이다. 그러기에 정약용의 유학을 공자와 맹자의 사상과 같은 원시유학으로 되돌리려는 수사학(洙泗學)이라고도 한다. 달리 말하면, '수기치인지학(修己治人之學)'이다(이을호, 2000). 그것은 정약용에게서 우선되는 것이 실천적 교육임을 의미한다.

　또한 정약용은 아동교육에도 상당한 관심을 기울였다. 당시에 유행하던 주요 아동용 교재인 『천자문』을 어린아이들의 교재로 부적합하다고 보고, 2천자문인 『아학편(兒學編)』을 새롭게 편찬했다. 즉, 아동에게 '어떠한 성질'의 단어를 '어떠한 방식'으로, '어떠한 순서'에 의해 가르칠 것인가 고민하였다(정순우, 1990). 그 결과, 『아학편』은 내용상 아동들에게 감각 경험을 통해 배움과 현상 세계를 일치시키려고 하였고, 교육과정상 좀 더 체계적이고 과학적으로 정비하였다.

제10장

서구 교육의 유입과
근 · 현대 교육

1. 대한제국 시기의 교육

1) 제국 정부의 교육개혁

19세기 후반 들어 조선 사회는 급격한 변화를 겪게 된다. 1876년 일본과 체결한 '한일수호조규', 이른바 '강화도 조약'을 시작으로 당시 조선은 서양의 여러 나라와 통상수호조약을 맺고 개화기를 맞이하게 되었다. 새로운 문화를 수용하기 위한 정부의 노력은 일본과 청나라에 수신사나 신사유람단, 영선사 등을 파견하는 방식으로 이루어졌다. 또한 동문학[同文學; 통변학교(通辯學校), 1883]이나 육영공원(育英公院; Royal English School, 1886) 등을 통해 외국어와 새로운 문물, 지식을 가르치는 학교교육으로 표출되었다.

육영공원 규칙 관련 문서

동문학은 독일인 묄렌도르프가 통상아문(通商衙門)의 부속기관으로 설립하였다. 나이가 어리고 총명한 학생 40명을 뽑아 오전반과 오후반으로 나누어 영어와 일어, 서양식 필산(筆算; 쓰기와 셈하기)을 가르쳤다. 동문학은 학교라기보다는 일종의 통역관 양성소라고 보는 것이 옳다.

육영공원은 조미수호조약 체결 후 미국 시찰을 마치고 돌아온 민영익의 건의에 의해 설립된 학교이다. 민영익은 서양 문물의 탁월함을 고종에게 보고하는 동시에 현대식 학교의 설립을 제안하였다. 이에 고종은 미국 정부에 이런 학교를 세우고 가르칠 수 있는 교사 세 사람을 추천해 줄 것을 요청하였다. 그러나 양반 자제들의 특권의식과 나태함, 관리들의 학교 공금 유용 등 정부에 봉사할 유능한 인재의 양성이라는 소기의 목적을 달성하지 못하고 1894년에 완전히 폐지되고 말았다(손인수, 1981). 당시의 학교 설립과 교육 상황은 다음과 같은 기록에서 자세히 볼 수 있다.

우리(G. W. Gilmore, D. A. Bunker, H. B. Hulbert)는 1886년 봄에 소집되어 7월 4일에 한국에 도착하였다. 우리가 거주할 집은 새롭게 수리하여 단장되어 있었고, 학교 건물과 학생 기숙사도 준비 중에 있어 장래가 밝아 보였다. 9월 말에 이르러 우리는 수업을 시작하였다. 학생들은 대부분 양반 귀족의 자제들이었고, 국왕이 선택한 사람들이었다. 처음에 우리 반에는 35명의 학생이 있었는데, 영어를 아는 사람이 아무도 없었으므로 알파벳부터 시작해야 했다. 통역하는 사람이 셋이 있었는데, 우리 선생 세 사람에게 한 사람씩 배정되어 있었다.

국왕[고종]은 상당히 진보적 성향을 지니고 있었다. 급진적이지는 않았지만 국민이 따라갈 수 있을 정도로 그들을 지도하여 좀 더 높은 수준으로 이끌어 가는 것이 국가에 유익한 일이라고 생각하였다. 국왕은 유학과 보수적 관료들에게 둘러싸여 있었다. 그런데

이 나라[조선]는 국왕의 진보적 정책을 지지할 수 있는 사람이 절실히 요구되었다. 우리 학교는 바로 이러한 일을 할 것으로 기대되었다. 학생들이 서양 문화와 문명을 대표하는 사람들과 접촉하고, 개화사상을 터득하여 자유주의적인 인물이 되고, 국왕을 지지하는 사람이 될 것으로 인식하였던 것이다.

　영의정(領議政)의 아들이 우리 학교의 학생이었는데, 매우 영리하고 능력도 뛰어났으나 좀 게을렀다. 영어 공부에 대한 신기함이 차츰 사라지자, 태만해지고 공부에 별 관심을 갖지 않게 되었다. 얼마 지나지 않아 국왕 앞에서 시험을 보게 되었다. 관리들은 이 고관의 자제가 불합격할까 걱정하였다. 그리고 일정한 페이지를 지정하여 시험 준비를 하고 국왕 앞에서 능숙하게 할 수 있도록 했다. 그러나 고관들에게 한 가지 걱정이 생겼다. 국왕이 시험을 교사에게 맡기고, 학생의 학습 상황과 성적을 교사가 국왕에게 직접 보고할 경우에 어떻게 할 것인가의 문제였다. 영의정의 아들은 이 사태를 알고, 여러 학생과 예조의 관리를 우리 교사들에게 보내어 자신은 영의정의 아들이므로 높은 점수를 줘야 한다고 탄원했다. 그러나 우리는 아버지의 벼슬과 아들의 점수와는 무관하므로 그가 시험을 치른 대로 점수를 주어야 한다고 대답하였다(Gilmore, 1892).

　그 후, 고종은 1895년 『교육입국조서(敎育立國詔書)』를 발표하여 '덕을 기를 것[덕양(德養)]' '몸을 기를 것[체양(體養)]' '지식을 기를 것[지양(知養)]'의 삼양(三養)에 힘쓸 것을 강력히 주장하였다. 즉, 국민으로서 기본 **교양교육**과 실제 생활에 필요한 **실용교육**에 힘쓸 것을 강조하였다.

근대 학교 교실의 수업 모습

짐(朕; 고종)이 생각해 볼 때, 태조께서 나라를 세우시고 그 왕위를 줄기차게 계승한 지 이제 504년이 지났다. 이는 실로 이전 왕들의 교화와 은덕이 여러 사람에게 젖어 든 것이요, 우리 백성이 충성하고 사랑을 다하였기에 가능한 일이었다. 그러므로 짐이 한량 없이 큰 이 역사를 이어 나가고자 밤낮으로 걱정하는 것은 오직 이전 왕들이 남긴 교훈을 받들려는 일일 뿐이니 백성들은 나의 마음을 알아 받들지어다. 그대들의 선조는 이전의 왕께서 길러 준 어진 백성이었고, 그대들은 또 선조의 충성과 사랑을 잘 이었으니 바로 짐이 기르는 어진 백성이다. 짐과 그대들이 함께 선조들의 교훈을 받들어 억만 년 편안함을 마저 이어가야 할 것이다. 아! 내가 생각컨대, 가르치지 아니하면 나라를 부강하게 만드는 것이 매우 어렵다고 판단된다.

세계의 형세를 두루 살펴보건대, 부강하고 독립적인 모든 나라는 그 백성의 지식 수준이 높다. 이렇게 지식 수준이 높은 것은 **교육의 힘**으로 된 것이니 교육은 실제로 국가를 보존하는 근본이다. 그러므로 짐이 군사(君師)의 자리에서 교육의 책임을 스스로 맡는다. 또 교육은 그 길이 있는 것이니, 먼저 **비실용적인 것**과 **실용적인 것**을 분별하여야 한다. 책읽기나 글쓰기에서 옛 사람의 찌꺼기나 주워 모아 시세의 흐름과 국면을 파악하지 못하는 자는 그 문장이 비록 훌륭할지라도 아무런 쓸모도 없는 한 서생(書生)에 지나지 않는다.

이제 짐이 교육의 강령을 보이니 비실용적인 것은 물리치고 실용적인 것을 취하도록 하라.

첫째, **덕을 기르는 일**이다[德養]. 이는 오륜(五倫)의 행실을 닦아 인간관계를 문란케 하지 말고 세상의 질서를 유지하며, 사회의 행복을 증진시키는 것이다.

둘째, **몸을 기르는 일**이다[體養]. 이는 몸의 움직임을 떳떳이 하여 부지런히 힘쓰는 것을 주로 한다. 즉, 게으른 행동을 하거나 편안한 것만을 추구하지 말고, 괴롭고 어려운 것을 피하지 말며, 신체를 튼튼하게 하여 건강하게 병 없는 즐거움을 누리도록 하는 것이다.

셋째, **지혜를 기르는 일**이다[智養]. 이는 사물의 이치를 깨쳐 나의 지식을 완전하게 한다. 즉, 타고난 재능을 다하여 궁리하여 좋은 것과 싫은 것, 옳은 것과 그른 것, 긴 것과 짧은 것을 따져 거기에만 머물지 않으며, 내 것과 남의 것의 구역을 세우지 말고 자세히 연구하여 널리 통하기를 힘써야 한다. 그러고는 한 몸의 이익만을 위해 일을 도모하지 말고 모든 사람을 위한 공중의 이익을 도모해야 한다.

이 세 가지가 교육의 기강이니라. 짐은 정부에 명하여 **학교**를 널리 세우고 **인재**를 양성하며 그대들 백성들의 **학식**을 증진함으로써 **국가 중흥**을 이룩하려고 한다. 그러니 백성들은 충성하고 애국하는 심성으로 그대의 **덕**(德)과 **체**(體)와 **지**(智)를 기를 지어다.

왕실의 안전은 백성들의 **교육**에 있고, 국가의 부강도 백성의 **교육**에 있다. 백성들이 수준 높은 경지에 도달하지 못하면 어찌 짐이 나라를 제대로 다스렸다 할 수 있으랴! 정부가 어찌 감히 그 책임을 다하였다 할 수 있으며, 또 백성들은 어찌 감히 교육의 길에 마음을 다하고 협력하였다 할 수 있으랴!

부모는 이것으로써 그 자식을 추동시키고, 형은 이것으로써 그 아우를 권면하며, 벗은 이것으로써 친구의 도를 행하도록 하여 분발하기 바란다. 나라의 어려움을 극복할 사람은 오직 백성들일 뿐이요, 나라의 모욕을 막을 이도 오직 백성들일 따름이다. 이는 백성들의 당연한 직분이다. 지식의 수준에 따라 그것이 어디에 쓰여야 하는지 고민하되, 잘못된 점이 있으면 오직 그대들의 교육이 밝지 못한 탓이라고 말할 지어다. 모든 백성이 서로 한마음이 되도록 힘쓰라.

그대들 백성의 마음이 또한 짐의 마음이니, 힘쓸지어다. 만약 이와 같이 된다면 짐은 선대왕들의 덕광(德光)을 사방에 날릴 것이요, 그대들 백성 역시 선조들의 어진 자식과 착한 손자가 될 수 있을 것이니, 힘쓸지어다(『高宗實錄』).

『교육입국조서』는 국가 중흥의 염원을 담고 있는 개화 조선의 교육 헌장이다. 조서의 내용은 현재 한국 교육의 원형적 형태를 이룰 만한 의미심장한 언급을 하고 있다.

첫째, 가장 원론적인 것으로 "교육은 **국가**를 보존하는 근본이다."라는 인식이다. 흔히 교육을 '국가백년지대계(國家百年之大計)'라고 한다. 즉, 국가 정책 수립에서 100년 정도의 긴 안목을 가지고 계획을 하여 나라의 부강을 꾀

官報

詔勅朕이惟컨대我
祖宗이業을創き고統을垂き시니玆에
五百四年이歷有き도다此는我列聖의敎化와德澤이人
心에浹洽き미며我臣民이忠愛き여克獻き미由
き도也며朕이朕의寒服을大殿에나아가一念으로無職き며凤夜라
祇懼き여作我
祖宗의遺訓을是承き노라爾臣民의祖先은乃我
祖宗의保育き신良臣民이며爾臣民은卽爾
祖先의忠愛き던良臣民이니朕이弼亮き미乃爾
股肱을體き여朕이작爾衛臣民도亦水衛臣民의忠愛き던
保育き신良臣民이도是承き노니爾臣民의祖先은
紹서야股이保育き신良臣民이며朕이
祖宗의不基물守야萬億年의休命을近續き미甚難き
노니鳴呼라民을敎치아니면國家물鞏固케기甚難き

교육입국조서

하는 근본이 되는 정책이라는 의미이다. 고종은 어지러운 조선을 다시 부강한 국가로 끌어올리려는 기본 계획에서 교육입국(教育立國)이라는 원칙을 천명하였다. 그것은 당시의 세계정세를 파악해 볼 때, 이른바 강대국으로 불리는 국가들은 모두 국민의 지식 수준이 높다는 것을 깨닫고, 그것이 교육으로 말미암아 성취되었음을 파악한 데서 비롯되었다. 어쩌면 세계정세의 흐름에 발 빠르게 대응한 것으로 판단된다.

둘째, **교육의 실용성**을 중시하였다는 점이다. 고종은 허위의식에 빠진 교육으로는 격동하는 현실 사회를 헤쳐 나가기 힘들다는 깨달음을 얻었다. 아마도 서구 과학의 실제적인 힘을 보고 현실적이고 실천적인 것의 교육의 중요성을 인식한 듯이 보인다. 물론 여기에는 당시 조선 사회의 주요한 정신적 기반인 성리학적 사유의 한계가 반영되기도 했을 것이다.

셋째, **교육의 강령**을 구체적으로 덕과 체와 지의 세 가지로 제시했다. 이것은 페스탈로치를 비롯한 근대 서구 교육에서의 삼육론(三育論)에 비유하기도 한다. 그러나 그 내용의 실제는 다른 양상을 띤다. 『교육입국조서』는 형식상 당시 조선에서 지속되었던 유학 경전 중심의 전통 교육을 지양하고 세계정세상 새롭게 전개되는 신교육의 물결을 타려고 한 것은 사실이다. 그러나 내용상 조선 전통의 교육을 포기한 것이 아니라 **전통의 창조적 계승**을 중심으로 하고 있다. 그 근거로 덕양(德養)의 중심에 유학의 핵심 윤리인 오륜(五倫)을 두고 있고, 체양(體養)의 내용 또한 단순한 신체 단련을 넘어 몸동작을 떳떳이 하여 부지런히 힘쓰는 유학에서의 수신(修身)을 핵심으로 하며, 지양(智養)의 내용도 사물의 이치를 깨쳐 지식의 완성을 꾀하는 유학의 격물치지(格

物致知)를 주요하게 다루고 있다.

이렇게 볼 때, 교육의 강령 자체는 유학 교육의 탈피에 중점을 두기보다는 세계정세에 비추어 보아 강력한 국가를 건설하기 위한 기본적인 전제 조건으로 교육의 중요성을 다시 천명하면서 새로운 교육을 모색하는 기로에 있다고 볼 수 있다. 그 핵심이 백성의 지식 수준을 끌어올려 국가 부강의 초석으로 삼는 일이다. 그것은 내용상 **전통교육과 신교육의 조화**라고 판단된다. 전통교육은 덕양의 기준이고, 체양과 지양은 신교육의 교육과정을 도입하여 실용을 숭상하는 방식으로 진행해 나갔다. 이런 교육과정은 전인적 애국인상을 교육을 통해 길러 내야 할 인간으로 상정하였던 것이다.

이후, 대한제국의 수립과 더불어 **근대적 교육법규**가 제정·공포되면서 한국 근대교육은 희망을 보이기 시작했다. 당시 근대교육을 주도하기 위한 핵심 기관으로서 한성사범학교의 교육요지를 담고 있는 「한성사범학교 규칙」을 보면 다음과 같다.

한성사범학교

- 교육자에게 있어 정신의 단련과 덕조(德操)의 마려(磨勵)는 중요하므로 평소에 이를 권행(勸行)함
- 교육자에게 있어 존왕애국(尊王愛國)의 지기(志氣)는 중요하므로 평소에 충효(忠孝)의 대의(大義)를 밝히고 국민의 지조(志操)를 진기(振起)함
- 교육자에게 있어 규칙을 지키고 질서를 보전하며 사표(師表)의 위의(威儀)를 갖추는 것은 중요하므로 평소에 장상(長上)의 명령 및 훈회(訓誨)에 복종하고 기거(起居), 언동(言動)을 바르게 함
- 신체의 건강은 성업(成業)의 기본이므로 평소 위생(衛生)에 유의하고 체조에 힘써 건강을 증진시킴
- 교육자에게 있어 교수법(敎授法)은 중요한 것이므로 소학교 규칙(小學校規則)에 맞도록 힘써야 함

『교육입국조서』 발표 이후, 10여 년간 학무아문을 중심으로 소학교, 한성사범학교, 외국어학교, 중등학교, 성균관 개편, 의학교, 상공학교, 농학교, 선교계 학교 등을 설립하고, 교과서를 편찬하여 본격적인 근대 학교교육을 시행하려고 하였다. 그러나 1905년 일제가 통감부를 설치한 후에 교육 통제가 강화되고 일제식민시기가 시작되면서 정부 주도의 교육 개혁 노력은 빛을 잃게 되었다.

2) 선각자들의 교육운동

민중과 민족 선각자들의 교육운동은 근대를 지향하고 민족을 보전해야 한다는 의식 가운데 진행되었다. 다시 말하면, 선진국의 문물을 받아들여 근대화를 이루려는 개화사상과 우리 민족의 주체성과 정체성을 지속하려는 민족주의 정신을 지향하였다. 이에 사회단체 결성, 언론 기관의 설립, 학회와 학교의 설립 등 다양한 측면에서 전개되었다. 이 중에서도 학교의 설립은 교육 구국

의 일꾼 양성에 주 목적을 두고, 전전한 인격과 건강한 신체의 함양에 역점을 두었다. 그 결과, 민족의식을 고취하고 애국 사상을 함양한 애국 청년들을 중심으로 항일 운동의 근거지 역할을 맡기도 하였다.

민중이 힘을 모아 세운 학교로는 최초의 근대식 학교인 **원산학사**(元山學舍, 1883)가 있다. 원산학사는 원산의 덕원읍민, 즉 지방 민중의 노력에 의해 설립된 학교이다. 원산은 부산, 인천과 더불어 강화도 조약에 의해 개항되었다. 개항과 동시에 일본 상인들이 물밀 듯이 들어오자 민중은 스스로의 권익을 어떻게 지켜야 할 것인지 고민할 수밖에 없었다. 이에 덕원 지역의 의식 있던 지성인들이 온건개화파로서 덕원부사였던 정현석(鄭顯奭)에게 학교 설립을 요청하였다. 중요한 것은 덕원의 민중이 학교 설립 기금을 모아 자제들에게 **신지식 교육**을 실시하려는 시도이다. 당시 조선이라는 신분 사회에서 **민중의 교육적 자각에 의한 학교 설립**은 교육사적으로 엄청난 사건이다. 학사에서는 문예반, 무예반, 외국어반 등 다양한 교육과정을 두었는데, 문예반에서는 경전의 의미를 가르치고, 무예반에서는 병서를 가르쳤다. 원산학사는 외국의 도전에 대응하기 위해 민중이 자발적으로 성금을 모았다는 점, 외국인이나 관 주도의 교육에 앞서 민중의 광범한 근대화의 의욕에서 설립되었다는 점에서 큰 의의가 있다.

이 시기에 활동한 **민족선각자**들로는 서재필, 윤치호, 유길준, 장지연, 박은식, 이동휘, 이기, 이용익, 오세창, 안창호, 최남선, 이승훈, 이상재, 남궁억 등 이루 헤아릴 수 없을 정도이다. 이들은 언론과 저서, 사회활동을 통하여 교육의 중요성을 일관되게 강조하였다. 특히 민족의 **부국강병**(富國强兵)과 **자립자강**(自立自强) 등 주체의식을 기르는 데 온 힘을 쏟으려고 하였다. 이런 개화와 근대화, 민족의식을 고취하기 위해 세워진 사학으로는 흥화학교(興化學校, 1895), 을미의숙(乙未義塾, 1895), 중교의숙(中橋義塾, 1896), 낙연의숙(洛淵義塾, 1901), 우산학교(牛山學校, 1902), 보성학교(普成學校, 1905) 등이 있다. 특히 1907년에 안창호가 설립한 대성학교(大成學校)와 이승훈의 오산학교(五山

안창호

學校)는 민족의식과 독립정신을 남달리 고취한 대표적인 학교이다.

특히 도산 안창호는 구한말의 풍전등화 같은 국운을 바라보면서 자아혁신(自我革新)과 개조(改造)를 통해서 민족을 혁신하고 개조하려고 하였다. 여기서 급선무가 **교육**이라고 주장하였다.

나는 단언하오, 독립운동 기간일수록 더 교육에 힘써야 한다고. 죽고 살고 노예되고 독립(獨立)됨이 판정되는 것은 지력(知力)과 금력(金力)이오. 우리 청년이 하루 동안 학업(學業)을 폐하면 그만큼 국가에 해(害)가 되는 것이오. 또 국민에게 좋은 지식(知識)과 사상(思想)을 주고 애국(愛國)의 정신을 격발하기 위해 서적을 많이 간행하여 이 시기에 적합한 특수한 교육도 하여야 하고 학교도 세우고 교과서도 편찬하여 해외에 있는 이들에게도 가급적 교육을 실시하여야 하오(『島山全書』).

안창호는 이러한 교육의 중요성을 염두에 두고 대성학교의 교육방침을 네 가지로 설정하였다. 첫째, 건전한 인격의 함양이고, 둘째, 애국정신에 강한 민족운동자의 양성이며, 셋째, 국민으로서 실력을 구비한 인재의 양성이고, 넷째, 강장(强壯)한 체력의 훈련이다.

이 교육방침을 실천하기 위해 무실역행(務實力行)과 주인정신(主人精神)을 강조하였다. **무실역행**은 나 한 사람부터 성실한 사람이 되어야 민족중흥에 새로운 힘이 될 수 있다는 의미이다. 무실(務實)은 '실(實)을 힘쓰자'는 뜻으로 진실, 성실, 참, 거짓이 없다는 말이다. 역행(力行)은 '행(行)을 힘쓰자'는 말이다. '힘써 행하라'는 말이 아니라 '행하기를 힘쓰자'는 의미이다. 공리공론(空理空論)이나 교조적 명분론을 버리고 실천궁행하자는 의미이다. 그리고 **주인정신**은 책임과 독립을 강조하는 주체적 정신이다. 우리 민족의 구성원 모두가 역사와 민족에 대해서 책임질 수 있다는 생각을 지닐 때 주인정신은 살아난다. 안창호는 바로 이런 무실역행과 주인정신을 교육을 통해 심어 주려고 하였다.

또한 이승훈도 민족의 장래와 운명이 교육에 달려 있다고 보고 오산학교를 설립하였다. 그는 오산학교의 설립정신을 다음과 같이 표현하며 그 간절함을 보여 주었다.

> 지금 나라가 기울어져 가는데 우리가 그저 앉아 있을 수 없다. 이 아름다운 강산, 선인들이 지켜 온 강토를 원수인 일본 놈들에게 내어 맡긴다는 것이 정말 있어서는 안 된다. 총을 드는 사람, 칼을 드는 사람도 있어야 할 것이다. 그러나 그보다도 더 귀중한 일은 백성들이 깨어나는 일이다. 세상이 어떻게 돌아가는지를 모르고 있으니 그들을 깨우치는 것이 제일 급선무이다. 우리는 우리를 누르는 자를 나무라기만 해서는 안 된다. 내가 못생겼으니 남의 업신여김을 받는 것이 아닌가. 옛 성현의 말씀에도 사람이 스스로를 업신여기면 남이 업신여긴다고 했다. 내가 오늘 이 학교를 세우는 것은 후진을 가르쳐 만분의 일이라도 나라에 도움이 되기를 원하기 때문이다. 한마음으로 협력하여 나라를 남에게 빼앗기지 않는 백성이 되기를 부탁한다(『南岡 李昇薰』).

이처럼 오산학교는 민족의 영광을 바라보는 **민족정신**을 고취하려고 하였다. 그러기에 자신의 덕과 지혜, 힘을 길러 나라에 봉사하려는 희생정신을 바탕으로 **신학문**을 닦아 국가의 기둥이 되려는 학생들이 모여들었다.

전체적으로 볼 때, 민중과 민족선각자들의 교육운동은 공통적으로 서구의 신문화를 받아들여 **민족과 국가의 번영**을 꾀하려는 의도를 지니고 있었다. 특히 1905년 일제가 침략하면서부터는 **교육구국**의 이념 아래 민족의 주체의식과 독립을 내세우는 쪽으로 나아갔다. 요컨대, 민족의식을 고취하고 신지식을 계발하여 국권을 회복하는 데 온 힘을 기울였다고 볼 수 있다.

3) 기독교의 교육활동

알렌

개신교가 우리나라에 본격적으로 전래된 것은 고종 19년(1882년)에 미국을 비롯한 여러 나라와 수호조약을 체결한 이후부터이다. 1884년 당시 일본에서 선교하고 있던 감리교 선교사 매클레이(Macley)가 고종을 알현하고 교육과 의료사업 허락을 받고 난 후부터 교육활동이 이루어졌다. 이후 알렌(Allen)은 1885년에 광혜원을 세워 최초로 서양식 의료기술을 전파하였고, 아펜젤러(Appenzeller)는 1885년에 배재학당을 설립하였다. 스크랜턴(Scranton) 부인은 1886년에 우리나라 최초의 여학교인 이화학당을 열었다. 이렇게 하여 1910년까지 선교사들이 설립한 학교는 800여 개교에 달한다.

개신교 선교사들은 그들의 교리인 "예수께서 모든 성과 촌에 두루다니사 저희 회당에서 가르치시며 천국복음을 전파하시고 모든 병과 모든 약한 것을 고치시니라."(『신약성서』「마태복음」 9:35)라는 말씀에 따라 포교 사업을 시작하였다. 당시의 학교와 기독교 선교정책을 일러 주고 있는 '재한장로교연합회공의회 선교정책(在韓長老敎聯合公議會 宣敎政策)'을 보면 그런 정책이 잘 나타나 있다.

1. 전도의 목표를 상류층보다 근로계급의 인도에 두는 것이 더 낫다.
2. 모성은 후대의 양육에 중요한 영향력을 미치므로 부녀자의 인도와 청소년의 교육을 특수 목적으로 한다.
3. 군 소재지에 초등학교를 설치함으로써 기독교 교육에 성과가 많을 것이니 선교부 소관학교에 재학하는 남학생을 교사로 양성하여 각 지방으로 파송한다.
4. 교육받은 교역자 배출도 우리 교육기관에서 실천해야 할 것이니 이 점

에 항상 관심을 두어야 한다.

5. 사람의 힘이 다할 때 하느님의 말씀이 사람을 회개시킨다. 그러므로 모든 힘을 다하여 조속한 시일 내에 정확한 말로 성경을 번역하여 세상에 내어 놓는 것이 가장 중요하다.

6. 모든 문서사업에는 한자의 구속에서 벗어나고 순 한글을 사용하는 것이 우리의 목표가 되어야 한다.

7. 진취적인 교회는 자립하는 교회가 되어야 한다. 우리 교인 중에 남에게 의존하는 생활자의 수를 감소시킴을 목표로 하고 자립하는 교회와 헌금하는 교인의 수를 증가시킨다.

8. 한국인 대중을 그리스도에게로 인도하는 일은 한국인 자신들이 하여야 한다. 그러므로 우리 자신이 대중에게 전도하는 것보다 적은 수의 전도사를 철저하게 훈련시킨다.

9. 선교사 의사들의 사업이 좋은 성과를 얻으려면 개별적으로 환자를 병실이나 환자의 집에 오래 두고 시료(施療)하면서 전도하고, 의사가 본보기가 되어 환자가 마음으로 깊은 감격을 느낄 수 있는 기회를 가지게 할 것이다. 외래환자 진료소 사업은 비교적 성과가 적다.

10. 지방에서 와서 장기간 입원하였다가 퇴원한 환자들을 그들의 주소로 찾아가서 사후 상황을 계속하여 돌보아야 한다. 그들이 병원에서 받은 온정적 대우는 전도사가 접촉할 수 있는 기틀이 될 수 있기 때문이다 (Paik, 1970).

특히, 병원을 설립하는 **의료**의 전파와 동시에 **교육**을 주요 포교의 수단으로 삼아 의료 행위를 통해 조선 사람을 불행에서 구하고, 교육을 통해서 계몽의 방법으로 서양의 근대문화를 소개했다. 그런 임무를 담당한 것이 바로 **미션스쿨**(Mission School)이었다. 선교사들의 교육활동은 서구의 근대적 교육제도를 도입하고, 서구식 민주주의 이념에 입각한 교육의 기회 균등 사상을 보급하는 데 기여하였다.

2. 일제 조선총독부 시기의 교육

일제가 조선 교육에 본격적으로 개입하기 시작한 것은 1904년 일본인 고문인 시데하라가 학정 참여관으로 부임하면서부터이다. 시데하라는 조선의 아동들이 사용할 교과서를 편찬하고, 일본인 교사를 채용하도록 하였으며, 각급 학교의 명칭을 변경토록 하는 등 조선 교육에 깊게 관련하였다. 특히 1906년 **통감부**가 설치되면서 일본은 조선을 완전한 식민지로 만들기 위한 갖가지 시책을 추진하였다. 학제를 전면적으로 개편하여 **식민지화** 교육을 도모하고, 조선인은 고등교육을 받을 수 없도록 고등교육기관 설립을 불허하였으며, 대신 실업학교를 두어 **실업 기능인** 양성에 주력하였다. 뿐만 아니라 동화 정책의 일환으로 일본어 교육을 강화하고, 일본인 교원을 다수 배치하여 친일 교육을 실시하면서 학교 운영에도 관여하기 시작하였다.

조선총독부

1910년에 한일합방을 공포하고 **조선총독부**를 두어 무단통치를 강행하면서 1911년에 제1차 **조선교육령**을 제시하였다. 조선교육령은 조선의 교육을 법에 의해 공식적으로 통제한 식민지 교육의 확립이다. 그것은 '조선인 교육은 충량한 국민 육성을 목적으로 한다'는 법령이었다. 특히 한국인의 교육기간을 단축하고, 초등교육에 치중하게 하고, 중등교육에서는 실업교육을 강화하는 등 우민화를 꾀하였다. 나아가 일본어 교육을 강화하고, 교과서 내용을 통제하며, 조선의 학생들을 감시하고, 민족운동의 온상인 사립학교를 탄압하였다.

1919년 3.1운동 이후 약간의 변화가 있기는 했으나, 본질적으로는 여전히 민족교육을 탄압하고 일제 식민지 교육을 강화하는 방향으로 전개되었다.

1920~1930년대에 식민지 교육이 한창 무르익을 무렵 교육계의 인식을 보면 다음과 같다.

1. 5,000여 년의 찬란한 문화는 종족이 하루아침에 이민족의 침입을 받아 문화, 종교, 언어, 습속이 파괴당하고 매몰되었는데 교육이 가장 심하다.
2. 한글과 한국의 역사는 한국인이 배우고자 하는 것인데, 일본인들이 금지하고 대신 일본어와 일본의 역사를 가르친다.
3. 한국인 선생과 한글 서적은 모두 한국인이 요구하는 것인데, 일본인들이 못하게 하고 일본인 선생과 일본 서적을 강요한다.
4. 배우는 권리는 한국인이 균등하게 누리고자 함인데, 일본인이 이를 제한하는 까닭에 태어나 배울 수 있는 학교가 없으며 배워도 직장을 구할 수 없으니 이를 통탄해 마지않는다.
5. 경성(서울)의 한글신문인 조선일보(1928년 11월 25일자)에는 교육계의 큰 문제로 "일본인 교원 대신 한국인 교원 채용을 요구"라고 하였는데, 근래 조선 학생들의 사상 경향을 살펴보면 모두 열렬히 자국의 언어와 역사를 주장하는데, 이것은 청년계의 향학열이 격발해서 민족적 자각의 소리가 고조되는 징조이다. 조선의 전통교육이 중국의 경(經)·사(史)·

자(子)·집(集)을 근간으로 했으며, 자국의 문화에는 주의를 기울이지 않았기에 급기야는 비참한 결과를 가져왔다. 생각건대, 이러한 과거는 깨끗이 잊어버리고 자국의 언어와 역사를 배우고 닦는 데 급급하지 않을 수 없다.

6. 한국의 공립보통학교는 외국의 초급 소학교를 말하는데, 소학에서 중학, 전문학교에 이르기까지 모두 일본인이 교장이고, 중요 직책, 직원, 교사도 역시 모두 일본인이 점거함으로써 50만 학생으로 하여금 머리를 조아리게 한다(『素昻先生文集』).

이러한 일제 식민지 교육은 근대 개화기 교육이 추구했던 교육개혁을 억압하면서 조선의 문화적 전통을 급격히 단절시켜 민족 문화의 계속적인 발전을 꾀하지 못하게 만들었다. 더욱이 서구 문화는 침략적 제국주의 문화로 왜곡되어 근대화의 기반을 형성하는 데 큰 타격을 주었다.

3. 해방 후 한반도의 교육

1945년 일제로부터 해방된 우리나라는 38선을 경계로 이북은 소련이, 이남은 미국에 의해 다스려지게 되었다. 미 군정청의 학무국은 한국인 7명으로 구성된 자문기관으로, '한국교육위원회'를 조직하여 교육문제 전반에 대한 심의와 결정을 하였다. 특히 일제 잔재의 불식, 평화와 질서의 유지, 생활의 실제에 적합한 지식 기능의 연마를 중시하였다. 또한 학무국 산하에 조선교육심의회를 두고 한국 교육의 정초를 다지도록 하였는데, 이때 홍익인간의 교육이념을 채택하고, 6-3-3-4제의 단선제 학제와 1년 2학기제 등을 채택하였다. 주요 교육 시책으로는 교수 용어를 한국어로 하고, 교과서를 편찬·보급하며 민주주의 교육이념의 보급과 교육 자치제, 문맹퇴치를 위한 성인교육 등을 추

근대 교과서

진하였다.

이는 서양의 현대적 교육사조에 따라 교육방법을 민주화하기 위한 노력이었다. 즉, 전통적 교육의 권위적이고 주입적인 방법에서 벗어나 아동의 개성을 존중하고 자유롭고 창의적인 활동을 통해 학습하는 것이다. 이는 오천석에 의해 '새교육'이란 이름으로 소개되었는데, 민주주의 이념을 바탕으로 한 미국의 진보주의 교육방법을 채택한 것이었다.

1948년 8월 15일에 대한민국이 수립되고, 대한민국 교육법이 제정되면서 한국교육은 본격적으로 전개되었다. 교육법은 국민교육, 평등교육, 의무교육의 대원칙을 밝혔으며, 교육 자치제에 관한 규범을 두고, 민주교육을 위한 법적 장치를 마련하였다. 이후 정권의 교체와 시대 상황의 변화에 따라 교육의 양적 팽창과 질적 전환이 이루어져 왔다.

현재 대한민국은 「헌법」 제31조에 '교육에 관한 조항'을 다음과 같이 규정하고 있다.

① 모든 국민은 능력에 따라 균등하게 교육을 받을 권리를 가진다.
② 모든 국민은 그 보호하는 자녀에게 적어도 초등교육과 법률이 정하는 교육을 받게 할 의무를 진다.
③ 의무교육은 무상으로 한다.
④ 교육의 자주성·전문성·정치적 중립성 및 대학의 자율성은 법률이 정

하는 바에 의하여 보장된다.

⑤ 국가는 평생교육을 진흥하여야 한다.

⑥ 학교교육 및 평생교육을 포함한 교육제도와 그 운영, 교육재정 및 교원
의 지위에 관한 기본적인 사항은 법률로 정한다.

이러한「헌법」에 의거하여 만들어진「교육기본법」제1장 제2조에는 교육
의 목적을 다음과 같이 기술하고 있다.

> "교육은 홍익인간의 이념 아래 모든 국민으로 하여금 인격을 도야하고 자주적 생활능
> 력과 민주시민으로서 필요한 자질을 갖추게 하여 인간다운 삶을 영위하게 하고 민주국
> 가의 발전과 인류공영의 이상을 실현하는 데 이바지하게 함을 목적으로 한다."

한편, 북한은 1946년에「교육결정 제133호」를 발표하면서 교육체제를 임
시로 개정하였다. 이후, 1948년 9월 9일에 조선민주주의 인민공화국이 수립
되면서「사회주의헌법」제43조에서 다음과 같이 교육목적을 규정하여 오늘
에 이르고 있다.

> "국가는 사회주의 교육학의 원리를 구현하여 후대들을 사회와 인민을 위하여 투쟁하
> 는 견결한 혁명가로 지덕체를 갖춘 공산주의적 새 인간으로 키운다."

현대 한국교육사의 차원에서 볼 때, 남한인 대한민국과 북한인 조선민주주
의인민공화국 사이의 교육은 이질적인 측면이 많다. 민족통일을 전제로 한
다면 무엇보다도 시급한 작업은 남북 간의 분단 극복과 민족 동일성을 회복
하고, 시대정신에 부합하는 민주 통일교육이 중요하다.

교육철학 및 교육사 · 제 3 부

교육철학

제 15 장 현대 교육사상

제 14 장 교육의 사회철학적 차원

제 13 장 교육의 윤리적 차원

제 12 장 교육목적의 여러 차원

제 11 장 교육철학의 이해

교육철학의 이해

1. 교육철학의 의미

1) 교육철학의 다양한 의미와 용법

교육철학은 어떤 학문이며, 무엇을 위한 탐구활동인가? 이 질문에 대한 명확하고 간결한 답을 얻기란 쉽지 않다. 우리가 상식적 수준에서 생각한다면 교육활동 혹은 교육문제를 대상으로 철학적 탐구를 하는 것이 교육철학일 것이다. 교육철학자 브로디(Broudy, 1963)는 교육문제를 철학적 수준에서 철학적 방법으로 논의하는 것이 교육철학이며, 실재, 지식, 선, 미와 같은 철학적 기초를 이루는 심층까지 교육적 논점을 탐색하는 것이 그 임무라고 언급하였다. 여기서는 교육철학을 학술적으로 명확히 정의하기 위한 시도보다 교육철학이 왜 필요하며, 교사는 어떤 교육철학을 가져야 하는지를 중심으로 논의하고자 한다.

교육철학이 왜 필요한가를 이해하기 위해서는 우선 교육철학이라는 말의 일상적 용법을 살펴볼 필요가 있다. 첫째, 교육철학은 **교육관** 혹은 **교육사상**이라는 의미로 흔히 사용되고 있다. 교육활동 전반에 대한 자신의 일관된 소견이나 가치관을 우리는 교육관이라고 한다. 교육관 안에는 세계관, 가치관, 인간관을 함의하고 있기 때문에 교사나 교육행정가가 어떤 교육관을 갖느냐 하는 것은 매우 중요한 문제이다. 이런 교육관과 동일한 맥락으로 교육철학이라는 말을 쓰기도 한다. 우리가 어떤 교사나 교육행정가에게 '당신의 교육철학은 무엇입니까?'라고 물을 때, 그 교육철학은 교육관을 의미하게 된다.

둘째, 교육철학은 **교육목적론**의 의미로 사용되기도 한다. 교육은 목적지향적 활동이고, 그 목적이 무엇이어야 하는지 철학적 논의가 필요한 것은 당연하다. 실제 현대 교육학을 정립했던 헤르바르트는 교육목적론의 학문적 배경으로 철학과 교육방법론의 배경으로 심리학을 강조하였다. 이런 목적론은 교육관과도 밀접하게 관련된다. 즉, 어떤 목적을 더 중시하는가에 따라 교육관이 달라질 수 있다.

셋째, 철학적 지식이나 이론을 교육에 적용하는 것을 교육철학으로 이해하기도 한다. 특정 철학사조나 이론을 교육에 응용하게 되면 그런 색깔의 교육이 이루어지게 된다. 예컨대, 실존주의자들의 이론을 교육에 적용하여 개인의 실존이나 자아실현을 중시한다거나 대화나 만남을 중요한 교육방법으로 활용하려는 노력이 나타날 때 그 기반을 실존주의 교육철학이라고 부르게 된다.

넷째, 교육을 대상으로 철학적 탐구방법을 활용하는 지적인 활동을 교육철학이라 부르기도 한다. 최근에는 철학적 탐구방법인 분석, 사변, 평가, 논증, 정당화 등을 통해 교육에 관한 이론적 논의가 활발해졌다. 예컨대, 20세기 후반에 있었던 교육철학계의 큰 흐름은 분석철학적 연구방법이었다. 교육(학)에서 사용되고 있는 여러 용어와 개념을 분석하여 좀 더 명확하게 진술하고 논리적 전제나 함의를 밝히려고 하는 작업이 활발히 이루어졌다.

어떤 의미이든지 간에 교사에게는 교육철학이 꼭 필요한 소양인 것은 분명하다. 왜냐하면 교육관이 없는 교사, 분명한 교육목적 없이 기계적으로 가르치는 일을 반복하는 교사, 자신이 하고 있는 교육활동에 대한 철학적 안목과 고민이 없는 교사가 좋은 교육활동을 할 것으로 기대하기는 어렵기 때문이다. 교사는 전공지식이나 교수법 등에 관한 훌륭한 소양을 쌓을 필요가 있지만 무엇보다도 자신의 교육철학을 확고하게 정립하려는 노력이 필요하다.

앞에서 언급한 교육철학의 몇 가지 용법 중 교육관에 관한 내용을 좀 더 살펴보자. 교육관은 매우 다양하지만 서로 대립적인 몇 가지 관점이 크게 영향을 미쳐 왔다. 그중에서도 주형적(기계적) 교육관과 성장적(유기적) 교육관, 그리고 개인 중심 교육관과 공동체 중심 교육관이 대표적이다.

2) 다양한 교육관

(1) 주형적 교육관과 성장적 교육관

주형적 교육관은 가장 오래된 교육관 중의 하나이다. 주물 제작을 할 때, 제작하려는 물건의 본을 뜬 틀을 만든 다음 쇳물을 부어 원하는 물건을 만들어 내듯이, 교육도 교육자가 원하는 방향으로 아이들을 만들어 가는 일이라고 이해한다. 이 교육관에서는 교사의 목적과 의도대로 교육이 이루어지며 학생은 교사가 인도하는 대로 충실히 따르면 된다고 본다. 이 관점에서 교사는 주물을 만드는 장인에 해당하고, 학생은 주물 틀에서 만들어지는 물건에 해당한다. 이런 주형적 교육관을 기계적 교육관으로 부르기도 한다(Bollnow, 2008).

교육을 주형의 관점에서 보려는 것은 교육에 대한 매우 오래된 이해 방식이다. 교육은 일단 교육자가 원하는 무엇인가를 학습자에게 가르쳐서 변화를 도모하는 일이라는 매우 상식적 수준의 교육관을 대변한다. 경험론의 입장에서 인간 본성에 대한 백지설을 주장한 로크(John Locke), 학생들의 행동을 잘 통제하면 어떤 교육도 가능하다고 주장했던 왓슨(J. B. Watson) 같은 행동주의 심리학자들은 주형적 교육관의 이론적 배경을 제공하고 있다. 로크는 인간이 백지(tabula rasa)와 같은 상태로 태어나기 때문에 성장하면서 어떤 경험을 하고, 어떤 교육을 받느냐에 따라 결과가 상당히 달라질 수 있다고 보았다. 행동주의자들은 조건화(conditioning)를 통해 학생들에게 의도적 자극을 줌으로써 원하는 반응을 얻어 낼 수 있다고 주장한다. 특히 왓슨은 건강한 아이들을 자신에게 맡기기만 하면 원하는 어떤 사람으로도 만들어 줄 수 있다고 주장하였기 때문에 그의 주장은 교육만능설로 평가되기도 한다.

주형의 비유는 교육의 가능성을 전적으로 신뢰하고, 모든 의도적이고 형식적인 교육을 설명하는 데 상당한 설득력을 가지고 있다. 그러나 이 관점은 교사와 학생의 관계를 너무 단편적으로 이해하려는 한계가 있다. 특히 학생을 지나치게 수동적 존재로 인식하고 교사 중심의 교육을 당연시함으로써 교육을 권위주의적이거나 주입식으로 흐르게 할 가능성이 많다.

주형적 교육관에 대비되는 것은 성장적 교육관이다. 모든 생물이 그렇듯이, 사람도 시간의 흐름에 따라 내적 원리에 따라 발달하고 성장한다. 성장적 교육관에서는 식물학이나 원예학의 핵심 용어인 '성장'을 중심으로 교육을 이해한다. 인위적인 강요나 주입이 없을 때, 인간은 자신의 고유한 리듬에 따라 성장할 수 있다. 따라서 성장적 교육관은 인위적인 교육을 반대하는 입장을 취한다. 아동이나 학생에게는 자신만의 내적 성장 원리와 리듬이 있기 때문에 그것이 잘 유지되어야 제대로 된 성장을 기대할 수 있다. 이런 자연적 교육관을 유기적 교육관으로 부르기도 한다(Bollnow, 2008).

성장적 교육관을 대표하는 학자로 루소(Jean Jacques Rousseau)를 들 수 있다. 루소의 교육론을 자연주의 교육론이라고 부른다. 루소의 대표적인 교육 저서인 『에밀』의 첫 문장은 다음과 같이 시작한다. "신이 만물을 창조할 때에는 모든 것이 선하지만 인간의 손에 건네지면 모두가 타락한다." 루소는 인간의 본성이 선하다고 믿었다. 따라서 인간이 가지고 있는 이러한 선한 본성을 잘 유지·보존해 주는 것이 인간의 성장에 중요하다. 루소가 볼 때 인위적이고 적극적인 교육을 하지 않는 것이 오히려 역설적이게도 인간을 제대로 교육하는 것일 수 있다. 그래서 루소의 교육방법은 소극교육론이다. 아이들이 자신의 자연적인 리듬에 따라 성장해 가도록 내버려 두되, 주변의 나쁜 영향을 차단해 주고 필요한 경우에만 도움을 주어야 한다. 이러한 교육관은 인간의 본성이 선하다고 생각했던 맹자의 성선설적 교육사상에서도 엿볼 수 있다.

어려서부터 아이들에게 너무 많은 것을 가르치려는 우리나라의 교육 현실은 자연성을 기르기 위한 소극적 교육을 해야 한다는 주장에 귀를 기울일 필요가 있다. 식사 시간을 줄여 가면서 공부해야 하고, 놀고 싶어도 공부해야 하며, 공부하기 싫어도 공부해야 한다고 아이들을 다그친다. 자연의 원리를 거역하면 우선 몸을 망치고 결국 정신을 망치게 된다. 이런 점에서 성장적 교육관은 '인간 본성을 되살리자'는 인간성 회복의 메시지를 강하게 담고 있다. 인간의 자연성을 회복하는 길은 대단한 노력이 필요한 것이 아니다. 인간이 지니고 있는 '스스로 그러한(自然)' 상태를 유지·보존해 주면 된다.

성장적 교육관은 특히 교육에서 아동(학생)의 중요성을 강조하고 교육방법의 중요성을 강조한다. 주형적 교육관처럼 원하는 유형의 인간을 인위적으로 만들어 가는 것이 아니라, 한 인격체의 본성을 존중하면서 자연의 원리에 따르는 소극적 활동이 곧 교육인 것이다. 물론 현대사회에서 자연적 교육관을 그대로 적용하기는 쉽지 않다. 그럼에도 불구하고 자연적 원리에 따라야 한다는 '합자연'의 교육원리는 교육에서 아동의 본성과 자율성을 존중해야 한다는 기본 원리를 환기시킨다.

(2) 개인 중심 교육관

교육활동에서 무엇을 가장 핵심으로 보느냐에 따라 교육의 방향이 달라질 수 있다. 가령, 학생 개인에게 초점이 있는 경우와 공동체나 집단에 초점이 있는 경우에 교육의 목적과 방향은 상당히 달라질 수밖에 없다. 개인 중심 교육관은 개인주의(individualism)에 토대를 둔 교육관이다. 개인주의 사상의 중심은 개인이다. 개인주의에서는 개인을 다음과 같이 이해한다(이지헌, 김선구, 이정화 편, 1996: 13-14).

1. 개인은 사회보다 먼저 존재하고, 궁극적 가치를 갖는다.
2. 개인을 위해서 사회제도가 존재한다.
3. 개인의 권리는 천부적이고 보편적인 것으로, 집단 성원이나 역할 수행자로서 갖는 권리나 책임보다 우선한다.
4. 개인의 자율성을 위해서 집단적 통제의 범위는 제한되어야 한다. 개인의 독자성, 주도성, 자율성은 집단적 정체성, 순종, 연대성보다 더 중요하다.
5. 개인은 자기 자신의 복지에 대해 책임을 져야 하고, 사회가 책임을 질 것으로 기대해서는 안 된다.
6. 개인은 자기이익을 보호하기 위해 서로 경쟁하고, 단결이나 상호 협조의 관계에 크게 의존하지 않는다.

개인주의에서는 개인을 독립적이고 자율적인 존재로 본다. 집단보다는 개인의 목적이 우선적이고 다른 목적들은 개인의 목적에 부차적이다. 즉, 개별적인 인간 존재가 우선적으로 중시되며, 사회나 집단의 이익은 부차적인 것으로 간주되는 것이다. 우리말에서 개인주의는 이기주의라는 뉘앙스를 내포하지만 원래 사회철학적 개념으로서 개인주의는 앞에 나열한 것과 같이 복잡한 믿음, 가치, 사고 습관을 포함하는 것이다.

서구의 개인주의 사상은 18세기 계몽주의 시대에 본격적으로 발달하기 시작하였다. 우리는 칸트, 루소, 밀의 사상을 통해 개인주의를 잘 이해할 수 있다.

칸트의 도덕이론에서는 개인이 우선한다. 그에 따르면 모든 인간은 합리적이고 독립적인 존재이다. 따라서 개인을 목적 그 자체로 대우해야 하고, 다른 목적의 수단으로 간주해서는 안 된다. 왜냐하면 개인은 각자의 이성에 따라 행동하고, 자신의 행위를 결정할 수 있는 자율성을 지닌 존재이기 때문이다.

루소는 '자연 상태'에서 찾아볼 수 있는 개인의 자유와 자율성을 옹호하였다. 그는 인간의 자유에 대한 모든 구속에 비판적이었다. 심지어 그는 계몽주의자들의 지나친 이성중심주의와 주지주의에도 반대하며 개인이 지닌 자연성의 회복을 강조하였다. 그는 '사회계약론'을 통해 각 개인이 자유롭게 계약을 맺고 그것에 따르기로 묵계를 통해 동의하였음을 강조했다. 이처럼 루소의 정치철학은 개인을 사회에 우선하는 중심에 두고 있다.

밀(J. S. Mill)의 정치이론도 개인의 자유를 강조한다. 그는 『자유론』에서 각 개인의 견해가 어떤 것이든 간에 자유롭게 표현할 수 있는 언론의 자유가 보장되어야 함을 주장하면서 열린 담론을 옹호하였다. 그는 오직 다른 사람들에게 해를 끼치는 것을 막아야 할 경우에만 권력이 행사되어야 한다고 주장하였다. 그밖에 자신과 관계되는 부분에서 개인은 전적으로 스스로 알아서 살아가야 한다. 자신에 대해서, 즉 자신의 몸과 마음에 대해서는 각자가 주인인 것이다. 밀의 이런 사상은 자유주의 전통의 핵심이 되었다.

이런 개인주의 사상은 교육철학자들에 의해 상당 부분 수용·발전되었다. 대표적인 학자들이 루소, 닐(Neill), 일리치(Illich), 로저스(Rogers), 듀이 등이다. 이들은 개인주의를 기반으로 교육이론을 구축하였고, 개인을 중시하는 교육관을 주장하였다. 먼저, 루소는 인간을 근본적으로 선한 존재로 봤다. 그러나 부패한 사회는 인간을 타락시키고 만다. 루소의 『에밀』은 장자크 선생이 에밀이라는 한 학생을 교육해 가는 이야기이다. 장자크의 교육은 에밀의 적성, 선호, 경험을 기반으로 행해진다. 에밀은 책이나 직접적인 가르침을 통해서, 혹은 제도 속에서 배우는 것이 아니라 자기발견과 개인적 흥미를 통해서 배운다. 이런 점에서 에밀의 교육은 경험주의 교육의 초기 형태라고 말할 수 있다.

닐은 '섬머힐 학교'를 세워 자신의 교육철학을 실천하였다. 그는 개인의 본성을 짓누르고, 아동의 행복을 억누르는 기존의 학교교육을 강력하게 비판하였다. 섬머힐 학교에서 아동은 심지어 수업에 들어가지 않을 수 있는 자유, 혹은 민주적 참여를 통해 학교 규칙을 정할 수 있는 자유를 갖는다. 그 학교의 교사는 학습을 촉진시키는 역할을 주로 수행한다. 왜냐하면 아동을 천성적으로 현명하고 현실적이고 성인들의 지시나 간섭이 없어도 잘 발달할 수 있는 존재로 보기 때문이다. 닐의 교육철학은 학생들의 개별적 본성, 그리고 언제 어떻게 학습할 것인가를 학생 스스로 선택할 자유를 강조한다.

일리치는 '탈학교(deschooling)'를 주장한 교육사상가로 유명하다. 일리치의 교육관에서도 개인주의가 강하게 나타난다. 그는 학교라는 제도에 대해서 매우 비판적이다. 학교는 개별 학생의 자유를 무력화시키며 더 넓은 세계에서 제대로 배울 수 있는 진정한 학습을 오히려 방해한다고 보는 것이다. 그는 강제로부터 자유로운, 신나는 교육을 주장한다.

인본주의 심리학자로 알려진 **로저스**(Carl Rogers)도 교육에서 개인을 강조한다. 그는 『학습의 자유』에서 학교가 무의미한 교육과정을 전수하고 있다고 비판한다. 그것은 학교 교육과정이 개인의 감정이나 의미를 담아내지 못하고, 전인이 되는 일과 무관한 것이라고 보기 때문이다. 그는 대안적으로 '전인학습'이나 '의미 있는 경험학습'을 중시하는 교육과정을 주장한다. 그렇다고 로저스가 일리치처럼 학교체제를 전적으로 거부하는 것은 아니다. 그는 현행 교육체제 안에서도 대안적 교육과정 운영을 통해 자신이 주장하는 교육관을 실천할 수 있다고 믿기 때문이다.

듀이는 개인의 발달과 아동 중심 학습을 주장하였다. 그는 무엇보다도 학생의 흥미를 중요하게 생각하였다. 흥미는 교육에서 역동적인 역할을 수행한다. 이 점을 인식한다면 우리는 개별 아동의 흥미와 관심, 특수한 능력, 필요, 선호를 중심으로 교육을 생각하게 될 것이다. 듀이는 개별 학생에게 초점을 두었지만 이와 동시에 공동체적 교육관을 옹호하기도 하였다. 그는 공동체적 목적과 개인적 목적이 상호 조화를 이룰 수 있다고 보았다.

앞에서 알 수 있듯이, 교육철학에서 나타난 개인주의는 학생의 개인적 자유에 관심을 쏟는다. 이런 관점은 학교 제도가 학생의 독자성과 자율성을 소홀히 한 채 경직된 교육과정을 부과하는 데 급급하다고 비판한다. 이런 교육관은 진보적이거나 다소 급진적 성격을 갖고 있어서 현행 교육 제도에 비판적 경향을 보이고, 학교의 틀을 근본적으로 바꿀 것을 주장하기도 한다.

최근에는 앞과 전혀 다른 관점에서 개인주의를 옹호하는 교육자들이 상당한 영향력을 행사하고 있다. 신자유주의를 옹호하는 이들은 학교나 대학이 '사적 이익'에 기여해야 한다고 주장한다. 이들에 따르면, 학교는 일차적으로 학생들에게 기본 기능(basic skills)을 습득하게 해 주어야 한다. 왜냐하면 이런 기본 기능은 각 개인의 안정되고 독립적인 삶에 필수적인 것이라고 보기 때문이다. 이런 기능은 다양한 교과를 통해 제공될 수 있다. 따라서 초·중등학교의 다양한 교과는 일차적으로 실용적인 기본 기능을 제공하는 데 중점을 두어야 한다. 대학도 전공 지식과 더불어 수준 높은 전문적이고 특수한 기능을 길러 줌으로써 취업에 대비하도록 준비시켜야 한다. 이들은 이런 교육이야말로 학생들의 발달에 기여하는 만족스러운 교육이라고 본다. 이런 교육관은 '거친' 개인주의를 기반으로 하면서 교육을 사적 이익 추구의 영역으로 인식한다. 이런 교육관에 따르면, 학생들은 자기 자신의 향상과 발전을 위해서 공부하며, 학교는 졸업 후 학생들의 삶을 위해 준비시키는 곳이다. 이런 교육의 일차적 목적은 개인의 필요나 요구를 충족시켜 주는 데 있다. 그런데 이런 교육은 주로 정부가 교육정책의 근거로 학생들에게 이익이 된다고 간주하는 방향으로 결정하는 명분인 것이지, 학생들에 의해 혹은 학생들의 흥미에 따라 교육의 방향이 결정되는 것은 아니다. 여기서 우리는 앞에서 논의한 것과는 전혀 다른 개인 중심 교육관이 존재함을 알 수 있다.

(3) 공동체 중심 교육관

개인 중심 교육관과 대립되는 것으로 공동체 중심 교육관이 있다. **공동체 중심 교육관의 밑바탕에는 '공동체주의(communitarianism)'라는 사회정치이론**이 깔려 있다. 공동체주의는 개인이 아닌 집단이나 공동체에 초점을 둔다. 공동체주의에 따르면, 개인의 자유에 초점을 두거나 개인적 목표를 더 중시한다면 공동체의 핵심 가치들이 약화될 가능성이 커진다. 공동체주의는 개인주의에 대한 비판에서 시작한다. 특히 자아관에서 개인주의가 자율적 자아관 혹은 추상적 자아관을 주장한 반면, 공동체주의는 개인을 공동체의 일원으로 보기 때문에 공동체 안에서 구성하는 자아, 발견하는 자아를 강조한다. 공동체의 일원인 인간은 가족관계나 사회적 관계의 망 속에 있고, 이런 구성원이 됨으로써 자아가 규정되며, 공동체 내의 사회구조에 참여함으로써 자아실현이 가능하고, 이런 활동을 통해 성취되는 자기발전에서 개인의 자유를 찾으며, 합의된 헌신으로 다져 온 전통을 존중하며 살아간다.

공동체주의의 핵심은 공동체라는 개념이다. 서양의 역사에서 '공동체' 개념은 그리스의 폴리스(polis)와 기독교의 『성서』로 거슬러 올라간다. 또한 그것은 르네상스와 계몽주의 시대의 정치철학, 그리고 19세기 헤겔의 철학에도 들어 있다. 그것이 20세기에 와서 테일러(C. Taylor), 매킨타이어(A. MacIntyre) 등의 공동체주의 철학으로 되살아났다. 공동체는 '지역성' '이익집단' '공유된 신념, 권위, 전통' 등을 의미하기도 하고, 공동체에 기반을 두고 있는 '핵심 가치, 맥락, 전통'을 가리키기도 한다. 공동체는 관계망 속에서 서로 결속력 있는 사람들로 구성된다. 그 구성원은 모종의 가치관과 믿음을 공유한다. 그 관계는 인격적, 직접적, 대면적이다. 구성원을 결속시키는 것은 자기이익보다 우정, 의무감, 공동선 등이다. 구성원의 유대감은 일부분에 그치는 것이 아니라 삶의 전 영역에 걸쳐 나타난다. 즉, 구성원은 '우리 의식'으로 소속감을 갖는다. 결국 공동체는 다음과 같이 두 가지 의미로 주로 사용된다. 첫째는 공동의 목적을 가진 집단을 가리키며, 구성원의 차이를 뛰어넘는 공통된 가치를 강조한다. 둘째는 넓은 의미의 사회를 가리키기도 한다.

공동체 중심 교육관은 '공동체를 위한 교육'을 주장하는 관점을 가리킨다. 우리는 이 교육관을 두 가지로 구분할 수 있다. 하나는 '사회정의'를 강조하는 관점이고, 다른 하나는 '경제'를 강조하는 관점이다. 이 두 관점에서 공동체나 교육이라는 용어가 똑같이 사용되고 있지만 그 의미가 약간 다른 것을 알 수 있다.

첫째, 사회정의를 구현하기 위해서 공동체를 위한 교육을 옹호하는 교육철학자들이 있다. 이들을 비판적 교육자라고 말할 수 있다. 이들의 주장은 다음과 같다. 교사는 진보적, 계몽적, 급진적이어야 한다. 교사는 학생들이 현대문화에 스며들어 있는 개인주의의 이상과 가정, 그리고 당연시되고 있는 습관과 관행 등을 비판적으로 검토하도록 해야 한다. 이를 위해 특정 집단의 이익을 옹호하며, 여론을 왜곡하는 언론 매체를 비판적으로 바라볼 것과 이성과 감성, 개인과 공동체, 전통과 사회 변화, 인간의 완전성과 인간의 나약성 간의 긴장에 대해 성찰할 것을 강조한다. 이때 탈교조적이며, 탈이데올로기적인 사려 깊은 대화는 좋은 교육방법이다.

사회정의를 강조하는 공동체주의적 교육은 교육을 통한 사회 변화를 추구한다. 따라서 이런 교육은 변혁적 성격을 갖는다. 교사들은 교과 지식의 전달에 그치지 않고 학생들로 하여금 자신의 삶과 공동체를 비판적으로 성찰하도록 장려한다. 왜냐하면 학생들은 사회적 영향을 크게 받으며 살고 있고, 또한 장차 사회를 변화시킬 수 있는 주역이기 때문이다.

듀이는 앞에서 언급한 바와 같이 개인의 발달을 중시하였지만 동시에 공동체와 사회적 목적의 중요성을 강조하기도 하였다. 듀이에 따르면, 사람들은 서로 공유하는 것을 통해서 공동체 안에서 살아간다. 공동체나 사회를 지키고 살려면 인간들은 목적, 신념, 열망, 지식, 공동의 이해, 비슷한 마음을 공유해야 한다. 공동체는 이런 공통성을 유지해야 계속 존속할 수 있다. 따라서 교육은 사회나 공동체의 존속을 위해서 중요한 역할을 해야 한다. 듀이의 말처럼 사람들이 가까이 살고 있다고 해서 사회가 되는 것은 아니다. 개인들이 공동의 목적을 위해 일하고 있다고 해서 사회집단이 형성되는 것도 아니다. 사람들이 모두 공동의 목적을 인식하고, 그것에 대해 관심을 갖고, 그것에 따라 자신의 구체적 활동을 규제할 때 비로소 공동체가 될 수 있다. 이 과정에서 중요한 것은 의사소통이다. 의사소통을 통해서 비로소 합의가 가능하기 때문이다. 모든 의사소통은 교육적이다. 의사소통의 교육은 공동체의 수립과 존속을 위해서 중요하다. 또한 이런 공동체는 사회정의를 요구한다. 사회정의가 있어야 사회가 더 나아질 수 있기 때문이다. 이런 목적을 달성하는 과정에서 학교가 중요한 역할을 해야 한다. 여기서 교육과 사회의 밀접한 연관성이 드러난다. 그런데 오늘날 많은 사람이 우려하는 현상들이 나타나고 있다. 그것은 자본주의가 지나치게 강화됨으로써 민주주의의 역할이 축소되는 경향이 나타나고 있다는 점과 교육에서 개인주의가 지나치게 만연되고 있다는 점이다. 만일 학교와 사회가 공동의 목적에 의해 서로 연결되지 못한다면 교육도 무의미한 것으로 변질되고 말 것이다.

프레이리(P. Freire)는 교육의 정치적 성격과 사회정의의 추구를 강조하는 대표적인 사상가이다. 그는 교육의 변혁적 목적을 위해서 '문제제기식 교육'을 강조한다. 그는 학교교육이 이런 목적을 도외시하고 학생들에게 그저 지식을 전달하는 데만 치중하는 '은행저금식 교육(banking education)'을 비판한다. 프레이리에 따르면, 교육은 '의식화(conscientization)'로 나아가는 과정의 일부분이다. 여기서 의식화란 '비판적 자아인식'을 가리킨다. 은행저금식 교육에서는 비판적 자아인식이 불가능하다. 수동적인 학생들은 타인의 생각은 말할 것도 없고, 자기 자신의 생각을 비판적으로 성찰할 여유를 갖지 못한다. 비판적 자아인식이란 자신이 처한 현실적 상황을 인식하는 것이다. 우리는 늘 '지배적 담론'의 영향을 받고 살아가며, 따라서 그것에 대해 비판적이 되려고 의식적으로 노력을 기울여야 한다. 프레이리가 우려하듯이, 학교는 사회적 · 정치적 변화의 출발점으로 인식되지 못하고 있다. 학교는 오직 노동력의 생산을 위해 존재하는 곳으로, 따라서 정치적으로 중립적인 영역처럼 인식되고 있다. 그러나 교육은 근본적으로 정치적 성격을 갖는다. 이 점을 인식하게 하는 교육이 '피억압자의 교육' '마음의 교육' '자유의 교육' '분노의 교육' '미완의 교육'으로 표현된다. 이런 교육은 사회체제의 불공정성을 찾아내고 비판한다. 이런 교육에서는 인간의 주체성과 용기, 비판적 민주주의, 보편적 윤리와 희망에 중점을 둔다. 또한 과도하게 퍼져 있는 개인주의를 극복할 수 있는 대안적인 학교를 만들자고 주장한다. 이 관점은 학교와 사회의 관계가 중요하다는 점을 강조한다.

이런 프레이리의 사상을 추종하는 입장들을 사회정의에 기반을 둔 공동체주의적 교육관이라고 부른다. 공동체주의적 교육관은 사회정의를 위한 학교교육을 주장하며, 이런 교육은 공동체의 비전과 긴밀하게 연결된다. 공동체주의적 교육관을 따르는 교사들은 학생들에게 다음과 같은 사항을 인식하도록 강조할 것이다. 교실에서 습득되는 지식은 공공 영역에 영향을 미치고, 또 그것을 변혁시키는 데에도 활용될 수 있다. 교사들은 학생들이 그런 점을 적절하게 이해할 수 있도록 교실의 경험과 공동체(사회)를 연관지어 주어야 한다. 학교 자체가 공동체가 되어야 할 뿐만 아니라, 학생들이 일반 공동체를 변혁시킬 수 있도록 교육이 행해져야 한다.

둘째, '공리주의적' 혹은 '경제적' 교육을 강조하는 입장도 공동체적 교육관에 속한다고 볼 수 있다. 경제적 교육을 강조하는 입장에서는 학생들이 장차 경제 차원에서 공동체 및 사회에 일정한 기여를 하도록 교육해야 한다고 강조한다. 이 관점에서 교육은 국가 경제 발전의 수단이 되고, 학생들은 '인적 자본'으로 간주된다. 왜냐하면 제대로 교육받은 노동력은 국가 경제의 성장과 경쟁력의 기반이 된다고 보기 때문이다. 학교는 이런 목적에 기여해야 한다. 교육과정의 내용도 쓸모 있는 노동력을 길러 내는 데 도움이 되는 것으로 채워져야 한다.

애덤 스미스는 공리주의적 교육관을 옹호하였다. 그는 자본주의 사회가 계급으로 분리될 수밖에 없다고 보았다. 하층계급은 일차적으로 생산 현장에서 노동을 통해 생산을 담당해야 한다. 그들이 할 일은 상층계급이 창안해 낸 아이디어를 실천에 옮기는 일이다. 이런 '분업'은 효율적 생산을 위해 중요하다. 스미스는 두 종류의 학교가 필요하다고 봤다. 하나는 '열등한 집단'을 위한 학교이고, 다른 하나는 '우수한 집단'을 위한 학교이다. 각각 서로 다른 교육과정을 가르쳐야 한다. 하층계급은 '가장 기초적인 교육'만 받도록 하면 되고, 그 교육과정에는 주로 국어, 수학, 과학 등과 같은 기본적인 기능을 포함시키면 된다. 이런 학교 구분은 분업을 지지할 뿐만 아니라 이를 영속화시킨다. 하층계급의 아이들은 기본 기능을 배움으로써 생산 라인의 노동을 맡고, 상층계급의 아이들은 더 추상적이고 수준 높은 능력을 배움으로써 전문가로 활동할 수 있게 교육된다. 경제를 중심으로 이런 식의 교육이 설계된다. 스미스의 이런 주장은 교육이 경제 발전과 자본주의의 주요 공헌자라고 생각하는 교육관의 토대가 되었다.

20세기에 나타난 '인적자본이론'은 경제 발전을 위한 교육을 매우 강조하였다. 이 이론에 따르면, 지식은 경제 성장을 위한 핵심 요소이다. 교육은 경제 성장의 결정적 요소이고, 학교는 인적 자본을 증대시키고자 하는 국가의 주요 수단이다. 학교는 노동자들이 활용할 수 있는 기본 기능과 지식을 가르치고, 교육받은 인력을 공급해 줌으로써 생산력을 증대시킨다. 한마디로 말해서 교육은 인적 자본을 증대시키는 도구이다. 이것이 곧 '경제적' 의미에서 공동체에 기여하는 교육관이다.

수많은 정부와 다국적 기업은 이런 교육관을 채택하였다. 이런 경제적(공리주의적) 교육관에 따라 전 세계의 교육 프로그램이 변화되었다. 예를 들어, 세계은행(World Bank)은 '지식경제를 위한 교육'을 중심으로 정책을 수립하였다. 세계은행은 개발도상국가의 교육 프로그램을 지원하는 가장 큰 단일 기구이다. 세계은행의 지원은 개발도상국가로 하여금 역동적인 지구시장에서 효과적으로 경쟁하는 데 필요한 수준 높은 기능과 유연한 인적 자본을 개발하도록 도와준다. 세계은행은 이런 '인적 자본을 위한 교육'을 옹호하며, 경제적 차원에서 국가 공동체를 지원한다. 인적 자본을 위한 교육관은 선진국에서도 장려되었다. 미국, 영국, 캐나다, 뉴질랜드 등에서 효율성 및 효과성 운동이 강조되었다. 이 나라들의 학교에서는 국가 경제를 강화시킬 수 있는 노동력 창출을 가장 큰 목표로 삼았다. 인적 자본의 확충이라는 범사회적 목적을 가진 교육관과 교육정책은 개발도상국가로 널리 퍼졌다.

이제까지 공동체 중심 교육관에 두 가지가 있음을 살펴보았다. 하나는 사회정의의 확대를 지향하는 것이고, 다른 하나는 경제의 발전을 추구하는 것이다. 이 두 입장을 지지하는 사람들은 제각기 서로 다른 이유에서 개인적 교육관을 문제점으로 간주한다. 또한 두 입장은 개인적 교육관에 대응하는 방식에서도 차이를 보인다.

(4) 개인 중심 교육관과 공동체 중심 교육관의 관계

우리가 개인 중심 교육관과 공동체 중심 교육관을 살펴보았지만, 어느 관점이 반드시 옳다고 단정할 수는 없다. 오히려 양자에 제기될 수 있는 비판을 잘 살펴봄으로써 이해의 폭을 넓힐 수 있을 것이다. 우리가 공동체 중심 교육관을 옹호한다고 해서 반드시 개인 중심 교육관에 대해 비판적이어야 하는 것은 아니다. 공동체주의적 교육관을 지지하는 사람들도 개인주의적 교육관을 수용할 수 있지만 과도한 개인주의에 대해서는 비판할 것이다. 왜냐하면 그것이 공동체를 무너뜨릴 수 있기 때문이다. '사회정의'를 위한 교육관에 따르면, 개인주의가 다른 목적을 소홀히 하지 않는 한 공동체주의와도 부합될 수 있다. 예를 들어, 개인주의는 학생으로 하여금 다른 학생들을 개인으로 존중하도록 가르친다. 여기서 다른 학생들은 관용과 친절로 대우받을 만큼 가치 있는 독자적인 인간으로 간주된다. 이렇게 본다면 개인주의도 사회정의에 기여할 수 있는 측면을 갖는다. 그러나 '과도한' 개인주의는 공동체 중심 교육관, 특히 사회정의를 위한 교육을 희생시킬 수 있다. 개인주의적 교육은 사회적 목적을 희생시킬 위험성을 갖는다. 다시 말해서 학생들은 자신의 발전이 다른 학생들의 발전보다 더 중요하다고 볼 수 있고, 자기 자신에 대해서만 주목하면서 마치 자기 혼자서 세상을 살아가고 있는 것처럼 생각할 수 있다. 이 세상으로부터 차단되고 또 타인으로부터 단절된 개인이라는 생각을 갖게 될 위험성이 있다. 그뿐만 아니라 만일 각 개인이 적절하게 성장하고 발달한다면, 바꾸어 말해서 학교가 자율적·자조적·자아실현적 개인을 길러내기만 한다면 사회는 저절로 잘 돌아갈 것이라는 위험한 생각에 빠질 수 있다. 다시 말해서 학교는 다른 기관들의 영향으로부터 독립되어 있고, 학교 안의 문제만 처리한다면 나머지는 저절로 해결될 수 있을 것이라는 환상이 생길 수 있다. 이렇기 때문에 개인주의적 시각은 일반 사회가 당면한 문제들을 소홀히 하거나 단순화시켜 버릴 수 있다는 비판이 나오게 된다. 실제로 개인주의적 교육관의 옹호자들은 모든 사람에게 동일한 기회를 제공해 주기만 하면 평등은 성취될 수 있고, 또 평등을 진지하게 받아들이게 될 것이라고 낙관적 입장을 취한다. 그러나 이런 견해는 불평등을 야기하는 제반 사회적·구조적 요인에 무관심하게 만들어 버릴 수 있다.

그렇다면 경제적 관점의 공동체주의적 교육에서는 개인주의적 교육관을 어떻게 받아들이는가? 개인을 중시하는 교육관에서는 경제 성장이나 경쟁력과 같은 차원을 가볍게 여길 위험성이 있다. 하지만 경제적 관점도 개인주의적 입장과 부합될 수 있다. 만약 개인들이 오직 자신의 목표를 달성하기 위해서 열심히 일하고 또 성공한다면 그들은 사회와 경제를 위해서도 기여하는 결과를 가져올 것이다. 개인주의적 교육관은 이런 야망을 고취시킬 수 있고, 실제로 인적 자본에 기여하게 될 것이다. 그러나 경제적 교육관은 개인의 발달을 중시하기보다는 오히려 '지식경제'를 증진시키는 데 필요한 기능들을 확실히 가르치는 교육을 더 강조한다.

같은 공동체 중심 교육관 중에서도 사회정의를 위한 교육을 옹호하는 사람들은 경제적 교육목적의 '배타성'을 강력하게 비판할 수 있다. 왜냐하면 평등이나 사회정의에 중점을 두고 있는 교육목표들이 경제적 목적 때문에 도외시될 수 있기 때문이다. 사실 최근에 '시장의 윤리'에 대해서, 혹은 시장경제에 기반을 둔 신자유주의적 접근에 대해서 수많은 비판이 쏟아졌다. 이런 접근 속에서 학생들은 그저 맹목적으로 소비하는 객체가 되어 버리고, 민주주의는 소비의 실천으로 전락하고 만다. 이에 대해서 신자유주의자들은 소비자의 선택이 민주주의를 보장해 준다고 반박한다. 그러나 실제로 교육영역에서 시장의 논리가 확대됨으로써 기존의 사회적 격차와 분열이 더욱 더 커지고 있는 것이 엄연한 현실이다.

이에 대해 개인 중심 교육관을 옹호하는 사람들은 어떤 반응을 보일 것인가? 그들은 학생들이 적절한 방식으로 성장하고 발달할 수 있는 개인적 권리를 갖고 있음에도 불구하고 공동체주의적 교육이 학생 개개인의 독자성을 도외시하고 그들의 개성을 억압할 수 있다고 비판할 것이다. 이런 교육은 비윤리적인 것이다. 경제 발전이나 사회정의의 실현을 위해서 학생들로 하여금 '군중의 일원'이 되도록 강요하는 것은 정당하지 못하다. 개인주의자들이 보기에는 사회정의를 위한 교육이나 경제를 위한 교육이나 모두 마찬가지이다. 학생들이 도구적으로, 즉 다른 목적을 위한 수단으로 취급되고 있는 것이다. 현대의 개인주의자들은 일반 공동체를 위한 교육 때문에 학생들의 독자성이 소홀히 취급받고 있음을 지적한다. 이에 대해 공동체주의자들은 교육에서 개성을 너무 강조한다면 사회정의를 제대로 가르치지 못할 것이라고 반박할 것이다.

지금까지 교육관에 나타나는 개인 중심의 관점과 공동체 중심의 관점을 살펴보았다. 이 두 교육관은 서로 부합될 수 없는 것처럼 생각하기 쉽다. 개인주의를 옹호하면 공동체를 희생시키게 되고, 공동체주의를 옹호하면 개인을 희생시키게 된다고 생각하기가 쉽다. 그러나 개인주의와 공동체주의를 뛰어넘는 입장을 모색할 수도 있을 것이다. 사실 개인주의와 공동체주의는 서로 다르면서도 제각각 설득력 있는 부분을 지니고 있다. 따라서 이 두 가지는 적대적이지 않으면서 관점의 차이를 보일 수 있으며, 상이한 입장으로서 함께 꽃피울 수 있는 길을 찾을 수 있을 것이다. 현실 속의 교육은 개인과 공동체라는 두 배경 속에서 이루어지기 때문에 이 중 어느 것도 놓칠 수 없는 중요한 목적이고 가치인 것이다.

2. 철학의 개념 및 탐구 영역

1) 철학의 개념

교육철학은 교육의 세계에서 철학적 작업을 하는 학문이기 때문에 철학과 밀접한 관계를 맺고 있다. 교육철학을 이해하기 위해서는 먼저 철학이 무엇인지 이해할 필요가 있다. 철학은 근원에 대한 물음에서 시작된다. 인간이 다른 동물과 구별되는 특징 중의 하나는 '지성'을 가진 점이다. 인간은 본능과 신체의 유한성을 갖고 있지만 이를 극복할 수 있는 지성을 갖고 있다. 사물을 대할 때 본능적 태도와 지성적 태도 사이에는 분명한 차이가 있다. 일반적으로 동물은 본능적 충동에 따라 행동하겠지만 인간은 충동적이고 즉각적인 행동뿐만 아니라 사물을 '나와 마주 서 있는 것'으로, 다시 말해 '대상'으로 거리를 두고 '바라보는' 태도를 취한다는 점에서 다른 동물과 구분된다. 이처럼 사물을 대상화하여 바라보는 태도, 즉 관조할 수 있다는 점이 지성을 지닌 인간의 고유한 특성이다.

우리가 지성을 가지고 어떤 대상을 바라볼 때, 그 대상은 온갖 의문과 의혹을 지닌 '문젯거리(aporia)'로 다가오게 되고, 우리로 하여금 '경이'를 금치 못하게 만든다. 여기서 우리는 이 문젯거리를 해결하기 위해 다양한 방도를 모색하게 되고, 이것이 우리의 다양한 지적 활동의 출발점이 된다. 즉, 우리의 온갖 지적 활동은 문젯거리를 해결하기 위해 사건이나 사물을 대상화하여 바라봄으로써 싹트는 것이다. 이런 문제 가운데는 기존의 일상적 지식으로는 도저히 해결이 되지 않는 것들이 있다. 일상의 지식이 더 이상 유효하지 못한 근원적인 문제에 봉착하게 될 때, 우리는 심각한 경이와 회의를 품게 되는 동시에 자신의 무지를 자각하게 되고 문제해결을 가능하게 해 줄 방안에 대한 갈망이 절실해질 것이다. 이 철저한 무지의 자각으로부터 우러나오는 진지(sophia)에 대한 사랑(philos)이 바로 철학(philosophy)의 어원적 의미이다.

고대 그리스에서 시작된 철학은 세계에 대한 관념적 사유에서 출발했다. 그들은 자연현상의 근원을 이루고 있는 근본물질이 무엇인가를 규명하려고 하였다. 우리가 접하는 피상적인 자연세계의 기저에는 보다 근본적인 물질로 흙, 공기, 물, 운동 등이 자리 잡고 있음을 철학자들은 주장하였다. 이들의 주장은 당시의 지적 배경에 비추어 볼 때, 의미심장한 지적 반란이었을 것이다. 당시의 신화적 우주관이나 원시적인 사유형식을 혁명적으로 뒤바꾸는 새로운 내용의 주장이었을 것이기 때문이다. 자연현상에 대해 나름대로 합리적인 설명을 시도한 고대의 자연철학자들은 오늘날 우리가 말하는 철학 혹은 학문의 시조라고 볼 수 있다.

아테네가 그리스 역사의 중심이 될 즈음, 철학의 사유대상이 자연으로부터 인간과 사회 전반으로 확장되었다. 급속한 사회 변화와 함께 폴리스(polis) 중심의 사회체제는 많은 사회문제를 야기시켰다. 따라서 철학은 자연철학의 굴레에서 벗어나 만물의 척도가 된 인간과 사회의 문제를 규명하고 탐구하는 쪽으로 변화를 가져오게 되었다. 초기의 철학자들은 당대의 일반인들 사이에 팽배해 있던 기존의 믿음에 끝없는 의문을 제기하고 새로운 해답을 제시하면서 드디어 오늘날과 같은 학문적 토대를 확고하게 구축하는 데 성공하게 되었다. 이와 같이 학문의 역사에서 철학은 가장 오랜 전통을 가지고 있으며, 가장 광범한 주제를 다루어 왔다. 그러나 정작 철학이 무엇인지 간단히 정의하기란 쉽지 않다.

칸트는 "철학이란 결코 배울 수 없고 다만 철학하는 정신만 배울 수 있다"

고 했다. 철학적 정신은 몇 가지 특징을 가지고 있다. 첫째, 철학적 정신은 애지구도(愛知求道)의 정신이다. 철학은 근원에 대한 물음을 제기하고 그 해답을 찾으려는 고뇌에 찬 노력이다. 둘째, 철학적 정신은 주체성의 자각이요 주체적 결단이다. 과학적 질문이 객관적 질문이라면, 철학적 질문은 주체적 질문이다. 셋째, 철학적 정신은 상식과 시공간적 한계를 뛰어넘는다. 철학은 눈앞의 구체적인 문제만 다루는 것이 아니라 존재 일반의 궁극적 근원과 원리를 구명하고자 한다.

철학의 의미를 사전에서는 어떻게 설명하고 있는가? 우리말 사전에서는 철학을 '인간과 세계에 대한 근본 원리와 삶의 본질 따위를 연구하는 학문'으로 간략히 정의하고 있다. 캠브리지 사전에서는 다음과 같이 좀 더 상세히 설명하고 있다.

1. 실재나 실존의 본질, 지식의 효용과 한계, 도덕적 판단을 이끌어 가는 원리 등을 이성을 사용하여 이해함: 르네 데카르트를 근대 철학의 아버지라고 한다.
2. 무엇의 철학. 특정 주제의 이해와 연관된 이론이나 아이디어의 집합: 교육철학, 종교철학, 과학철학.
3. 신념, 가치, 원리의 특수한 체계: 고대 희랍철학에서 금욕주의
4. '비공식적' 어떤 사람의 삶에 대한 접근 및 대처 방식: 나중에 당하더라도 우선 살고 보자. 이것이 나의 인생철학이다!

철학을 이해하기 위해서 철학적 탐구와 철학적 탐구가 아닌 것을 구분하고 양자를 비교해 볼 수 있다. 이럴 경우 우리는 철학적 탐구가 아닌 대표적인 것으로 '경험적 연구'를 들 수 있고, 이런 경험적 연구가 어떤 것인지를 알아본 다음에 철학적 탐구는 경험적 연구와 다른 것임을 밝힐 수 있을 것이다. 철학적 탐구와 경험적 연구를 명확히 구분하는 것이 중요하다. 사람들이 양자를 혼동하는 경우가 의외로 많다. 그렇다면 우선 경험적 연구가 어떤 것인

가를 살펴보기로 하자.

경험적 연구의 예를 들어보자. 가령 중학교 3학년 남학생들이 여학생들보다 성적이 좋지 않게 나왔다고 하자. 이런 사실에 대해서 왜 그런 결과가 나왔는지 의문을 가질 수 있다. 여기서 여학생에 비해서 남학생들의 성적이 상대적으로 낮은 원인을 밝히는 일은 경험적 연구에 속할 것이다. 중학교 3학년 남학생들의 성적이 낮은 현상을 경험적으로 연구한다는 것이 어떤 일인가를 구체적으로 살펴보자.

이 사례에서 경험적 연구는 '남학생의 성적 저하'라는 문제 영역으로 한정된다. 경험적으로 연구할 문제는 "남학생의 시험 성적이 여학생에 비해서 뒤떨어지는 이유는 무엇인가"라고 제시된다. 이 문제에 대해서 그동안 연구된 바는 없는지, 그런 선행연구의 결과는 어떠했는지를 검토해야 한다. 그리고 그런 문제를 어떤 '방법'을 통해서 연구할 것인가를 결정해야 한다. 가령, 중학교 3학년 학생들 중에서 남학생과 여학생의 '태도'에 어떤 차이가 있는가를 조사하는 방법을 택함으로써 그 문제를 밝힐 수 있다. 그렇다면 남학생과 여학생의 태도를 조사할 수 있는 조사 도구가 필요할 것이고, 태도 조사를 위한 설문지를 개발한 다음에 중학교 3학년 학생들의 태도를 실제로 조사해야 할 것이다. 그렇게 해서 조사된 남학생과 여학생의 태도에 어떤 차이가 있는가를 분석하게 될 것이고, 두 집단의 태도 차이와 성적 차이가 서로 어떤 상관관계에 있는가를 통계분석을 통해서 밝힐 것이다. 통계적 분석에서 어떤 결과가 나오면, 이 결과를 그동안 다른 선행연구의 결과와 비교함으로써 거기에 어떤 차이가 있는지를 밝힐 수 있을 것이다. 만일 이 연구와 기존의 연구 결과에 어떤 차이가 드러난다면, 그런 차이가 왜 나타나게 되었는지도 설명해야 할 것이다. 그리고 이 연구에 어떤 문제점이나 한계점이 있는지도 다시 한 번 검토하게 될 것이다. 그 결과 남학생들의 성적 저하를 경험적인 근거를 통해서 설명하게 될 것이다.

이런 경험적 연구와 비교해 볼 때 **철학적 탐구**는 여러 가지 측면에서 다르다.

- 철학적 탐구는 앞에서 언급한 것처럼 경험적으로 연구될 수 없다. 따라서 앞과 같은 절차를 똑같이 밟지 않을 것이다(경험적으로 조사한 결과와 같은 것이 없으므로 결과를 '적어 넣을' 것이 없다).
- 경험적 연구는 주로 사실 문제를 다루지만 철학적 탐구는 의미 문제와 가치 문제에 주로 관심을 쏟는다. '그것이 의미 있는 말인가?' '그것은 정당화될 수 있는가?'와 같은 점들을 위주로 탐구한다.
- 경험적 연구는 해답을 찾거나 해결책을 구해야 할 확실한 질문에서 출발하지만 철학적 탐구는 종착점이 어딘지도 모를 불분명한 영역의 문제에 대해서도 관심을 쏟는다.
- 경험적 연구는 사실 간의 관계를 밝히는 일에 주안점을 두지만 철학적 탐구는 주로 논리에 의존하여 기존의 관점을 체계적으로 논박하기도 한다.
- 철학적 탐구는 탐구의 전개 방향을 처음부터 분명히 제시하는 경우도 있으나, 논점을 보다 확실하게 구축하기 전까지는 자신의 논지를 먼저 드러내지 않는 방식으로 탐구를 진행할 때도 있다.

이와 같은 설명을 통해서 경험적 연구와 철학적 탐구의 차이점을 어느 정도 짐작할 수 있을 것이다. 그러나 아직도 철학적 탐구가 어떤 것인지가 확실하게 손에 잡히지 않을 수 있다. 그렇다면 철학이 주로 어떤 문제를 탐구 대상으로 삼고 있는지, 즉 철학의 탐구 영역을 살펴보면 철학이 무엇인지 이해하는 데 도움이 될 것이다.

2) 철학의 탐구 영역

전통적으로 철학자들은 다음과 같은 탐구 영역에 관심을 쏟았다. 존재의 근원을 탐구하는 **존재론** 혹은 **형이상학**, 인간이 추구하는 다양한 가치에 대해 탐구하는 **가치론**, 앎과 지식의 문제를 탐구하는 **인식론**, 우리 사고체계의 논리적 정합성을 탐구하는 논리학이 대표적인 철학의 영역들이다. 요컨대, 철학은 존재의 문제, 가치의 문제, 인식과 앎의 문제, 합리적인 논리 추구의 문제를 주요 탐구 영역으로 삼아 왔다. 물론 현대 철학의 탐구 영역이나 다루는 주제들이 더 세분화되고 다양해지고 있는 것이 사실이다. 가령, 과학철학, 정치철학, 사회철학, 마음의 철학 등은 현대 철학자들의 관심이 커지고 있는 영역들이다.

전통적인 철학의 영역은 교육철학의 탐구 영역에 중요한 시사점을 주며 논의의 기반을 제공한다. 인간의 실존문제, 학생들의 자아실현, 관념론과 실재론의 세계관 등은 존재론적인 탐구에 기반을 두게 된다. 교육목적, 도덕교육, 교직윤리 등 교육에서 추구할 가치들을 탐구하는 일은 가치론적 논의에 기반을 두고 있다. 교육에서 다룰 지식의 문제, 지식의 성립과 증명의 문제, 지식과 주체의 문제 등은 인식론적 논의를 토대로 한다. 논리적 사고, 합리적 사고, 논증과 정당화, 사고교육 등은 논리학에 기반을 두고 있다.

3. 교육철학의 고유성과 탐구 문제

1) 교육철학의 고유성

교육활동에서 교육철학은 꼭 필요한 것인가? 교육활동이 지니고 있는 규범성과 당위성을 고려할 때, 교육철학이 필요한 것은 당연하다고 주장할 수 있을 것이다. 하지만 이런 당위적 주장에 앞서 교육활동의 성격을 좀 더 자세히 분석해 보면 교육철학이 왜 필요한지 그 이유가 드러난다. 교육은 인간이 종사하는 여러 가지 실천적 활동 중의 하나이고, 철학은 인간이 탐구하는 여러 가지 이론적 활동 중의 하나에 속한다. 이런 맥락에서 교육철학은 교육이라는 실천에 대해서 철학적으로 탐구하는 이론이라고 간단히 말할 수 있다. 즉,

교육이라는 세계에서 발생하는 문제들에 중점을 두고 철학적 탐구를 추구하는 것이 바로 교육철학이다. 교육철학이 무엇인지 잘 이해하기 위해서는 거기에서 다루어지는 문제들이 어떤 것인가를 살펴보면 도움이 될 수 있다.

교육과 관련된 많은 문제 속에는 철학적 성격이 내포되어 있다. 교육활동에 전문적으로 종사하는 교육자들은 물론이고 학부모, 일반인에 이르기까지 '교육'문제에 대해서는 각자 나름의 견해와 문제의식을 갖고 있다. 예컨대, 아이들에게 무엇을 가르쳐야 하는가, 수학 교과를 가르치는 최선의 방법은 무엇인가, 교사는 아이들에게 어느 정도의 자유를 허용해야 하는가, 어째서 학교교육은 주입식 교육에서 벗어날 줄 모르는가 등의 수많은 질문을 가질 수 있을 것이다. 이런 질문들의 이면에는 철학적 성격을 상당히 내포하고 있다.

이 중에서 한 사례를 구체적으로 생각해 보자. 학생들이 자신의 수업 시간에 집중하지 않아 고민하는 어느 수학선생님이 '수학을 가르치는 최선의 방법은 무엇일까?'라고 자문할 수 있다. 이 질문은 피상적으로 볼 때 철학적 성격이 없는 것 같지만 사실 중요한 몇 가지 철학적 질문을 함의하고 있다. 이 질문을 자세하게 분석해 보면 그 철학적 성격이 분명해진다. 첫째, 의미에 관한 문제가 있다. 앞의 질문에서 '수학'은 물론 '가르치다'와 '최선의 방법'이 무엇을 의미하고 있는지 분명히 할 필요가 있다. '수학'이란 무엇인가? 우리는 수학과 수학 이외의 것을 어떻게 구분할 수 있는가? 수학 교과에는 어떤 내용들을 포함하는가? 그리고 '가르치는' 것은 어떤 행위를 말하는가? 그것은 훈련, 교화, 조건화 등과 어떻게 다른가? 학생의 학습에 교사의 가르침은 논리적으로 반드시 필요한 것인가? 또한 '최선의 방법'은 어떤 것을 의미하는가? 여기서 '최선'이 의미하는 것은 효율성인가, 객관성인가, 도덕성인가, 혹은 다른 어떤 의미인가? 이 용어들의 의미와 이 용어들로 구성된 문장의 의미가 명확하지 않으면 수학 교과를 가르치는 최선의 방법이 무엇인지 묻는 질문에 답하는 것은 불가능할 것이다.

둘째, 교과의 가치에 대한 **정당화**(justification) 문제가 있다. 학생들이 어려워하는 수학을 꼭 가르칠 가치가 있는가? 그렇다면 그 이유는 무엇인가? 교육과정에 수학을 반드시 포함해야 하는가? 그래야 한다면 수학은 다른 교과들과 동등한 가치를 갖는가, 아니면 그 이상 혹은 그 이하인가? 수학의 가치가 정당화되지 않거나 혹은 무가치한 것으로 판명된다면 수학을 가르치는 최선의 방법이 무엇인지 묻는 것은 무의미한 일일 것이다. 교육은 본래 가치를 추구하기 때문에 무가치한 것을 가르치려 하지 않는다. 다시 말해서 수학의 가치가 정당화될 때에만 그것을 가르치기 위한 최선의 방법을 묻는 것은 의미 있는 질문이 된다.

셋째, 수학 교사의 질문이 가정하고 있는 전제들이 있다. 수학을 가르치는 최선의 방법을 묻는 교사는 이미 몇 가지 관념을 전제하고 있다. 수학은 가르칠 만한 가치가 있다는 것, 수학을 가르치는 방법이 여러 가지 있다는 것, 여러 방법 중 최선의 방법을 선택해야 한다는 것 등을 전제하고 있다. 이런 전제들은 대개 표면에 잘 드러나지 않지만, 이 질문을 성립시키는 기본 토대이다. 따라서 이 질문에 제대로 된 답을 하려면 그에 앞서 그 질문을 중요한 것으로 만드는 이런 전제들을 검토하는 것이 매우 중요하다. 왜냐하면 전제들은 그 질문을 중요하거나 그렇지 않은 것으로 만들 수 있으며, 또한 그 질문이 기대하는 답이 어떤 종류의 것인지 암시해 주기 때문이다.

이 사례에서 보듯이, 교육의 문제는 많은 철학적 탐구를 필요로 한다. 수학을 가르치는 최선의 방법에 대한 답으로 어떤 교수법이 제시된다 하더라도, 그것이 정말 최선의 것인지 검증하는 일은 결코 간단하지 않다. 그것은 '사실'적인 문제이기도 하거니와 '의미'와 '정당화' 등과 관련된 철학적인 문제이기도 하다. 다시 말하면 방법 A가 방법 B보다 효율적인 것으로 밝혀지더라도, 방법 A가 반드시 방법 B의 기초 위에서만 가능하다거나, 많은 학생이 방법 A를 싫어한다거나, 방법 A가 너무 많은 시간과 경비를 요구한다거나 하면 방법 A가 최선의 것이라고 판단하기 어려울 것이다.

교육의 문제는 경험적 사실에 관한 것도 있고, 규범적 가치에 관한 것도 있으며, 언어의 의미에 관한 것도 있다. '사실'에 관한 문제에 대해서는 유용한 정보와 증거를 얻고, 이것들을 적절히 이용하는 일이 중요하다. 이는 경험적 연구를 통해 대부분 해결될 수 있다. '가치'에 관한 문제에 대해서는 판단 기준을 세우고, 적절한 평가를 내리는 일이 중요하다. '의미'에 관한 문제에 대해서는 불명료한 언어를 제거하고, 용어의 의미를 명료화하고, 나아가 문장의 의미를 적절히 해석하는 일이 중요하다. 가치와 의미에 관한 문제는 경험적 연구로 해결되지 않는다. 즉, 철학적 탐구가 필요한 것이다. 또한 교육의 문제는 여러 차원의 문제가 서로 밀접하게 관련되어 있기 때문에 따로 떼어서 생각하는 것보다는 상호 연관성을 잘 고려하는 것이 중요하다. 실제로 교육에는 사실, 가치, 그리고 의미의 문제가 구분되지 않는 상황이 많다. 특히 가치의 문제는 사실과 의미의 문제에 영향을 준다. 그러므로 어떤 교육적인 문제에 대한 주장을 분석할 때는 그 주장에 사용된 자료의 적절성과 언어의 의미에 주의를 기울임과 동시에 그 주장의 이면에 깔려 있는 가치, 태도 및 의도 등에도 주의를 기울여야 한다. 또한 그 주장이 논리적으로 가정하고 있는 관념들도 면밀히 분석할 필요가 있다. 이러한 가치, 의미, 논리적 가정 등에 관한 문제는 철학적 탐구를 요구하는 문제들이다.

2) 교육철학의 탐구 문제

교육문제는 다양한 철학적 탐구가 필요한 경우가 많음을 살펴보았다. 철학적 탐구가 필요한 교육문제를 다음과 같이 몇 가지 유형으로 정리해 볼 수 있다.

• 개념을 명료하게 밝히는 문제: 교육현장과 교육연구에서 사용되는 용어는 다양한 의미를 갖는 애매한 경우가 많아서 가능하면 그 의미를 명료

하게 밝힐 필요가 있다. 예컨대, 인성교육이란 무엇을 의미하는가? 교육의 '질(품질)' 혹은 수업의 '질'에서 '질'이란 무엇을 의미하는가?

- 가치를 밝히거나 정당화하는 문제: 교육에서 강조되는 가치는 다양하다. 그중에서 어떤 것이 더 중요하고, 왜 그런지 설득력 있는 논의가 필요하다. 예컨대, 민주시민의 육성보다 경제 발전에 기여하는 인간 육성이 더 중요하다고 주장한다면 그 이유는 무엇인가? 고교평준화 정책에 대한 찬성과 반대 논리는 무엇인가?

- 지식의 성격에 관한 문제: 학교교육에서 다룰 지식은 어떤 지식이어야 하며, 지식이 교육과정에서 핵심을 차지해야 하는가에 관한 다양한 논의가 필요하다. 예컨대, 지식의 변화와 확장 속도를 고려하면 교과내용에 어떤 지식을 포함해야 하는가? 지식 중심의 학교교육은 지적 능력이 떨어지는 학생들에게는 출발부터 불리한 체제가 아닌가? 인간의 삶에서 지식만이 중요한 역할을 하는 것인가?

- 사회정의에 관한 문제: 불평등한 현실 속에서 사회정의는 더 강조된다. 정의란 무엇인가? 사회정의 이론에 따라 교육에서의 정의 문제는 다르게 이해될 것이다. 예컨대, 모든 아동이 반드시 학교에 다녀야 하는가? 즉, 의무취학은 정당한가? 모든 학생은 똑같은 교육과정에 따라서 교육을 받아야 하는가? 대학졸업장의 대가로 큰 부채를 안고 졸업하는 대학생들을 양산하고 있는 고등교육 체제는 정당한가? 장애를 가진 아동을 위한 특수학교 설립을 반대하는 이들의 주장은 얼마나 정당한가?

- 교육철학자나 교육사상가에 관한 문제: 고대 이후 수많은 철학자와 사상가는 교육에 대한 다양한 아이디어와 지혜를 제공하고 있다. 예컨대, 다산 정약용의 교육사상, 프리드리히 니체의 초인과 교육목적, 존 화이트의 교육목적에서 잘삶(행복)의 의미, 공자의 교육사상은 오늘날 우리에게 어떤 시사점을 주는가?

- 교육정책, 출판물, 교육동향에 관한 비판적 논의: 국가의 교육정책 및 관

련 문서들, 교육현장 및 학계의 동향과 담론에 대한 비판적 논의는 교육철학의 당연한 임무라고 할 수 있다. 예컨대, 「인성교육진흥법」에서 옹호하는 '인성'의 의미와 그 한계는 무엇인가? 역량 중심 교육과정에서 강조하는 '역량'의 의미와 그 한계는 무엇인가? 제4차 산업혁명에 관한 최근 논의의 교육적 시사점과 그 비판점은 무엇인가?

- 포괄적인 교육문제: 학교교육뿐만 아니라 교육 전반에 관한 다양하고 포괄적인 논의와 담론이 형성될 필요가 있다. 예컨대, 한국사회의 발전에 필요한 시민교육은 어떻게 이루어져야 하는가? 교육사업을 통한 이윤 추구는 어디까지 허용되어야 하는가? 청년 실업 및 양극화된 사회 속에서 대학의 사회적 역할은 무엇인가? 한국사회에 만연된 부정부패의 특징은 무엇이고, 이를 극복하기 위한 교육적 방안은 무엇인가?

이처럼 교육철학의 탐구문제를 몇 가지 유형으로 구분해 보면 교육철학이 무엇을 하는 학문인지 보다 분명하게 드러난다. 이를 통해서 다음과 같은 교육철학의 연구 영역들이 부각됨을 알 수 있다. 교육철학은 개념 분석과 정당화 문제를 탐구하며, 여러 교육철학자의 사상을 논의하며, 현실 교육과 관련된 정책과 동향, 출판물, 주제 등에 관한 비판적 논의까지도 포함하고 있다. 교육철학은 교육이론뿐만 아니라 교육 실천현장, 그리고 교육의 사회적 현실까지도 깊은 관심을 가지고 포괄적 논의와 대안을 모색하는 노력을 하고 있다.

교육목적의 여러 차원

1. 자유교육과 직업교육

현대 서양교육의 역사에서 진행되어 온 자유교육과 직업교육의 논쟁은 중요한 교육목적에 관한 논쟁이기도 하다. 자유교육은 교육을 통하여 인간의 합리성을 개발해 주는 것을 중요한 교육목적으로 본다. 이는 합리적인 인간이 진정한 자유를 누릴 수 있다고 생각하기 때문이다. 직업교육은 학생들에게 기능과 실천적 능력을 길러 주어 직업세계를 잘 준비시키는 것이 교육의 핵심이라고 생각한다. 현대인은 누구나 일이나 직업을 가지고 살아가야 하기 때문에 교육은 이것을 실질적으로 도울 수 있어야 한다는 것이다. 두 관점의 대립과 조화가 어떻게 가능한지 살펴보고자 한다.

1) 자유교육의 내재적 지식 추구

인간은 지적인 동물이다. 지적인 활동의 결과는 지식으로 축적되고 다음 세대에 전수된다. 지식은 교육을 통해 전수되기 때문에 교육과 지식은 매우 밀접한 관계를 가지고 있다. 그래서 사람들은 교육의 목적이 체계적인 지식의 전수라고 생각해 왔다. 나아가 교육의 목적은 지식 그 자체를 추구하는 것이라는 생각이 상당한 지지를 받기도 한다. 여기서 지식은 수단으로서가 아니라 그 자체로서 중시된다. 이런 지식의 성격을 허스트(Hirst, 1974)는 '지식의 형식'이란 용어를 통해 설명하였다. 인간의 다양한 삶의 형식을 통해 축적된 모든 지식을 망라하여 몇 가지 형식으로 구분한 것이 지식의 형식이다. 허스트는 지식의 형식을 형식논리학과 수학, 자연과학, 인간 이해, 도덕, 문학과 예술, 종교, 철학 등으로 구분하였다. 지식을 이렇게 몇 가지 형식으로 구분하기 위한 기준이 세 가지 있다. 첫째, 각 형식마다 독특한 개념이 있다. 예컨대, 수학의 '수,' 자연과학의 '인력,' 예술의 '미,' 종교의 '신,' 도덕의 '악' 등이 그것이다. 둘째, 지식의 형식마다 독특한 논리적 구조를 가지고 있다. 예를 들어, 수학은 명확한 증명과 법칙성을 중시하지만, 예술은 독특한 심미성과 탁월성을 중시한다. 셋째, 각 지식의 형식은 독특한 진리 검증 방식을 갖고 있다. 예를 들면, 2×5=10이라는 수학적 명제의 진리를 검증하는 방식이 있는가 하면, 이와 달리 물이 끓는 온도에 관한 과학적 명제의 진리를 검증하는 방식이 있다.

지식을 가르쳐야 하는 이유는 무엇인가? 교과를 가르치는 교사들이 이런 질문을 받는다면 대개는 당황하고 거북스럽게 느낄 것이다. 왜냐하면 그들은 교육이라면 당연히 지식을 가르쳐야 한다고 생각하고 있기 때문이다. 자유교육론자들은 지식교육을 통해 합리적 인간을 길러 냄으로써 인간이 궁극적으로 영혼의 자유를 누릴 수 있도록 하는 것을 자유교육이라고 생각한다. 이런 입장을 지닌 허스트는 지식교육이 궁극적으로 좋은 삶을 가능하게 해 준다고 주장하였다. 그는 인간이 발달된 마음(정신)을 생득적으로 갖고 태어난 것이 아니라 경험을 통하여 잘 개발해야 되는 것으로 보았다. 마음의 발달은 지식의 형식에 체계적으로 입문함으로써 가능해진다. 요컨대, 허스트는 지식교육을 통하여 학생들을 지식의 형식에 입문시킬 때 마음의 발달이 이루어지고, 이를 기반으로 좋은 삶을 영위할 수 있게 되는 것이다.

지식교육을 왜 해야 되는가에 관한 질문에 대해서 약간 다른 응답이 있을 수 있다. 그런 질문을 한다는 것 자체가 지식의 중요성을 말해 주고 있다는 입장이다. 다시 말하면, 질문은 알기 위해서 하는 것이고, 알려고 하는 것은 앎, 즉 지식이 가치 있음을 이미 전제한다는 것이다. 그런 질문을 하면서도 이 점을 부정한다면 그것은 논리적으로 볼 때 모순된 반응이다. 그렇다면 '지식 그 자체를 가치 있게 여긴다'는 말은 무슨 의미인가? 우리는 지식의 가치를 내재적 가치와 외재적 가치로 나누어 생각할 수 있다. 지식 그 자체를 가치 있게 여긴다는 것은 지식의 내재적 가치를 중시하는 것이다. 반면에 지식의 외재적 가치를 중시한다는 것은 지식을 통해서 우리가 얻을 수 있는 '다른 것들'의 가치를 중시하는 것이다. 이 경우 우리는 지식 그 자체를 중시하는 것이 아니라 '다른 것들'을 더 중시하는 셈이다. 학교에서 교과 지식을 가르치는 이유가 '지식 그 자체'에 있는 것인지 아니면 교과 지식을 통해서 얻을 수 있는 '다른 것들'에 있는 것인지 곰곰이 따져 볼 필요가 있다. 우리는 현실적인 측면에서 지식의 외재적 가치를 더 추구하는 경향이 있지만, 그렇다고 지식의 내재적 가치를 전적으로 부인하기는 힘들다. 내재적 가치가 없는 지식을 그토록 중시하면서 열심히 배우고 가르치는 것은 이해가 안 되는 일이 될 것이기 때문이다.

지식보다는 다른 방향에서 교육의 목적을 생각할 수도 있다. 어떤 사람들은 학교에서 지식보다는 다른 것들을 가르쳐야 한다고 주장하기도 한다. 여기서 다른 것들이란 기능, 방법, 기술 등을 가리킨다. 예를 들어, 친구들과 잘 지내는 '방법', 책꽂이를 만들 줄 아는 '기술', 컴퓨터로 문서 작성을 할 줄 아는 '기능'을 가르쳐야 한다는 주장이다. 다시 말해서 학생들의 마음을 명제적 지식(knowing that)으로 가득 채우기보다는 학생들에게 도움이 될 수 있는 기능 혹은 방법적 지식(knowing how)을 학교에서 가르쳐야 한다는 말이다. 좀 더 포괄적인 시각도 있다. 학교에서 지식을 가르치는 것은 "주요 아이디어를 배우고, 논리적 구조를 이해하고, 각 경험 영역에서 통제된 탐구를 수행할 수 있고, 그리고 거기서 발견된 내용이나 나타난 결과의 장점과 가치를 판단할 근거를 알게 하는 일"이다(Fenstermacher & Soltis, 2011: 144). 이런 특성을 갖는 지식들이 그대로 단일 교과로 가르쳐지기도 하지만 그렇지 않은 경우도 있다. 예컨대, 수학이라는 지식은 그대로 수학이라는 교과로 가르치지만, 지리 교과에는 수학, 역사, 자연과학 등의 개념이 함께 포함되어 있다.

이런 주장들을 참고하면서 우리가 여러 종류의 지식을 배워야 하는 까닭이 무엇인지 좀 더 자세히 생각해 볼 필요가 있다. 가장 설득력 있고 현실적인 접근은 아마도 우리가 살아가면서 만족스런 삶을 살아가는 데 그런 지식이 필요하기 때문일 것이다. 달리 말해 지식과 이해가 중요한 까닭은 이것들로부터 우리가 얻을 수 있는 어떤 이익 때문일 것이다. 그런데 이런 입장에서 보면 교육에서 중요한 것은 오직 지식뿐이라고 말하거나, 혹은 지식이 가장 중요한 것이라고 말하기는 어렵다. 왜냐하면 **지식 중심 교육** 혹은 **교과 중심 교육과정**이 과연 만족스런 삶의 목적 실현에 가장 도움을 줄 수 있는 방안인지에 대해서는 심각한 의문이 제기될 수 있기 때문이다. 이렇게 되면 특히 지식 그 자체를 중시하는 지식 중심 교육관은 위기에 부딪히게 된다.

지식 중심 교육관이 부딪히는 또 다른 문제도 있다. 지식 중심 교육관은 주로 지적 특성이 강한 지식의 형식으로 학생들을 입문시키는 일에 치중한다. 이에 대해서 너무 편협한 교육관이라는 비판이 제기될 수 있다. 인간이 살아가는 데 있어서 지적인 것만 중요한 것은 아니다. 다양한 자질과 능력도 필요하다. 이것을 펜스터마처와 솔티스는 잘 지적해 주고 있다(Fenstermacher & Soltis, 2011: 185). 그들이 보기에 학교 지식은 참의 명제로 제한되어 버린다.

명제적 지식 중심의 교육을 받은 사람은 지식이라는 렌즈를 통해서 세계를 바라보도록 가르침을 받지만, 세계 속에서 어떻게 행동해야 하는가에 대해서는 가르침을 받지 못한다. 그런 사람은 감정이나 정서를 잘 관리하고 순화하는 교육은 받지 못하기 쉽다. 그런 이론에 따라 교육을 받은 사람은 다른 사람들에 관한 지식은 갖겠지만, 그들의 복지에 대해 관심을 갖도록 가르침을 받지 못한다. 다른 사람들을 따뜻하게 대하도록 가르침을 받는 것도 거의 없을 것이다. 이런 교육을 받고 성장한 사람은 사회에 대해서 어느 정도의 지식과 이해는 갖겠지만, 정의롭지 못한 사회에 대해서 고민하거나 사회의 미래에 대해 관심을 갖도록 하는 가르침은 거의 받지 못할 것이다. 사실 인간에게는 정서적 삶, 육체적 활동, 그리고 실천적 문제도 중요하다. 학생들은 장차 오직 진리와 참의 지식만을 추구하는 교수들처럼 상아탑 속에서 살아가지는 못할 것이다.

이런 입장에 대해서 지식 중심 교육관을 옹호하는 사람들은 다음과 같이 반론을 제기할 것이다. 그렇다고 지식의 세계에 입문되지 못하는 사람들을 그대로 방치해서는 안 된다는 것이다. 지식 그 자체를 위한 교육에 대해서 지나친 이상주의나 엘리트주의라고 비난하거나 거부할 수 있겠으나, 그렇다고 해서 지식 그 자체를 버릴 수는 없다고 주장할 것이다. 우리가 지식의 중요성에 동의한다 하더라도, 21세기를 살아갈 학생들에게 '지식 그 자체'만으로 충분한 준비를 해 주었다고 단정하기는 어려울 것이다. 더구나 우리나라 학생들은 너무 많은 교과를 통해서 너무 어렵고 너무 많은 지식을 배우느라 고생한다. 학생들의 현재의 삶을 위해서, 나아가 그들의 미래를 위해서 생각해 보면 지식 중심 교육관에 매몰되는 것은 분명 한계가 있다.

지식을 강조하는 관점에서는 학교 교육과정으로 교과 중심 혹은 학문 중심 교육과정을 선호한다. 이런 관점에서는 학교 교육과정의 기본 요소가 지적 교과 혹은 학문이어야 한다고 주장한다. 여기서 학문이란 이론적 탐구의 형식을 가리키는 말이다. 이론적 탐구의 형식, 즉 학문 세계로 학생들을 입문시키는 일이야말로 학교의 일차적 책임이라고 생각하는 것이다. 그 이유를 피터스(Peters, 2003)는 두 가지로 제시하고 있다. 하나는 교육이라는 단어 자체가 '이론적 활동으로 입문시킨다'는 의미를 갖고 있기 때문이고, 다른 하나는 이론적 활동이 가치 있는 일이기 때문이다.

첫째, 교육은 이론적 활동으로 입문시키는 일이다. 이런 주장은 교육이라는 개념을 분석함으로써 밝혀진다. 피터스는 교육의 과정이 반드시 따라야 하는 몇 가지 기준을 제시하였다. 교육의 과정은 분화된 사고 및 이해 양식으로 입문시키는 일이며, 그 특성은 '내용이나 지식 체계'에서, 그리고 그 내용이 축적되고, 비판되고, 수정되는 '공적 절차'에서 나타난다는 것이다. 간략하게 말하면, 교육의 과정이란 학문적 교과를 가르치는 일을 반드시 포함하는 것이다. 그런데 이런 개념적 주장만 가지고 학문적 교육과정을 충분히 정당화하기는 쉽지 않을 것 같다. 왜냐하면 다른 종류의 교육과정을 선호하는 사람들은 '교육'이라는 말을 그런 의미로 이해하는 것에 동의하지 않을 수 있기 때문이다. 만일 교육은 반드시 이론적 활동으로 입문시키는 일을 포함해야 한다고 한편에서 주장하더라도, 이와 같은 입문이 별로 혹은 전혀 가치 없는 일이라고 생각하는 사람이 있다면 그는 당연히 그런 의미의 교육이 아닌 다른 의미의 교육에 따라서 학교가 운영되어야 하고, 지식 외에도 다른 가치 있는 것들을 가르치기 위해서 노력해야 한다고 주장할 수 있다.

둘째, 이론적 활동이란 가치 있는 일이다. 피터스는 이론적 활동이 가치 있다고 주장하는데, 그 까닭은 이론적 활동이 진리를 추구하는 일이고 진리는 가치 있는 것이라고 보기 때문이다. 그렇다면 진리가 가치 있는 일이라는 것을 어떻게 증명할 것인가? 이를 위해서 피터스는 두 가지 논증을 시도한다. 이런 논증을 선험적 논증이라고 말한다. 피터스의 주장에 따르면, 진리에 대한 헌신은 실천적 담론에 대한 진지한 참여의 논리적 전제이다. 우리는 "왜 저것이 아닌 이것을 하는가?"라고 실천적 질문을 던질 수 있다. 우리가 진지하게 이런 질문을 던지면서도 진리에 대한 관심을 갖지 않는다고 말한다면 이것은 앞뒤가 맞지 않는 말이 되고 만다. 왜냐하면 실천적 질문에 대해 진지하게 관심을 갖는다는 것은 곧 논리적으로 진리에 대해서 관심을 갖고 있음을 의미하기 때문이다. 만약 그런 질문을 하면서도 진리에 대해 관심이 없다고 한다면 그것은 실천적 질문에 대해 관심이 있다는 말 자체를 무시하거나 인정하지 않는 것이 되고 만다. 다시 말해서, 우리가 실천적 담론을 중시한다면 이것은 무엇을 해야 하는가에 관한 이야기나 생각을 거부하지 못한다는 것을 의미하는 것이요 그것은 곧 우리가 진리에 대해서 관심을 갖는다는 것을 의미한다.

이처럼 피터스는 '실천적 담론에 대한 참여'와 '진리에의 헌신'이 논리적으로 밀접하게 관련되어 있음을 밝히려고 노력하였다. 이 두 가지는 정말로 서로 밀접하게 관련된 것인가? 그것은 서로 다른 별개의 것이라고 볼 수도 있을 것이다. 이렇게 생각하다 보면 피터스는 "왜 우리가 진리를 가치 있게 여겨야 하는가?"라는 질문을 "왜 우리가 실천적 질문을 진지하게 물어야 하는가?"라는 질문으로 슬며시 바꿔 놓은 것 같다는 생각에 이르게 된다. 설령 진리에 대한 헌신과 실천적 담론에 대한 진지한 관심이 논리적으로 서로 연결되어 있다고 인정할지라도, 우리는 다시 왜 진리 추구나 실천적 담론에 참여해야 하는가라는 질문을 할 수 있다.

이렇게 되면 이론적 활동이 교육과정의 기본 요소가 되어야 한다는 주장은 아직 입증되지 못한 것이나 다름없다. 다시 말해서 이론적 활동을 기반으로 하는 학문적 교육과정에 대해서 그 이유를 아직 충분히 찾지 못했다고 볼 수 있다. 실제로 우리는 이론적 활동만큼, 혹은 그보다 더 가치 있는 다른 활동들을 생각해 볼 수 있다. 만일 우리가 정의, 사랑, 쾌락을 가치 있는 것이라고 본다면 이런 것들을 기반으로 혹은 목적으로 삼고 있는 활동들도 가치 있는 것이라고 생각할 수 있다. 이런 입장에서는 교육과정의 내용을 선정할 때 이론적인 활동, 즉 학문적 교과가 아닌 다른 가치 있는 활동들을 더 중시할 수도 있다. 그럼에도 불구하고 학문적 교육과정이라는 견고한 요새는 전 세계의 교육체제에 넓게 퍼져 있어서 마치 난공불락인 것처럼 느껴진다. 이런 견고한 학문적 교육과정의 밑바탕에 깔린 철학적 기반이 그다지 확실하지 않다는 점을 피터스의 논증을 검토하면서 살펴보았다. 이제 이론적 · 학문적 교육과정의 폐기를 주장해야 할지, 아니면 또 다른 논거를 개발하여 그것을 계속 옹호할지, 다른 대안적 교육과정을 새롭게 모색해야 할지는 계속되는 우리의 과제이다.

2) 직업교육의 기능 및 실천적 지식 추구

학문적 지식 중심 교육을 비판하면서 학교는 학생들이 장차 좋은 직업이나 일자리를 얻도록 도와주는 교육을 해야 한다는 주장이 최근 들어 훨씬 큰 공감을 얻고 있다. 최근 들어 우리 학교 현장에서도 진로교육과 진학지도를 강화하고 있는 것도 그 일환으로 이해할 수 있다. 좀 더 안정되고 연봉이 많은 좋은 직장을 얻기 위해서 노력하는 학생들은 학교가 실질적인 도움이 되는 교육과정을 운영해 주기를 바랄 것이다. 아무튼 학교가 현실세계와 동떨어진 곳이 되지 않으려면 현실과의 연관성을 가져야 한다. 학교는 학생들이 현실세계에 나아가서 잘 살 수 있도록 적절한 준비를 시켜 주어야 한다. 교과서 중심의 공부도 중요하지만 이론적 지식만 가지고 현실에서 잘 살아가기는 어렵다.

그렇다고 직업 준비나 진학지도가 가장 적절한 해법일 것인가? 수학이나 과학 공부를 싫어하고 기피하는 학생도 있겠지만, 그렇다고 직업 준비 교육만 시킨다고 해서 그들이 다 나은 인간이 되는 것은 아닐 것이다. 더구나 학생들이 졸업 후 하게 될 일을 생각해 보면 지루하게 반복해야 하는 일, 별로 쓸모가 없다고 느끼는 일, 정말로 하고 싶지 않은 일이지만 생계를 위해서 어쩔 수 없이 견뎌야 하는 경우가 대부분일 것이다. 이런 일을 하도록 학생들을 준비시키는 데 학교가 모든 시간을 쓰다 보면 학생들이 다른 것을 생각하거나 다른 일을 할 기회가 막혀 버릴 것이다. 차라리 학생들에게 상상력을 개발하고 발휘할 수 있는 기회를 주는 것이 더 나을 수도 있다. 가정생활, 우정, 예술이나 자연의 아름다움과 연관된 자아실현의 기회도 있어야 한다. 또 스포츠, 음악, 요리, 정원 가꾸기, 철학에 대한 재능이나 열정을 발휘할 기회도 주어져야 한다. 그렇지만 요즘처럼 심각한 취업난 시대에 이런 이야기는 너무 배부른 생각으로 들릴지도 모른다.

이 문제를 다른 각도에서 살펴보자. 일찍부터 직업 준비의 길로 들어가야 할 학생들을 어떻게 골라낼 것인가? 성적이 안 좋은 학생들에게 우선적으로 직업교육을 받게 하는 것이 최선인가? 그렇다면 공부를 꽤 하는 학생들의 경우는 어떠한가? 그들에게는 미래의 인생에 대해 합리적으로 생각하고 선택할 수 있는 능력이 갖추어져 있는가? 비판적으로 판단할 수 있는 능력이 아직 미숙한 학생들에게 너무 성급하게, 가령 의사와 판사 등 특정 직업 쪽으로 진로를 결정하도록 강요하는 것이 맞는가? 또한 우리 사회의 수많은 직업과 일이 이미 특권과 부를 향유하고 사는 사람들의 이익을 지켜 주기 위해서 행해지고 있는 것은 아닌가? 직업교육과 관련된 수많은 질문이 제기될 수밖에 없다.

그럼에도 불구하고 일은 중요한 것이다. 일이나 직업이 삶의 핵심 요소임을 부정하기는 어렵다. 일은 좋은 삶을 위해서 빼놓을 수 없는 요소이다. 내가 하는 일을 통해서 남들이 나를 규정하는 세상이 되었다. 이런 상황에서 교사들은 학교 밖의 노동세계를 염두에 두면서 아이들을 준비시키려고 적극 노력하기도 한다. 직업 현장에서 요구하는 기능이나 기술을 준비시킬 수도 있고, 또한 직업 현장에서 요구하는 존경심과 복종과 같은 가치들을 가르치기도 한다. 그런데 이런 형태의 직업 준비는 비판적 사고, 자율성, 자아존중, 내재적 가치와 같은 민주시민을 양성하기 위한 교육목적들을 도외시하는 경향을 보인다. 여기서 직업교육과 자유교육은 서로 충돌하는 것처럼 보인다.

직업교육과 자유교육이 꼭 상호배타적 관계만은 아니다. 듀이도 이론적인 것과 실천적인 것을 이분법적으로 구분하는 것의 문제점을 지적한 바 있다

(Dewey, 2006: 443-446). 직업교육을 하면서도 자유교육의 원리를 잘 접목시키는 방안이 있을 수 있다. 프링(R. Pring)은 '자유교육의 직업화'라는 개념을 통하여 양자를 통합하려는 노력을 시도하였다(Bailey, 2011: 82). 그는 직업교육을 하더라도 그것이 단순한 기능훈련에 머물러 버린다면 학생들이 그런 훈련의 목적을 이해한다거나, 추구하는 가치에 대한 도덕적 판단을 내리는 것이 어려울 것이라고 우려한다. 좋은 직업교육은 학생들의 직업적 이익과 관계를 잘 알 수 있도록 도와주고, 일의 사회적 · 경제적 맥락을 이해하도록 도와주며, 그들이 지적인 사람이 되도록 도와주고, 직업세계 준비 과정에서 의문을 품어볼 수 있도록 고무하는 것이라고 프링은 주장한다. 이런 직업교육은 인간을 자유롭게 해 줄 수 있으며, 지식교육도 소홀히 하지 않을 것이다. 이런 교육을 통해 인간은 무지로부터 자유롭게 되고, 새로운 상상력을 갖게 될 것이라고 설명한다. 요컨대, 직업교육과 자유교육은 적절한 교육방법을 통해 충분히 조화될 수 있다고 프링은 주장한다.

직업교육의 중요성을 강조하는 사람들은 교육과정을 학문적 지식 외에 실천적 활동의 형식이나 실천적 관심 영역으로 구성해야 한다고 주장한다. 이들은 지식과 이해가 교육과정의 전유물이라는 신화를 무너뜨리는 데 관심을 쏟았다. 물론 이론적 활동은 지식의 습득이라는 목적에 의해 강조된다. 그러나 실천적 활동에 참여하는 사람들도 온갖 종류의 지식을 교육과정에 끌어들이고 적용한다. 또한 실천적 목적을 추구하는 과정에서 지식이 생성되기도 한다. 따라서 적절한 수준의 이론적 이해와 지적 참여는 직업적 혹은 전문적 영역에서 유능하고 반성적인 실천가가 되기 위해서도 필요한 것이다. 직업적 교육과정이 오직 기능의 발달에만 관심을 갖는 편협한 것이라고 생각하는 것은 잘못이다.

직업교육 혹은 직업적 교육과정 운영은 여러 문제를 고민하게 만든다. 어떤 직업이나 진로를 위해서 학생들을 준비시킬 것인가? 오늘날 학교를 졸업하고 나아갈 수 있는 진로나 직업은 수백 가지이다. 그중에서 어떤 것을 위해서 학교는 준비시켜야 할 것인가? 이보다 더 중요한 문제가 또 있는 것 같다. 직업적 교육과정을 이수할 학생을 어떻게 선발할 것인가? 특정 학생들을 선발하여 어떤 방향으론가 준비시킬지라도 나중에 그들이 예상했던 길이 아닌 다른 길로 가는 경우도 많을 것이다. 또한 특정 자격을 갖춤으로써 특정 진로만을 향하여 나아갈 수밖에 없을 때, 이와 다른 직업이나 진로가 막혀 버리게 될 것이고 이런 교육에 대해 불만이 생길 수 있을 것이다.

이런 점을 고려하면 차라리 폭넓은 일반적 지식과 이해를 가르치는 학문적 교육과정이 오히려 직업적 교육과정보다 더 나을지 모른다는 주장이 제기될 수 있다. 직업적 교육과정의 옹호자들은 이런 문제에 대한 대책을 고민하였다. 예를 들면, 직업교육을 주장하는 대신, 소위 '예비 직업교육(prevocational education)'을 주장하기도 한다. 예비 직업교육이란 두 가지 목적에 관심을 쏟는다. 첫째, 노동과 경제를 이해하도록 학생들을 준비시키는 것이다. 둘째, 일반적인 직업 프로그램을 제공하는 것이다. 이것은 의무교육과정이 끝날 무렵, 어떤 직업을 택할 것인가 혹은 견습 과정이나 계속교육으로 나아갈 것인가를 고민하도록, 즉 노동에 관한 현명한 선택을 내릴 수 있는 기회를 제공하는 교육이 될 수 있다.

2. 삶의 목적

우리는 살아가면서 어떻게 살아야 하는지 고민한다. 부모나 교사들은 아이들이 어떻게 성장하고, 어떤 삶을 살아가면 좋겠다는 나름의 소망을 가지고 있다. 적어도 부모나 교사는 아이들이 바람직한 사람이 되고, 바람직한 삶을 영위하기를 바라게 된다. 그렇다면 어떤 사람이 바람직한 사람이고, 어떤 삶이 바람직한 삶인가? 이는 수많은 논의를 요하는 철학적 질문이고 교육목적론의 핵심 주제이다. 우리는 무엇을 삶의 목적으로 삼아야 하는지 최근 논의된 몇몇 학자의 견해를 살펴보고자 한다.

1) 핵심 역량의 함양

우리가 어떻게 살아가는 것이 바람직한 것인가? 현대인들이 생계를 위해서, 혹은 부와 권력을 위해서 살아가면서도 문득문득 내가 지금 무엇을 추구하며 살아가고 있는지 고민하게 된다. 이런 것들을 삶의 목적이라고 말하기에는 뭔가 부족하다. 삶의 목적이 될 수 있으려면 인간답고, 바람직하고, 가치 있고, 의미 있는 삶을 영위하게 해 주는 어떤 가치를 담고 있어야 한다. 사실 우리가 취업을 하고 큰 염려 없이 생계를 유지하는 것은 중요한 문제이다. 그러나 우리의 삶이 여기에 그친다면 아쉬움이 클 것이다. 이보다 높은 차원의 무엇인가가 있어야 한다. 그중의 하나는 인간이 어떤 능력을 갖추는 것이다. 우리가 인간다운 삶을 살아가기를 원할 때, 그것이 가능하려면 어떤 핵심적인 역량을 기본적으로 갖추고 있어야 한다. 이런 **핵심 역량**을 갖추는 것이 우리의 삶에서 중요한 목적이라고 말할 수 있다. 물론 우리가 핵심 역량을 발휘하여 도달해야 할 더 중요한 목적이 있을 것이다. 그것이 부와 권력일수도 있지만 이것들은 도구적 혹은 수단적으로 중요할 뿐이다. 부나 권력은 그 자체로서 바람직한 삶의 가치는 아니다. 이것들은 가치 있고, 의미 있는 삶을 추구하는 데 필요한 도구에 지나지 않는다.

미국의 여성 철학자 누스바움(M. Nussbaum)은 『역량의 창조』(2011/2015)에서 인간이 살아가면서 행복한 삶을 영위하려면 몇 가지 핵심 역량을 갖추어야 한다고 강조하였다. 누스바움은 국가정책을 입안하고 집행할 때 초점을 두어야 할 것은 단순한 복지나 경제 문제가 아니고 국민들이 어떤 역량을 갖추도록 도움을 줄 것인가를 고민해야 한다는 것이다. 그녀는 다음과 같은 질문을 제기한다. 인간은 실제로 무엇을 할 수 있고, 또 무엇이 될 수 있는가? 인간이 계발할 수 있는 여러 역량 중에서 정말 가치 있는 것은 무엇인가? 공정한 사회가 길러 내고, 또 뒷받침해 주어야 할 역량은 무엇인가? 인간 존엄성에 어울리는 삶을 살아가는 데 필요한 것은 무엇인가?

누스바움에 따르면, 인간이 존엄성에 어울리는 삶을 영위하려면 10대 핵심 역량의 최소 수준이 필요하다. 만일 정부가 국민에게 품위 있는 삶, 행복한 삶을 제공해 주기를 원한다면 정부는 모든 국민이 10대 핵심 역량을 최저 수준에서 갖추도록 해야 한다는 것이다. 누스바움이 말하는 10대 핵심 역량의 내용은 다음과 같다.

1. **생명**: 평균수명을 누리며 살 수 있게 해 주어야 한다.

2. **신체건강**: 양호한 건강을 누릴 수 있어야 한다. 적절한 영양을 공급받고 적합한 주거공간을 보유해야 한다.

3. **신체보전**: 자유롭게 이동할 수 있어야 한다. 성폭행이나 가정폭력 같은 폭력적 공격으로부터 보호받아야 한다. 성적 만족을 누릴 기회가 있어야 한다.

4. **감각, 상상, 사고**: 감각기관을 활용할 줄 알아야 하며, 상상하고 사고하고 추론할 줄도 알아야 한다. 정치적 표현과 미적 표현의 자유, 종교 활동의 자유를 보호받으며 지성을 활용할 수 있어야 한다. 즐거운 경험을 하고 유해한 고통을 피할 수 있어야 한다.

5. **감정**: 주변 사람이나 사물에 애착을 느낄 수 있어야 한다. 일반적인 사랑, 슬픔, 갈망, 만족, 정당한 분노를 느낄 수 있어야 한다. 공포와 불안으로 감정발달이 방해를 받아서도 안 된다.

6. **실천이성**: 선에 대한 자신의 관념을 형성할 수 있어야 한다. 삶의 계획을 비판적으로 성찰할 줄 알아야 한다. 이를 위해 양심의 자유와 종교의 자유가 보장되어야 한다.

7. **관계**: 다른 사람과 더불어 살고, 다른 사람을 인정하며, 다른 사람에게 관심을 보이고, 다양한 사회적 상호작용에도 참여할 수 있어야 한다. 다른 사람의 처지를 상상할 줄 알아야 한다. 또한 자존감의 사회적 토대를 마련해 주어야 한다. 다른 사람과 동등한 가치를 지닌 존엄한 존재로 대우받을 수 있어야 한다.

8. **인간 이외의 종**: 동물이나 식물 등 자연세계에 존재하는 모든 것에 관심을 기울이고 관계를 맺으며 살아갈 수 있어야 한다.

9. **놀이**: 웃고 놀 줄 알아야 하고 여가를 즐길 수 있어야 한다.

10. **환경 통제**: 정치적 측면에서, 삶에 큰 영향을 미치는 정치적 선택 과정에 효과적으로 참여할 수 있어야 한다. 물질적 측면에서 재산을 소유할 수 있어야 한다. 재산권을 행사할 때나 직장을 구할 때 다른 사람들과 동등한 대우를 받아야 한다. 부당한 압수수색을 받지 말아야 한다. 직장에서는 동료와 서로 인정하는 관계를 맺는 가운데 인간답게 일할 수 있어야 한다.

누스바움의 핵심 역량에 관한 설명에서 우리는 몇 가지 특징을 파악할 수 있다. 첫째, 그것은 개인이 갖추어야 할 다양한 역량을 가리킨다. 둘째, 이런 개인의 역량이 모아져야 집단의 역량도 발휘할 수 있다. 셋째, 개인의 역량을 길러 주는 것을 목표로 삼는다는 것이 곧 개인을 수단이 아닌 목적으로 대우한다는 뜻임을 알 수 있다. 넷째, 이와 같은 역량 접근법은 누스바움이 사회정의를 바로잡는 데 필요한 이론으로 개발한 것이며, 여기서 역량의 최저 수준 보장은 기본적 정의에 뿌리를 둔 권리로 인정된다.

우리는 교육목적이 무엇인가에 대해서 관심을 갖고 있다. 우리가 누스바움의 핵심 역량에 끌리는 이유는 삶에 필요한 핵심 역량이 균형 있게 제시되어 있기 때문이다. 따라서 인간다운 삶에 필요한 핵심 역량을 균형 있게 길러 주는 것이 교육의 중요한 목적이 될 수 있음을 알 수 있다. 그런데 누스바움의 핵심 역량은 인간이 가치 있는 삶을 살아갈 수 있는 가능성일 뿐이지 그런 역량 자체가 가치 있는 삶을 형성하는 것은 아니다. 역량은 가치 있는 삶의 가능조건일 뿐이다. 따라서 교육의 목적을 제대로 논하려면 역량에만 의존해서는 한계가 있다. 교육의 목적을 제대로 논의하려면 우리는 '무엇이 좋은 삶인가?'라는 문제로 들어가지 않을 수 없다. 다음에서 우리는 가장 좋은 삶의 기준을 살펴볼 것이다.

2) 최선의 삶의 기준

우리는 가능한 한 최선의 삶을 살기 원한다. 과연 최선의 삶이란 어떤 삶인가? 우리는 살아가면서 중요한 선택의 기로에 설 때가 많다. 이때 우리는 어떤 방향이든지 선택을 하게 되고, 이런 선택은 우리 삶에 큰 영향을 미치게 된다. 물론 문제의 성격에 따라 그 영향은 달라질 수 있다. 예를 들어, 오늘밤에 무엇을 먹을 것인가는 '사소한' 선택이겠으나, 임용시험 준비를 열심히 해서 교사가 될 것인가 아니면 좋아하는 글쓰기에 매진하여 전업 작가가 될 것인가는 '중요한' 선택이다. 중요한 선택이라면 가능한 한 삶이 더 나아지는 방향으로 선택해야 한다. 그런데 이때 무엇을 기준으로 선택할 것인가? 여기서 선택의 기준은 "무엇이 삶을 더 바람직하게 만드는가?"라는 점이다. 만일 이런 기준들이 가능한 한 많이 충족되면 될수록 더 좋은 삶이 될 것이다. 이것이 시사하는 점은 우리가 무엇이 인간의 삶을 더 나은 것으로 만들어 주는지를 알아야 한다는 것이다.

인간의 삶을 궁극적으로 더 좋은 삶으로 만들어 주는 것이 무엇인가에 대해서 많은 철학자가 지속적으로 고심하고 탐구해 왔다. 플라톤은 지식(철학)을 최고의 선이라고 보았다. 그의 스승인 소크라테스도 "너 자신을 알라" "성찰하지 않는 삶은 살 가치가 없다"고 하였다. 이들에게 가장 좋은 삶은 지적인 삶이다. 아리스토텔레스는 행복(잘삶)을 최고선으로 생각하였다. 그는 덕의 실천을 통해 행복을 성취할 수 있다고 강조하였다. 고대 그리스 철학자 에피쿠로스(Epicuros)와 영국의 근대 철학자인 벤담(J. Bentham)은 쾌락을 중시하고, 가장 좋은 삶이란 고통이 없는 쾌락적인 삶, 즉 좋은 느낌을 주는 삶이라고 보았다. 독일의 사상가 마르크스는 자유로운 창의성을 발휘할 수 있는 평등한 사회를 강조하였고, 니체는 권력의지의 발휘를 강조하였다. 이들에게 좋은 삶이란 세계를 이해하는 것이 아니라 새로운 세상을 만들어 내는 삶, 즉 성취였다. 스토아학파나 독일의 칸트는 미덕을 유일한 선으로 내세웠다. 이와 달리 사랑과 우정이 좋은 삶의 핵심이라고 생각했던 사상가들도 많다. 이런 다양한 의견을 토대로 삼아서 캐나다의 철학자인 허카(Hurka)는 『무엇을 더 알아야 하는가(The Best Things in Life)』(이순영 역, 2012)에서 최선의 삶의 기준을 쾌락, 지식, 성취, 미덕, 사랑(우정)이라는 다섯 가지로 정리하고 있다.

허카가 말하는 최선의 삶의 기준을 다음과 같이 간략히 설명할 수 있다.

1. 쾌락은 좋은 느낌을 가리킨다. 좋은 느낌은 쾌감, 좋은 기분, 즐거움, 충족감, 만족감, 행복 등 여러 가지 이름을 갖는다. 이와 반대로 나쁜 느낌이 있다. 괴로움, 아픔, 고통, 불행 등의 이름을 갖는다. 쾌락은 인간의 삶을 더 좋게 만들고, 고통은 삶을 더 나쁘게 만드는 것이다. 쾌락이 어떤 점에서 왜 좋은 것인가, 그리고 고통은 어떤 점에서 왜 나쁜 것인가에 대해 많은 철학적 논의가 생길 것이다. 그러나 분명한 점은 쾌락은 여러 가지 좋은 것 중 한 가지에 속하며, 다른 것에 비해서 쾌락이 아주 중요할 때가 있다는 점이다.

2. 지식은 그 자체로서 좋은 것이다. 인간은 알아야 한다. 지식이란 인간의 마음이 세계와 일치되는 것이다. 지식을 통해서 인간의 마음은 세계와 일치된다. 다시 말해서 지식이란 인간이 세계가 존재하는 모습을 있는 그대로 이해하고, 또 세계 속의 사물이 존재하는 모습을 있는 그대로 표현하는 것이다. 그런 표현과 이해를 통해서 인간은 존재하는 세계와 연결된다. 지식은 가치 있는 지식과 가치 없는 지식으로 구분할 수 있으며, 또 여러 가지 종류로 유형화할 수 있다. 물리적 세계, 사회적 세계, 내면적 세계에 관한 지식 중에서 어떤 지식이 왜 가치 있는 것인가에 대해서 철학적 논의가 분분할 것이다. 분명한 점은 진실을 제대로 아는 것은 그 자체로서 좋은 것이며, 진실을 잘못 아는 것은 정말 나쁜 것, 큰 악이 될 수 있다는 것이다.

3. 성취는 그 자체로서 좋은 것이다. 지식과 마찬가지로 성취도 세계와 일치되는 것이다. 성취를 통해서도 인간의 마음은 세계와 일치된다. 그런데 지식은 이미 존재하는 세계를 받아들이고 마음을 그 세계에 맞추는 것이라고 한다면, 성취는 인간이 마음속에 정해 놓은 목표에 맞추어 세계를 변화시키는 것이다. 성취는 세계를 마음에

맞추는 일이다. 예를 들어, 전체 국민의 소득을 더 공평하게 만드는 데 내가 공헌한다면 이 성취는 내 의지로 많은 사람의 삶의 조건을 바꾸고 세상에 광범위한 영향을 미치는 것이다. 이처럼 뭔가를 이루어 내는 것이 삶을 좋은 삶으로 만들어 준다. 물론 광범위한 성취를 이루려면 강인한 의지와 치밀한 능력이 필요할 것이다. 그렇지만 공평한 세상을 만드는 일뿐만 아니라 정원 가꾸기와 아이 기르기 같은 일상적인 일, 자신의 삶을 스스로 선택하는 일도 성취에 속한다.

4. 미덕은 그 자체로서 좋은 것이다. 좋은 삶을 위해서는 좋은 느낌과 만족감을 갖고, 세계를 이해하고, 가치 있는 목표를 성취해야 되겠지만 이와 동시에 '좋은 사람'이 되어야 할 것이다. 만일 고의로 다른 사람들을 해치려고 한다면 나의 삶은 그만큼 더 나빠지지 않겠는가? 그래서 많은 철학자는 선의 목록에 미덕을, 악의 목록에 악덕을 추가했다. 그렇다면 '미덕'이란 무엇인가? 미덕에는 어떤 것들이 있는가? 동정심, 용기, 겸손 등은 어떤 공통점을 갖고 있어서 미덕에 속하는 것인가? 미덕이 가치 있는 것이 되는 이유, 미덕을 갖는 것이 선한 사람이 되는 이유는 무엇인가? 이런 문제는 철학적 논의를 요구한다. 그렇긴 하지만 미덕이 하나의 본질적 선이라는 점, 다시 말해서 가치 있는 삶의 한 부분이라는 점에 일단 동의할 수 있을 것이다. 사람들이 악의를 품기보다 서로를 걱정해 준다면 세상은 더 좋아질 것이며, 자신만 챙기기보다는 남에게 더 베풀어 준다면 비록 손해가 좀 있을지라도 더 나은 삶이 될 것이다.

5. 사랑이 없으면 좋은 삶은 어렵다. 사랑이라면 주로 남녀 간의 사랑, 즉 성적 사랑, 마음을 사로잡고 결혼과 육아로 이어지는 그런 사랑을 연상한다. 그러나 부모와 자식, 형제자매의 애정이나 친구 간의 우정도 사랑의 한 가지 형태이다. 거기에는 공통된 중요한 요소가 있다. 상대와 함께 있고 싶고, 함께 있으면 즐겁고, 그가 행복하게 살면서 여러 가지 선을 성취하기를 바란다는 점이다. 사랑이 왜 좋은 것인지, 왜 다른 사람을 사랑하는지, 사랑은 언제 끝나야 좋은 것인지 등은 더 깊은 철학적 논의를 요구한다. 그런데 사랑을 지나치게 과장하는 사람이 있는 반면에 그것을 너무 경시하는 사람이 있다. 예를 들면, 사랑은 절대적으로 필요한 선이라고 말하기도 하

고, 사랑은 없을지라도 쾌락, 지식, 성취, 미덕이 있다면 충분히 가치 있는 삶이 될 수 있다고 말한다. 그러나 많은 사람이 간절하게 바라는 것은 사랑하고 또 사랑받는 삶이다. 사랑은 그 자체로서 좋은 것이라고 말할 수 있다.

삶에서 가장 좋은 것, 정말로 중요한 것, 궁극적으로 좋은 것, 인간의 삶을 그 자체로서 가치 있게 만드는 것이 무엇인가에 대한 허카의 주장을 살펴보았다. 허카에 의하면, 그런 궁극적 선들이 가능한 한 많이 충족될 수 있다면 그것이 가장 좋은 삶이다. 쾌락, 지식, 성취, 미덕, 사랑이야말로 가장 최선의 삶으로 만들어 줄 수 있는 것들이다. 여기서 다음과 같은 시사점을 얻을 수 있다. 궁극적 선은 하나가 아니라 여럿이다. 궁극적 선이 여러 가지라면 그중에서 어느 것에 집중하는가에 따라서 좋은 삶의 모습은 다양하게 나타날 수 있다. 따라서 단 하나의 좋은 삶만 있는 것은 아니다. 여러 모양의 다양한 좋은 삶이 가능한 것이다. 그뿐만 아니라 궁극적 선은 제각기 다양한 방식으로 추구될 수 있다. 그에 따라 여러 좋은 삶은 더욱 더 다양하게 나타날 수 있다.

허카의 주장은 많은 시사점과 토론거리를 제시한다. 허카의 주장에서 가장 깊은 인상을 남기는 것은 무엇인가? 최선의 삶이 이처럼 다섯 가지에 달려 있는 것일까? 우리는 최선의 삶을 살기를 바랄 수도 있지만 차선의 삶을 살아가는 데 만족할 수도 있지 않은가? 그렇다면 허카가 말하는 '최선의 삶'은 '삶의 이상'에 가깝지 '삶의 목적'이라고 하기는 어렵지 않겠는가? 이런 의문들을 배경으로 삼아 우리는 좀 더 구체적인 교육의 목적에 관한 철학자들의 주장을 살펴보고자 한다.

3. 다양한 관점의 교육목적

삶의 목적이 모두 교육의 목적이 될 수는 없다. 특히 학교교육은 일정한 기간 동안에 특정 내용을 중심으로 이루어지기 때문에 모든 삶의 목적을 교육목적으로 추구하는 것은 한계가 있다. 물론 바람직한 삶의 목적은 교육목적에 시사하는 바가 크다. 교육철학자들은 삶의 목적과 유리되지 않으면서도 교육의 목적으로 추구되어야 하는 것들에 대한 논의를 계속해 왔다. 최근 교육목적론 분야에서 자신의 독특한 논의를 펼치고 있는 몇몇 학자의 견해를 살펴보고자 한다.

1) 프링의 '교육받은 인간'

인간만이 갖는 독특한 자질이나 성취가 있다. 이런 인간적 자질을 최대한 발휘하는 삶을 가리켜서 인간다운 삶이라고 말할 수 있다. 인간다운 삶을 위해서 길러지고 발달될 필요가 있는 것들이 많은데, 이것들을 '교육받은 인간'의 특성이라고 볼 수 있다. 또한 이것을 '교육의 목적'으로 삼을 수 있다. 교육의 목적으로 추구될 수 있는 인간의 자질이나 성취, 혹은 인간됨의 특성을 프링 (R. Pring)은 다음과 같이 일곱 가지로 제시하였다(Bailey et al., 2013: 102-107).

(1) 지적인 발달

교육은 인간의 지적 사고, 지성의 발달에 관심을 둔다. 교육은 인간이 거주하는 물리적 · 사회적 · 경제적 · 도덕적 세계에 관해서 비판적으로 사고하고 이해하며, 그런 세계들 안에서 지적으로 행동하는 능력에 관심을 둔다.

(2) 실천적 능력

이론적 지식과 실천적 능력은 균형을 이룰 필요가 있다. 실천적 능력은 실제적 문제에 직면하여 이를 해결하는 능력이다. 그것은 손을 가지고 지적으로 일하는 것, 머리와 손의 통합을 포함하는 능력을 가리킨다. 교육은 창의적 기능 발휘, 과제 수행 및 완수 능력, 일상생활을 이끌어 가는 능력을 중시해야 한다. 교육은 학생들이 졸업 후 자신의 삶을 자율적으로 영위해 가도록 준비시키는 일을 소홀히 해서는 안 된다.

(3) 공동체에 참여

공동체 의식이란 넓은 공동체 속에서 겪게 되는 경험이나 비판으로부터 학습하고, 공동체의 지속적 성장에 공헌하는 실천적 방법과 성향을 의미한다. 공동체 의식은 공동선의 필요를 인식하고, 공동의 계몽이 개인의 성장에 중요한 것임을 인정하며, 공동의 기쁨을 추구하는 것이다. 공동체는 우리 각자의 삶을 형성하는 것이지만 구성원의 사고와 활동에 의해서 형성되는 것이기도 하다. 따라서 공동체 의식의 함양과 헌신을 기르는 것은 교육의 중요한 목적이다.

(4) 도덕적 성실성

인간됨의 독특한 점은 자신이 옳다고 믿는 바에 따라서 자신의 삶을 형성해 가는 능력이다. 이것은 자신의 삶의 방향에 대해서 도덕적 책임의식을 갖는 능력이다. 어떤 삶이 가치 있는 것인지, 직업이나 여가 활동에서 어떤 것을 추구할 것인지, 신성한 의무는 어떤 것인지를 묻는 것이 바로 도덕적 성실성이다. 이를 위해서 교육은 학생들이 도덕적인 덕과 지적인 덕을 함양하도록 도울 필요가 있다.

(5) 탁월성 추구

학교의 교육적 사명은 학생들이 큰 뜻을 품고, 여러 가지 형태의 탁월성을 추구하며, 자신의 현재 상태를 넘어서기 위해 노력하는 이상을 추구하도록 이끌어 주는 것이다. 이런 이상을 추구하는 것이 보통은 지적인 학업, 스포츠, 예술 등의 분야에서 이루어지겠지만, 더 나아가 평범하지만 성취감을 얻을 수 있는 다양한 과제에서도 이런 이상의 추구는 가능할 것이다.

(6) 자아인식

교육의 핵심은 학생들로 하여금 자기 자신, 자신의 장단점, 자신의 열망, 일반 사회에 기여할 수 있는 자신의 공헌, 그리고 자신이 만족을 얻을 수 있는 일을 알게 하는 것이다. 이런 자아인식과 탐구는 예술, 연극, 문학, 집단활동, 개인활동 등 다양한 방식을 통해서 이루어질 수 있다. 현실적인 평가를 통해서 그리고 실패의 극복을 통해서 다듬어지고 안정되는 자존감 및 자신감은 자신이 지닌 배경이나 능력에 상관없이 모든 학생이 성취해야 할 교육적 이상이다.

(7) 사회정의

교육받은 개인은 일반 사회에 기여하고, 좋은 시민 및 능동적 시민이 되는 데 필요한 지식과 성향을 발달시킬 것이다. 그러나 이것만으로는 정의로운 사회를 이룩하는 데 미흡하다. 교육은 개인의 자율성과 진보에 기여할 뿐만 아니라, 그런 개인이 자아를 실현할 수 있는 공동의 휴머니티의 실현을 위해서도 기여해야 한다.

이러한 프링의 교육받은 인간의 특성은 많은 생각과 토론거리를 제공해 준다. 프링의 견해와 우리나라 국가교육과정에서 추구하는 인간상은 어떤 공통점과 차이점을 보이는가? 이 일곱 가지 중에서 어느 것이 가장 중요하다고 봐야 하는가? 일곱 가지에 들어가지는 않았지만 우리가 중요하게 고려해야 할 특성은 무엇인가? 일곱 가지 중에서 이것을 왜 포함시켰는지 납득하기 어려운 것은 없는가? 이 일곱 가지 특성을 모두 교육의 목적으로 추구해야 할 것인가?

2) 린지의 교육목적론

교육목적은 다양하다. 프링처럼 여러 가지 교육목적을 단순하게 나열하며 제시할 수 있겠지만, 이와 달리 몇 가지 유형으로 나누어 볼 수 있다. 콜린 린지(C. Wringe)는 교육목적을 개인적 목적, 사회적 목적, 내재적 목적의 세 유형으로 나누어서 설명한다(Wringe, 2013).

- **개인적 목적**: 행복, 성장, 필요, 흥미, 합리적 자율성, 일
- **사회적 목적**: 준법과 질서 유지, 평등, 정의
- **내재적 목적**: 내재적으로 가치 있는 활동, 인지 능력

어느 유형에 어떤 교육목적이 포함되는지를 보면 그가 이렇게 구분한 이유를 대략 짐작할 수 있다. 개인적 목적에는 행복, 성장, 필요, 흥미, 합리적 자율성, 일 등이 포함된다. 이런 교육목적은 개인의 이익을 도모하고 개인의 삶의 목적과 발달을 증진시키는 것들이다. 사회적 목적에는 준법과 질서 유지, 평등, 정의 등이 포함된다. 이런 교육목적은 바람직한 사회 상태를 유지하고 창출하는 것과 사회정의 실현과 관련된 것들이다. 내재적 목적에는 문예 활동, 지적 활동, 지적 능력 등이 포함된다. 이런 교육목적은 그 자체로서 바람직한, 즉 내재적으로 가치 있는 것들과 관련된다. 린지가 제시한 아홉 가지 교육목적을 간략히 살펴보자.

(1) 행복

교육의 목적은 학생 개개인의 행복을 증진시키는 데 있다. 교육자는 학생의 현재와 미래의 행복을 모두 고려해야 한다. 만약 미래의 행복 증진을 핑계 삼아서 학생들에게 불필요한 학습 부담과 곤경에 빠지게 한다면 이런 교육은 올바른 것이라고 말하기 어렵다. 다시 말해서 학생으로 하여금 시험 점수의

향상 외에는 아무런 기쁨도 느끼지 못하고, 타인과 좋은 인간관계도 맺지 못하고, 그저 경쟁적인 삶에 사로잡혀 있고, 주위 사람들에게 불행을 안겨 주도록 만드는 교육이 행해진다면 이것은 비난받아야 한다. 개인의 행복을 증진시키는 교육목적은 더 폭넓은 교육목적, 즉 모든 사람이 함께 행복한 삶을 누릴 수 있는 더 좋은 세상을 만드는 교육목적과 연결된다.

(2) 성장, 필요, 흥미

성장, 필요, 흥미는 어떤 의미에서 교육목적으로 간주되는가? 우선 교사는 학생의 자연적 '성장'을 도모해야 하며, 교사 자신과 사회가 임의로 요구하는 것들을 학생에게 강요해서는 안 된다. 학생들이 자연적 성장에서 드러내기를 바라는 특성이 있다. 그것은 지성, 진실성, 친절함, 솔직함, 독립성, 합리성 등이다. 이와 다르게 자기중심주의, 허위, 노예근성, 위선 폭력 등과 같은 비도덕적 특성은 자연적인 것으로 보기 어렵다. 자연적이지 못한 이런 특성은 어디에서 유래하는가? 그것은 사회에서 학습된다. 사회가 경쟁을 조장하기 때문에 이기적이고, 사회가 개인을 옥죄기 때문에 진실하지 못하며, 사회가 위계적이기 때문에 위선적이게 되며, 사회구조가 폭력적이기 때문에 개인이 난폭해진다. 또 교사는 교육을 수행할 때 아동의 '흥미'를 최선의 지침으로 삼아야 한다. 학생들의 흥미를 유발하지 못하는 교육은 지적 호기심을 자극하지 못하여 의미 없는 교육에 머물게 된다. 나아가 교육내용은 아동의 현재 및 미래의 '필요'에 의해 결정되어야 한다. 아동의 흥미와 필요는 다음과 같이 두 가지 측면에서 가치를 갖는다. 하나는 아동 존중의 가치이다. 다른 하나는 특정 발달단계의 특성을 고려하는 것이다. 아동의 특징을 고려하여 교육자료를 만들고, 이런 다양한 교육자료를 아이들에게 제공하고, 이에 대한 아이들의 반응 양식도 민감하고 신중하게 고려해야 한다는 뜻이다. 학교에서 가르쳐야 할 것과 아동이 장차 변해야 할 방향은 무엇에 맞추어져야 하는가? 그것은 부모, 정부, 미래의 고용주 등과 같은 타인의 이익이 아니라 아동 자신의 이익에 맞추어져야 한다.

(3) 합리적 자율성

자율적 인간이란 어떤 사람인가? 그는 바로 자신의 문제를 자유롭게 선택하고 결정하여 궁극적으로는 자신의 개인적 삶의 과정 전반을 책임질 줄 아는 사람이다. 그런데 개인의 자율성은 두 가지로 위협받을 수 있다. 하나는 외적인 것이고, 다른 하나는 내적인 것이다. 즉, 타인의 강요와 압력에 의하여 개인의 삶이 그릇된 방향으로 빠질 수 있다. 그리고 내면적 충동, 불합리한 욕구, 의지박약 등과 같은 내면적 장애는 개인의 선택 자체를 왜곡시킬 수 있다. 이는 교육목적과 관련하여 두 가지를 시사한다. 첫째, 만일 어떤 과목을 배워야 하는지를 학생 스스로 결정하게 하지 않고, 이를 교사와 교육 관료가 결정해 버린다면 이런 교육체제는 자율성이라는 교육목적에 배치된다. 둘째, 학생이 성인이 된 경우에 그의 개인적 선택이나 결정이 왜곡되지 않으려면 합리적이고, 비판적인 태도가 필요하다. 왜 그런가? 우리가 알거나 믿고 있는 것들은 거의 대부분 타인으로부터 얻은 것이다. 또 우리가 행하는 것들도 거의 대부분 타인의 지시나 권고에 따르는 것 혹은 기존 관례에 따르는 것이다. 따라서 무지, 편견, 이데올로기, 사회의 기본 가정의 무비판적 수용, 그리고 반성적 사고의 부족 등이 영향을 미칠 수 있다. 그 결과, 개인들은 자신이 하고자 하는 일을 제대로 찾지 못하고 추진하지 못할 수 있다. 그러므로 합리적 자율성의 함양이 얼마나 중요한 교육목적인지 알 수 있다.

(4) 일과 직업

학생은 성인이 되면 일을 하고 살아야 한다. 학생들에게 이런 삶을 준비시키는 것은 교육의 중요한 임무이다. 그래서 일과 직업은 교육이 추구해야 할 가장 중요한 목적으로 강조되기도 한다. 그런 교육목적에 동의할지라도 우리가 검토하고 논의해 보아야 할 사항이 몇 가지 있다. 첫째, 교육은 학생들이 장래에 생산적인 노동자, 윤리적인 노동자가 되도록 길러야 한다. 둘째, 일만 하고 살아야 하는 사람이 있다면 이는 용납하기 어려울 것이다. 왜냐하면 일이 주는 물질적 혜택은 삶의 여러 목표 중 하나일 뿐이기 때문이다. 셋째, 인간의 삶에서 고된 일은 불가피한 것이겠지만 그런 일도 힘이 덜 드는 방향으로 할 수 있고, 또 그런 일을 하는 시간도 줄일 수 있다. 넷째, 경제적으로 성공한 사람들을 살펴보면 학창 시절에 한정된 직업 능력을 교육받은 사람들보다는 폭넓은 일반교육을 훌륭하게 받은 사람들이 오히려 더 많다. 미래의 엘리트들이 개인적으로 또 경제적으로 가치 있는 일반교육을 받는 상황에서 미래의 대중이 받아야 할 적절한 직업교육이란 과연 어떤 것인가를 생각해 보아야 한다. 다섯째, 일에 헌신하는 사람은 타인의 인정이나 보상을 받기 위해 더욱 효과적으로 일하는 법을 배우려고 심혈을 기울이지만 이로 인해 점점 더 노예상태에 빠질 수 있다. 따라서 일의 중요성만을 강조할 것이 아니라 여가, 가족 관계, 레크리에이션 활동이나 자원봉사, 심지어 일상적 삶의 가치를 강조할 필요가 있다.

(5) 준법과 질서 유지

준법과 질서 유지는 교육의 목적이 될 수 있다. 왜냐하면 준법과 질서 유지는 사회의 존속, 사회제도의 보존, 시민의 생명과 재산의 보호를 위해 중요하기 때문이다. 학생들의 행복이 다른 사회구성원의 행복과 충돌하지 않아야 한다. 그렇게 하려면 학생은 관습과 실천적 관행을 받아들이고, 기존의 권위나 타인의 권리를 존중하도록 가르치는 교육이 필요하다. 물론 명백하게 정의롭지 못한 사회가 있을 수 있으며, 그런 사회가 교육의 목적으로서 준법과 질서 유지를 강조할 수 있다. 만일 이런 교육을 통해서 정의롭지 못한 사회체제에 대한 순응이 강요된다면 이것은 탄압이나 다름없는 일이다. 이와 달리 제도적으로 정의롭지 못한 측면이 많은 사회가 있다. 이런 사회에서는 학생들이 야만적인 폭력, 파괴, 절도, 사기, 그 밖의 반사회적 행동을 저지르지 않도록 교육할 필요가 있다. 이것을 전적으로 잘못된 교육이라고만 보기는 어렵다. 왜냐하면 그런 사회에서도 모종의 교육은 필요하기 때문이다. 다시 말해서 누구나 이익을 추구할 수 있고 또 경쟁할 수 있지만, 이런 개인적 이익 추구도 모든 사람이 따라야 하는 규칙의 범위 안에서 이루어져야 한다. 규칙에 복종하기만 하면 되는 것은 아니다. 그보다는 이성에 따라 규칙을 준수하고 숙고하고, 또 변하는 사회 상황에 비추어서 기존의 규칙을 수정하거나 새로운 규칙을 정립해 가는 시민이 되어야 한다.

(6) 평등

모든 사람이 만족스러운 삶을 누릴 수 있으려면 그렇게 할 수 있는 여건이 비교적 평등하게 갖추어져야 한다. 이런 여건을 제대로 갖춘 사람이 지극히 소수에 불과한 사회가 있을 수 있다. 이런 소수에 비해서 자신의 열악한 여건을 마음 편하게 받아들일 수 있는 사람은 그리 많지 않다. 더 나아가 박탈감과 궁핍이 만연된 사회에서 살아가는 대다수의 사람은 불평등한 사회경제적 구조에 대해서 분노를 느끼게 된다. 만족스러운 삶에 필요한 자원이 아주 불평등하게 배분되고 있는 사회에서는 생존의 필요가 절실한 사람들에 비해서 여유 있는 사람들의 영향력이 훨씬 더 클 것이다. 그래서 이런 사람들의 가치체계가 더 큰 힘을 발휘할 것이다. 이처럼 부와 권력의 격차가 큰 사회에서는 사회구성원 간에 삶의 질, 선택, 기대 등이 판이하게 달라질 것이다. 이런 격차는 개인적 노력만으로 바로잡기가 어렵다. 게다가 불평등이 만연된 사회에서 가난한 사람들은 부자들의 취향과 의도에 따라 일하지 않을 수 없게 된다. 가난한 사람들은 필요한 것을 얻고 살아남기 위해서 경멸과 굴욕을 겪게된다. 그들은 부자들의 제재에 복종하고 살지 않을 수 없게 된다. 한편으로 부유하고 영향력 있는 자리를 차지할 사람들이 있고, 다른 한편으로 그런 자리와 아예 거리가 먼 사람들이 있다. 이처럼 양극화된 사회에서 학교는 학생들을 선발하고 배치하는 역할을 수행하게 된다. 이때 학교는 평등과 상호 존중을 중요한 교육목적으로 삼을 수 있다.

(7) 정의

정의로운 사회는 사회 구성원이 바라는 바이기도 하고 교육이 추구해야 할 목적이기도 하다. 학교는 학생의 정의관을 형성하는 데 영향을 미친다. 학교에서 학생은 자신과 타인이 공정하게 대접을 받는 것을 경험하게 된다. 이런 학생은 장차 시민으로서 깨어 있는 의식을 가지고 공적 사안을 다루게 될 것이다. 학교는 공적 기관이기 때문에 정의롭지 못한 정책을 시행해서는 안 된다. 학교는 현재 시점에서 볼 때 정의롭지 못한 일을 하거나 혹은 미래에 불의를 초래하는 일을 하지 않아야 한다. 이를 위해서 학교는 교육과정 운영이나 교과 수업을 비롯한 온갖 학교정책과 업무를 정의라는 차원에서 면밀하게 검토해야 한다. 학교는 학생 중 일부 또는 전부가 부당함을 겪을 수 있는 교육내용, 수업 방식, 의사소통 방식이 없는지 세심하게 살피면서 혹시 그런 것들이 있다면 적극적으로 개선하는 노력을 해야 한다. 이렇게 볼 때 정의로운 사회를 만드는 것 자체가 정당하고도 필수적인 교육목적에 속할 것이다. 만일 학교가 정의의 문제는 법정에 맡기고, 학교 본연의 업무인 수업에 충실하여 교과를 잘 가르치는 일에나 전념해야 한다고 주장하는 사람이 있다면 그는 폭넓은 지지를 받기는 어려울 것이다. 왜냐하면 교사가 다양한 계층의 이익을 고려하지 않은 채, 전통적인 방식에 따라 자신의 교과를 가르치는 일에만 몰두한다면 이런 수업은 상이한 배경을 가진 학생들을 결과적으로 차별하는 결과로 이어질 수 있기 때문이다.

(8) 내재적으로 가치 있는 활동

지적 활동과 문예활동 같은 그 자체로서 추구할 만한 가치 있는 활동들이 있다. 지적 활동은 지식과 이해, 진리, 합리성을, 문예활동은 미적 가치를 추구한다. 역사나 문학과 같은 교과들은 오늘날 그 자체로서 배울 만한 가치가 있는 것들이다. 이 가치란 그런 교과들이 지니고 있는 일반적이고 기본적인 학습에 있다. 그런데 어떤 학생들은 지적 활동이나 문예활동의 내재적 가치에 몰두할 수 있는 능력을 갖추지 못하고 성장할 수 있다. 이런 사람의 삶은 만족스럽지 못한 황폐한 것이 되기 쉽다. 자기 스스로 추구하고자 하는 내재적 가치가 없다면 그는 타인의 삶의 목적에 봉사하게 될 것이다. 어디엔가 당장 써먹을 수 있는 단기적 유용성만을 추구할 뿐, 그 밖의 가치를 판단할 능력이 없는 사람은 다른 사람의 소모품으로 이용만 당하기 쉽고, 결국에 가서는 굴욕적이고 타락하기 쉬울 것이다. 여기서 내재적으로 가치 있는 활동이 교육의 목적이 되어야 하는 이유의 중요성을 알 수 있다.

(9) 인지 능력

지적 활동은 교육목적으로 특별히 중시되어 왔다. 거기에는 몇 가지 이유가 있다. 첫째, 지적 활동은 학생들에게 즐거움이나 기쁨을 주고, 집중적으로 몰두하게 만든다. 지적 활동은 그 영역이 무한하고, 그 내용이 진지하고, 도전의식을 생기게 한다. 지적 활동은 배타적 경쟁성을 갖지 않는다. 즉, 어떤 사람이 과학적 발견이나 철학적 탐구에 몰두한다고 해서 다른 사람들이 이런 지적 활동에 몰두할 기회마저 박탈하는 것은 아니다. 이런 활동은 누구에게나 도전의식을 불러일으켜서 더 높은 완성으로 나아가는 무한한 단계적 변화를 경험할 수 있도록 해 준다. 물론 아무나 지적 활동에 종사할 수 있는 것은 아니다. 가령, 과학과 철학에 종사하려면 해당 학문에서 요구하는 일정한 수준을 충족시켜야 한다. 그것은 지력, 인내심, 성실성, 명료함, 증거 존중 등과 같은 지적 덕목을 가리킨다. 둘째, 지적 활동을 통해서 학생들은 인지 능력을 발달시킬 수 있다. 인간에게 인지 능력이 왜 중요한가? 인간은 세상이 어떻게 생긴 것인지, 인간사가 어떻게 전개되는 것인지, 우리를 포함한 모든 인간의 삶의 조건은 어떤 것인지, 인간이 추구하는 가치는 어떻게 정당화되는 것인지, 인생의 초자연적인 측면이란 어떤 것인지 등등을 알기 원한다. 달리 말해, '좋은 삶의 본질이 무엇인가?'를 알려고 진지하게 탐구하는 사람은 과거와 현재의 사람들이 성찰하고 탐구한 결과들에 관심을 갖는다. 이뿐만 아니라 모든 시민은 자신의 삶의 방식을 선택하고, 자신의 삶의 목적을 정해야 하는데, 이에 합당한 지식과 이해가 필요하다. 물론 이런 것들을 실행에 옮길 수 있는 역량과 기술도 함께 필요하다.

린지의 교육목적론은 우리에게 많은 시사점과 토론거리를 제공한다. 교육목적의 세 가지 유형 중에서 어느 것이 가장 중요한가? 아홉 가지 교육목적 중에서 어느 것이 가장 중요한가? 앞과 같은 린지의 교육목적론에 우리는 어떤 비판을 제시할 수 있는가? 프링의 일곱 가지 교육받은 인간의 특성과 린지의 아홉 가지 교육목적 중에서 어떤 것이 더 설득력이 있는가?

이처럼 프링과 린지는 공통적으로 교육의 목적을 여러 가지로 제시하였다. 그런 가운데서도 린지는 여러 교육목적을 세 가지 범주로 유형화하여 교육의 목적이 지닌 몇 가지 차원을 잘 보여 주고 있다. 그런데 나딩스 같은 학자는 이 두 교육철학자와 상당히 다른 관점에서 교육의 목적을 논하고 있다. 나딩스는 행복을 교육의 목적이라고 주장한다. 그는 행복이라는 단일한 교육목적을 설정하고 있다는 점에서 이미 살펴보았던 교육철학자들과 다르다.

3) 나딩스의 행복을 위한 교육

미국의 여성주의 교육철학자 나딩스(N. Noddings)는 다음과 같은 주장을 펼친다. 삶의 목적은 행복이며, 이 행복은 교육의 목적이 될 수 있다. 삶의 목적이면서 또 교육의 목적이기도 한 행복이란 무엇인가? 나딩스(Noddings, 2008: 8)가 볼 때 **행복이란 기쁨, 즐거움, 쾌락이 많고 고통, 아픔, 슬픔이 적은 삶**이다. 행복을 이처럼 간단히 정의할 수 있지만 행복에 관한 구체적인 견해는 사람에 따라서 아주 다양할 수 있다. 따라서 학생들로 하여금 행복에 관한 다양한 견해를 이해하도록 함으로써 각자의 행복관을 모색하고, 또 추구하게 하는 일이야말로 교육의 가장 중요한 과업이라고 나딩스는 주장한다.

우리는 행복한 삶을 어디에서 찾을 수 있는가? 나딩스는 행복한 삶을 찾을 수 있는 영역을 **행복의 원천**이라고 보고 이를 크게 두 가지로 구분한다. 하나는 개인의 **사적 영역**이고, 다른 하나는 (직업과 같은) **공적 영역**이다. 따라서 우리가 행복을 찾을 수 있는 영역은 개인 생활과 공적 생활로 나뉜다. 첫째, 개인 생활에서 우리가 찾을 수 있는 행복을 나딩스는 다섯 가지로 나누어 설명한다. 가정 만들기, 장소와 자연에 대한 사랑, 아이 키우기(부모 역할), 인격과 영성(spirituality), 대인관계 등에서 우리는 행복을 얻을 수 있다는 것이다. 둘째, **공적 생활**에서 우리가 찾을 수 있는 행복을 나딩스는 세 가지로 나누어 설명한다. 일(직업), 공동체(지역사회) 안에서의 민주주의적 삶이나 봉사활동, 학교나 교실 생활 등에서 우리는 행복을 얻을 수 있다는 것이다. 이처럼 나딩스의 교육목적은 행복이며, 행복은 사적 영역에서의 행복과 공적 영역에서의 행복으로 양분되며, 두 영역에서 행복은 다시금 다양한 형태로 나타난다.

나딩스의 교육목적론은 몇 가지 중요한 특징을 보여 준다. 이를 린지의 교육목적론과 비교하면 그 특징이 더 뚜렷해진다. 첫째, 린지는 교육목적을 여러 가지로 제시하였다. 이에 비해 나딩스는 행복이라는 단일한 교육목적 아래 다양한 행복의 원천을 다루고 있다. 둘째, 나딩스는 행복을 교육의 포괄적 목적으로 이해하는 반면, 린지는 행복을 개인적 목적의 하나로 파악한다. 따라서 나딩스와 린지가 각각 이해하는 '행복'의 의미가 서로 다를 수 있음을 짐작할 수 있다. 셋째, 린지와 나딩스는 교육목적을 구조적으로 혹은 다층적으로 파악하는 공통점이 있다. 린지는 교육목적을 세 가지 유형, 즉 개인적 목적, 사회적 목적, 내재적 목적으로 유형화한다. 나딩스는 행복이라는 교육목적을 사적 행복과 공적 행복으로 구분한다. 린지는 '내재적 목적'을 한 유형으로 중시한 반면에, 나딩스는 이를 특별히 강조하지 않은 점이 차이점이다. 넷째, 린지는 일이나 직업을 개인적 목적에 속하는 것으로 본다. 그러나 나딩스는 일이나 직업을 공적 행복의 원천으로 보고 있다. 우리가 살펴본 바와 같이 공통점과 차이점을 드러내고 있는 린지와 나딩스의 교육목적론은 많은 시사점과 함께 여러 토론거리를 제시해 주고 있다.

4) 화이트의 잘삶을 위한 교육

영국의 교육철학자 화이트(J. White)는 교육의 목적을 하나의 포괄적 형태로 제시하고 있다는 점에서 나딩스와 비슷하다. 그는 포괄적인 교육의 목적을 개인의 잘삶(well-being)의 증진으로 보고 있다. 화이트는 개인의 잘삶을 강조하지만 그것이 결코 이기적 차원의 잘삶을 의미하는 것은 아니다. 내가 나의 잘삶을 추구하는 것처럼 다른 사람들도 그의 잘삶을 추구할 수 있어야 하는 것이다. 따라서 개인의 잘삶 추구는 자기 자신만의 잘삶이 아니라 타인의 잘삶도 고려하면서 혹은 함께 잘삶을 추구함으로써 잘삶을 영위할 수 있는 것이다. 화이트의 잘삶관은 자신의 잘삶만을 추구하는 배타적인 자기이익 추구에 비판적이지만, 그렇다고 타인의 잘삶을 위해 자신의 잘삶을 희생하는 이타주의를 옹호하지도 않는다. 그는 자신의 잘삶을 추구하는 데만 관심을 갖는 것이 아니라 타인의 잘삶에도 관심을 갖는 온건한 의미의 이타성을 강조한다.

그렇다면 각자가 잘삶을 영위한다는 것은 무엇을 의미하는가? 여기에는 두 가지 차원이 있다. 하나는 자신의 기본적 필요가 충족되어야 한다는 차원이고, 다른 하나는 그 바탕 위에서 자신의 '가치 있는 추구'에 몰두한다는 차원이다. 가치 있는 추구에 몰두하는 삶을 화이트는 "가치 있는 활동과 관계에 전심으로, 성공적으로, 자율적으로 몰두하는 삶"(White, 2014: 153)이라고 구체적으로 설명하고 있다. 그렇다면 타인의 잘삶을 위해서 우리가 관심을 가지고 애써야 할 것들은 무엇인가? 그것은 우리가 사회적·시민적·경제적 차원에서 관계를 갖고 참여하고 공헌해야 할 것들을 가리킨다. 이를 사회적 관계, 시민적 참여, 경제적 공헌으로 구분할 수 있다.

화이트는 잘삶의 증진을 위한 교육이 전통적인 지적 교과 중심의 학교교육을 개혁할 수 있는 대안이라고 생각하고 교육목적을 구체화하여 제시하고 있다(Reiss & White, 2017). 그 내용을 다음과 같이 간략히 살펴보자.

첫째, '자신의 잘삶'을 위해서 교육이 해야 할 일은 무엇인가? 부모나 교사가 자녀나 학생의 잘삶을 위해서 도와주어야 할 일들은 어떤 것일까? 그것은 앞에서 언급한 바와 같이, 학생들의 기본적 필요를 충족시켜 주는 차원과 그 터 위에서 가치 있는 추구에 몰두하도록 돕는 일이다. 먼저, **기본적 필요**에 속하는 것들은 다음과 같다.

- 건강한 생활을 이해하고 건강한 생활습관을 갖는 것: 다이어트, 운동, 안전, 정서적 안녕(emotional well-being)
- 금전 관리 및 장래 생활 준비를 위해서 결정 능력을 갖추는 것
- 현명하고 냉철한 소비자가 되는 것
- 만족스런 삶의 기본 요건이 무엇인지를 이해하는 것: 건강, 음식, 맑은 공기와 물, 주택, 소득, 교육, 평화로운 사회, 자유

이런 내용들이 기본적으로 갖추어지고 나면 그 토대 위에서 비로소 **가치 있는 추구**(자아실현)가 제대로 이루어질 수 있다. 그렇다면 아이들이 가치 있는 활동이나 관계를 잘 추구하면서 살아가도록 도와주려면 무엇이 중요할 것인가? 이를 다음과 같이 여섯 가지로 제시할 수 있다.

- 가치 있는 활동들을 다양하게 경험하는 것: 지역사회 봉사, 문예활동, 지식 탐구, 이웃돕기, 여러 사업이나 기업, 스포츠와 운동, 제작 활동, 자연 보호 등
- 앞의 활동 중에서 일부 활동을 선택하여 더욱 충실하게 몰두하는 것

- 선호하는 활동들에 전심을 다하여 참여하는 것
- 여러 활동 영역에서 성공을 경험하는 것
- 현재 혹은 미래의 삶에서 친밀한 관계나 배려하는 관계를 맺고 유지하는 것
- 앞의 사항을 위해서 필요한 지식과 이해를 습득하는 것

둘째, '타인의 잘삶'을 도와주려면 어떻게 해야 하는가? 이를 사회적 차원, 시민적 차원, 경제적 차원으로 나누어 생각해 볼 수 있다. 먼저, **사회적 차원**에서 학생들이 배워야 할 것들은 다음과 같이 네 가지로 제시할 수 있다.

- 공동의 목표를 달성하기 위해서 타인들과 협력하여 일하고 다양한 역할을 수행하는 것을 즐기는 것
- 여러 상황에서 다른 사람들과 적절하게 관계를 맺고 의사소통을 하는 것
- 대인관계에서 발생하는 갈등을 이해하고 처리하며, 적절하게 타협하고 타결하는 것
- 인간의 본성, 공통점, 다양성, 고상함, 심오함, 그리고 인간이 자연 질서의 다른 부분들과 갖는 관계를 성찰하는 것

또 **시민적 차원**에서 학생들이 배워야 할 것들은 다음과 같이 여덟 가지로 제시할 수 있다.

- 학교, 이웃, 지역사회 및 더 넓은 세계 속에서 도움이 될 수 있는 역할을 수행하는 것
- 학교와 지역사회 안에서 민주주의를 실천하기 위해 참여하는 것
- 국가와 세계에서 나타나는 문화적·공동체적 다양성을 이해하고 존중하는 것

- 자신과 타인들이 시민으로서 가져야 할 권리와 책임을 인식하는 것
- 현대 민주주의 사회에서 미디어의 사회적 역할과 영향력을 비판적으로 평가하는 것
- 현대 세계를 이해하고 자기 나라의 세계 속 위상을 파악하는 것
- 과학 발전, 기술 변화, 사회 변동으로 생기는 윤리적 쟁점을 어느 정도 파악하는 것
- 학교교육이 어떤 목적에 기여하고 있고, 어떤 것을 더 중시하는지를 비판적으로 성찰하는 것

마지막으로, **경제적 차원**에서 학생들이 배워야 할 것들을 다음과 같이 일곱 가지로 제시할 수 있다.

- 재화와 서비스의 생산을 위해서 협력적으로 일(작업)하는 것
- 노동자와 고용주의 권리를 파악하는 것
- 국가적으로 또 세계적으로 부가 창출되고 분배되는 과정을 비판적으로 검토하는 것
- 개인, 조직, 공동체가 지역, 국가, 지구 차원에서 경제적으로 상호 의존하고 있음을 이해하는 것
- 학생들이 선택할 수 있는 직업의 범위를 폭넓게 이해하는 것
- 노동의 형태와 전망에 대해서 과학, 기술, 세계시장이 미치는 영향을 파악하는 것
- 생활양식의 선택과 경제 위주의 개발이 환경에 미치는 영향을 지역적 혹은 세계적으로 이해하는 것

이처럼 화이트의 교육목적론은 잘삶의 증진이라는 포괄적 목적을 상세하게 구체화시키고 있음을 알 수 있다. 그는 오랫동안 교육의 목적으로 잘삶의

증진을 주장하여 왔지만, 그것이 학교교육에 크게 영향을 못 미친 이유는 기존의 교과 중심의 교육과정의 틀이 너무 견고하기 때문이라고 생각하였다. 또한 교육목적의 변화가 실제 교육에 큰 영향을 미치지 못하는 것은 포괄적 목적에서 구체적이고 세부적인 목적과 목표로 이어지는 목적들 간의 논리적 연관성이 치밀하지 못하기 때문이라고 생각하였다. 이런 문제점을 극복하기 위한 대안으로 화이트는 앞의 내용과 같은 목적의 구체화를 시도하였다. 우리의 국가교육과정에서 제시하고 있는 추구하는 인간상이나 핵심 역량과 같은 교육목적이 다소 선언적 수사에 그치고 있는 반면에, 화이트의 교육목적론에서는 더욱 더 세분화된 교육목적이 체계적으로 만들어지고 구체화될 수 있다는 것을 잘 보여 주고 있다.

제13장

교육의 윤리적 차원

1. 도덕교육

1) 도덕교육의 중요성과 난점

오래전부터 도덕성 함양을 교육의 가장 중요한 목적으로 생각해 온 학자들이 많다. 도덕성이야말로 인간과 다른 동물을 구분해 주는 핵심 특성이라고 생각했기 때문이다. 도덕의 중요성은 아무리 강조해도 지나치지 않다. 그럼에도 불구하고 어느 시대에나 도덕적이지 못한 사람들의 비난받을 행동이나 범죄가 있어 왔다. 오늘날에도 범죄율의 증가와 사람들을 경악하게 만드는 흉악한 범죄는 도덕교육의 중요성을 새삼 더 강조하게 만든다. 도덕교육의 중요성을 부인할 사람은 거의 없지만, 도덕교육을 어떻게 할 것인지에 대해서는 너무 다양한 견해가 존재한다. 이처럼 도덕교육의 중요성에도 불구하고, 직면하고 있는 난감한 상황들을 몇 가지로 정리해 볼 수 있다.

첫째, 도덕교육의 효과가 확실하게 나타나지 않는다는 어려움이 있다. 우리나라처럼 도덕을 독립 교과로 가르치는 나라도 있지만 그러지 않는 나라도 많다. 그것은 도덕을 다른 교과처럼 가르친다고 해서 원하는 효과를 얻기 어렵다는 생각이 깔려 있기 때문일 것이다. 고대부터 제기된 질문이지만, 우리는 도덕이나 윤리를 가르칠 수 있는가? 이 질문에 대한 답은 결코 쉽지 않다. 학생들을 착한 사람으로 길러 내기 위해서 우리가 할 수 있는 일은 과연 무엇인가? 단순하게 생각하면, 어떻게 하면 착한 사람이 될 수 있는지를 학생들에게 가르치고, 그들이 착한 사람이 되었는지를 잘 살펴보면 된다고 말할 수 있다. 그런데 현실에서 정말 그것이 가능한가? 착한 사람이 되라는 도덕교육을 잘 받고 학교를 졸업한 사람들이 사회에서 실제로 그런 삶을 사는가? 자신이 받았던 도덕교육은 아랑곳하지 않고 나쁜 짓을 저지르고도 죄책감도 없이 뻔뻔하게 살고 있는 사람들이 너무 많다. 학교에서는 여러 방법을 동원하여 도덕교육에 최선을 다해 보지만 나타나는 효과는 늘 아쉬움을 준다.

둘째, 도덕교육의 내용과 방법에 대한 일치된 견해가 없다. 아이들에게 길러 주어야 할 도덕성은 무엇을 말하는가? 도덕적 의무감, 도덕적 판단능력, 착한 성품, 배려하는 따뜻함 등등 다양한 의견이 제시될 것이다. 어느 한쪽만 강조하기는 어렵다. 또한 도덕적으로 옳고 그름을 판단하는 것도 그리 간단하지 않다. 심지어 흉악범을 처벌하는 문제에 대해서도 사형으로 엄격히 다스려야 한다는 입장이 있는가 하면, 아무리 범죄자라도 인권은 존중되어야 하고 사형제도는 문명사회에서 지나친 처벌이라는 입장도 있을 수 있다. 도덕의 범위에 대해서도 가능한 한 우리 삶의 모든 영역에서 엄격한 도덕적 실천을 요구하는 최대주의의 관점이 있는 반면, 최소한의 규범만 준수하면 다른 문제는 모두 개인에게 맡겨야 한다는 최소주의 관점이 있을 수 있다. 도덕 혹은 도덕교육의 내용에 대한 다양한 견해차는 도덕교육의 방법이 쉽지 않음을 시사하기도 한다. 가령, 아이들에게 착한 성품을 길러 주어야 한다는 도덕교육을 주장한다 하더라도 어떤 방법으로 착한 성품을 갖게 할 것인가에 대해서는 다양한 견해가 제시될 수 있다.

셋째, 도덕교육은 다른 교과들과 다른 독특한 특성을 지니고 있다. 도덕을 배우는 일은 다른 교과들을 배우는 일과 전혀 다른 측면이 있다. 일반 교과 내용을 잘 알지 못하더라도 대개는 나중에 살아가는 데 큰 문제가 없고, 사회가 움직이는 데도 큰 문제는 없을 것이다. 특정 교과를 잘하는 학생들은 따로 있게 마련이고, 그들이 나중에 그 분야에서 전문가가 되어 사회에 기여한다면 별다른 문제가 생기지 않을 것이다. 그러나 도덕의 문제는 다르다. 학교를 졸업한 대부분의 성인이 도덕적으로 행동하지 않는다면 그 사회는 제대로 돌아갈 수 없다. 대다수의 사람이 어려운 수학 문제를 풀지 못한다 해서 사회가 무너지지는 않겠지만, 대다수의 사람이 도덕적으로 행동하지 않는다거나 아주 부도덕하게 행동한다면 사회는 자칫 무너지기 쉽다. 그만큼 도덕교육은 중요하다. 또 도덕 교과는 사람됨을 길러 주려는 측면에서 다른 교과들과 구분된다. 다른 교과들은 어떤 내용을 가르쳐서 알게 하거나 할 수 있게 하는 데 목표가 있다. 이에 비해 도덕 교과는 아이들이 착한 사람이 되게 하는 것을 목표로 한다. '무엇을 할 줄 아는 것'과 '무엇이 되는 것'은 서로 성격이 판이한 일이다. 이런 의미에서 일반 교과가 '든 사람'을 목적으로 한다면, 도덕 교과는 '된 사람'을 목적으로 한다. 된 사람을 만드는 일은 든 사람을 만드는 일만큼이나 아니 그보다 더 어려운 일일 수도 있다.

2) 도덕관 및 도덕교육의 변천 과정

일반 교과를 가르치는 데에는 교과마다 비교적 분명한 몇 가지 방법이 있다. 그러나 아이들을 선하고, 착하고, 좋은 사람이 되도록 가르치는 도덕 교과에는 그처럼 확실한 방법이 있는 것은 아니다. 그 이유 중 하나는 어떻게 선한 혹은 착한 사람이 되도록 가르칠 수 있는가라는 질문에 답하기 전에 먼저 선(착함, 좋음)의 의미를 규정하는 것부터 간단한 문제가 아니기 때문이다. 서구적 관점의 도덕교육의 역사만 살펴봐도 이 일이 쉽지 않음을 알 수 있다(Bailey, 2011: 119-140).

종교적 영향력이 강한 고대의 전통사회에서 **종교적 계율**은 철저한 도덕률의 역할을 해 왔다. 가령, 고대 히브리인들에게 선은 유일신 야훼가 정해 준 것이었다. 그것은 십계명과 구약성서에 분명하게 반영되었다. 그러나 19세기 이후에 구약성서를 읽는 많은 사람은 그 이전과 달리 비판적인 시각으로 읽고 생각하게 되었다. 성서 이야기 속에는 인간의 삶의 과정에서 발생한 수많은 일이 들어 있고, 사회적 통제를 위해서 그런 이야기에 신학적 의미가 덧붙여졌으며, 그런 이야기는 신앙공동체에 의해 확고하게 보존되고 전승되었다고 생각하였다. 예를 들어, "우상을 섬기지 말라"는 계명은 고대 히브리인들이 신의 존재를 의문시하지 않았을 뿐만 아니라 신이 인간의 도덕적·사회적·정치적 사건에 직접적으로 관여한다고 생각했던 시대적 배경 속에 생겨난 것이라고 사람들은 '해석'하게 되었다.

종교적 경전이라는 도덕적 텍스트와 그 역사적 배경은 오늘날을 살아가고 있는 사람들에게 어떤 의미를 던져 줄 것인가? 종교적 관점의 도덕을 어떻게 이해할 것인가는 아주 복잡한 문제이다. 도덕을 가르칠 때 종교적 경전을 사용하거나 그 안에 담긴 지혜를 활용하려는 사람들이 많다. 그런 이야기는 오래된 지혜를 담고 있으므로 그런 점을 무시하는 것은 어리석게 보일 것이다. 이와는 달리, 그런 이야기는 그 시대의 문화가 반영된 것이기 때문에 오늘날 도덕적 결정을 내리는 데는 특별한 영향을 미치기 어렵다고 생각하는 사람들도 있다. 또한 그런 이야기가 들어 있는 경전 텍스트는 신의 도덕적 의지가 구체화된 것이며, 신이 인간세계에 관여하고 있음을 보여 주는 것이라고 생각하는 사람들도 여전히 있다.

과연 오늘날 사람들은 신의 섭리와 관여를 어느 정도 믿는가? 분명한 사실은 과거에 비해 세속화가 급속하게 진행되었고, 독실한 믿음은 시간이 흐를수록 약해져 왔다. 르네상스와 종교개혁은 이런 현상이 생겨난 중요한 기점이 되었다. 종교개혁자들의 노력으로 그 시대의 기독교인들은 자신들의 모국어로 번역된 성서를 직접 읽을 수 있게 되었고, 그러다 보니 과거처럼 사제가 성서를 번역하고 해석해 줄 필요가 없게 되었다. 사람들은 직접 성서를 읽고 자기 나름대로 해석하기 시작하였다. 그들은 나름대로 읽고, 해석하고, 사고하고, 행동할 수 있었다. 그들에게 어떻게 해야 한다고 말해 줄 다른 사람들이 굳이 필요하지 않게 되었다.

그 이후 200여 년이 흐르면서 도덕적 결정이나 행위의 방향에 대해서 비판적으로 생각하는 경향은 점차 강해졌다. 18세기 계몽주의 시대에 이르자 철학자들은 개인의 도덕적 이성을 강조하기 시작하였다. 임마누엘 칸트의 『윤리 형이상학의 정초』는 대표적인 도덕교육의 중요한 자료였다. 이 책에서 칸트는 다음과 같은 주장을 펼쳤다. 어떤 행위가 선인가? 그것은 책에서 그렇게 말하기 때문도 아니고, 경전에 그렇게 쓰여 있기 때문도 아니고, 다른 사람들이 그렇게 말하기 때문도 아니다. 그것이 선인 것은 우리가 선험적으로 지니고 있는 선의지에 의해 알 수 있을 뿐만 아니라 우리가 다른 사람에게 그것이 선이라는 것을 합리적으로 정당화할 수 있기 때문이다. 따라서 도덕의 핵심은 인간의 이성과 관련된 것이다.

칸트는 도덕적 선이 보편적이어야 한다는 점을 강조한다. 도덕적 선은 개인의 이익에 도움이 되는 타산적 선과는 구별된다. 우리는 어떤 행동을 할 때, 그것이 제공하는 이익 때문에 하는 경우가 많다. 가령, 또래의 다른 선수들보다 기량도 뛰어나고 연습도 훨씬 많이 하는 고교 야구선수가 있다 하자. 그의 꿈은 장차 메이저리거가 되어 세계적인 선수로 명성을 얻는 것이다. 이런 꿈이 있다면 그는 그만큼 연습과 훈련을 열심히 해야 한다. 또래 학생들과 이런저런 일에 시간을 보낼 여유가 없다. 친구들과 놀고 싶은 유혹도 있겠지만 그것을 떨쳐내고 열심히 훈련하고 연습하는 것이 그에게 이로운 일 혹은 타산적인 일이 된다. 이것은 도덕적 선이 아니라 '타산적' 선을 가리킨다. 학교에서는 간혹 이런 종류의 선을 도덕적 선으로 간주하기도 한다. 예를 들어, 교실에서 떠들면 너무 소란스럽고 다른 사람에게 방해가 되므로 교실에서 정숙하도록 학생들에게 요구한다. 학교는 이를 규칙으로 정하고, 학생들이 그것을 준수하도록 지도한다. 이 과정에서 '타산적' 선은 '도덕적' 선으로 바뀌게 된다. 이는 수긍할 만한 일이다. 그런데 칸트는 그런 것을 도덕적 선으로 보지 않는다. 어떤 행위가 참으로 도덕적인 것이 되려면 어떤 상황에서든지 올바른 행위로 간주할 수 있는 보편적인 것이어야 한다. 특수한 경우, 즉 특정 목적을 달성하려고 하는 경우에만 도움이 되는 그런 것이 되어서는 안 된다. 또 그렇게 행동하는 특정 부류의 사람들과 관계없이 독립적으로 가치가 있는 행위만이 도덕적일 수 있다. 이것이 바로 칸트가 말하는 '보편적'이라는 말의 의미이다. 달리 말해, 똑같은 상황에 처할 경우에 예외 없이 누구나 똑같이 해야 하는 것이 보편적인 것이다. 칸트가 볼 때 도덕은 보편적이어야 한다.

무엇이 도덕적인 일인지를 우리는 어떻게 아는가? 아이들에게 도덕적인 사람이 되라고 가르칠 때 우리는 무엇에 초점을 맞추어야 하는가? 이에 관해서 상당한 의견 차이가 있을 것이다. 우리가 가르칠 수 있는 객관적인 도덕적 진리가 있다는 점에 대해서 의견 차이가 거의 없던 시대가 있었다. 실제로 플라톤은 사람들이 살아갈 방향에 대해서 객관적인 진리가 있다고 확신하였다. 따라서 그는 윤리학이 수학보다 더 객관적인 혹은 더 순수한 학문이라고 보았다. 물론 절대적인 도덕적 진리를 깨닫기란 힘든 일이었고, 누가 그것을 깨달았다고 말할지라도 쉽게 그 말을 믿기는 어려웠을 것이다. 그런데 근대 사회에 이르자 상황은 달라지고 말았다. 우리가 어떻게 행동해야 하는가를 정해 주는 구속력 있는 객관적 규범이나 법칙이 있다는 사실 자체에 회의를 품기 시작한 것이다.

만약 다른 교과들처럼 도덕교육의 내용에 대한 일치된 견해가 있다면 교사는 아주 편할 것이다. 예를 들어, 과학 교과에서 빛은 물속에서 굴절한다, 소리는 일정한 파동을 일으키며 퍼진다는 내용에 대해서 별다른 견해차가 없다. 그러나 도덕교육은 이와 전혀 다르다. 우선 아주 기본적인 주장에서부터 견해차가 나타날 수 있다. 절대적으로 옳은 것, 절대적으로 그른 것을 찾아내서 정당화할 수 있겠는가? 또한 학교의 도덕문화와 가정의 도덕문화가 크게 다를 수 있다. 이러다 보니 도덕을 '어떻게 가르칠 것인가?'라는 방법의 측면과 '무엇을 가르칠 것인가?'라는 내용 측면에서 큰 견해차와 딜레마에 봉착할 수밖에 없다. 과학이나 수학 같은 다른 교과들에서는 이런 견해차가 거의 없다. 이런 점에서 도덕교육은 정말 쉽지 않다. 여기서 이런 상황에 맞닥뜨릴 수밖에 없게 된 역사적 배경을 살펴볼 필요가 있다.

19세기 말 서구에서는 도덕에 관한 다양한 견해가 개진되었다. 우선 도덕을 종교와 분리시키려는 움직임이 나타났다. 18세기에 흄(Hume)은 신이 도덕의 기반이 아니라고 주장하였다. 그는 도덕성의 뿌리가 인간의 감정이며, **동정심**이야말로 도덕을 가능하게 하는 인간의 속성이라고 주장하였다. 그의 이런 주장이 당시에 널리 수용되지는 못하였다. 그러던 것이 19세기 말에 심리학과 사회학 분야에서 도덕과 종교가 분리된 것임을 밝히는 설득력 있는 주장들이 제시되었다. 심리학자인 **프로이트**(Freud)는 신이 '투사'에 불과하다고 주장하였다. 신은 아들과 아버지 사이에 서로 시기하는 위험한 관계가 객관화된, **물화된 것**(reification)에 불과하다는 것이다. 사회학자인 **뒤르켐**(Durkheim)은 신이 **집단양심**(conscience collective)의 물화로서 공동 생존과 안전을 보장하기 위해서 모든 사람을 결속시키는 일종의 끈끈한 접착제라고 주장하였다. 만일 신을 '투사'로 이해하게 되면, '도덕은 자연의 일부로서 신에 의해서 결정된다'는 주장이 설득력을 잃게 된다. 오늘날 도덕교육이 봉착하고 있는 난점은 바로 여기서 비롯된 것이다.

전통적으로 선이라고 생각되었던 것이 끊임없이 도전받고 있는 세상에서 우리는 무엇을 도덕이라고 가르쳐야 하고, 또 어떤 방식으로 그것을 가르쳐야 하는가? 이런 고민을 더 심각하게 만드는 학자의 주장이 등장하였다. 그는 독일의 철학자인 니체(Nietzsche)이다. 니체가 볼 때 인간으로 하여금 더욱 위대한 것을 성취하도록 견인하는 힘은 '이웃 사랑'이 아니라 '지배 욕구', 즉 권력의지이다. 종교 교리는 성직자 집단을 유지시키고 이들을 섬기도록 만들기 위한 것이었다. 교리는 사람들을 윤리적으로 연약하게 만들었다. 왜냐하면 종교는 언제나 사람들을 오래되고 수구적인 세계에 갇히게 만들어 버리기 때문이다. 니체가 볼 때 도덕교육은 아주 오랜 과거로부터 내려오는 옛날 옛적의 법에 복종하도록 만드는 일인 것이다.

니체의 주장은 아주 부정적이고 냉소적인 견해이다. 그럼에도 불구하고 그는 당시의 사회 지배 세력인 성직자나 정치가들에게 도발적인 도전을 감행하였다. 수천 년 동안 절대적이고 항존적인 도덕적 선으로 받아들여져 왔던 것을 그대로 가르치려는 것에 도전한 것이다. 물론 니체의 생각에도 문제가 없는 것은 아니다. 만약 우리의 행동 동기가 '권력의지'일 수밖에 없다는 니체의 견해를 무비판적으로 받아들인다면 사회는 분열되고 교육은 붕괴되고 말 것이다. 아무튼 개인이나 집단이 더 잘 살아가려면 도덕적 목적에 관심을 가질 수밖에 없다. 도덕(교육)에 관해서 많은 견해차와 논란이 있지만, 도덕에 관한 사람들의 생각이 역사적으로 변화되어 왔다는 점은 분명하다. 이런 생각의 변화는 당연히 도덕교육에 영향을 미쳤다. 물론 오늘날 교사들이 니체, 프로이트, 뒤르켐, 그리고 이들의 견해를 이어받은 현대 사상가들을 제대로 모를 수 있다. 그렇다 하더라도 교사들은 어떤 행동이 좋은/나쁜, 옳은/그른 것이라고 확신 있게 말하기가 훨씬 더 어려워지고 있다는 점은 사실이다. 이런 난감한 상황 속에서 교사들은 옛날식의 도덕을 예전과 다름없이 가르쳐야 하는 것이 현실이다.

그렇지만 '도덕이란 없다' 그러니 '도덕교육은 쓸데없는 일이다'라고 말할 수 있을까? 그건 아닐 것이다. 도덕을 다른 관점에서 이해할 수 있다. 도덕이란 특정한 행위 그 자체를 가리키는 것이라기보다는 오히려 특정한 행위를 해야 하는 이유에서 드러날 수 있다. 여기서 도덕은 행위에 의해 규정되는 것이 아니라 이유에 의해 규정된다. 칸트의 도덕관이 바로 이런 관점이다. 그에 의하면 도덕은 합리적 활동이다. 다시 말해서 도덕적인 것은 '행위'보다는 '이성'에 의해서 결정된다. 이런 도덕(교육)은 이유와 이성을 중시한다. 도덕교육은 이성의 발달과 밀접하게 연결된다.

3) 합리적 도덕교육과 그 대안

이성발달의 관점에서 합리적인 도덕교육을 주장한 대표적인 학자가 바로 미국의 심리학자인 콜버그(L. Kohlberg)이다. 그는 도덕발달을 연구한 심리학자인 동시에 도덕교육에 엄청난 영향을 미친 20세기 후반의 대표적인 도덕교육 연구자였다. 콜버그는 칸트의 도덕관을 계승하고 있다. 그가 생각하는 도덕적 인간이란 어떤 행위를 선택할 때 합리적인 정당한 이유를 제시할 수 있는 사람이다. 또한 콜버그는 발달심리학자인 피아제(Jean Piaget)에게 큰 영향을 받았다. 피아제는 아동의 인지적 발달이론을 정립하였다. 신생아가 태어날 때 이성은 아직 미발달 상태이지만, 여러 발달 단계를 거치면서 추상적 혹은 개념적 사고가 가능할 정도로 발달하게 된다. 콜버그는 칸트의 합리주의와 피아제의 인지발달이론을 결합시켜서 '도덕발달 심리학'이라는 분야를 개척하였다.

인간이 도덕적 행위를 할 수 있도록 길러 낼 가장 좋은 방법은 무엇인가? 이를 충실히 밝히려는 것이 도덕발달 심리학의 목표였다. 이런 목표가 그저 학문적 관심에서만 생긴 것은 아니었다. 콜버그가 이런 연구를 하게 된 동기는 20세기 중반에 벌어진 유대인 대학살과 한국전쟁과 같은 비극적 사건들 때문이었다. 이러한 비극적 사건들에 그는 경악했다. 사회적, 도덕적으로 볼 때 별 문제가 없어 보이는 사람들이 어떻게 그런 반인륜적인 행동을 태연하게 저지를 수 있는가? 이것은 20세기 후반의 수많은 심리학자와 철학자가 고심했던 문제였다. 한나 아렌트(H. Arendt)도 그 중 한 사람이다. 그녀는 제2차

세계대전 중 나치 치하의 독일과 프랑스를 탈출하여 미국으로 망명하였다. 아렌트의 대표작 중의 하나인 『예루살렘의 아이히만: 악의 평범성에 대한 보고』(김선욱 역, 2014)는 나치 치하에서 대부분의 유대인 수감자를 아우슈비츠 포로수용소로 이송하는 책임자였던 아돌프 아이히만(Eichmann)의 전후 재판 과정을 다룬 책이다. 아렌트는 다음과 같은 결론을 내렸다. 사악한 행위는 특별히 악한 사람들의 전유물이 아닌 듯하다. 수많은 평범한 사람들도 아이히만처럼 특수한 상황에 처하게 된다면 누구든지 똑같이 그런 일을 저지를 수 있을 것이다. 그렇게 하고 나서는 자신은 그저 '지시나 규정(규칙)을 따랐을 뿐'이라고 스스로 합리화하려고 할 것이다. 이것이 바로 '악의 평범성'이다.

이와는 다른 의미에서의 규칙 따르기가 콜버그 이론에서 강조된다. 규정 혹은 규칙 따르기는 콜버그의 심리학적 분석에서 핵심적 요소이다. 그에 따르면 인간 행위의 도덕적 정당화는 크게 세 수준으로 이루어진다. 인습 이전 수준, 인습 수준, 인습 이후 수준이 그것이다. 각 수준은 다시 두 단계로 세분화된다. 결국 '행위에 대한 정당화'는 여섯 단계에서 각각 다르게 이루어진다.

첫째, 인습 이전의 수준에서는 사람들이 자신의 행동을 어떻게 정당화하고 있는가? 이 수준에서 두 단계로 이루어진다. 1단계에서 사람들은 '잘못된 행동'을 '처벌받을 행동'과 같은 것으로 간주한다. 어떤 행동이 잘못된 것은 어른들이 그것을 꾸중하기 때문이라고 생각하는 것이다. 2단계에서 사람들은 자신을 보호하는 데 관심을 갖는다. 자신이 상대방에게 뭔가를 해 주면 상대방도 자신에게 그렇게 해 줄 것이라고 생각한다. 이 수준의 도덕성은 이제 인습 수준의 도덕성으로 발전한다.

둘째, 인습 수준에서도 두 단계로 정당화가 이루어진다. 3단계에 도달한 사람들은 어떤 일을 그릇된 것으로 보는 까닭은 그것이 다른 사람들로부터 '승인'을 얻지 못하는 일이라고 보기 때문이다. 자신과 가까운 부모님, 선생님, 가족이 승인하거나 금지하는 행동이 옳거나 그른 행동인 것이다. 4단계에서는 행동을 승인하거나 금지하는 주체가 달라진다. 그것은 구체적인 사람들에서 추상적이고 법적 성격을 지닌 사회로 바뀌게 된다. 사회는 각 개인이 어떤 행위를 해야 하는가를 결정하는 실체인 것이다. 사회가 승인하거나 금지하는 행동이 옳거나 그른 행동인 것이다. 이와 같은 인습 수준의 도덕성은 인습 이후 수준의 도덕성으로 발전한다.

셋째, 인습 이후 수준에 도달한 사람들은 이전 수준보다 훨씬 더 추상적으로 이상적인 사회를 생각하는 경향이 생겨나고, 그에 따라 행동의 옳고 그름을 판단한다. 즉, 사회 속에서 통용되는 특정 가치는 그보다 우선하는 더 큰 도덕 원리를 따라야 한다는 생각을 갖게 된다. 그런 도덕 원리의 핵심을 차지하는 것이 바로 '정의'의 원리이다. 5단계에서 사람들은 사회의 규칙이 그 자체로서 정의롭지 못할 경우, 이것을 따르지 않고 거부할 수 있다는 시민불복종 의식을 갖게 된다. 이 단계에서는 사회의 인습을 비판적으로 성찰할 수 있는 안목을 갖게 된다. 6단계에 도달한 사람들은 일상생활의 번뇌를 초월할 수 있고, 순수한 도덕적 선택이라는 관점에서 행동의 옳고 그름을 판단한다. 이 단계의 사람들은 자기 자신의 이익에 도움이 되는 것에 치우치지 않고 사회 및 도덕적 체제에 대해서 평가를 내릴 수 있을 정도가 된다. 이 단계는 콜버그가 사람들이 도달하기를 바랐던 단계이지만 소수의 사람들만 이를 수 있다.

이런 콜버그의 이론은 교사들에게 엄청난 영향을 미쳤다. 1970년대 이후 그의 이론에 기반한 수많은 교육과정 자료가 개발되어 학교에 적용되기 시작하였다. 거의 모든 교과에서 교사들은 콜버그의 연구 결과를 끌어들여 자신의 교수법에 반영시키려고 노력하였다. 그 이유는 무엇 때문이었을까? 그것은 아마도 학생들이 정의(justice)라는 근본 원리를 이해하고 이를 사회적·도덕적 상황에 적용할 수 있게 되면 장차 도덕적인 사람이 될 것이라고 생각했기 때문일 것이다. 그런데 콜버그는 점차 자기 이론의 한계를 깨닫게 되었다. 인간의 도덕발달에서 정의가 중요하지만 학교에서 '정의에 관한 대화'를 통해서만 도덕발달을 이루는 것은 한계가 있다는 것을 깨달은 것이다. 그는 오히려 학교 자체가 실제로 합리적인 사회정의를 구현하는 곳으로 바뀌어야 그 안에서 학생들의 도덕발달이 잘 이루어질 것이라고 생각하게 된 것이다. 이런 문제의식을 가지게 된 콜버그는 뉴욕 등지에 '정의로운 공동체 학교(Just Community School)'를 세우는 일에 몰두하기 시작했다. 그 이후에 콜버그의 연구는 여러 가지 측면에서 수정되고 보완되었다. 정말로 도덕적 인간을 기르고자 한다면 '합리적 정의'만으로는 한계가 있고, 이외에도 더 많은 것을 가르칠 필요가 있다고 생각한 것이다. 예를 들어, 배려, 동정심, 일관성, 도덕적 의지 등도 가르칠 필요가 있는 것들이다. 이는 곧 정의에 호소하는 합리적 접근만으로는 도덕교육을 제대로 할 수 없다는 중요한 시사이기도 하다. 요컨대, 도덕교육에 있어서 칸트, 피아제, 콜버그로 대표되는 **합리적 접근**은 20세기 후반에 가장 강력한 영향을 미친 도덕교육론이었다.

이와는 다른 시각에서 도덕교육에 접근하는 새로운 시도들이 나타나기 시작하였다. 합리적 접근이 이론적으로 대단히 매력적인 것은 분명하지만 아이들을 실제 도덕적인 사람으로 기르는 데는 한계가 있음이 드러나기 시작한 것도 새로운 변화에 영향을 미쳤다. 수십 년간 합리적인 도덕교육을 했지만 아이들이 도덕적으로 나아진 것은 거의 없고, 오히려 청소년의 비행이나 일탈행위는 더 늘어 감으로써 사회적 우려가 커지게 된 것이다. 이런 상황에서 새롭게 조명되기 시작한 학자는 아리스토텔레스였다. 아리스토텔레스의 『니코마코스 윤리학』(천병희 역, 2013)과 그의 이론을 현대적으로 재해석한 **매킨타이어**(A. MacIntyre)의 『덕의 상실(After Virtue)』(이진우 역, 1997)이 크게 주목받기 시작하였다. 새로운 도덕교육의 학문적 동향은 도덕교육에서 덕 혹은 좋은 **성품**의 함양을 중시함으로써 합리적 접근이 인지적 정당화를 중시했던 것과는 분명한 차이를 보였다. 도덕교육은 도덕적 행위나 행위의 이유에 초점을 둘 것이 아니라, 특정 방식으로 행위하는 성향 혹은 덕에 초점을 두어야 한다는 것이다. 이 말의 의미는 무엇인가? 그것은 학생들이 과도한 행동을 피하고 덕이 되는 중용의 길을 찾도록 가르쳐야 한다는 뜻이다. 예를 들어, 학생들이 장차 무모하거나 겁쟁이가 되지 않고 용기 있는 사람이 되도록 가르쳐야 하며, 거만하거나 비굴한 사람이 되지 않고 관대한 사람이 되도록 가르쳐야 한다는 말이다.

아리스토텔레스에 의하면, 미덕을 함양하는 유일한 길은 덕 있는 행위를 '실천'하는 것이다. 덕 있는 행위는 실천을 통해 생겨난다. 또한 덕은 습관이기도 하다. 만일 어떤 사람이 지속적으로 덕 있는 행위를 한다면 그는 덕 있는 사람이 될 것이다. 하지만 어떤 사람이 지속적으로 부도덕한 행위를 한다면 그는 부도덕한 사람이 될 것이다. 덕에 관해 이야기해 주고 토론한다고 해서 덕 있는 사람이 되는 것이 아니라 덕을 실천함으로써 덕 있는 사람이 되는 것이다. 여기서 새로운 접근법의 도덕교육 초점이 어디에 있는지가 분명히 드러난다. 도덕교육을 한다고 교실에서 '교훈'을 가르치는 일에 그칠 것이 아니라 '도덕적 분위기'나 '도덕적 환경'을 조성하여 아이들이 자연스럽게 덕을 실천하고 성향으로 체득하도록 도와야 한다. 이렇게 보면 학교의 도덕적 분위기는 매우 중요한 도덕교육의 요건이 된다. 학교뿐만 아니라 가정과 사회의 분위기도 도덕적 분위기를 만드는 데 함께 노력해야 한다. 사회 전반의 분위기가 비도덕적이면서 아이들이 훌륭한 성품을 지닌 도덕적인 사람으로 성장하도록 기대하기는 어렵다. 도덕교육에 앞서 학교뿐만 아니라 가정, 정부, 사회가 도덕적으로 변혁되는 것이 급선무임을 알 수 있다.

2. 시민교육

1) 좋은 시민

현대 공교육의 목적은 좋은 시민을 기르는 것이기도 하다. 특히 최근에는 이런 요구가 더 높아지고 있다. 시민이란 누구를 지칭하는 것인가? 시민은 어떤 정치체제나 정치적 단위의 구성원을 말한다. 어원적으로 볼 때 시민이라는 단어의 기원은 라틴어 civis로서 '도시의 거주민'이란 의미를 갖고 있다. 실제로 시민이라는 용어는 두 가지 의미를 갖는다. 첫째, 시민이란 한 국가의 공식 구성원을 말한다. 가령, 나는 대한민국의 시민이요, 대한민국의 국적 혹은 시민권을 갖는다. 이것은 주로 법적 지위를 가리키는 의미이다. 둘째, 시민이란 한 국가의 구성원으로서 갖추어야 할 자질을 갖추는 것을 의미한다. 이것은 법적 지위가 아니라 시민됨과 관련된 개인적 · 집단적 정체성, 덕, 행위 등을 의미한다. 두 번째 의미에서 좋은 시민과 그렇지 못한 시민을 구분해 볼 수 있다(Bailey, 2011: 167-186).

좋은 시민은 어떤 특징을 갖는가? 첫째, 좋은 시민을 좁은 의미와 넓은 의미로 나누어 생각해 볼 수 있다. 한편으로, 선거일에 빠지지 않고 투표하는 것, 함부로 쓰레기를 버리지 않는 것, 길을 건너는 노인을 도와주는 것, 교통법규를 잘 지키는 것 등을 좋은 시민의 주요 특징이라고 생각하는 사람들이 있다. 다른 한편으로, 세계의 빈곤 퇴치 노력에 참여하는 것, 차별받는 집단의 권리를 위해 투쟁하는 것, 정의롭지 못한 법에 불복종운동을 펼치는 것 등을 좋은 시민의 주요 특징으로 생각하는 사람들이 있다. 이처럼 좋은 시민의 특징을 좁게 혹은 넓게 볼 수 있다. 이런 관점은 정치적 입장에 따라 달라질 수 있으며, 이를 보수적 입장, 진보적 입장으로 구분하기도 한다.

둘째, 자유주의적 관점과 시민공화주의적 관점에서 좋은 시민의 특징은 다르게 이해된다. 자유주의적 관점에서는 시민을 일정한 권리의 소유자로 간주한다. 시민의 권리는 대표적으로 세 가지이다. 그것은 시민적 권리(영장 없이 체포나 구금되지 않을 권리), 정치적 권리(투표하거나 출마할 권리), 사회적 권리(건강할 권리)이다. 국가는 시민의 권리를 보호해야 하며, 시민은 법과 타인의 권리를 존중해야 한다. 정치나 공적 생활에 참여할 권리는 해당 시민이 '원할 경우'로 한정된다. 이와는 달리 시민공화주의적 관점에서는 '정치 참여'를 시민됨의 본질로 생각한다. 좋은 시민은 지역과 국가 수준에서 집단적 의사결정에 능동적이고 적극적으로 참여한다. 시민공화주의의 한 가지 모델은 바로 고대 아테네의 민주주의이다. 오늘날의 '참여민주주의'는 시민공화주의적 관점에 속한다고 볼 수 있다.

셋째, 좋은 시민을 다음과 같은 네 가지 차원에서 생각해 볼 수 있다. 네 가지 차원은 권리와 의무, 보편성과 차이성, 지역·국가·지구, 비판성과 순응성 등이다.

① 권리와 의무: 시민은 권리와 의무를 지닌 존재이다. 권리와 의무 중에서도 어느 것을 더 우선시해야 하는가? 이를 바라보는 견해차에 따라 시민됨의 의미는 달라진다. 자유주의적 관점에서는 권리가 더 강조되고, 시민공화주의적 관점에서는 의무나 책임이 더 강조된다. 전자의 관점에서는 인권 보장을 위해서 노력하는 반면, 후자의 관점에서는 권리에 대한 지나친 강조로 사회 속에서 같이 살고 있는 타인에 대한 의무를 망각하게 만들 수 있다는 점을 우려한다.

② 보편성과 차이성: 형식적으로 모든 성인은 시민의 지위와 권리를 갖는다. 그러나 실제로 시민의 권리가 항상 보장되는 것은 아니다. 오늘날도 여전히 성별, 빈부, 지역, 장애 등에 따라 권리에 대한 차이가 나타난다. 이 차이는 차별이 되기도 한다. 예를 들어, 장애인 집단 구성원은 차별을 당할 수 있고, 이에 대한 항의와 저항운동을 보이기도 한다. 이런 상황에 대해서 다음과 같은 주장이 제기될 수 있다. 차이는 관용의 대상이 되어야 하고, 나아가 여러 차이가 적극적으로 인정되고 허용되어 다양성을 꽃피울 수 있어야 한다.

③ 지역·국가·지구: 시민은 특정 국가 안에서 권리와 의무를 갖는다. 예컨대, 나는 대한민국의 시민이다. 나의 권리와 책임은 대한민국이라는 특정 국가 안에서 의미를 갖는다. 그런데 지구화로 인하여 국민국가가 도전을 받기도 하고, 국경을 뛰어넘어 연대와 정치행동이 나타나고 있다. 이에 따라 '지

구적' 시민이 되어야 한다는 주장이 등장하고 있다. 물론 지구적 국가가 실지로 존재하는 것은 아니기 때문에 지구적 시민은 법적 의미보다는 도덕적 의미로 사용된다. 이에 대해서 '지역'을 소홀히 해서는 안 된다는 주장도 등장하였다. 이런 의견들이 조화된 "지구 차원에서 생각하고, 지역 차원에서 행동하자"는 슬로건도 등장하였다.

④ 비판성과 순응성: 국가와 시민은 서로 긴장관계에 놓인 측면이 있다. 인간의 이기적이고 파괴적인 충동을 통제하기 위해서 강력한 힘을 가진 국가가 필요했다. 국가의 법과 제도에 시민은 순응할 의무가 있다. 그러나 국가 권력이 정당성과 합법성에서 이탈할 때 시민은 국가에 저항하고, 불가피할 경우에는 국가를 전복할 권리를 갖는다. 이처럼 시민에게는 국가에 순응하고 충성하는 것도 필요하지만 비판적 시민정신도 요구된다. 그렇기 때문에 이 두 가지 관점은 서로 긴장된 관계에 놓여 있다.

넷째, 좋은 시민의 의미는 사람들이 지니고 있는 도덕적 · 정치적 가치에 따라서, 사회의 조직 방식에 따라서, 인간이 설정하는 삶의 목적에 따라서 다양하게 설명될 수 있다. 즉, 좋은 시민에 대한 견해는 다양하다. 그런 전제하에 우리는 넓은 의미에서 민주주의 사회의 '좋은 시민'을 다음과 같이 종합적으로 규정할 수 있다. 좋은 시민은 자신의 시민적 · 정치적 · 사회적 권리를 인식하고, 지키고, 행사하며, 타인의 권리를 존중 · 옹호 · 허용하고, 공동선을 증진시키기 위해서 공적 영역에 능동적으로 참여하는 시민이다.

2) 시민성 교육과 중립성 문제

학교교육을 통해서 길러야 할 시민성의 구성요소를 세 가지 측면에서 찾아볼 수 있다. 시민성은 기능(능력), 지식(이해), 가치(태도, 성향)의 측면에서 생각해 볼 수 있다. 좋은 시민이 되기 위해서는 정치적 과정과 시사 문제에 관한 '지식'이 필요하고, 그것을 분석하고 소통하는 '기능'이 필요하며, 그리고 공정성이나 인간 존중과 같은 태도나 '가치'를 지녀야 한다.

그렇다면 아이들에게 이런 구성요소들을 어떻게 잘 발달시킬 수 있을 것인가? 첫째, **기능**은 주로 '실천'을 통해서 발달시킬 수 있다. 시민성의 기능 혹은 능력을 개발하는 대표적 사례로 모의재판이나 학생회와 같은 활동을 들 수 있다. 둘째, **지식**은 '독서와 토론'을 통해서 습득할 수 있다. 가령, 사회 교과에서 정부의 기관이나 제도, 민주주의의 절차에 관한 것들을 가르치면서 학생들에게 도움을 주고자 한다. 셋째, **태도나 가치**는 훈계, 충고, 훈육, 모범 등을 통해서 함양할 수 있다. 예컨대, 교사가 어떤 가치를 스스로 실천하면서 살아가거나 혹은 학교 안에서 어떤 가치가 잘 구현되어 모범을 보여 준다면 학생들은 그런 가치를 더욱 쉽게 받아들일 수 있을 것이다. 또한 학생들에게 제반 문제에 대한 비판적 성찰을 통해 자신의 분명한 태도와 입장을 형성해 가도록 도울 수도 있다.

그런데 오늘날의 자유주의 국가에서는 시민교육의 **중립성** 혹은 공정성 문제가 쟁점이 되기도 한다. 교육을 통해 민주시민을 양성한다고 하면서 특정 신념을 교화(indoctrination)시키거나 주입시키는 일을 한다면 그것은 국가가 취해야 할 중립성을 위반한 결과가 되고 말 것이다. 학생들이 장차 국가나 사회체제에 그저 순응하는 시민이 아니라 비판적이고 자율적인 시민이 되도록 가르치려면 어떤 한 가지 견해만 가지고 가르치는 일은 가급적 피해야 한다. 차라리 학생들로 하여금 논란거리가 되는 주제들을 가지고 서로 토론하며 다양한 경험을 해 보도록 하는 것이 좋다. 그렇다면 시민교육에서 편향성을 피할 수 있는 방안은 무엇인가? 우선 국가는 정치적 중립성을 지켜야 한다는 관점에서 시민교육을 반대하는 입장이 있을 수 있다. 어떤 내용으로 시민교육을 하더라도 그것은 특정 가치를 가르치는 결과를 낳아 결국 중립성 위반이 될 수밖에 없으므로 시민교육 자체를 하지 말아야 한다는 강경한 입장이다.

이와는 달리, 편향성의 우려 때문에 시민교육을 포기한다는 것은 지나치며, 엄밀한 중립주의는 불가능하다는 입장이 있다. 이 입장에서 보면 중립성을 옹호하는 것은 인간에 대한 이해의 부족이다. **편향성**은 인간이 지닌 속성이며, 어떤 쪽으로도 편향되지 않은 사람은 결국 무기력하거나 무관심 혹은 침묵하는 사람일 것이다. 따라서 편향성 자체를 비판하면서 그저 소극적인 시민교육에 그친다면 자율적이고 비판적인 시민을 양성하기는 어려울 것이다. 편향성을 문제시하려면 잘못된 편향성을 문제삼으면 된다. 자기와 다른 집단, 다른 관심, 다른 생각을 오해하거나 왜곡하도록 오도하는 편향성은 마땅히 경계해야 한다. 따라서 이런 입장에서는 논란거리가 될 수 있는 문제조차도 시민교육에 포함시킬 수 있다고 주장한다. 이런 적극적인 시민교육의 입장을 따르다 보면 학생들의 도덕적·종교적 가치의 핵심을 건드려 논란이 생길 수도 있다. 그렇다고 해서 교사가 항상 중립성 위반의 여지가 있는 시민교육을 해야만 하는 것은 아니다. 시민교육을 하면서도 교사가 중립적으로 접근할 수 있는 방안을 다음과 같이 제시할 수 있다.

- 중립적 입장을 견지하기: 교사는 학생들이 다양한 견해를 표출하도록 허용해 주고 자신은 중립적 입장을 잃지 않도록 노력하는 방안
- 균형을 잡아 주기: 학생들이 다양한 견해를 표출하는 수준에 머물러 있을 때, 그것에 대한 대안적 견해를 제시하며 학생들이 균형을 잡아 가도록 돕는 방안
- 입장을 표명하기: 교사가 중립적 입장을 취하면서도 자신의 견해를 명확하게 밝히고, 그것에 대한 최종 판단과 선택은 학생들이 할 수 있도록 하는 방안

시민교육을 하는 교사는 항상 중립성을 지켜야 하는 것인가? 교사가 중립성을 지킬 수 없거나, 중립성을 지켜서는 안 되는 상황도 있다. 대표적으로,

학생들이 편향된 특정 견해를 주장할 때, 그리고 교사가 옹호하는 보편적 가치와 반하는 내용을 다룰 때 교사는 중립적일 수만은 없다. 예컨대, 수업 중에 어떤 학생이 인종차별적 발언을 한다면 교사는 당연히 그것에 개입하여 제지시키고 경고해야 한다. 정의와 평등에 관한 분명한 신념을 지닌 교사라면 사회에서 이루어지고 있는 자본가나 지배 세력의 억압을 비판적으로 바라보도록 학생들을 가르칠 수밖에 없다. 물론 이런 주장에 대해서 반대 입장도 있을 수 있다. 교사들은 특정 정치적 견해를 명확히 표명하는 것을 가급적 피해야 하고, 그 대신에 공정성, 추론, 관용과 같은 절차적 원리에 충실해야 한다는 주장이 제기되기도 한다. 교사가 시민교육을 하면서 겪게 되는 공정성·중립성·편향성 문제는 매우 복잡하고 많은 논의와 토론을 요한다.

3) 시민교육의 장소

시민교육은 교실 안에서만 이루어지는 것은 아니다. 좋은 시민을 기르는 것에 관심이 많은 사회는 교실과 학교만이 아니라 가정, 사회에서도 효과적인 시민교육을 할 수 있다. 사실 학교 밖의 다양한 공간에서 시민교육이 이루어져야 한다. 여기서는 시민교육이 이루어지는 대표적인 공간인 교실·학교·사회 차원의 시민교육 방안을 살펴보자.

(1) 교실에서의 시민교육

교실에서 학생들의 시민성을 발달시키기 위한 내용과 방법은 다양하다. 대표적으로 지식과 이해, 경험의 습득, 능력 혹은 기능의 함양을 통해서 시민성을 길러 주려는 노력을 하게 된다. 첫째, 학생들은 교실의 수업을 통해 정치제도와 기능에 관한 지식을 습득하고, 그것의 핵심 개념을 이해하게 된다. 이것은 학생들의 토의와 토론, 교사의 설명, 조별 혹은 반 전체의 협력 활동을 통해 이루어진다. 둘째, 학생들은 교실 안에서 시민생활에 관한 다양한 간접 경험을 할 수 있다. 학생들이 법정, 의회, 각종 위원회에 직접 참관하면 좋겠지만 여의치 않을 경우가 많다. 이때 교실에서 시뮬레이션 활동을 통해서 간접적으로 그런 경험을 해 볼 수 있다. 셋째, 여러 교과에서 비판적 문해력, 숙의 및 공적 이성을 사용할 줄 아는 능력을 기르게 된다. 특히 숙의(deliberation)는 시민교육에서 매우 강조된다. '숙의'란 다른 사람들과 이성적 논의에 참여하는 일이다. 숙의는 자신의 견해를 다른 사람들이 이해할 수 있도록 제시하는 일이다. 이때 타인을 존중하면서 자신의 견해를 제시할 수 있어야 한다. 현대사회는 다양성의 사회이기 때문에 '공적 영역'을 공유하고 유지하려는 노력이 필요하다. 이런 측면에서 존 롤즈(J. Rawls)는 **공적 이성**(public reason)의 중요성을 주장하였다. 공적 이성을 통해서 우리는 모든 사람이 공유할 수 있는 원리를 기반으로 어떤 문제들에 대해서 토론할 수 있게 된다. 이런 공적 이성을 잘 사용할 수 있는 능력이 교실에서부터 길러지는 것이다.

(2) 학교에서의 시민교육

교실 안의 특정 교과에서만 시민성을 학습할 수 있는 것은 아니다. 학교 전체가 시민교육을 위한 노력을 함께해 나가야 한다. 따라서 학교의 풍토(ethos)가 매우 중요하다. 왜냐하면 생활공간의 지배적인 분위기, 정신, 정조라고 볼 수 있는 풍토가 인간의 삶이나 상호 관계에 큰 영향을 미치기 때문이다. 학생들의 학교생활 전반에 영향을 미치게 되는 이런 학교 풍토를 잠재적 교육과정이라고 말한다. 특히 다음의 두 가지는 학생들의 태도와 행위에 큰 영향을 미친다. 첫째는 교사와 학생의 관계이고, 둘째는 학교 운영에서의 의사결정 과정이다. 학생들은 교사가 자신들을 존중하고 있는지, 자신들의 의견을 경청하고 있는지, 개인적으로나 집단적으로 자신들의 견해가 중시되고 있는지를 쉽게 느낀다. 이런 풍토는 학생들이 좋은 시민으로 발달하는 데 크게 영향을 미친다. 존 듀이의 언급처럼, 민주적인 학교 운영은 민주주의의 발전과 서로 밀접한 연관성을 갖고 있다.

학교의 민주적인 운영은 다양하게 이루어질 수 있다. 학생들에게 일상적인 문제들에 대해서 상당한 선택권을 허용한다든가, 학교 운영에 대해서 발언권을 준다든가, 교육과정의 내용에 학생들의 의견을 반영한다든가 하는 여러 운영 방안이 있을 수 있다. 적극적으로는 학교 운영에 학생들을 참여시킬 수도 있다. 또한 학생들에게 영향을 미치는 주요 의사결정에 학생들을 참여시키는 것은 시민성의 발달에 긍정적 영향을 미치게 된다. 그런 참여는 숙고 능력을 발달시키고, 갈등하는 관심사들을 성찰해 보게 하고, 책임의식을 발휘하게 하며, 민주적 태도와 가치를 발전시킬 수 있는 기회가 된다. 만일 학생들을 비민주적으로 대하는 학교 풍토 속에서 민주시민이 되라고 가르치는 일은 모순이다.

학생들이 학창시절에 학교에서 민주적인 경험을 한다고 해서 졸업 후의 사회생활에서 반드시 민주적인 시민의식을 발휘할 것이라는 보장은 없다. 그렇지만 민주적인 학교는 민주적 시민을 양성할 가능성이 높은 것이 사실이기 때문에 학교를 보다 더 민주적인 방식으로 운영하는 것이 시민교육을 잘하는 방안일 것이다.

(3) 사회 속에서의 시민교육

시민교육이 학교에서만 이루어지는 것은 아니다. 학생들이 좋은 시민성을 함양하는 경험은 학교보다 학교 밖의 다양한 경험을 통해서 얻어지는 경우가 많다. 취학 전 가정에서부터 그런 경험은 시작된다. 학생들은 학교 밖의 다른 경험, 즉 캠페인 활동이나 공청회 등에 참여함으로써 시민성을 기를 수 있다. 이런 의미에서 학생들에게 지역사회 문제에 적극적으로 참여할 것을 권장할 수 있다. 물론 사람들은 성인이 되어 공직을 맡거나 시민사회 활동에 참여함으로써 시민성을 제대로 발휘할 기회를 갖게 된다. 아직 어린 학생들은 이런 활동을 직접 하기 어렵기 때문에 앞에서 언급한 간접 경험을 할 수 있도록 도와야 한다.

좋은 시민에게 요구되는 활동 중에서 자원봉사와 정치 참여는 매우 중요하다. 두 가지는 모두 긍정적인 사회 변화를 꾀하기 위한 노력이면서도 분명한 차이가 있다. **자원봉사**는 '자선'의 원리를 기반으로 하고, **정치 참여**는 '정의'의 원리를 기반으로 한다. 가령, 빈곤층의 무주택자 문제를 해결하기 위한 방안을 생각해 보자. '자선'의 원리를 신봉하는 입장에서는 무주택자들에게 필요한 주택을 제공하기 위해서 부유한 사람이나 여유가 있는 사람들의 자원을 동원하려고 노력할 것이다. 반면에 정의의 원리를 신봉하는 입장에서 보면 그런 해결책이 얼마나 효과가 있을지 불확실하고, 자칫 무주택자들이 권리의 소유자가 아닌 자선의 수혜자라고 스스로 느끼게 만들 가능성도 있다. 따라서 이들은 누구나 가정을 가질 권리를 보장하는 새로운 입법을 통해서 해결하자고 주장하거나, 현행 법률만으로도 그것이 가능하다면 강력하게 시행되도록 노력하자고 주장할 것이다. 그것이 정의가 실현되는 방법이라고 생각하기 때문이다.

학생들도 자원봉사나 정치 참여를 통해 좋은 시민성을 함양할 수 있다. 학생들은 요양기관 봉사, 장애우 돕기, 환경보호 활동 등의 자원봉사나 캠페인 활동, 공청회 참여, 청원활동 등 정치 참여에 개입할 수 있다. 학생들이 이런 활동에 참여하는 것은 실제적 성과와 별도로 참여자로서 시민성을 학습할 수 있는 기회를 갖는다는 의미가 있다. 이런 참여를 통해 학생들은 현실의 문제점을 알게 될 것이고, 이와 더불어 토론, 의사결정, 정치적 행동의 기능을 습득할 수 있다. 학교 안에서의 이론 공부를 통한 기능과 지식의 발달이 갖는 한계를 현장의 참여를 통해 극복하고 학습 효과를 증진시킬 수 있다. 또한 교실 안에서는 배울 수 없는 것을 현실 참여를 통해서 제대로 배울 수 있는 그런 것들이 있다.

사회문제에 대한 학생들의 무관심이나 수동적인 참여가 교사나 부모에게는 늘 고민거리이다. 학생들이 적극적으로 참여하지 않으려는 이유를 제대로 파악할 필요가 있다. 아마도 자신들의 참여가 어떤 변화도 가져오지 못할 것이라는 생각 때문일 것이다. 즉, 학생들의 무관심은 게으름 때문이 아니라 참여해 봐야 별로 효과가 없다는 판단에서 생긴 것일 수 있다. 자원봉사나 정치 참여에 학생들이 적극적으로 참여하도록 하기 위해서는 변화를 실제로 느끼도록 해야 한다. 물론 학생들의 참여 경험이 언제나 긍정적인 결과를 낳을 수는 없다. 그렇지만 학생들이 지속적인 참여의 경험을 하게 된다면 자신들의 참여가 변화를 가져올 수 있는 가능성이 많다는 것을 알게 될 것이고, 설령 변화가 당장 이루어지지 않더라도 왜 그것이 어려운지 관련 상황을 이해할 수 있게 될 것이다. 이런 참여 과정을 통해서 학생들은 좋은 시민성을 발달시키게 된다.

3. 교원윤리

1) 교원윤리의 필요성과 내용

현대사회에는 다양한 전문직이 존재한다. 전문직의 특징 중의 하나는 자율적인 윤리 규정을 지니고 있다는 점이다. 교원이 전문직인가에 대해서는 여러 견해차가 있을 수 있지만, 과업의 속성상 교사들에게는 엄격한 교원윤리[1]가 요구된다. 예나 지금이나 교사들에게는 다른 어떤 분야의 종사자들보다도 높은 수준의 도덕성이 요구되고 있다. 언론을 통해 특정 교사의 비도덕적인 행위가 보도되기만 해도 전체 교사에 대한 비난 여론이 빗발치는 경우

---

1) 교원윤리는 교직윤리, 교사윤리 등으로 표현되기도 한다. 윤리는 그 요구 대상이 인간이라는 점을 고려할 때, 교직윤리는 교직이라는 직업 자체에 윤리적 요구를 하게 되는 셈이므로 논리적으로 어색한 표현이다. 교사의 법적 신분을 교원으로 표현하는 점을 고려하여 여기서는 교원윤리라는 용어를 사용한다.

를 종종 볼 수 있다. 유독 교사들의 도덕성에 대한 여론의 반응이 그렇게 민감한 이유는 교사들에 대한 일반 국민들의 도덕적 기대 수준이 그만큼 높기 때문일 것이다. 이는 교직관과 매우 밀접한 연관이 있다. 전문직으로서의 교직은 그에 상응하는 직업윤리가 요구된다. 일반적으로 전문직은 다른 직종에 비해 더 높은 도덕성이 요구된다. 이는 다른 직종에 비해 전문직이 사회에 미치는 영향력이 매우 크기 때문이다. 전문직은 과업 수행에서 고도의 전문 지식이 요구되고, 이에 상응하는 자율성이 주어지는 만큼 높은 도덕성이 요구된다. 따라서 전문직으로서 교사들에게는 과업 수행의 자율성이 부여되어야 하고, 그에 상응한 엄격한 교원윤리가 요구된다.

그렇다면 교직을 수행하는 과정에서 어떤 내용의 교원윤리가 요구되는가? 교원윤리의 내용을 크게 몇 가지 범주로 구분해 볼 수 있다. 그것은 학생에 대한 윤리, 동료교사에 대한 윤리, 학부모에 대한 윤리, 학교 조직 속에서의 윤리, 교직공동체에서 요구하는 윤리, 국가 및 사회에서 요구하는 윤리, 교사 자신의 삶에 대한 윤리 등으로 구분해 볼 수 있다(김희봉, 2009: 273-303). 이를 하나씩 살펴보자.

첫째, 학생에 대한 윤리가 있다. 교사는 학생의 인격과 권리를 존중해야 한다. 어린 학생들의 인권은 자주 무시되기 쉽다. 교사가 때로는 훈육이라는 이름으로, 때로는 잘못된 것에 대한 대가로 학생들에게 잔소리, 언어폭력, 비하 발언, 심지어 체벌을 하는 경우가 있다. 그런 상황에서도 교사는 성장기에 있는 학생들의 실수 가능성을 인정하면서 그들을 사랑으로 감쌀 수 있어야 하고, 편견 없는 공정한 사랑으로 대해야 한다. 또한 교사가 학생들을 지도하면서 빠지기 쉬운 간섭주의(paternalism)를 경계해야 한다. 교사에게 학생의 자율성을 전적으로 무시할 수 있는 권한이 주어진 것은 아니다. 교사는 학생들에게 성실하고 진실해야 하며, 인내와 관용의 태도를 가져야 한다. 비록 지적 수준에서는 교사와 학생이 동등하지 않겠지만 존엄한 가치를 지닌 인간이라는 점에서는 하등의 차이가 없다. 교사는 학생들이 존엄한 인격체임을 늘 기억하면서 그에 상응한 대우를 할 수 있어야 한다.

둘째, **동료교사에 대한 윤리**가 있다. 학교는 여러 교사가 교육공동체를 형성하고 있다. 교사는 함께 공동체를 형성하고 있는 동료교사를 존중하고, 그들의 권위를 보호해 주어야 한다. 교사들 간에 있을 수 있는 다양한 견해차는 대화와 소통을 통해 해소되어야 한다. 교사는 다른 교사의 교육관, 교육방식에 가능한 한 관용하는 자세를 가져야 한다. 교사들은 상호 이해를 바탕으로 서로 협력하고 조력함으로써 성공적인 교육활동이 이루어지도록 함께 노력해야 한다. 나아가 교사들은 동료교사에 대한 건전한 평가와 비판, 그리고 격려의 태도를 가져야 한다. 이런 태도는 교사 상호 간의 발전과 성취에 도움이 될 것이다.

셋째, **학부모에 대한 윤리**가 있다. 학부모는 학생의 보호자로서 당연한 권리와 의무를 가지고 있다. 학부모와 교사는 학생을 교육하는 데 있어서 상호 긴밀한 협력 관계를 형성해야 한다. 교사는 권위적 태도를 버리고 학부모를 교육의 동반자로 인정하면서 원활한 소통관계를 유지하고, 학생 교육과 관련된 정보를 그들과 공유할 필요가 있다. 간혹 학부모들이 가지고 있는 교육관이나 자녀관이 바람직스럽지 못할 때에는 교사가 '부모 교육자'로서 역할도 수행해야 한다. 아직 미성년자인 학생들의 최종 보호자는 부모이기 때문에 그들에게 주어져 있는 권한과 선택권을 존중하면서도 교사는 교육의 전문가로서 조언과 상담을 잘 이끌어야 한다.

넷째, **학교 조직 속에서의 윤리**가 있다. 학교는 하나의 조직으로서 공동으로 추구하는 목적이 있다. 이런 공동 목적을 추구하는 과정에서 교사들에게 여러 윤리적 요구가 있을 수 있다. 우선 과업 수행에 있어서 교사 각자에게 맡겨진 과업을 성실히 수행해야 한다. 교사 자신의 나태함으로 인해 학생은 물론이고, 학교 조직 전체에 피해가 가지 않도록 해야 한다. 조직원으로서 교사는 상급자에 대한 예의를 지킬 뿐만 아니라 그들의 리더십이 잘 발휘되도록 협력해야 한다. 관리자들의 잘못된 지시나 요구에 대해서는 비판적 입장을 명확히 밝힐 필요도 있다. 교사는 학교의 제반 행사에 능동적으로 참여해야 하고, 건전한 비판을 통해 학교 조직이 더 발전적 방향으로 갈 수 있도록 노력해야 한다. 교사는 학교의 건강한 문화를 만들어 가는 데 적극적으로 참여할 필요가 있다.

다섯째, 교직공동체에서 요구하는 윤리가 있다. 교사는 개인이기도 하지만 교직공동체에 속한 일원이기도 하다. 따라서 교사는 자신이 교직공동체의 일원이라는 의식을 가지고 교직사회의 발전을 위해 노력해야 한다. 이를 위해 교사는 지역 혹은 전국 단위의 교과연구회나 수업연구회 등 전문적인 단체 활동에 적극적으로 참여할 필요가 있다. 만약 교사들이 지나친 개인주의나 폐쇄성에 빠지게 되면 교직사회의 발전을 기대하기는 어려울 것이다. 교사들이 전문직으로서 높은 자긍심을 갖기 위해서는 교직사회 구성원 다수가 참여하는 교원단체 활동을 통해 공동체 의식을 갖는 것이 바람직하다. 교사 개개인의 처신이 교직사회 전체 이미지를 실추시킬 수 있기 때문에 스스로 절제하는 행동과 품위 유지에 힘쓸 필요가 있다.

여섯째, 국가 및 사회에서 요구하는 윤리가 있다. 교사는 학교와 지역사회를 우호적이고 협조적으로 연결시키는 원동력이며 국가 발전의 선도자이다. 학교와 지역사회, 그리고 국가는 분리되어 따로 존재하는 것이 아니라 서로 영향을 주고받는 역동적인 주체들이다. 따라서 교사는 지역사회와 국가의 일원으로서 책임과 의무를 지니고, 나아가 지역사회를 이해하고 지역사회의 전통을 존중하며 지역 생활과 지역 문화의 향상을 위해 봉사해야 한다. 국가와 사회가 교사에게 위임해 준 막중한 임무는 다음 세대를 건강하고 바르게 길러서 훌륭한 시민으로 만들어 달라는 것임을 늘 기억하면서 사회적 책무를 다하기 위한 노력이 필요하다.

일곱째, 교사 자신의 삶에 대한 윤리가 있다. 교직은 전문직이다. 교사는 과업을 수행하기 위한 전문성을 갖추려는 노력이 다른 어느 것보다 우선되어야 한다. 교사는 아무나 될 수 없고, 또 그래서도 안 된다. 교육을 하는 사람은 자신이 먼저 폭넓은 교양을 갖추어야 하며, 아울러 전문지식과 기능에 숙달해야 하고, 인간발달과 학습심리 등에 대한 소양도 지녀야 한다. 교육전문가로서 자긍심을 유지할 수 있는 계속적인 연찬과 덕의 함양이 요구된다. 더구나 오늘날과 같이 지식과 정보가 폭발적으로 늘어나고 급속하게 변화하는 사회에서 새로운 지식과 기술을 습득하기 위해서는 부단한 자기계발이 필요하다.

2) 교원윤리의 이론적 배경

교사들이 교육현장에서 부딪히는 수많은 문제는 교사들로 하여금 윤리적 고민을 하게 만든다. 특히, 학생을 지도하는 과정에서 교사와 학생 및 학부모와의 갈등은 갈수록 많아지고 있다. 이런 상황 속에서 교원들이 따라야 할 일정한 윤리적 규정이 제정될 필요가 있다. 미국교육학회(NEA)는 1975년에 대의원회의에서 다음과 같은 교원윤리강령을 채택하였다.

전문

인간의 가치와 존엄을 믿는 우리 교육자는 진리와 수월성, 그리고 민주적 원리의 추구를 교육의 궁극적인 목적으로 인식한다. 이러한 목적을 성취하기 위해서는 교수–학습의 자유가 보장되어야 하며, 모든 사람에게 공평한 교육의 기회가 보장되어야 한다. 이에 우리 교육자는 최고의 윤리적 기준을 수립하고 이를 견지해야 할 책임감을 공유하고자 한다.

우리 교육자는 가르치는 과정에 항상 수반되는 막중한 책임을 인식한다. 교육관계자와 학생, 학부모, 그리고 일반 국민들로부터 존경과 신뢰를 얻기 위해 우리 교육자들은 높은 윤리적 기준을 세우고 이를 실천해야 할 것이다. 이에 우리는 모든 교육자의 염원을 구현하고 우리의 행위를 판단하기 위한 행위규범을 정하고 이를 교원윤리강령으로 제정·공포한다.

이 윤리강령을 위반하는 경우 NEA와 소속단체는 내규에 따라 그에 상응하는 조치를 취할 것이며, 그 외 어떠한 다른 형식의 조항도 구속력을 갖지 못할 것이다.

제1장 학생에 대한 자세

우리 교육자는 모든 학생이 가치 있고 유용한 사회성원으로서의 잠재력을 실현할 수 있도록 최대한의 노력을 경주할 것이다. 그러므로 우리 교육자는 탐구정신을 고취시키고 지식과 기능을 습득하도록 도와주며 가치로운 목적을 추구할 수 있도록 노력할 것이다. 학생에 대한 이러한 의무를 완수하기 위해 우리는 다음과 같은 사항을 다짐하고자 한다.

1. 학습의 과정에서 학생들의 자발적인 활동을 장려한다.
2. 학생들이 다양한 관점에서 문제를 볼 수 있도록 지도한다.
3. 교과를 지도함에 있어 학생의 발달을 최대한 도울 수 있는 방향으로 지도한다.
4. 학습이나 건강, 안전에 바람직하지 못한 환경으로부터 학생들을 보호하기 위해 최대한 노력한다.
5. 학생을 괴롭히거나 인격을 무시하지 않는다.
6. 인종, 피부색, 종교, 성, 국적, 혼인 여부, 정치적·종교적 신념, 가문, 사회 문화적 배경, 성격 등에 따라
   a. 어떤 학생을 특정한 활동에서 배제하거나
   b. 어떤 학생에게는 불이익을 주고
   c. 어떤 학생에게는 특혜를 부여하는 등의 불공정한 행위를 하지 않는다.
7. 학생과의 관계를 이용하여 개인적 이익을 취하지 않는다.
8. 교육적 목적이나 법에 따른 부득이한 경우를 제외하고는 직무상 획득한 학생에 관한 정보를 누설하지 않는다.

제2장 교직에 대한 자세

교직은 최상의 전문적 봉사를 해야 할 책임을 부여받고 있다. 교육활동이 국가와 국민들의 삶의 질에 직접적으로 영향을 미친다는 점에서 교육자는 전문성을 향상시키

고, 그것을 발휘할 수 있는 자율적인 풍토를 조성하며, 우수한 인사들을 교직에 유인하는 조건을 마련하고, 비전문가에 의한 통제를 배제하는 데 모든 노력을 기울여야 할 것이다. 이러한 사명을 완수하기 위해 우리는 다음과 같은 사항을 다짐하고자 한다.

1. 교직 임용 시 허위 진술을 하거나 능력과 자격에 관련된 사실 자료를 은폐하지 않는다.
2. 자격을 허위로 신고하지 않는다.
3. 성격, 학력, 여타의 관련 특성에 있어 교직에 부적격인 사람이 교직에 진출하지 못하도록 노력한다.
4. 교원임용 후보자에 대해 공개적으로 비난을 하지 않는다.
5. 무자격자의 불법적인 교수행위를 막는다.
6. 교육적 목적이나 법에 따른 부득이한 경우를 제외하고는 직무상 획득한 다른 교원에 관한 정보를 누설하지 않는다.
7. 다른 교원에 대하여 모함을 하지 않는다.
8. 교육적 목적이나 법에 따른 부득이한 경우를 제외하고는 직무상 획득한 학생에 관한 정보를 누설하지 않는다.

한편, 우리나라에서도 여러 교원단체가 교원윤리강령을 제정하여 시행하고 있다. 한국교원단체총연합회의 '한국교원윤리강령', 대한교육연합회의 '사도헌장'과 '사도강령', 전국교직원노동조합의 '전교조강령' 등이 있다. 그런데 교사들이 교직을 수행하면서 당면하는 난점은 특정 법규나 규정으로 해결하기 어려운 수많은 윤리적 고민을 수시로 하게 된다는 점이다. 이 때문에 교원윤리에 대한 체계적인 이론 연구의 필요성과 함께 교사 양성 과정에서부터 윤리적 성찰을 위한 훈련 기회를 가져야 한다. 교원윤리의 이론적 기반으로 윤리학의 주요 이론인 의무윤리, 덕 윤리, 배려윤리를 참고해 볼 수 있다.

첫째, **의무윤리**는 근대 이후 가장 큰 영향을 미친 칸트의 윤리학을 지칭하는 것으로, 도덕적 의무, 자율성, 인간의 존엄성 등이 핵심 개념을 이룬다. 먼저, '도덕적 의무' 개념은 칸트의 인간관과 밀접하게 연관된다. 인간의 의지에는 순수 이성과 경향성 혹은 욕구가 동시에 작용한다. 한편으로는 도덕법칙에 일치하도록 움직이는 순수 이성의 영향을 받으면서, 다른 한편으로는 도덕법칙과 대립되는 경향성과 욕구의 영향을 받는 것이 인간이다. 이 이중적 성격 때문에 인간의 의지는 언제나 불완전하다. 욕구와 경향성은 순수 이성에게 항상 장애물로 등장한다. 인간은 절대적으로 거룩한 선의지만을 가진 존재가 아니라 이성적이면서도 감성적 욕구와 경향에 따라 살 수 있는 존재이기 때문에 도덕적 의무가 부과된다. 인간은 스스로 도덕법칙을 설정할 수 있으면서 동시에 그것을 어길 수도 있다. 인간이 법칙을 따라 행동하려면 스스로 강제를 가하지 않으면 안 되므로 이것은 도덕적 의무로 부과된다. 도덕적 의무는 한편으로는 자발성을, 다른 한편으로는 강제성을 띠고 있다. 그래서 칸트는 의무를 '법칙에 대한 존경심에서 나온 행위의 필연성'이라고 정의했다. 칸트가 말하는 도덕법칙은 누구나 따라야 할 정언명령으로서 어떤 행위의 준칙이 한 개인에게 뿐만 아니라 이성적인 존재 모두에게 타당한 보편 법칙으로 수용될 수 있는 적합성을 갖는 법칙을 말한다. 정언명령은 그 자체가 하나의 도덕법칙이면서, 동시에 모든 도덕법칙을 가능케 하는 순수 실천 이성의 선험적 원칙이다.

의무윤리에서 강조되는 것 중에 의지의 자율성이 있다. 칸트가 보는 도덕성의 기초는 의지 또는 순수 실천 이성의 '자율성'이다. 의지 또는 실천 이성은 자신이 스스로 부여한 법칙을 제외하고 어떤 다른 법칙에 종속되지 않을 때 자율적이다. 그러므로 의지의 자유는 자율성, 즉 자기 자신에게 법칙이 되는 의지의 속성 외에 다른 어떤 것도 아니다. 도덕법칙은 행위 주체인 이성적 존재가 스스로, 주체적으로 정립한 것이다. 의지의 자율성은 법칙을 초월한 또는 법칙과 무관한 자율성이 아니라 법칙 안에서의 자율성이고 또한 법칙은 그것을 따르는 의지 주체에게 일종의 외재성으로서의 구속력을 가지게 된다. 칸트가 말하는 의지의 '자율성'은 이처럼 '자기' 내부에 '법칙'의 '타자성'을 담고 있는 자율성이다.

인간의 존엄성은 의무윤리의 핵심 가치이다. 목적 자체로서의 인간은 실현되어야 할 목적이 아니라 독립적 목적인 것이다. 실현되어야 할 목적을 실현하기 위해서는 가능한 수단을 동원해야 하고, 실천하고자 하는 의지가 있어야 한다. 그러나 목적 자체로서 인간은 그와 같은 의미에서의 목적이 아니라 독립적인 목적이다. 이는 목적을 실현하고자 하는 의지와 관계없이 독립적으로 존재하는 현실이요, 항상 목적으로서 대우하고 존경해야 할 자립적인 존재이다.

이런 의무윤리가 시사하는 교원윤리는 무엇인가? 의무윤리에서는 교사가 먼저 이성적인 도덕성의 소유자가 될 것을 요구한다. 교사는 윤리적 갈등 상황에서 이성적으로 판단하고 보편성을 준수하면서 도덕법칙을 결코 위반하지 않아야 한다. 학생들을 대할 때 무엇보다도 그들이 자율적 존재임을 인정해야 하고, 나아가 그들이 지닌 존엄성을 중시해야 한다. 이런 교원윤리에 충실한 교사들이 근무하는 학교에서는 학생들의 인권이 존중되는 것이 당연하다. 또한 의무윤리에 충실한 교사는 결코 편파적이지 않으며 늘 원칙을 지키려고 노력한다. 교사가 학생들과 개인적 친밀감을 유지하는 것이 공정성을 해치고 보편적 원칙에 위배될 수도 있기 때문에 학생들과 일정한 거리를 유지하는 '개인적 원칙' 중심의 교원윤리가 강조된다.

둘째, 덕 윤리는 고대 그리스의 공동체 관점의 윤리학으로 인간의 성품, 공동체적 덕, 공동선 등을 강조한다. 덕 윤리학은 무엇보다도 사람의 성품에 관심을 갖는다. 고대 그리스 윤리학에서 핵심적 관심은 사람과 삶이었다. 어떤 사람이 좋은 사람이고, 어떤 삶이 좋은 삶인가라는 문제의식을 가지고 윤리학적 탐구가 시작되었다. 그리스인들이 생각한 좋은 사람은 공동체인 폴리스(polis)에서 좋은 평가를 받을 수 있는 사람이었다. 공동체에서 좋은 평가를 받기 위해서는 공동체가 지향하는 덕을 소유해야 한다. 그러므로 어떤 사람이 좋은 사람인가에 대한 그들의 대답은 '덕 있는 사람'이고, 어떤 삶이 좋은 삶인가에 대한 그들의 대답은 공동체가 추구하는 공동선에 헌신하는 '행복한 삶'이었다.

덕 윤리학의 핵심 개념인 덕(arete)은 기본적으로 사람의 성향이자 성품의 특성이다. 그리스 사람들은 덕을 '기능'과 밀접하게 관련된 것으로 생각했다. 덕이란 어떤 대상으로 하여금 자신의 기능을 잘 발휘하게 하고, 더 좋은 그것이 되게 하는 무엇을 일컫는다. 그러므로 덕이 있는 사람은 자신의 기능을 '뛰어나게' 혹은 '탁월하게' 해내는 사람을 말한다. 여기서 기능이란 다른 역할을 가리키는 것이 아니라 하나의 종(種)으로서 인간의 고유한 특성을 말한다. 아리스토텔레스에 의하면 인간의 기능은 이성에 따르는 삶이다. 그러므로 덕 있는 사람은 이성의 요구를 충실하게 따르고 사는 사람을 말한다. 이성의 요구에 따라 발휘되는 덕은 크게 지적인 덕과 도덕적 덕으로 구분된다. 즉, 지적 탁월성과 도덕적 탁월성이 보편적 인간의 덕인 것이다.

덕 윤리에 기반을 둔 도덕성 개념은 공동체와의 관계 속에서 형성되는 것으로 본다. 개인은 공동체의 실체에 가치를 부여하고, 도덕성의 근원을 공동체의 삶의 양식과 밀접하게 연결된 덕에서 찾는다. 또한 덕 윤리는 사회적 맥락과 떨어져서는 생각할 수 없는 공동체적 가치인 '공동선'을 강조한다. **공동선**은 개인적 선의 총합인 '수렴적 선'과는 다른 것으로, 본질적으로 '공동체의 선'을 가리킨다. 개인은 결코 공동선과 무관할 수 없다. 한 개인이 특정 공동체의 구성원이라면 이는 그 공동체의 공동선을 자신의 중요한 가치로 인정하는 것을 의미한다. 개인이 가정 공동체, 학교 공동체, 국가 공동체의 공동선을 인식하고 그것에 헌신할 수 있는 공동체 의식 혹은 연대감을 가질 수 있어야만 공동체는 유지·발전된다. 이 관점에서는 공동체의 존속과 발전이 무엇보다 중요한 관심사이다. 사람들로 하여금 개인적 선을 뛰어넘어 공동선에 헌신하게 하는 것은 중요한 교육 과업 중의 하나가 된다.

덕 윤리는 어떤 교원윤리를 시사하는가? 덕 윤리학은 무엇보다도 인간의 성품에 관심을 갖는다. 덕 윤리학은 교사의 과업이 단편적인 지식교육으로 끝나는 것이 아니라 궁극적으로 학생들의 성품 형성과 관련된다는 점을 강조한다. 좋은 성품을 가진 좋은 교사에 의해 학생들의 좋은 성품이 형성될 수 있으므로 먼저 교사가 좋은 성품의 소유자가 되어야 한다. 아리스토텔레스는 반복해서 덕을 실천함으로써 덕 있는 사람이 된다고 했다. 교사 자신이 덕을 실천하려는 노력을 게을리하지 말아야 할 것이며, 학생들에게는 덕을 반복해서 실천하여 습관화가 될 수 있도록 지도할 필요가 있다. 또한 교사들이 높은 도덕성을 가져야 한다는 것은 덕 윤리학 관점에서 말하자면 공동체가 요구하는 덕 있는 교사가 되어야 한다는 의미일 것이다. 덕 있는 교사가 된다는 것은 지적인 덕과 도덕적 덕을 갖춘 탁월한 교사가 된다는 것이다. 전문직으로서의 교사는 지적 영역에서 전문성을 갖춰야 한다. 자신의 지적 탁월성을 꾸준히 추구해야 할 뿐만 아니라 학생들의 지적 탁월성을 향상시키기 위해 노력해야 하는 것이 교사의 과업이다. 또한 도덕적 영역에서도 교사는 탁월성을 보여 주어야 한다. 나아가 덕 윤리는 공동체 및 공동선을 중시한다. 이 관점에서 교육의 주된 과업은 학생들에게 공동체 의식 및 연대감을 갖게 해 주고, 공동선에 헌신할 수 있도록 만드는 일이다. 교사와 학생의 관계는 학교 공동체를 기반으로 강한 연대감이 형성되어야 한다. 교사는 자신이 근무하는 학교와 그 학생들, 자신이 맡은 학급과 학생들에게 더 깊은 애착을 가져야 하고, 이것이 학생들에게 긍정적 영향을 줄 수 있어야 한다.

셋째, 배려윤리는 페미니스트들의 주장으로 배려, 수용, 사랑, 격려 등을 강조한다. 대표적인 배려윤리 학자인 노딩스(Noddings)는 기존의 윤리학 연구에서 여성이 도덕적으로 열등하고, 남성이 윤리적으로 우월하다는 것을 전제하고 있다고 비판하였다. 여성이 이렇게 무시당하고 열등하게 평가된 것은 윤리학이 주로 남성들에 의해서 연구됨으로써 '여성의 경험과 특성'이 철저히 무시되고 배제되었기 때문이라는 것이다. 노딩스(2002)에 따르면, 배려윤리는 그동안 남성 중심의 윤리학에서 소홀히 다루었거나 배제되었던 '여성

'성'의 윤리적 의미를 복원시키는 것이다. 이 윤리학의 대표적인 개념이 바로 '배려'이다. 배려는 배려하는 사람과 배려받는 사람의 '관계성'을 중심으로 설명이 가능하다. 배려하는 사람이 배려를 할 때 배려를 받는 사람은 그것을 인지하고 수용함을 보여 주는 경우에 '배려 관계'는 형성된다. 배려하는 사람의 의식 상태는 전념(engrossment)과 동기 전환(motivational displacement)을 통해 설명된다. '전념'이란 다른 실체를 이해한다는 개념이다. 이는 자신을 벗어나서 다른 사람의 경험 안으로 들어가기 위해 열중함을 말한다. '동기 전환'은 자신의 동기 에너지가 다른 사람을 향해 분출되는 것을 말한다. 곧 다른 사람이 전달하고자 하는 것을 수용하고, 그의 목적이나 계획을 고무할 수 있는 방향으로 반응하고 싶어 하는 마음을 말한다. 배려윤리에서는 '대화'의 중요성을 강조한다. 배려는 다른 사람에 대한 관심에서 시작되고, 이는 대화에서 구체적으로 나타난다. 대화는 다른 사람을 조종하기 위한 과정이 아니라 상대방을 진지하게 이해하려는 성실함이다. 대화는 서로를 연결시키고 또 배려 관계가 지속될 수 있도록 도와준다.

이런 배려윤리는 어떤 교원윤리를 시사하는가? 교사에게 요구되는 따뜻한 배려심은 아무리 강조해도 지나치지 않다. 배려윤리에서는 교사에게 바로 배려적 관계의 실천을 요구한다. 배려는 '관계적' 특성을 갖는다. 배려하기 위해서 교사가 학생에게 전념하고 동기적 전환을 시도할 때, 그리고 학생도 그에 상응하는 수용 및 반응을 보일 때 온전한 배려가 이루어진다. 교사는 어린 학생들을 가르쳐야 한다. 학생들과 교사가 어떤 만남으로 시작하는가에 따라서 교육의 성패가 결정된다. 학생들이 마음을 열고 전적으로 교사를 신뢰하면서 학습에 몰두하고, 또 문제가 생길 때 교사와 의논할 수 있는 분위기는 교사와 학생 간에 따뜻한 배려의 관계 형성을 통해 만들어질 것이다. 교사는 먼저 배려의 모범이 되어야 한다. 배려를 받아 본 경험이 있는 학생들이 나중에 배려할 수 있게 된다. 교사의 따뜻한 배려는 학생으로 하여금 평생 잊지 못할 추억을 갖게 할 수 있으며, 교사의 교육활동을 더욱 신뢰하게 만든다. 교사는 학생을 배려하기 위해 우선 '전념'해야 한다. 교사 자신의 입장을 내려놓고 학생의 눈높이에서 그의 관심, 필요, 흥미가 무엇인지를 파악하기 위해 열중해야 한다. 교사는 객관적 입장에 머물지 않고 학생의 입장으로 몰입해 들어가면서 전념해야 한다. 이런 전념과 함께 '동기 전환'이 이루어져야 한다. 전념을 통해 파악된 학생의 의도가 학생 자신의 입장에서 시도되고 성취될 수 있도록 교사 자신의 에너지를 쏟아부을 필요가 있다. 교사는 '포용(inclusion)'을 실천할 수 있어야 한다. 포용은 교사의 마음속에 학생의 마음이 늘 함께 존재해야 함을 말한다. 교사는 반드시 학생이 세계를 바라보는 그대로 세계를 바라보려고 노력해야 한다. 즉, 학생에게 눈높이를 맞추는 배려가 필요하다. 이때 대화를 통해 교사와 학생이 서로 '배려의 관계를 형성'하는 것이 중요하다. 이와 같은 전념과 동기 전환이 가능하도록 하기 위해서는 교직 특유의 성실성과 자기희생적 윤리관이 요구된다.

지금까지 살펴본 의무윤리, 덕 윤리, 배려윤리가 시사하는 교원윤리를 다음과 같이 요약·정리해 볼 수 있다.

〈표 13-1〉 세 가지 윤리학이 시사하는 교원윤리

구분	핵심 개념	강조점	시사하는 교원윤리
의무윤리	도덕적 의무, 자율성, 인간의 존엄성	개인	'개인적 원칙' 중심의 교원윤리
덕 윤리	인간의 성품, 공동체적 덕, 공동선	공동체	'공동체적 덕' 중심의 교원윤리
배려윤리	배려적 관계, 대화	관계	'배려적 관계' 중심의 교원윤리

이들 윤리학에서 시사하는 교원윤리의 내용은 교육현장에서 직면하는 윤리적 갈등 문제를 해소하고 보다 좋은 교육적 관계를 형성하는 데 큰 도움을 줄 것이다. 교육활동은 예상치 않은 수많은 변수의 영향을 받는 복잡하고 역동적인 활동이다. 이를 감안하지 못한 일률적인 윤리강령은 복잡한 윤리적

갈등 상황을 해소하는 데 그리 큰 도움을 주지 못한다. 복잡하고 다양한 속성을 지닌 교육문제에 필요한 교원윤리는 무엇보다도 다양하고 포괄적인 접근이 필요하다. 여기서 살펴본 세 가지 윤리학의 관점은 교원윤리에서 개인적이고 원칙을 중시해야 하는 측면, 공동체 속에서 덕을 중시해야 하는 측면, 서로의 관계를 중시하면서 배려해야 하는 측면 등을 잘 설명해 주고 있다.

교육의 사회철학적
차원

1. 자율성과 교화

1) 자율성과 교육

(1) 개인의 자율성과 국가의 중립성

자유주의 사회는 개인이 지닌 자율성을 중시한다. 자율성(autonomy)은 어원상 자아를 의미하는 auto와 법을 의미하는 nomos의 합성어이다. 따라서 자율성에는 자기 스스로 법을 만들고 그것을 준수한다는 의미가 담겨 있다. 고대 그리스에서 특정 폴리스 공동체가 다른 폴리스로부터 독립되어 독자적으로 입법을 하고 국가의 기능을 할 수 있을 때 비로소 정치적 자치권, 즉 자율성을 지닌 폴리스로 인정된 것이 '자율성'이라는 용어가 사용되기 시작한

역사적 배경이다. 이후 이런 개념이 근대 이후 국가와 개인의 관계에서 쓰이기 시작하였다. 자율성의 개념을 여러 관점에서 다양하게 정의할 수 있지만, 여기서는 '인간이 타인 혹은 외적 요인의 통제를 받지 않고 자신의 원리와 준거를 가지고 독자적으로 사고, 선택, 행동하는 것'이라고 간략히 정의한다. 자율성을 지닌 사람은 자신의 삶이 자기 자신이 아닌 다른 외적 요인에 의해 결정되는 것을 배제하려고 한다.

자율성은 유사 개념인 본래성(authenticity), 자족성(autarchy) 등과 비교해 볼 때 그 의미가 보다 명확해진다(유재봉, 2001: 146-147). **본래성**이란 인간 내부의 깊숙한 자아와 그 외적 발현이 완전히 일치하는 상태인 자기진실성을 의미한다. 자기 자신이 정한 준거에 따라 자신이 무엇인가를 선택하여 행하는 것이 본래성이다. 그러므로 본래성은 '자기 자신(self)'이 매우 강조된 개념이다. 반면에 **자족성**은 폭력이나 강압으로부터의 소극적 자유를 누리고, 자기 앞에 열려 있는 대안들에 대해 합리적인 반성을 한다는 점에서 합리적이고 자기결정적인 개념이다. 이와 달리, 자율성은 자족적인 특성을 지니고 있으면서도 사회적 환경의 인습 및 주변 사람들의 영향으로부터 어느 정도 거리를 유지하면서 그에 대해서 반성적 태도를 갖는 것을 말한다. 자율적인 사람은 비판적 반성의 과정을 통해 자기 스스로 원칙과 정책을 확인하고 만들어 간다. 요컨대, 본래성은 '자기 자신의 선택'을, 자족성은 '합리적 선택'을, 자율성은 합리적 선택과 함께 '비판적 반성'을 강조한다.

한편, 인간의 합리성의 다양한 수준과 연관시켜 볼 때 우리는 자율성을 다양한 방식으로 정의할 수 있다. 즉, 어떤 맥락에서 개인이 자신의 합리성을 발휘할 수 있는가에 따라 자율성의 모습이 달라진다. 첫째, 사회가 목적을 결정하고 개인은 그 목적을 성취할 수단을 선택하는 자율성을 가질 수 있다. 예컨대, 모든 성인은 취업을 해야 한다는 사회적 규범 속에서 개인은 자신에게 적합한 직업을 선택할 수 있는 경우를 생각해 볼 수 있다. 둘째, 사회가 인정하는 일련의 목적들이 주어진 가운데 개인은 그중에서 자신의 목적을 선택하며, 동시에 그 목적 달성을 위한 수단까지도 선택할 수 있다. 이런 체제에서 발휘되는 자율성을 흔히 '약한 자율성'으로 본다. 셋째, 사회의 관여나 통제가 거의 없이 개인이 스스로 타당하다고 생각하는 목적과 수단을 선택할 수 있다. 타인에게 해를 끼치지 않는 것들은 모두 허용된다. 이런 상황에서의 자율성은 흔히 '강한 자율성'으로 불린다. 이처럼 자율성은 개인이 삶의 목적과 수단을 선택하는 데 있어서 어느 정도의 합리성을 발휘하느냐에 따라 약한 자율성과 강한 자율성으로 구분된다.

이와는 약간 다른 맥락에서 '약한 자율성'과 '강한 자율성'으로 구분하는 학자도 있다(White, 2002: 174-178). 화이트가 생각하는 약한 자율성은 자기결정적이고, 사회적·생득적 구속을 덜 받고, 자기통제를 받으며, 자아인식을 포함하는 개념이다. 약한 자율성을 지닌 사람은 내외적 구속과 제약으로부터 자유로우며 여러 가지 조건 속에서 자신의 주요 목적을 선택할 줄 아는 사람이다. 반면에 강한 자율성은 약한 자율성이 지닌 내용에 또 다른 내용이 추가된다. 이는 곧 현존하는 사회구조까지도 비판적으로 반성하고 수용하는 것을 가리킨다. 가령, 결혼이나 고용의 문제에서부터 정치제도나 교육제도에 이르기까지 모든 사회구조를 비판적으로 숙고하여 수용하는 것이 강한 자율성의 특성이다. 예를 들어, 직업 선택의 문제에 있어서 강한 자율성의 소유자와 약한 자율성의 소유자는 서로 차이점을 보인다. 약한 자율성의 소유자는 취업을 중시하는 전통적 관점에 대해 특별한 문제의식을 갖지 않은 채 어떤 직업을 선택할 것인가에 몰두하는 반면, 강한 자율성의 소유자는 자신의 삶에서 취업의 중요성과 본질에 대해서까지 반성적 숙고를 한 뒤에 직업을 선택한다.

일반적으로 약한 자율성은 쉽게 수용될 수 있다. 그렇지만 화이트처럼 강한 자율성을 주장하는 학자들도 많다. 그들이 강한 자율성을 옹호하는 논거는 무엇인가? 개인의 삶은 사회구조, 타인에 의한 조종과 통제, 독재정치 등에 의해 훼손될 여지가 많은데, 만일 사회 구성원이 강한 자율성을 소유하게 된다면 이런 위험성에 대해서 계속 비판적 반성과 경계를 하게 됨으로써 그만큼 개인의 자율성이 더 보장될 수 있기 때문이다. 그러나 만약 개인이 자신의 목적을 스스로 선택할 줄 아는 약한 자율성에 머문다면 그것을 제약하거나 방해하는 사회적·구조적 요소에 대해서 특별한 대책이 없게 된다. 따라서 민주적이고 개인의 자율성이 잘 보장되는 사회를 위해서는 개인이 강한 자율성을 지녀야 한다는 주장이 설득력을 갖는다.

자유주의자들은 국가보다 개인에게 존재적·권리적 우선성이 있음을 강조한다. 따라서 개인이 추구하는 선과 목적에 대해 국가는 '중립성(neutrality)'을 지켜야 한다. 사실 자유주의적 전통에서는 국가의 기능과 역할에 대해 늘 의혹과 감시의 시선을 보내 왔다. 그 이유는 국가가 개인의 자유와 권리를 제한하거나 속박하려는 속성을 가지고 있다고 생각했기 때문이다. 개인의 자유와 권리를 근간으로 하는 자유주의는 국가와 개인의 관계에서 국가가 취해야 할 입장으로 중립성을 강조하였다. 이는 삶의 목적을 선택하고 영위해 가는 것은 개인의 몫이기 때문에 국가는 이 문제에 개입하지 말고 중립을 지켜야 한다는 것이다. 만약 국가가 특정 관점의 삶의 방식을 권장하고 지지한다면 이는 중립성에 위반이 된다.

자유주의자들이 사용하는 국가의 '중립성'은 다양한 삶의 관점에 대한 개인의 선택권을 전제로 해서 성립하는 개념이다. 국가가 개인에게 특정 관점의 삶을 강요할 수도 없고 해서도 안 된다. 개인이 어떤 삶의 유형을 자신의 것으로 추구하느냐 하는 것은 순전히 개인 자신이 선택할 몫이다. 이와 같이 개인의 선택, 즉 자율성을 전제로 해서 국가의 중립성은 성립된다. 여기서 우리는 중립성을 주장하는 이면에는 암암리에 자율성을 지지하는 논리가 전제되어 있음을 엿볼 수 있다. 이를 중립성 개념의 논리적 특징으로 볼 수 있다. 중립성의 주장 속에 이미 자율성이라는 가치를 옹호하고 있는 논리적 관계를 볼 때, 자유주의 국가는 국민들의 자율성 증진을 위해서 노력할 책무가 있음을 알 수 있다.

(2) 자율성 함양을 위한 교육

앞에서 논의한 중립성의 논리적 특성을 고려할 때, 자유주의 국가는 중립성을 지키기 위해서 소극적인 교육적 역할에 머물 것이 아니라 오히려 모든 국민의 자율성을 증진시키기 위한 교육적 노력을 할 필요가 있다. 이런 맥락에서 자율성의 증진은 자유주의 국가의 핵심적인 교육목적이 될 수 있다. 물론 자율성을 보편적 가치로 보기 어려운 측면도 있다. 예컨대, 전통지향적 사회나 종교적 영향력이 강한 사회에서는 자율적이지 못한 삶도 잘삶이 될 수 있다. 다시 말해, 그런 사회에 살면서 자율성을 발휘하지 못한다고 해서 모두 불행한 삶을 사는 것은 아니다. 다만 현대의 자유주의적 맥락에서 볼 때, 자율성은 개인의 행복을 가능하게 해 주는 매우 중요한 가치임에는 틀림없다. 이렇게 볼 때, 자유주의 국가는 교육을 통해서 모든 국민의 자율성을 함양하는 것을 중요한 목적으로 삼아야 할 충분한 이유가 있다.

자율성 함양을 위한 교육에서 중요하게 다루어야 할 몇 가지 내용을 살펴보자. 우선, 자율성 교육의 기반은 아이들에게 기본적 성향을 확고하게 길러 주는 것이다. 자율성은 개인의 자유와 선택을 핵심으로 삼고 있지만 아직 미성숙한 아이들에게 성인과 같은 자율성을 기대하기는 어렵다. 그렇다고 부모나 교사가 아이들에게 아무 영향력도 행사하지 않고 그저 마음대로 하도록 방치한다고 해서 자율성이 길러지는 것은 아니다. 자율성을 발휘하는 사람은 실제 삶의 맥락에서 구체적인 선택을 할 뿐만 아니라 자율적으로 행하고자 하는 성향(disposition)을 지닌 사람이다. 그러므로 자율성 교육은 자율성의 기반이 되는 성향을 확고하게 길러 주는 일에서부터 시작되어야 한다. 성향 함양의 중요성을 화이트는 다음과 같이 언급하였다.

> 자율성은 확고하고 안정되게 획득된 성향에 기초해야 한다. 성향들이 서로 강화될수록 그만큼 더 좋다. 교육자들은 이 기초를 쌓는 일에 확신을 가지고 임할 필요가 있으며, 그들이 미리 생각해 놓은 틀에 따라 아이들을 불법적으로 정형화시킨다는 생각 때문에

움츠러들지 않아도 된다(White, 2002: 135-136).

화이트의 주장을 보면, 그가 자율성을 옹호하는 것이 아니라 오히려 비판하는 입장에 있는 것이 아닌가 하고 오해받을 정도로 성향의 함양을 매우 강조하고 있음을 알 수 있다. 교육을 통해 자율성의 기반이 되는 성향을 확고하게 함양시키지 않는다면 자율성 논의는 공허한 이론에 머물 가능성이 크다. 성향의 함양은 아이들이 모종의 인간적 자질을 가진 인간으로 성장하도록 돕는 것을 의미한다. 예컨대, 즐거움을 사랑하고, 주변 사람들에게 친밀감을 느끼면서 친절하게 대하고, 그리 가깝지 않은 사람들에게도 필요할 때 도움을 주는 이타심을 발휘하고, 개인의 계획을 잘 실행해 가며, 공동의 목적을 추구하기 위해서 다른 사람들과 함께 일하고 즐기는 성향을 가진 사람으로 기르는 일이다.

자율성을 지나치게 강조하는 입장은 이런 성향의 함양에 비판적 입장을 취하기도 한다. 대표적으로 급진적 선택자들(radical choosers)이 이런 입장을 보인다. 급진적 선택자들이란 개인의 선택을 방해하는 그 어떤 것도 허용되어서는 안 된다는 급진적인 자율성 옹호론자들이다. 급진적 선택자들은 교육적 관점에서 볼 때 두 가지 문제점을 안고 있다. 첫째, 소극적 자유를 지나치게 강조하면서 성향 함양 및 인격교육까지도 부인하는 경향이 있다. 둘째, 이들이 상정하는 자율적 개인의 모습은 성장이 끝난 성숙한 성인을 가리킬 수 있는 점이다. 급진적 선택자들은 자율성 개념에서 소극적 자유를 지나치게 강조하는 측면이 있다. 개인은 자신이 원하는 대로 자신(self)을 만들어 갈 수 있어야지 그것을 방해하는 어떤 것도 용납되어서는 안 된다고 이들은 생각한다. 그런데 만일 자신이 무엇이 될 것인가를 학생 자신이 전적으로 결정할 수 있다고 보면, 그 학생은 고정된 인격적 성향을 전혀 갖지 못할 수 있다. 왜냐하면 고정된 성향은 자신의 선택을 미리 제한하거나 자신이 어떤 범위 안에 계속 머물러 있도록 요구할 수 있기 때문이다. 이런 시각에서는 인격 자체도 또 다른 형태의 구속으로 보게 된다. 이는 모든 교육이 자율성을 방해할 수 있다는 회의적 시각을 갖게 만들어 버린다.

　자율성을 위한 기반으로 성향의 함양 교육을 강조한다 하더라도 확실한 방법이 있는 것은 아니다. 다만 다소 도움이 될 만한 분명한 사실은 나이가 어릴수록 성향을 확고하게 함양하는 데 유리하다는 점이다. 그렇기 때문에 성향의 함양에 있어서 조기교육 및 가정교육의 역할은 매우 중요하다. 자율성은 무에서 발휘되는 것이 아니다. 자신의 마음이 내키는 대로 하는 자의성이 자율성은 아닐 것이다. 자율성이 발휘되기 위해서는 그 기반이 될 수 있는 확고한 성향이 길러져야 한다. 이러한 성향의 함양은 무엇보다도 조기교육 때부터 강조될 필요가 있다. 조기교육은 교육기관을 통해서만 이루어지는 것이 아니다. 오히려 부모의 교육적 역할이 더 중요한 영향을 미친다. 아이들이 확고한 성향을 체득해 가도록 때로는 모범을 통해서, 때로는 대화를 통해서, 때로는 훈계를 통해서 조기교육을 하는 것은 자율성의 기반을 갖춰 주는 일이다. 사실 아이들은 모방(modeling)을 통해서 많은 것을 배우기 때문에 어른들, 특히 부모와 교사들의 역할이 매우 중요하다. 우리 사회 구성원의 미흡한 질서 의식, 세계적인 교통사고 사망률, 각종 비리와 부정, 지나친 유흥·퇴폐문화의 성행 등을 목도하면서 우리는 우리 사회가 아직 '기본'이 덜 갖추어졌다고 우려하곤 한다. 이 기본은 달리 말하면 확고한 성향을 의미할 것이다. 어려서부터 확고한 성향을 체득한 개인은 그것을 기반으로 진정한 의미의 자율성을 발휘하게 된다.

　자율적인 개인이 잘 살아가도록 돕는 교육의 역할은 학생들의 새로운 욕구 생성, 욕구의 조직화·구조화·갈등해결, 검증된 욕구의 생성을 돕는 것 등으로 요약할 수 있다(White, 2002: 139-141). 이 중에서도 특히 욕구 간의 갈등해결은 자율성 교육과 더욱 밀접하게 연관된다. 자율성의 함양은 아이들이 겪는 욕구 간의 갈등 상황에서 그 갈등을 해결해 가는 가운데 이루어진다. 인간은 자신의 욕구 위계 속에서 겪는 내적 갈등과 타인의 욕구와의 외적 갈등에 봉착하게 된다. 욕구의 갈등 상황에서 현재의 강한 욕구에만 충실할 것이 아니라 장기적 안목에서 보다 중요하고 상위에 있는 욕구를 추구할 수 있도록 돕는 교육적 역할이 중요하다.

이때 유의할 점은 아이들이 어려서부터 자율적일 수 없다는 점이다. 처음에는 갈등을 어떻게 해결해야 할지 모르기 때문에 부모나 어른들을 모방함으로써 해결 방법을 배우기도 하고, 지식이나 이해의 발달과 함께 해결 방법을 터득하기도 한다. 아이들은 성장해 가면서 많은 욕구를 갖게 되고, 이러한 욕구들 간에 갈등을 경험하게 된다. 이 갈등을 자율적으로 해결해 갈 수 있도록 도와주는 것이 중요한 교육적 과업이다. 확고한 성향이 형성되어 있을 때는 이것이 갈등해결의 기반이 될 수 있기 때문에 확고한 성향의 함양은 갈등해결에서 매우 중요하다. 또한 어린아이일수록 부모나 교사들이 갈등을 해결해 가는 모습을 모방하기 쉽다. 즉, 부모나 교사의 자율성이 아이들의 자율성에 많은 영향을 미치게 된다. 물론 경우에 따라서는 어떤 문제를 아이 스스로 해결하도록 맡기는 것이 아이들의 자율성을 증진시키는 데 도움이 될 수 있다.

또한 자율성은 자기이해 혹은 **자아인식**(self-knowledge)을 포함한다. 자아인식의 결핍은 잘삶의 영위에 방해가 된다. 자아인식의 결핍은 잘못된 신념을 갖게 하거나 자기기만을 하게 되는 상황을 만든다. 자아인식이 부족하다 보면 자신이 생각지 못했던 나쁜 결과를 초래하는 경우가 있다. 가령, 어떤 학생이 친구의 권유로 특정 다단계 업체에 들어가 활동한다고 하자. 단기간에 일확천금을 벌 수 있다는 업체의 감언이설에 속아 장밋빛 미래를 꿈꾸며 자신이 직접 대출을 받아 투자도 하고 열심히 영업활동을 하지만 그 결과는 뻔하다. 이 때문에 학생들이 잘못된 신념에 빠져 있지는 않은지 살피고 바른 자아인식을 갖도록 교육적인 노력이 필요하다.

잘못된 신념뿐만 아니라 자기기만(self-deception)에 빠져도 자아인식이 결핍될 수 있다. 예를 들어, 어떤 학생이 자신은 머리가 좋아서 평소에 공부를 하지 않고 놀아도 시험 때 벼락공부를 하면 좋은 성적을 받을 수 있다고 생각한다. 처음에는 공부하기 싫은 마음을 스스로 위안하기 위해 이런 생각을 가졌는데 나중에는 정말로 그렇게 될 수 있는 것처럼 착각할 수 있다. 평소에 열심히 놀다가 시험 기간이 되어 벼락공부를 해 보지만 한계를 느끼게 된다. 자기기만이 자아인식의 결핍을 가져온 것이다.

따라서 자율성을 증진시키는 교육에서는 올바른 자아인식을 형성하도록 돕는 것이 매우 중요한 과업이 된다. 자아인식을 획득할 수 있는 길은 다양하다. 갈등 상황에서 자신이 신중하게 생각하고 결정을 해 나갈 때 자아인식의 기회는 많아진다. 또한 이와 같은 결정 과정뿐만 아니라 생활 속에서 나타나는 자신의 감정 변화를 잘 읽는 것도 자아인식에 도움이 된다. 최근 들어 자주 화를 낸다면 그 이유가 무엇인지, 무슨 일을 할 때면 왜 수치심과 두려움에 쌓여 자신감을 잃는지를 숙고하다 보면 이런 감정의 이면에 숨어 있는 다양한 근원을 발견할 수 있다. 이런 과정은 곧 자아인식을 돕는 길이 된다. 바른 자아인식을 갖도록 돕기 위해서는 학생들이 자신의 행위와 경험에 대해서 잘 성찰해 보도록 고무할 뿐만 아니라 문학, 철학, 영화, 대화, 인간관계 등의 다양한 경로와 자원을 활용하는 것이 도움이 될 것이다.

2) 교화와 교육

(1) 교화의 의미

우리가 일상적으로 교육이라고 생각하는 활동 중에는 엄밀한 의미에서 교육이라고 볼 수 없는 활동들이 있다. 가령, 조건화, 세뇌, 교화 등은 교육과 유사한 활동으로 보이는 측면이 있지만 교육이라고 할 수 없다(Peters, 2003: 51-54). 따라서 우리는 교육과 교육이 아닌 것의 차이를 밝힐 필요가 있다. 여기서는 교육이 아닌 것으로 교화(indoctrination)에 대해서 살펴보고자 한다.

교화는 종종 좋은 의미로 쓰이기도 한다. 한자 '敎化'의 의미처럼 '가르쳐서 변화시킨다'는 의미로 사용될 때, 그것은 가치중립적인 변화보다는 좋은 방향으로의 변화를 의미한다. 이런 의미로 사용되는 교화에 대해서 꼭 거부감을 가질 필요는 없다. 그런데 교화는 부정적인 의미로 이해되는 경우가 많다. 현대 자유민주주의 사회의 가치에 어긋나는 가르침을 가리켜서 흔히 '교화'라고 지칭한다. 개인의 자율성과 위배되는 활동에 교화라는 용어를 사용하면서 비난하기도 한다. 예를 들면, 사회주의 사상을 가르치는 것, 자유시장경제를 가르치는 것, 시민교육을 강조하는 것, 학교에서 기독교 교리를 가르치는 것 등에 대해서 교화라는 용어를 사용하며 비난하는 경우가 있다. 이럴 경우 교화는 잘못된 정치교육, 시민교육, 종교교육을 가리키는 뜻으로 사용된다(Bailey, 2011: 259-275).

이처럼 교화를 부정적으로 보는 까닭은 그것이 현대 자유민주주의의 원리에 맞지 않는 것이라고 보기 때문이다. 구체적으로 말해서, 교화는 자유민주주의 사회의 핵심 교육목적에 어긋난다고 보기 때문이다. 여기서 말하는 핵심 교육목적은 자율성과 개방정신이다. 이런 교육목적들과 교화는 서로 조화되기 어렵다. 첫째, 교화의 목적은 자율성 증진에 있지 않다. 자율성은 자유주의의 핵심 가치로 개인이 자신의 삶의 목적과 과정을 선택하고 행동하는 데 있어서 타인 혹은 여타의 통제나 영향을 받는 것이 아니라 자기 자신의 선택과 결정을 따르는 것이다. 즉, 어떻게 살 것인가에 대해서 올바른 정보를 바탕으로 개인이 잘 생각해서 판단하고 이에 따라 행동하면 자율적인 사람인 것이다. 그런데 교화는 이런 사람을 기르는 것에 관심을 갖지 않는다. 둘째, 교화는 개방정신을 부정하는 가르침으로 열린 마음보다는 폐쇄적인 마음이나 정신을 갖도록 만든다. 특수한 교리를 가르치는 경우를 생각해 보면 이해가 될 것이다. 교리(doctrine)는 어떤 경우에도 반론의 여지가 없는 틀릴 수 없는 믿음으로 간주된다. 이런 교리는 인간의 마음을 개방적으로 만들어 주기보다는 오히려 폐쇄적으로 만들어 버린다. 교리를 가르치는 교화를 통해 사람들의 생각을 통제·제한함으로써 일정한 방향으로만 쏠리게 만든다. 다른 대안적인 믿음은 허용되지 않으며, 비판적 사고는 위험한 것으로 배제된다.

요컨대, 교육과 교화를 다음과 같이 구별할 수 있다. 교육이 자유주의의 원리에 부합하며 도덕적으로 수용할 수 있는 방식으로 가르치는 일이라면, 교화는 자유주의의 원리에 위배되며 도덕적으로 수용할 수 없는 방식으로 가르치는 일이다.

(2) 교화의 기준

교육과 교화를 구분하는 네 가지 기준을 토대로 교화의 여러 측면을 이해할 수 있다. 첫째, 가르치는 내용을 기준으로 교육과 교화를 구별할 수 있다. 교화는 특수한 믿음, 즉 교리를 가르치는 것과 밀접한 관계가 있다. 교리를 가르치는 일에서 교화가 발생하는 경우가 많다. 교리교육에서 문제가 되는 것은 교리의 내용이 증명할 수 없는 단순한 의견일 수 있다는 점이다. 대부분 증명된 사실이 교육내용으로 채택되지만 증명되지 않는 것들이 항상 배제되는 것은 아니다. 특히 증명된 사실과 단순한 의견을 구별하기는 쉽지 않다. 현대의 과학철학자들에 따르면, 과학이 마치 검증되고 확실한 것이라고 간주하는 것은 순진한 생각일 수 있다. 왜냐하면 과학 속에는 늘 과학자들의 이해관계나 편견이 들어 있기 때문이다. 뿐만 아니라 어떤 시기에는 지식으로 간주되던 것이 시간이 흐르면서 반대되는 새로운 사실이 밝혀지면 지식에서 제외될 수 있다. 또한 견고해 보이던 이론도 시간이 흐르면서 달라지거나 폐기되는 경우가 많이 생긴다. 이런 점을 고려해 볼 때, '증명된 사실'과 '단순한 의견'이라는 구분은 별로 확고한 것도 아니고 구분하기도 쉽지 않다. 그렇기 때문에 '내용'을 기준으로 교화를 설명하는 것은 한계가 있다. 그렇다면 어떤 다른 기준을 제시할 수 있는가?

둘째, 가르치는 **방법**을 기준으로 교육과 교화를 구분할 수 있다. 교화를 통해 어떤 믿음을 고취시키는 데 흔히 권위주의적인 방법이 자주 동원된다. 편견을 갖고 있거나 교화에 몰두하는 교사는 권위주의적인 방법을 사용하기가 쉽다. 그런 교사들은 여러 가지 관점 중에서 한 가지 관점만을 옳다고 제시하고 반론과 질문의 여지를 허용하지 않는다. 그런 교사들은 학생들의 질문에 대해서 진지하게 고민하며 대답하기보다는 오히려 억누르거나 무시하려고 한다. 그런 교사들은 특정 영역에 대해서 질문을 하는 것을 아예 차단해 버린다. 교화의 방법을 사용하는 교사들은 자신의 견해와 반대되는 견해를 학생들이 표명할 경우에 이를 참지 못한다. 이처럼 교화의 방법을 사용하는 사람들은 교육적으로 수용하기 어려운 방법을 사용한다. 왜 그렇게 하는가? 그것은 적절한 근거도 없는 어떤 교리를 학생들의 마음에 심어 넣으려고 하기 때문이다. 그렇지만 사회가 발전할수록 이런 방법을 공공연하게 사용하기는 어렵다. 따라서 더욱 은밀한 방식으로 교화를 시도하려고 할 것이다.

셋째, 가르치는 **의도**를 기준으로 교육과 교화를 구분할 수 있다. 여기서 교화는 흔들리지 않는 믿음의 '의도적' 주입이라고 할 수 있다. 이런 교사는 학생들의 자율적 능력을 실질적으로 억누르려는 의도를 확실히 갖는다. 물론 겉으로는 학생들의 자율성을 무시하지 않는다고 말하면서도 '무의식적으로' 무시하는 교사가 있다. 이럴 경우에는 교사의 의도와 관계없이 교화가 나타날 수 있다. 실제로는 교사가 교화시키면서도 이를 의식하지 못할 수 있다. 예를 들어, 학교의 차별적 풍토 속에는 여러 가지 이데올로기적 편견이 암암리에 스며들어 있다. 이런 편견은 성차별, 인종차별, 계급차별, 지역차별, 학업성적에 따른 차별로 나타난다. 교사는 그런 이데올로기적 편견을 무의식적으로 학생들에게 주입시킬 수 있는데, 그렇게 하면서도 그런 점을 전혀 의식하지 못할 수 있다. 이럴 경우 교사 자신도 그런 이데올로기적 편견의 희생자일 수 있다. 그래서 의도가 아닌 다른 기준에 따라서 교육과 교화를 구분할 수도 있다.

넷째, 가르친 **결과**를 기준으로 교육과 교화를 구분할 수 있다. 교화를 통한 가르침은 뻔한 결론에 이르게 한다. 여기서 교화의 반교육적 특징이 가장 잘 드러난다. 교육의 특징은 여러 과정을 통해 드러난다. 가령, 어떤 문제에 대해서 어떻게 결론에 도달할 것인가, 그리고 논란이 있을 경우 이를 어떻게 다룰 것인가를 교사가 학생들에게 가르치는 과정이 교육이다. 그런 교육의 결과로 학생들은 교사가 가르치는 내용의 타당성을 스스로 판단할 수 있게 된다. 저학년의 경우 교사의 도움과 권위에 의지하여 많은 것을 학습하는 것이 사실이지만, 어린 학생들도 합당한 이유와 증거를 다룰 수 있는 지적 능력을 길러 가게 된다. 따라서 교사는 그들이 자율적으로 사고하고 행동할 수 있도록 장려하는 것이 교육이다. 교사가 가르치면서 학생들이 타당한 이유를 근거로 정답을 찾아내도록 하는 데 많은 관심을 쏟는다면, 그래서 학생들이 단순히 정답을 맞히는 데에만 신경 쓰는 것이 아니라면 이것은 교육이 될 것이다. 이와 달리 증거를 도외시하는 믿음을 심어 주는 일에 치중함으로써 결과적으로 학생들이 합당한 증거를 도외시하거나 무비판적인 믿음을 갖도록 만들어 버린다면 이것은 교화가 된다. 이럴 경우에 학생들은 자신의 믿음과 상반되는 사실에 대해서 무관심해질 것이고, 설령 그에 관한 반대 증거나 비판이 등장할지라도 자신의 생각을 고치려고 하지 않거나 고칠 수 없게 되고 말 것이다.

요컨대, 교화의 방법을 사용하는 가르침은 증거를 도외시하는 믿음을 심어 주려는 경향이 있고, 이것이 바로 교화가 비판받는 핵심 문제라고 지적할 수 있다. 교화는 학생들에게 무비판적인 믿음을 심어 줌으로써 그들이 개방정신이나 자율성을 갖지 못하게 만들어 버린다. 이는 현대 자유주의 국가에서 추구하는 자율적 시민을 기르는 교육과 분명히 구분되는 특징이다.

2. 학생 · 학부모의 권리와 국가 통제

1) 학생의 권리

우리가 좋은 삶을 영위하기 위해서는 자기 나름대로 생각할 수 있고, 그런 생각에 따라 실제로 살아갈 수 있는 자유가 주어질 때 가능한 일이다. 이런 자율적인 삶이 가능하기 위해서는 우선 개인에게 이와 관련된 **권리**가 보장되어야 하고, 동료 시민이나 정부로부터 이 권리를 보호받아야 한다. 물론 이런 주장은 주로 성인에게 적용되는 말이다.

그렇다면 어린 학생들의 경우는 어떤가? 아동도 그렇게 살아갈 권리를 갖는 존재인가? 이에 대해서 어린 아동도 성인과 마찬가지로 그런 권리를 갖는다는 입장과 어린 아동은 성인에게 의존하는 존재이므로 완전한 권리의 소유자는 아니고 어른이나 국가가 대신하여 그 권리를 행사해야 한다는 입장이 있다(Bailey, 2011: 143-162).

그런데 여기서 말하는 권리란 무엇이고 왜 중요한가? 권리를 설명하는 대표적 관점으로 선택이론(choice theory of right)과 이익이론(interest theory of right)이 있다. 권리에 대해 전자는 선택의 관점에서, 후자는 이익의 관점에서 설명한다. 우선 **선택이론**에서는 선택할 수 있는 평등한 자유를 누리는 것이 인간의 근본적인 권리라는 주장을 하고 있다. 권리란 자기 자신의 삶을 살아갈 수 있는 포괄적인 자유를 보장받기 위해서 필요한 것이다. 개인을 권리의 소유자로 인정하는 것은 그에게 선택할 능력이 있기 때문이다. 그런 능력이 없다면, 다시 말해서 타인에게 의존할 수밖에 없는 연약한 존재라고 한다면 그런 개인은 권리의 소유자로 인정받을 수 없을 것이다. 이런 관점에서 보면 아동을 권리의 소유자로 인정하기가 어려워진다. 왜냐하면 아동은 자신의 권리를 주장할 것인지 말 것인지에 대해서 적절한 선택을 할 수 없기 때문이다. 다시 말해, 아동은 자신의 삶의 질을 향상시키는 방향으로 권리를 행사할 수 없기 때문에 권리의 소유자가 되지 못한다. 아동 혹은 청소년의 권리를 인정할 것인가의 여부는 그들이 이와 관련된 자율적 능력을 갖추었는가에 따라서 달라진다.

이와는 다른 관점이 이익이론이다. **이익이론**에 따르면, 개인의 잘삶이라는 이익을 보장해 주기 위해서 다른 사람들이 어떤 의무를 가져야 할 경우가 있는데, 이럴 경우 그 개인은 권리를 갖게 된다. 그 이유는 그의 잘삶이라는 이익이 궁극적으로 가치 있는 것이기 때문이다. 그러므로 권리의 소유는 선택 능력에 달려 있는 것이 아니라 그 사람의 잘삶이라는 이익이 도덕적으로 존중받아야 한다는 사실에 달려 있는 것이다. 개인의 권리를 인정하는 이유는 그 사람의 선택을 보호해 주기 위해서가 아니라, 그에게 이익이 되는 잘삶의 기회를 제공해 주기 위해서이다. 이런 관점에서는 아동의 잘삶도 성인의 잘삶과 마찬가지로 궁극적으로 가치 있는 것이기 때문에 아동의 권리도 인정해야 한다. 아동에게 부여되는 권리는 그의 잘삶이라는 이익을 가장 잘 보호해 주는 것이 무엇인가에 따라 달라질 것이다.

한편, 권리를 의무와의 관련성 속에서 이해할 수도 있다. 의무가 생겨나는 상황은 다음과 같은 세 가지 경우이다.

① 우리는 '모든' 타인을 위해 무엇을 하거나 하지 않도록 요청받는다.
② 우리는 '특정' 타인을 위해 무엇을 하거나 하지 않도록 요청받는다.
③ 우리는 모든 타인이 아닌 '불특정' 타인을 위해 무엇을 하거나 하지 않도록 요청받는다.

①과 ②의 의무를 '완전 의무(perfect obligation)'라 한다. 이 두 가지 요청은 보편적으로 따라야 하는 의무이다. 이에 따라 혜택을 받는 상대에게는 권리가 생긴다. ③의 요청은 '불완전 의무(imperfect obligation)'에 속한다. ③에서 우리가 요청받는 어떤 행동을 할 것인가 말 것인가를 임의적으로 결정할 수 있는 것은 아니지만, 그런 행동으로 인해 혜택을 받는 사람이 누구인가에 대해서는 우리가 어느 정도의 재량권을 갖고 결정한다. 그러기에 혜택을 받는 불특정 타인에게 권리가 생기는 것은 아니다. 예를 들면, 우리가 낯선 사람에게 친절해야 한다는 것은 불완전 의무이다. 우리가 모든 타인에게 친절하면 좋겠지만 꼭 그렇게 해야 할 의무가 있는 것은 아니다. 만약 내게 길을 묻는

낯선 사람에게 다소 불친절했다고 해서 그 사람이 내게 친절한 안내를 받을 권리가 있다고 주장할 수는 없는 것이다.

아동이 권리로써 보장받아야 할 것들이 있겠지만, 권리라는 개념만으로는 충족시킬 수 없는 미흡한 부분들이 있을 수 있고, 이런 불완전 의무를 통해 보완해 줄 수 있다. 우리가 아동에게 교육적으로 실제 제공해 주어야 할 것들이 많은데, 그중에는 불완전 의무에 속하는 것들이 있다. 예컨대, 어른들에게는 아동을 대할 때 친절하고 세심하게 그들을 보살펴 주어야 할 어떤 의무가 있다. 우리가 성인에게 하는 경우와 다르게, 아동에게는 더 친절하고 따뜻하게 대해 주어야 할 어떤 의무가 있다. 이런 의무는 엄밀히 말하면 불완전 의무이다. 그런데 만약 불완전 의무라고 해서 아동에게 이렇게 대하지 않고, 아동이 권리를 갖는 완전 의무를 이행하는 데 신경 써 주는 것만으로는 불충분하다. 아동에게는 그들의 삶을 만족스럽고 의미 있는 것으로 만들어 주는 경험이 필요하다. 이런 경험이 아동에게 제공되지 못한다면 그의 삶은 메마르게 될 것이다. 그러기에 아동에게 제공되어야 할 것은 오직 권리에 속하는 것들만이 아니라 불완전 의무에 속하는 것들도 함께 고려되어야 한다. 그것이 아동의 실질적인 이익에 도움이 되기 때문이다.

따라서 아동의 권리를 폭넓게 파악하려면 이익이론의 관점에서 접근할 필요가 있다. 무엇이 아동에게 이익이 되는가를 먼저 확인해야 한다. 아동에게 이익이 되는 것을 대략 다음과 같이 몇 가지로 정리해 볼 수 있다. 첫째, 아동에게는 현재 시점에서 누려야 할 모종의 이익이 있다. 아동은 이에 대한 권리를 갖는다. 그것은 아동기에만 있는 독특한 선이다. 예를 들면, 아동에게는 자발적ㆍ즉흥적 즐거움을 추구하는 독특한 특성이 있다. 아동기에는 무거운 삶의 부분들에 신경을 쓰지 않은 채 느끼는 특별한 즐거움이 있다. 아동기는 시간을 자유롭게 보내면서도 그 결과에 대해서 책임지거나 걱정할 필요가 없는 시기이다.

둘째, 아동의 장래 발달을 위해서 갖추어야 할 중요한 것들이 많다. 예컨대, 음식, 주거, 자상한 배려와 관심, 우정, 친밀한 관계, 부모 이외의 다른 어른들과의 접촉, 공동체 의식 등은 아동에게 이익이 되는 것들이다. 특히 아동에게는 사랑이 필요하다. 사랑을 받는 그 자체가 아동의 장래 발달을 위해서 중요하다.

셋째, 주체성과 자율성을 발달시킬 수 있는 조건과 자원은 아동에게 이익이 된다. 아동이 성인과 다른 점 몇 가지가 있다. ① 아동의 잘삶은 타인, 즉 어른들에게 크게 의존한다. 아동은 자신의 정서적 · 신체적 · 발달적 필요를 스스로 충족시키지 못한다. ② 아동은 타인의 결정에 아주 취약한 존재이다. 만약 아동이 의존하고 있는 사람들이 잘못된 결정을 내린다면 그만큼 아동에게 잘못된 일이 생길 수 있다. ③ 아동에게는 자기 자신의 필요를 충족시킬 수 있는 능력이 점차 발달되고 있다. 이런 점들을 고려할 때, 아동이 '주체성과 자율성'을 가진 존재로 발달하려면 적절한 조건이나 자원이 필요하다. 아동이 장차 성인이 되어 독립적으로 살아가려면 다양한 기능, 인성 특성, 지식 기반이 필요하다. 이런 것들은 아동에게 큰 이익이 된다.

이와 같은 세 가지 이익에 상응하는 권리를 다음과 같이 생각해 볼 수 있다. 첫째, 아동기 특유의 선이 있다고 한다면 아동에게는 이와 관련된 이익을 보호받을 권리가 있다. 아동은 놀이를 즐기고, 상상력을 발휘하고, 또래 친구들을 사귈 수 있는 환경을 가질 권리를 갖는다. 또 아동은 자신의 미래 이익이 심각하게 손상되지 않는 방법으로 교육받을 권리를 갖는다. 또한 아동은 지나치게 들볶이지 않을 권리를 갖는다. 아동기에는 잘못된 괴롭힘을 당하지 않을 권리를 지닌다.

둘째, 아동은 복지 혜택을 누릴 권리가 있다. 이는 가정, 주택, 교육, 음식 등에 대한 권리이다. 아동이 이런 복지 혜택을 실질적으로 누릴 수 있도록 정부는 제도적으로 보장해 주어야 한다. 이런 권리에 상응하는 의무의 어떤 부분은 부모가 지게 되고, 어떤 부분은 국가가 책임져야 하는 경우도 있다. 종종 부모의 태만이나 의도적 학대는 처벌의 대상이 된다. 또 아동에게는 공부에 시달리지 않고 편안하게 잠을 잘 권리가 있다. 이것은 부모에게 법적 의무로 강제하기가 어려운 것이어서 주로 사회적 규범에 의존할 수밖에 없다. 또한 아동은 경제활동에 효과적으로 참여하는 데 필요한 교육을 받을 권리를 갖는다. 그래야 장차 성인이 되어서 생계 수단을 확보할 수 있다.

셋째, 아동에게는 주체성과 자율성 발달을 도모할 권리가 있다. 여기에 교육받을 권리를 포함시킬 수 있다. 예를 들면, 아동은 그의 인격적 자율성을 증진시켜 줄 교육, 혹은 유능한 민주적 시민성을 촉진시켜 줄 교육을 받을 권리를 갖는다. 또한 아동은 사랑을 받을 권리를 갖는다. 왜냐하면 사랑을 받지 못한 아동은 성인이 되어서도 성숙한 주체가 되지 못할 위험이 크기 때문이다.

2) 학부모의 권리

학생은 아직 미성년자이기 때문에 부모와 교사를 비롯한 어른들의 보살핌과 도움을 받을 수밖에 없다. 특히 부모는 자녀를 양육하는 주체로서 아이에게 가장 많은 영향을 미칠 수밖에 없다. 부모는 자녀의 교육문제에 대해서 어느 정도의 권리를 가져야 하는가? 이에 대해서 두 가지 대답이 있다. 하나는 오늘날 국가 주도의 공교육 체제에서 부모가 개입할 여지가 거의 없다는 입장이고, 다른 하나는 부모가 상당한 재량권이나 의사결정권을 가져야 한다는 입장이다. 다시 말해, 부모는 자기 자녀를 특별한 방식으로 기를 권리를 갖고 있다고 생각하는 사람들이 있는 반면, 그것은 특권을 요구하는 것이나 다름없다고 생각하는 사람들도 있다.

부모가 자녀의 교육문제에 대해서 결정을 내리고 영향을 미칠 수 있는 사항은 많다. 자녀가 다닐 학교 선택, 자녀가 배울 내용, 학교운영 방식, 교직원·지역사회·학부모·아동의 의사결정 과정 등에서 학부모는 영향력을 행사한다. 학부모의 영향력은 학교 책무성의 요구, 학교 선택권, 학부모와 지역사회의 참여 증대, 홈스쿨링, 학교와 학부모 간 의사소통 강화와 같은 교육정책에서 구체적으로 나타난다(Bailey, 2011: 239-256). 부모의 권리에 대한 찬반론을 좀 더 구체적으로 살펴보자.

(1) 부모의 권리에 대한 찬성론

부모의 권리를 찬성하는 입장에서는 자녀의 교육문제에서 부모의 권리가 인정·확대되어야 한다고 주장한다. 이 주장은 몇 가지 근거를 가지고 있다. 첫째, 부모는 자녀의 이익을 가장 잘 보호해 줄 사람이다. 자기 자녀의 이익을 보호하고 증진시키는 일을 누가 가장 잘할 수 있는가? 바로 부모이다. 부모는 자기 자녀의 최고 이익을 가장 잘 알고 있다. 왜냐하면 부모와 자녀 간에는 강한 유대가 있기 때문이다. 또한 이런 유대는 쉽게 끊어지지 않는다. 부모는 자기 자녀에게 강한 애착을 갖고 헌신한다. 이런 점에서 자녀 교육에 관한 일차적 권리는 자녀의 이익을 가장 잘 알고 보호할 수 있는 부모에게 있다고 볼 수 있다.

둘째, 부모는 자신의 규범과 가치에 따라 자녀를 기를 자연적 권리를 갖는다. 부모는 아이를 낳기 위해서 자기 자신의 삶의 일부분을 희생한다. 아이를 낳고 키우느라 온갖 육체적·정신적 스트레스와 재정적 부담을 겪는다. 이런 점을 고려할 때, 부모는 특별한 방식으로 자기 자녀를 기를 권리를 주장할 수 있다. 아이를 기르면서 부모는 자신의 세계관이나 삶의 방식이 뿌리를 두고 있는 문화 속에서 아이들을 기를 권리를 갖는다.

셋째, 국가는 자기 자녀를 특정 방향으로 기를 부모의 권리에 대해서 간섭해서는 안 된다. 자유주의 국가의 이상은 관용과 다양성의 존중이다. 관용과 다양성이라는 이상은 부모가 특정 규범이나 가치 안에서 자녀를 기르도록 허용하는 것이다. 자유주의는 가정이라는 사적 영역의 일에 국가의 개입을 최소화할 것을 요구한다. 항상 국가의 개입과 침해 가능성이 있는데, 우리는 그것을 과소평가해서는 안 된다. 국가의 침해는 자칫 아동의 삶에 대한 전제적 통제를 초래할 수 있다. 그러므로 국가가 나서서 부모에게 자녀를 어떤 방식으로 길러야 한다고 요구하며 간섭을 해서는 안 된다. 또한 국가는 아동을 보호하고 교육하는 일에서 한계를 드러낼 수밖에 없다. 왜냐하면 국가가 제공할 수 있는 것은 최소 수준 혹은 일정 수준에 머물 수밖에 없기 때문이다. 따라서 아동 각자에게 필요한 보호와 교육은 국가의 역할이 아니라 부모의 역할에 속한다고 볼 수 있다.

(2) 부모의 권리에 대한 반대론

자녀 교육에 대한 부모의 특별한 권리에 대해서 반대하는 입장도 있다. 반대론자들이 주장하는 몇 가지 근거로는, 첫째, 부모가 자녀의 이익을 최대한으로 증진시킬 방법을 가장 잘 안다고 보기는 어렵다. 물론 부모의 자녀를 향한 좋은 의도와 희생적 사랑을 부정할 수 없다. 그렇다 하더라도 자녀를 적절하게 교육하는 데 필요한 능력을 모든 부모가 제대로 갖추고 있다고 단정할 수는 없다. 부모는 아이가 살아가야 할 방향에 대한 적절한 판단과 지도를 해야 하는데, 이를 위해서는 합리적이고 비판적인 사고가 필요하다. 이런 지적 능력을 제대로 갖추고 있다고 보기 어려운 부모가 있을 것이다. 또 일부 가정에서는 부모가 아이의 자유와 자율성을 존중하지 않을 뿐만 아니라 그것의 증진을 저해하는 태도를 보일 수도 있다. 예컨대, 부모가 특정 종교나 대상을 매우 혐오하거나 꺼리는 것을 아이에게 그대로 노출시켜서 아이가 그런 태도를 그대로 받아들이게 되는 것은 문제가 된다. 가정에서 바람직하지 못한 가치관을 배우지 않도록 하려면 아이가 그런 것으로부터 일정한 거리를 유지하면서 차츰 자율적인 인간으로 발달해 가도록 도와야 할 필요가 있다. 이런 점으로 볼 때, 부모가 자녀의 교육을 책임진다고 해서 자녀가 늘 가장 잘될 수 있는 것은 아니다.

둘째, 아이가 가정에서 배우는 삶의 방식과 전혀 다른 삶의 방식을 배우기는 어렵다. 만일 자녀 교육문제를 부모에게 일임한다면 아이가 배워야 하는 것임에도 불구하고 부모에게서 배울 수 없는 다른 가치, 믿음, 경험에 심각한 결손이 생긴다. 일부 가정에서는 자녀가 다양한 삶의 방식에 노출되지 않도록 부모가 의도적으로 차단하기도 한다. 아이는 자기 가족이 당연하게 받아들이는 믿음과 가치를 다른 각도에서 성찰해 보아야 하고, 어떤 방향으로 살아갈 것인가에 대해서도 스스로 성찰하고 판단해야 한다. 아동의 비판적 판단과 성숙한 결정은 가정에서 제공하기 어려운 다양한 경험, 능력, 기회에 달려 있다. 따라서 아동이 가정에서 겪는 경험과는 다른 경험을 학교가 제공할 필요가 있다. 가정이나 가족 공동체에서 통용되는 규범으로부터 벗어날 수 있는 기회를 학교가 제공할 때, 아동의 자율성은 함양될 수 있다. 또한 경제적으로 어려운 가정에서는 부모가 자녀에게 다양한 경험을 제공해 주고 싶어도 그렇게 해 주지 못한다. 아이가 제대로 성장하도록 도와주려면 아이의 가정환경과는 다른 공간, 가정이 지닌 한계에서 벗어날 수 있는 기회, 즉 비판적 탐구, 이성, 공감적 성찰을 강조하는 교육적 기회가 제공된다면 큰 도움이 될 것이다.

셋째, 국가는 부모가 하기 힘든 특별한 역할을 수행해야 한다. 국가는 다음 세대의 주역인 아이들에게 사회적 권리와 책임을 가르쳐야 한다. 국가는 학교교육을 통해서 아동의 자율성과 민주시민의 덕을 함양시켜야 한다. 미래를 책임질 아이들은 민주정치에 참여하고, 좋은 삶을 선택하고, 그리고 공동체에 헌신하도록 적절한 교육을 받아야 한다. 특히 민주시민의 덕을 기르는 일은 민주시민의 주권을 지키는 데 꼭 필요하다. 이런 일은 부모나 가정에 맡길 수 없으므로 국가는 사회의 지속적 발전을 위해서 그런 책임을 맡아야 한다.

3) 국가의 통제

현대 국가는 대부분 공교육 체제를 근간으로 하고 있다. 나라마다 그 형태는 다르겠지만, 국가가 주도하는 공교육을 시행하고 있다. 교육에 대한 국가의 통제는 당연한 것인가? 앞에서 살펴본 바와 같이, 교육에 있어서 학생(아동)의 권리와 학부모의 권리가 주장될 수 있다. 그렇다면 이런 권리와 국가의 통제는 어떤 관계를 갖는가? 국가도 교육에 대한 권리를 지니고 있는 것인가? 이런 의문들은 교육에 있어서 국가의 역할과 기능을 살펴보게 한다.

(1) 국가와 교육의 역사적 관계

서구에서 국가가 교육의 제공에 직접 관여하기 시작한 것은 19세기 후반부터였다. 이 과정은 근대 국민국가의 형성, 산업화·도시화 과정과 밀접한 관련이 있다. 20세기 초에 산업화된 나라에서는 국가가 통제하는 무상 의무학교교육이 널리 시행되었다. 그리하여 국가와 교육은 깊은 연관성을 갖게 되었다. 결과적으로 학교 건물, 교육과정, 수업실천, 학교활동 등이 전국적으로 표준화되었다. 학령기에 도달한 모든 아동은 학교에 다니도록 의무화되었다. 그러다 보니 부모의 자녀에 대한 교육적 역할이 약화되었다. 학교 업무에 대한 지역사회, 개인, 부모, 교사의 통제력도 점진적으로 약화되었다. 국가가 통제하는 사회적 공간이 갈수록 확대되었다(Bailey, 2011: 191-213).

사람들이 국가 주도의 교육을 널리 수용하게 된 데에는 역사적 배경이 있다. 산업화가 확산되면서 많은 인구가 도시로 유입되었고, 이에 따라 경제활동에 필요한 노동자들을 훈련시킬 필요가 생겼다. 양질의 노동력을 확보하는 것이 국가경쟁력을 제고하는 방안이라고 판단한 국가는 무상의무교육을 위해서 학교를 설립하였다. 그 결과, 교육기회가 확대되고 국민들의 기초 능력이 증진되었다. 이런 국가 주도의 교육은 상당한 장점을 지니고 있다. 모든 아동이 사회 구성원으로서 충실한 기능을 발휘하도록 교육을 받을 수 있었다. 아동은 부모의 경제력과 무관하게 교육받을 기회를 누릴 수 있게 되었다. 국가가 학교를 설립하여 무상의무교육을 시행하면서 학령기 아동이 공장이나 농장에서 일하는 것이 금지되었다. 아동은 노동으로부터 보호를 받았고, 종교기관의 교화로부터도 벗어나게 되었다.

그렇다고 국가 주도의 교육에 문제점이 없는 것도 아니다. 아동의 교육에 국가가 직접 관여하는 것에 대해 비판하는 입장도 나타났다. 국가 교육에 대한 비판적 입장에서는 다음과 같은 문제를 제기한다. 국가가 설립한 학교가 아동을 노동으로부터 해방시키고, 자유롭고 폭넓은 교육을 제공하는 진보적인 곳이라고 말하고 있지만 실제로 거기서 하는 일을 자세히 살펴보면 그것은 일종의 사회통제에 지나지 않는다는 것이다. 결국 국가가 학교를 제도화시킴으로써 아동을 억압하고, 특정 집단의 이익에 기여하는 가치와 행동 양식을 주입시키는 일이 벌어지고 있다고 비판하였다.

(2) 국가의 교육통제에 대한 자유주의적 관점

국가가 운영하는 학교에 대한 비판의 논거가 되는 가치는 바로 개인의 자율성이다. 자유민주주의는 개인의 자율성을 옹호한다. 개인의 자율성 증진이란 관점에서 볼 때, 국가가 개인의 교육적 발달에 개입하는 것은 우려를 자아내기에 충분하다. 왜냐하면 국가가 제공하는 교육에는 억압과 통제의 요소가 들어 있을 가능성이 크기 때문이다.

앞 장의 교육관에서 살펴보았듯이, 성장적 교육관을 주장한 루소는 자연의 원리에 따르는 교육을 옹호하면서 제도적 교육에 비판적 입장을 취했다. 인간은 천성적으로 선하고 자유롭게 태어났으나 사회 속에서 수많은 속박을 받으며 살아가게 된다. 마치 어린 묘목이 물, 햇빛, 공기와 같은 조건만 갖추어지면 큰 나무로 성장하듯이 아동도 그와 비슷하다고 루소는 생각했다. 그의 이런 생각은 해방적 교육, 진보적 교육, 아동 중심 교육이라는 교육 전통으로 발전하였다. 이 전통에서는 교육에 대한 국가의 개입을 탐탁지 않게 생각하는 경향이 있다. 교육에 대한 국가의 의도적 개입은 오히려 문제가 있다고 생각했다. 이와 비슷한 견해를 지닌 닐은 아동은 자기 자신의 가치를 스스로 결정하고, 자기규제적이고 자율적인 개인이 되도록 격려 받아야 한다는 견해를 표명하였다. 이를 대신하거나 지도할 도덕적 권리를 가진 존재는 아무도 없다. 심지어 부모도 마찬가지이다. 아동의 자연적 발달을 간섭하거나, 가로막거나, 왜곡시키지 않으면 아동은 선한 인간 존재가 될 것이라고 닐은 생각하였다.

루소나 닐의 입장에서는 국가가 운영하는 모든 학교에 반대할 것인가? 만일 국가가 설립하여 재정을 지원하고 있는 학교가, 닐이 세운 '섬머힐 학교'와 같이 학생이 자신의 교육을 형식과 내용면에서 자유롭게 결정할 수 있도록 운영된다면 그들도 이런 학교까지 반대하기는 힘들 것이다. 그러므로 국가가 교육에 개입한다는 사실 자체가 문제라기보다는 교육의 형식과 내용에 관한 결정이 어떤 식으로 이루어지는지가 문제임을 알 수 있다. 교육을 받을 것인가 말 것인가, 혹은 언제, 어디서, 어떤 교육을 받을 것인가에 관한 결정이 아동 자신이 아닌 다른 주체에 의해 결정되는 것이 문제인 것이다. 그렇다면 국가의 교육 개입이 문제가 아니라 국가가 어떻게 교육에 개입하는가가 쟁점일 것이다.

국가는 세 가지 차원, 즉 제공, 재정, 규제의 차원에서 교육에 개입할 수 있다. 제공이란 국가가 건물을 제공하고 교사의 봉급을 제공하는 것을 가리킨다. 재정이란 아동이 무상으로 학교교육을 받을 수 있도록 국가가 공적 경비를 부담하는 것을 가리킨다. 규제란 국가의 개입이 더욱 확대되어 의무취학, 학교졸업 연령, 교육과정, 평가방식, 자격증에 관한 법률을 제정하고 시행하는 것을 가리킨다. 여기서 국가는 규제가 아닌 재정의 차원에서 교육에 개입하는 것이 가능함을 알 수 있다. 국가는 학교의 재정을 감당하면서도 교육과정이나 학교수업에 대해서 개입하지 않을 수 있다. 이는 다양하게 제공되는 교육 서비스 중에서 아동과 부모가 선택을 할 수 있도록 국가가 재정만 지원한다는 뜻이다. 그럴 경우 국가의 지원을 받아 다양한 교육 서비스가 제공되지만 이를 선택하는 일은 개인의 몫이 된다. 다시 말해서 아동에게 제공되는 여러 가지 형태의 학교교육 중에서 어느 것을 선택할 것인가는 부모의 결정에 맡길 수 있다. 이렇게 되면 교육에 대한 국가의 개입이 크게 축소될 여지가 있다.

이런 관점에서 밀(J. S. Mill)은 아동의 교육에 관한 권리와 의무가 일차적으로 부모에게 있는 것이지 국가에 있는 것은 아니라고 주장하였다. 근대 자유주의의 창시자인 밀은 『자유론』에서 개인에게 행사되는 국가 권력의 한계를 주장하였다. 밀은 주장하기를, 문명된 공동체의 구성원에 대해 국가가 권력을 행사할 수 있는 경우는 오직 타인에게 가해지는 위해를 예방할 때뿐이라는 것이다. 달리 말해, 자신의 행위가 타인의 자유를 방해하지 않는다면 성인은 자기가 원하는 대로 자유롭게 행동할 수 있어야 한다는 말이다. 이렇게 본다면 아동교육의 형식과 내용에 관한 결정도 개인의 자유에 속한다. 각 개인의 다양한 삶의 방식과 자유로운 경험을 획일적인 국가 교육체제가 가로막아서는 안 되는 것이다. 왜냐하면 국가의 교육은 사람들을 모두 비슷한 사람으로 만들어 내려는 경향이 있기 때문이다. 따라서 국가가 개입할 수 있는 경우는 부모가 자기 자녀의 교육에 대한 의무를 제대로 이행할 수 없는 경우로만 제한해야 한다. 국가는 부모들이 좋아하는 곳에서 좋아하는 방식대로 자녀의 교육을 시키도록 허용하면 될 것이고, 필요할 경우에 가난한 계층의 교육비를 지원해 주면 충분하다.

그렇다면 부모에게 교육에 관한 권리를 부여해 주기만 하면 다른 문제는 없는 것인가? 부모가 자유민주주의 사회의 가치와 배치되는 특정 가치나 생활방식을 자녀에게 주입하려고 한다면 그것은 묵인하기 어려운 문제가 된다. 자유민주주의 사회에 필요한 것은 각 시민의 민주적 참여 능력이다. 민주사회의 가치에 헌신하고 잘 살아갈 수 있는 능력이 모든 아동에게 길러져야 한다. 바꾸어 말하면, 자유민주국가는 자율성이라는 가치에 의존하는데, 아동에게 자율성을 길러 주고 자율성의 가치를 이해하도록 할 수 있는 방안은 중립적인 공교육일 것이다. 만일 교육에 대한 국가의 통제를 전적으로 배제한다면 이런 중립적인 공교육은 불가능하게 될 것이다. 아동의 자율성 발달을 가로막는 특정한 삶의 방식을 가르치는 공동체나 부모로부터 아동을 보호하기 위해서도 국가의 교육적 개입이 필요하다. 이것이 자유민주주의를 신봉하면서도 교육에 대한 국가의 개입을 옹호할 수 있는 논거가 될 수 있다.

교육에 대한 국가의 개입을 아예 부정하거나 이를 인정하더라도 최소한의 개입만을 인정해야 한다는 주장도 제기되었다. 교육에 관한 국가의 규제는 최소한으로 허용하거나, 재정이나 제공의 역할도 허용할 필요가 없다는 주장이 등장한 것이다. 이 입장에서는 인정하는 것이 있고, 부정하는 것이 있다. 먼저 이 입장에서 인정하는 것은 교육의 필요성이다. 아동은 장차 성인으로서 잘 살아가기 위해 교육을 받을 필요가 있고, 미래의 시민으로서 갖추어야 할 기능이나 능력을 습득할 필요도 있으며, 그리고 경제활동에서 적절한 역할을 수행할 수 있도록 적절한 교육을 받을 권리가 있다. 그렇지만 이 입장에서는 이런 교육을 국가가 가장 효과적으로 제공할 수 있다는 주장에는 부정적이다. 이들은 좋은 교육을 제공하는 효율적인 방법은 국가의 개입이 아니라 오히려 시장 메커니즘이라고 주장한다. 이는 교육에 대한 국가의 개입을 반대하고 시장 메커니즘을 옹호하는 입장이다. 20세기 후반부터 큰 영향을 미치고 있는 신자유주의적 교육관이 대표적으로 이런 주장을 펼치고 있다.

교육의 민영화나 시장화를 주장하는 신자유주의자들에 대해서 자유주의 교육철학자들은 비판적 입장을 취한다. 이들은 신자유주의적 방안이 결국 평등한 교육기회를 무너뜨릴 것이라고 비판한다. 만일 교육이 사기업에 의해서 공급되고 각 개인으로 하여금 이를 선택하도록 한다면 유리한 처지에 있는 부모는 자기 자녀를 위해 더 나은 교육을 시킬 것이다. 그렇게 되면 사회경제적 불평등은 더욱 더 커질 것이다. 또한 사기업이 움직이는 주요 동기는 이윤 추구이다. 사기업이 운영하는 학교는 모든 학생이 공정하고 평등한 교육기회를 통해서 이익을 얻도록 보장하려는 일에는 무관심하거나 방치하고, 이윤을 남길 방안에만 골몰할 것이다. 만일 국가가 평등화 정책에서 손을 뗄 경우, 시장화된 학교들이 교육의 적절성이나 공정성 측면에서 더 개선되리라고 기대하기는 어려울 것이다. 오히려 더 악화될지 모른다. 그렇다면 현존하는 사회경제적 불평등을 완화시키기 위해서 일정 수준의 국가 규제가 필요하다고 볼 수 있다. 물론 국가의 교육 개입이 사회경제적 불평등을 해소하거나 축소시키는 데 얼마나 기여했는지를 역사적으로 따져 볼 필요가 있다.

(3) 국가의 교육통제에 대한 급진적 비판

국가의 교육 개입에 대해서 대단히 비판적인 급진적 입장들이 있다. 마르크스주의, 탈학교론, 탈국가론 등이 그것이다. 이를 구체적으로 살펴보자. 첫째, **마르크스주의** 입장이다. 오늘날 마르크스주의자들은 자본주의 국가의 교육에 대해 비판적이다. 그들에 의하면, 자본주의 사회의 교육은 지배관계와 지배계급의 가치를 재생산하는 데 기여하기 때문에 억압적인 성격을 가지고 있다. 국가가 설립한 학교는 중산층 이상의 아동이 향유하고 있는 문화적 배경이나 속성을 지지해 주고 교육과정에서 채택해 줌으로써 이것을 그들의 문화자본으로 만들어 주고, 이를 소유한 그들에게 우월한 사회경제적 지위를 보장해 준다. 학교에서는 노동계급 자녀의 문화적 능력과 속성을 공식적 지식으로 인정해 주지 않는다. 학교에서는 노동계급의 자녀들에게 노동계급에 맞는 기능이나 속성을 훈련시킴으로써 차세대의 노동자들을 길러 내고, 그럼으로써 현존하는 계급 상태를 지속시킨다. 결국 학교는 사회경제적 불평등을 재생산하는 일에 기여한다. 마르크스주의자들은 이에 대한 비판의식을 불러일으키고, 억압체제의 구조를 무너뜨리기 위한 방안으로 저항이론, 비판적 교수법을 제시하였다.

둘째, 국가가 주도하는 학교교육에 대한 급진적 비판을 보이는 **탈학교론**이 있다. 이것은 이반 일리치(Ivan Illich)의 『학교 없는 사회』에서 분명히 드러난다. 그는 교육 그 자체보다 교육의 제도화가 큰 문제라고 지적한다. 건강관리, 노인부양, 출산과 같은 사회적 기능이 제도화되어 역기능이 나타날 수 있는 것처럼, 교육도 제도에 대한 의존성이 커짐으로써 역기능을 불러오고 있다는 것이다. 교육의 제도화는 학생들이나 학부모들로 하여금 자격증, 선발,

사회통제, 진보(향상)의 인정에 사로잡히게 만든다. 이런 점은 우리나라의 입시 위주 교육에서 여실히 드러나고 있다. 학교가 교육을 독점하게 되면서 다른 사회제도가 진정한 의미에서 또 다른 교육적 역할을 수행하는 것을 가로막아 버린다. 그렇다고 해서 입시 중심 교육에서 번창하고 있는 사교육을 가리켜 진정한 교육이라고 말할 수는 없을 것이다. 그렇다면 진정한 교육적 대안을 찾을 수 있는 길은 무엇인가? 이를 위해 이반 일리치는 탈학교론, 즉 자발적·자생적 협력에 기반을 둔 학습 네트워크의 구축을 제안하였다.

셋째, **탈국가론**은 국가가 없는 사회를 주장한다. 이 입장은 **아나키스트들**(무정부주의자)에 의해 제기된 주장이다. 이들은 국가 교육이라는 아이디어 자체를 반대하였다. 아나키스트들은 정치조직의 한 가지 모형으로서 국가에 반대하고, 특히 온갖 위계구조에 대해 의심을 가졌으며, 탈중심화된 자치 사회를 추구하였다. 그들은 단일한 모형의 교육을 아동에게 부과하는 것에 반대하였다. 그들은 자유주의 국가라는 틀 속에서 자율적 개인들이 잘 살 수 있을 것이라고 믿지 않았다. 그들은 자유주의 국가의 구조나 제도 자체가 인간의 진정한 자유에 해가 된다고 보았다. 그들은 자본주의적·자유시장적 국가체제에 대해 반대하면서 '국가 없는 공동체'라는 대안적 비전을 제시하였다. 그들은 국가의 통제로부터 자유로운 교육 프로젝트를 구상하였다.

이런 아나키즘은 우리에게 사실상 낯선 사상이 아니다. 그것은 구한말 격동기에 민족주의, 사회주의와 함께 크게 영향을 미친 사상이었다. 역사학자이자 독립운동가인 단재 신채호(1880~1936)는 생의 후반부에 아나키스트였다. 그는 대한민국 임시정부의 독립운동 노선에 맞서 아나키즘에 입각한 민족해방운동론, 즉 민중직접혁명론과 그 방법론인 '테러적 직접행동론'을 정립했다. 그가 꿈꾸었던 사회는 무엇보다 빈부격차와 계급이 없는 대동사회였다. 일제로부터 독립하려 했다는 점에서는 같았지만, 해방 뒤 궁극적으로 꿈꾸는 사회의 모습은 달랐다. 민족주의자들은 자본주의 사회를, 신채호는 빈부평균의 사회를 꿈꿨다. 특히 신채호는 사회주의자가 아닌 아나키스트였음을 구별할 필요가 있다. 아나키즘과 사회주의가 결별하는 지점은 국가나 정부의 존재를 인정하는지의 여부이다. 설령 사회주의 혁명으로 수립된 국가라도 필연적으로 권력 집중과 지배와 피지배 관계를 낳는다고 보기 때문에 아나키스트들은 국가를 배격한다(안선희, 2013).

아나키스트들이 구상하는 학교는 상호 부조와 자유에 기반을 둔 비위계적인 사회의 축소판이다. 아나키스트 교육자들은 '개인'의 자유에 대한 비전을 옹호하기보다 오히려 자유롭고, 정의롭고, 평등한 '사회'에 대한 비전을 더 옹호하였다. 따라서 교육에 있어서 도덕적 · 정치적 중립성을 바람직한 것이거나 가능한 것이라고 생각하지 않았던 그들은 교육과정이나 학교 풍토를 통해서 분명한 도덕적 · 정치적 가치를 증진시키려고 하였다. 아나키스트 교육자들은 자치적 · 실험적 공동체의 일부로 '아나키스트 학교'를 세우기도 하였다. 이 학교에서는 국제주의와 평화주의를 가르쳤고, 연대와 상호 부조의 가치를 증진시켰고, 모든 국가주의적 · 군사주의적 · 종교적 메시지를 배척하였다. 이처럼 아나키스트 교육자들은 교육에 대한 국가 통제를 거부했고, 국가가 없는 대안 사회를 적극적으로 추구하다가 결국 가혹한 탄압을 받기도 하였다.

3. 정의와 교육

우리 사회에 불공평과 불평등이 심각해질수록 정의로운 사회와 평등한 사회에 대한 열망은 고조된다. 이런 현상은 교육에서도 그대로 나타난다. 그런데 정의와 평등에 대해서 다양한 견해가 나타날 뿐만 아니라 서로 심각하게 대립하기도 한다. 우리는 주로 교육의 관점에서 평등이나 정의가 무엇을 가리키는지를 다각적으로 균형 있게 살펴볼 필요가 있다(Bailey et al., 2013b: 333-352).

1) 다양한 정의관

(1) 조화로서의 정의

　플라톤은 사회계급에 따라 다른 내용의 교육을 해야 한다고 주장함으로써 엘리트주의 교육론자라는 비판을 받기도 했다. 그렇지만 플라톤의 주장을 깊이 들여다보면 그가 단순한 엘리트주의자가 아니라 개인의 능력을 극대화하여 조화를 이루는 사회를 꿈꿨음을 알 수 있다. 플라톤의 주저 『국가』에는 모든 사물과 사람은 각각 탁월성(arete)를 지니고 있다는 주장이 제시되어 있다. 이런 생각은 그의 스승인 소크라테스의 존재론의 핵심이기도 하다. 이 존재론에는 인간은 홀로 만족스럽게 살 수 없기 때문에 공동체 안에서 타인들과 더불어 살아가야 할 필요가 있다는 주장도 포함되어 있다. 이 두 주장을 연결시키면 다음과 같은 결론을 얻을 수 있다. 만일 사람들이 서로 다른 재능을 가지고 태어나고, 상이한 재능을 가진 타인들과 더불어 공동체를 이루고 함께 살아갈 필요가 있는데, 각자 탁월하게 수행할 수 있는 자연적 재능에 합당한 역할을 수행할 때 그 공동체는 아주 건강하고 살기 좋은 공동체가 될 것이다. 만일 어떤 사람이 타고난 재능에 맞지 않는 일을 수행한다면 이는 무책임한 일이며, 그런 사람이 많을수록 그 공동체는 약해질 것이다.

　만일 공동체의 구성원이 각자 타고난 재능에 가장 적합한 기능과 역할을 수행하도록 하려면 교육은 개인의 타고난 재능을 무시하지 않고 그런 재능을 잘 계발하도록 도와주어야 할 것이다. 그래서 모든 사람에게 똑같은 교육이 제공되어서는 안 된다. 왜냐하면 교육은 사람들이 각자 타고난 재능을 계발하는 것을 목표로 삼아야 하기 때문이다. 이런 교육을 정의로운 교육이라고 말할 수 있다.

　이런 교육을 위한 우선적인 과제는 아동의 재능과 성향을 확인하는 일이다. 어떤 아동이 나라를 이끌어 갈 인재로 선발되고 교육받아야 하는지, 어떤 아동이 나라를 지킬 훈련을 받아야 하는지, 어떤 아동이 농부, 상인, 기능인이 되어야 하는지가 확인되어야 한다. 그런 다음 제기되는 교육의 과제는 그 재능과 성향에 적합한 교육을 설계하는 일이다. 특히 플라톤의 관점에서는 지도자가 될 아이들에게 적합한 교육을 설계하는 일이 중요하다. 이런 교육은 미래의 지도자들이 진선미와 같은 절대적 진리와 가치를 명상하고, 이를 기반으로 해서 세상사에 관한 결정을 내릴 수 있도록 준비시킬 것이다.

정의로운 교육이라고 평가할 수 있는 이런 교육이 역설적이게도 불평등한 측면을 가지고 있다. 첫째, 사람들은 서로 다른 재능을 갖는다. 사람들은 동일한 재능을 갖고 있지 않다는 점에서 불평등하다. 둘째, 모든 재능이 동등한 가치를 부여받지 못한다. 지도자가 될 사람은 농부, 상인, 기능인과 다를 뿐만 아니라 우월한 존재로 간주된다는 점에서 불평등하다. 이처럼 사람들의 타고난 재능은 평등하지 않다는 생각과 그런 불평등 때문에 서로 다른 교육을 받게 하는 것이 정당하다는 생각은 여러 세기를 거치면서 서양교육에 엄청난 영향을 미쳤다. 모든 아이에게 똑같은 공통된 교육과정을 똑같은 학교에서 제공해야 할 것인지, 아니면 공동체, 학교, 개인에 따라 상이한 교육과정을 상이한 학교에서 제공해야 할 것인지에 관한 많은 문제제기와 논쟁이 있어 왔다. 오늘날에도 과학이나 스포츠 분야 등에서 '탁월성'을 추구해야 하며, 그래야 사회 전체가 더욱 더 발전할 수 있다는 생각이 많은 공감을 얻는다. 우리나라에서도 이런 생각이 과학고, 외국어고, 체육고 등 특수목적고의 설립 이유이기도 할 것이다. 이런 생각은 최근의 신보수주의적 교육정책에 더욱 큰 영향을 미쳤다. 이런 생각은 가장 위대한 정신이 남긴 위대한 저서들을 신중하게 공부하는 일을 강조하는 항존주의와 같은 교육관에서도 엿볼 수 있다. 이런 교육관에서는 사회적 평등을 실현하는 교육을 거부한다. 왜냐하면 사회를 다스릴 수 있는 덕과 능력은 모든 사람이 함양할 수 있는 것이 아니며, 사회의 소수 엘리트만 모든 사람의 이익을 최대한 증진시키는 방향으로 사회를 지도할 수 있는 사람이라고 보기 때문이다.

이런 교육관에서는 공동체의 발전을 중시하고 이것을 개인의 자유보다 앞

세우는 경향이 있다. 이런 생각은 간혹 실용주의나 공리주의로 포장되기도 한다. 이런 교육관의 관심사는 사회 전체의 탁월성을 증진시키는 일이다. 따라서 차별화된 교육체제를 통해서 개인들이 불평등하게 대우를 받는 것은 정당하다고 생각할 것이고, 개인들은 사회적 목적을 달성시키기 위한 수단으로 간주되기가 쉽다. 오늘날 이런 교육관이 전폭적 지지를 받기는 어렵다. 이와 반대되는 정의관을 칸트 사상에서 찾아볼 수 있다.

(2) 평등으로서의 정의

근대 이후 사람들의 도덕관에 가장 영향을 많이 미친 학자 중의 한 사람이 칸트이다. 그는 이성에 기반을 둔 보편적이고 의무론적인 도덕이론을 발전시켰다. 칸트가 볼 때, 인간이 도덕적 존재가 될 수 있는 것은 선험적 능력인 선의지를 가지고 있기 때문이다. 그렇지만 현실의 삶 속에서 인간은 항상 선의지에 따라 살지 못하고 많은 욕망의 유혹을 받게 된다. 이때 이성의 역할이 중요하다. 이성적으로 판단하여 도덕적으로 살아가려는 의지적인 노력이 필요하다. 칸트는 보편적인 도덕법칙을 주장하였다. 누구나 어떤 상황에서든 도덕법칙을 따라야 하기 때문에 칸트는 도덕법칙이 정언명령(categorical imperative)이라고 설명한다. 어떤 조건하에서 어떤 행동을 하라는 가언명령과 달리, 정언명령은 어떤 행동을 예외 없이 반드시 행해야 한다는 어법이다. 인간을 자율적 존재로 보는 칸트는 개인이 자신의 도덕법칙을 설정하고 행하게 되는 것을 준칙이라고 한다. 개인의 준칙이 보편적 도덕법칙에 위배된다면 도덕은 무너지고 만다. 나는 도덕적으로 행하지 않으면서 상대방에게 도덕적으로 행하라고 요구하는 것은 모순이기 때문이다. 그러기에 칸트는 자신의 준칙에 따라 행하되, 그 준칙이 보편적 도덕법칙이 되기를 바라야 한다는 것이다. 이런 정언명령에 따라서 사람들이 행할 때 비로소 정의가 행해진다. 이는 모든 인간에게 평등하게 적용된다. 왜냐하면 정언명령은 합리적 원칙이고, 인간은 누구나 합리적 존재이기 때문에 그것은 평등하게 적용된다.

따라서 모든 인간은 도덕적 행위 주체로서 평등한 도덕적 가치를 갖는다. 달리 말해, 모든 인간은 합리적 존재라는 점에서 평등하게 존중받아야 하며, 각자의 이성을 사용할 책임을 평등하게 가져야 한다.

이런 칸트의 사상은 모든 학생에게 비판적 사고를 가르쳐야 함을 시사한다. 비판적 사고는 우리가 추구해야 할 교육적 이상이다. 학생들이 어떤 문제에 대해서 이유와 설명을 요구할 때에는 그것을 존중해야 하며, 그들에게 정직하게 대해야 하고, 그들의 독자적 판단을 존중해야 한다. 학생들이 어리더라도 합리적 존재임을 인정한다면 그들을 존중하는 것이 마땅하다. 학생들은 비판적 질문을 하고 그것에 대한 교사의 답변을 들을 자격이 있으며, 또한 교사가 비판적 질문을 할 때 그것에 대해서 답변해야 할 의무가 있다. 칸트의 관점에서는 모든 학생을 자율적 인간으로 발달시키는 교육을 주장할 것이다. 이런 교육의 핵심은 학생들을 도덕적 행위 주체로서 발달시키는 일이다. 물론 학생들이 아직 완전한 도덕적 주체로 성숙된 것은 아니므로 보호를 받을 필요가 있지만, 학생들은 가능한 한 충실한 정보를 기반으로 독자적인 결정을 내릴 수 있는 합리적인 도덕적 주체로 성장하도록 교육받아야 한다. 학생들의 독자적이고 합리적인 결정이 간혹 교사나 부모에게는 불편하게 느껴지거나 그렇게 생각될지라도, 학생들이 독자적으로 합리적 판단을 내리는 것을 학습할 기회를 제공해 주어야 한다.

인간은 합리적 행위자라는 것이 칸트의 기본 가정이다. 이런 가정 때문에 행위의 결과도 합리적인 것으로 받아들일 수 있다. 합리적 개인은 자신의 행위 결과에 대해서 설령 마음에 들지 않더라도 받아들여야 한다. 여기서 '정당한 업적'이라는 개념이 생겨난다. 학생들이 합리적인 행위 주체로 대우받는다면 그들은 자기 행위의 결과가 긍정적이든지 부정적이든지 간에 그 결과를 당연하고 정당한 것으로 받아들여야 한다. 개인의 업적과 능력은 상이할 것이고, 그에 따라 상이한 대우를 받는 것은 정당한 일이다.

(3) 공정으로서의 정의

공정으로서의 정의는 사회적 불평등이 축소되고 공정한 상태가 되는 것을 말한다. 이런 관점의 정책은 교육의 기회 균등을 강조한다. 그렇다고 모든 불평등을 줄이거나 없애려고 하지는 않는다. 다만 정의롭지 못하다고 생각되는 불평등에 대해서는 보상해야 한다고 주장한다. 부당한 불평등이란 그것을 겪고 있는 사람들이 스스로 통제할 수 없는 것을 말한다. 예를 들어, 같은 반에 있는 A와 B라는 학생이 동일 과목의 시험을 치르게 되었다. A는 열심히 시험 준비를 했고, B는 그러지를 못했다. 시험 결과가 나왔는데 역시나 A의 점수는 B보다 훨씬 높았다. 이때 두 학생의 점수에서 나타나는 차이는 정당한 불평등이다. 그런데 만약 B의 점수를 올려 주려고 그 학생만 재시험을 보게 한다면 이는 불평등한 대우이며, 공정하지 못한 일이다. 그런데 다른 요인 때문에 점수차가 벌어지는 경우도 있다. 만약 A는 조용히 공부할 수 있는 자기 방이 있고 방과 후에 다른 일을 해야 할 필요가 없는 반면, B는 자기 방이 없이 어린 동생들과 방을 같이 쓸 뿐만 아니라 방과 후에는 동생들을 보살펴야 한다고 하자. 이런 불평등한 여건 때문에 나온 결과는 정당한 것이라고 볼 수 없다. 왜냐하면 두 학생이 공평한 기회를 갖지 못하고 있기 때문이다. 공정으로서의 정의라는 관점에서 본다면, 두 학생을 똑같이 대우하지 않고 어떤 식으론가 '다르게 대우함'으로써 기회 균등을 도모하는 것이 오히려 정당하다. 그렇다면 차등 대우를 어떻게 해 주는 것이 정의로울 것인가?

공정으로서의 정의라는 개념을 제창한 사람은 미국의 정치철학자 존 롤즈 (John Rawls)이다. 그는 칸트가 언급한 정당한 업적(just desert)의 원칙을 받아들인다. 개인의 노력의 차이에 따라 나타나는 결과의 차이를 우리는 받아들여야 한다. 그러나 부당하게 겪고 있는 정의롭지 못한 불이익에 대해서는 어떤 식으로든 보상을 해 주어야 한다. 롤즈는 이를 보상의 원칙으로 주장한다. 이것은 롤즈의 정의의 원칙 안에서 중요한 개념이다. 롤즈는 정의의 원칙을 주장하면서 모든 인격체를 평등하게 대우하기 위해서, 진정한 기회 균등을 제공하기 위해서 사회는 타고난 재능이 부족하거나 불리한 처지에서 태어난 사람들에게 더 많은 관심을 쏟아야 한다고 강조한다(Rawls, 1985: 96). 이는 우연성의 편향됨을 평등의 방향으로 바로잡자는 것이다.

이런 보상의 원칙은 미국의 사회정책에 반영되기도 하였다. '차별완화 조치(affirmative action) 프로그램'이 바로 그것이다. 이 프로그램은 대체로 여성이나 소수집단의 구성원이 겪고 있는 부당한 불이익을 보상하기 위한 것이었다. 예컨대, 인종차별, 성차별, 지역차별 혹은 다른 형태의 차별로 인해 부당하게 사회적 불이익을 받고 고생하는 집단의 구성원을 위해서 대학 당국은 입학 정원 중 일정 비율의 정원을 그들에게 할당할 수 있다. 전형이 진행되면 지원자가 부당한 사회적 불이익 때문에 고통을 겪은 집단의 구성원인지 아닌지를 밝히는 과정을 거칠 것이다. 이때 지원 서류를 검토하는 전형 기준을 다르게 만들 수 있다. 이렇게 해서 사회적으로 유리한 집단의 구성원과 사회적으로 불리한 집단의 구성원을 동일한 기준에 따라 평가하지 않는다. 오랫동안 소외를 받아 지금은 불리한 처지에 놓여 있는 집단이 있고, 반면에 역사적으로 사회적 특권을 누려 온 집단이 있는 경우, 전자는 후자처럼 자신의 능력을 기를 수 있는 기회가 상대적으로 부족했을 것이다. 이처럼 과거의 부당했던 불평등한 대우가 지속적으로 영향을 미칠 경우, 이를 보상해 줄 수 있는 길은 '차등 대우'이다. 이런 차별완화 조치를 통해서 보상을 해 주고 형평성을 도모할 필요가 있다. 왜냐하면 과거의 불공평은 저절로 없어지는 것이 아니고 적극적으로 바로잡아야 비로소 공정한 정의로 나아갈 수 있기 때문이다.

평등으로서의 정의를 옹호하는 사람들은 공정으로서의 정의에 기반을 둔 정책에 대해서 불만을 토로할 것이다. 그들은 이런 정책이 다음과 같은 점에서 오히려 부당하다고 주장한다. 그동안 불이익을 받았던 학생들에게 가해진 과거의 잘못이 비록 사실일지라도 그것을 바로잡으려고 새로운 형태의 불공평을 만드는 것은 정당하지 못하다. 물론 '일정 비율'이나 '차등 기준'이라는 형태의 차별완화 조치는 롤즈가 직접 제안했던 것은 아니다. 그는 지적으로 우수한 학생들보다 뒤떨어진 학생들의 교육을 위해서 더 많은 자원을 학교교육의 초기 단계에서부터 투입할 것을 제안하였다. 이런 보상의 원리가 무엇을 의미하고 겨냥하는지는 분명하다. 현실적으로 열악한 배경이나 환경에서 자라난 사람들은 준비 단계에서부터 평등하지 못한 것이 사실이다. 이는 정의롭지 못한 사회현실이다. 그러므로 그동안 부당하게 불이익을 겪고 살아온 사람들에게는 특별한 기회가 별도로 제공될 필요가 있다.

(4) 차이로서의 정의

우리가 사람들을 평등하게 혹은 정당하게 대우하려면 유념해야 할 사항이 있다. 어떤 기준에 따라 사람들을 비교하고, 거기서 나타나는 차이에 따라 그에 상응한 대우를 해야 한다는 점이다. 명확한 기준이 세워지고 그에 따른 차이의 정도에 따라 대우가 달라지는 것은 합당한 일이다. 이보다 좀 더 근본적인 차원에서 레비나스(E. Levinas)의 철학을 통해 차이에 접근할 수 있다. 즉, 인간을 근본적으로 다른 존재로 대우할 수 있다. 이런 접근에서는 '상대적으로 다른 점'에 주목하기보다는 각자가 '절대적으로 다른 점'에 주목한다. "그는 그다" 그리고 "나는 나다". 그는 그이고, 나는 나이기 때문에 서로 다르다. 인간의 '절대적 타자성'과 '타자의 타자성'이 강조된다. 전자는 오직 그만이 그인 속성을 말한다. 후자는 남이 남인 속성을 말한다. 우리는 이런 타자성을 지닌 개별 존재와 마주하면서 깊은 관계를 맺고 살아간다. 우리에게 의미 있는 사랑이나 우정을 느끼게 하는 존재는 이런 타자성의 존재이다. 모든 사람이 나의 연인이나 친구가 되는 것은 아니다. 나의 연인과 친구는 나에게는 절대적 타자이다. 나는 그를 절대적인 그로서 받아들인다.

흔히 말하는 교육적 사랑에서도 이런 관계가 생겨날 수 있다. 좋은 교사는 학생을 알아보고, 학생은 교사를 존경하며 교육적 관계가 형성된다. 그런데 교사는 한 명의 학생만 가르치는 것이 아니라 많은 학생을 가르치기 때문에 특정 학생에 대한 교육적 사랑은 교육적 정의와 충돌할 수 있다. 이런 복잡한 상황에서 교육자는 다수 학생의 절대적 타자성을 존중하기가 쉽지 않다. 우리에게 아주 친숙한 교육관을 살펴보면, 학생들의 절대적 타자성이 얼마나 제대로 존중받지 못하고 있는가를 알 수 있다. 우리는 교육을 통해 인간을 더 나은 존재로 만들거나 성장시킬 수 있다고 생각한다. 이런 교육관을 실현하려면 교사는 피교육자인 학생의 현재와 미래를 잘 알고 있어야 한다. 그래야 교사는 학생의 현재를 그의 미래로 이끌어 갈 수 있기 때문이다. 여기서 교사가 빠지기 쉬운 오류는 교사 자신의 과거 경험을 토대로 학생의 현재를 이해하는 것이다. 그러면서 교사가 꿈꾸고 있는 어떤 보편적 이상을 학생도 마찬가지로 바랄 것이라고 착각하기 쉽다. 결국 이 교사는 자신이 설정한 이상대로 학생을 이끌어 가고 성장시키려고 하게 된다. 이런 교육관을 지닌 교사가 좋은 교사일리는 만무하다. 이 교사는 학생이 지니고 있는 절대적 타자성을 존중하지 않고 있기 때문이다.

이와 달리, 학생들의 절대적 타자성을 존중하는 교육관을 레비나스의 철학을 통해서 엿볼 수 있다. 학생의 타자성을 존중하는 교육자는 철저히 소극적 입장을 취하면서 학생에 대한 자신의 영향을 최소화하려고 노력하며, 학생 개인의 실존적 유일성과 나름의 특성에 대해 가능하면 최대한 보전해 주려고 노력하고, 교사 자신을 비롯한 기성세대의 지식체계로 이 유일무이한 개인을 파악하려고 하지 않으며, 근원적으로 비교불가능한 존재인 각각의 인간을 대상화하고 범주화하는 일을 멈추고, 비록 선한 의도에서일지라도 외적 작용을 통해서 이 개인을 형성하거나 강제하는 일을 멈출 것이다(우정길, 2009: 158). 이런 교사에게는 학생이 나에게로 환원되지 않는 타자인 것이다. 학생은 나와는 질적으로 다를 뿐 아니라 그 유일한 실존의 양상에 있어 비교 자체가 불가능한 타자인 것이다. 학생은 나의 인식과 행위의 대상도 아니고, 어떠한 철학적 유비나 지적 표상도 거부하는, 그러면서도 나와 어떤 방식으론가 연관을 맺고 있는 '타자'이다.

우리가 타인과의 관계에서 그의 절대적 타자성을 존중하는 것은 윤리적 요청이다. 윤리적 관계는 유일한 인격과 또 다른 인격(타자)의 관계이다. 윤리학은 유일한 타자의 부름에 주의를 기울일 것을 요청한다. 그렇지만 거의 모든 일상적 상황이나 교육적 상황에서 우리는 한 명 이상의 유일한 타자와 관계를 맺고 부름을 받는다. 이런 상황은 우리가 윤리학에서 정치학의 관심으로 나아가게 만든다. 즉, 자비와 사랑이라는 윤리적 원칙에서 정의라는 정치적 원칙으로 나아가게 한다. 레비나스(Levinas, 2001: 165-166)에 따르면, 우리는 이중의 의무를 지니고 있다. 그것은 유일한 타자에게 반응하는 의무와 또 다른 타자에게 반응하는 의무이다. 윤리적 차원에서는 두 명의 타자를 평등하게 대할 수 없으나, 정치적 차원에서 우리는 두 명의 타자에 대해서 평등하게 대할 책임을 갖고 있다.

이런 관점은 중요한 교육적 시사점을 준다. 그것은 한 명 이상의 학생들과 관계를 맺어야 하고, 또 불가피하게 정의와 평가가 요구되는 교육적 상황이 윤리적으로 불완전하다고 해서 교육자는 절망해서는 안 된다는 점을 시사한다. 정의가 필요한 것은 맞지만 그것은 이차적인 것이다. 정의는 언제나 타자들에 대한 책임으로부터 발생하는 것이다. 사랑이 늘 정의를 감시해야 한다. 한 명 이상의 학생들이 교사의 주목을 받고자 하고, 한 가지 이상의 과제가 교사의 반응과 평가를 기다리는 상황에서 교사는 평등과 정의의 원칙을 끌어들일 수밖에 없을 것이다. 그러면서도 교사는 단일한 타자이고, 인격체인 학생들에 대한 반응과 그들에 대한 책임을 일차적으로 느끼면서 그렇게 해야 할 것이다.

레비나스의 타자윤리학은 교사들에게 많은 성찰을 하게 한다. 교사들은 좋은 수업을 하고, 학생들과 좋은 관계를 만들기 위해서 늘 애쓰지만 너무나 위력이 큰 평가체제 앞에서 무력감을 느끼게 된다. 학생들은 수업시간에 그리고 다른 여러 활동을 하면서 자신의 독자성을 뽐내기도 하고 친구들이나 선생님과 좋은 관계를 맺으면서 다양한 좋은 경험을 하게 된다. 시험과 평가제도의 압박은 학생들에게 좋은 경험을 계속할 수 없게 만들어 버린다. 어느 순간에 학생들은 독자적 인간이 아니라 점수나 성적의 소유자일 뿐이고, 교사와 특별한 사제관계를 맺는 사람이 아니라 다른 학생들과 점수로 비교되는 대상물로 전락해 간다. 학생들이 시험 압박을 강하게 받을수록 교육적 경험이나 교육적 관계로부터 멀어지게 된다. 이런 반복되는 교육현실 속에서 교사들은 낙담하게 되고, 경쟁 위주의 평가체제 속에서 어쩔 수 없이 학생들을 공정하게 비교할 수밖에 없다 할지라도, 결코 잊어서는 안 될 것이 있다. 모든 학생은 각자 절대적 타자로 대우받아야 할 유일한 존재인 것이다.

2) 최근의 정의관

(1) 불평등의 부정

오늘날 교육학자들도 사회정의에 대해서 많은 관심을 갖는다. 대개 이들은 사회적 불평등이 부당한 것이므로 교육을 통해서 평등을 실현하는 방향으로 나아가야 한다고 주장한다. 이런 주장은 다음과 같은 생각이 전제되어 있다. 사람들은 서로 다르지만[불평등하지만] 그들을 다르게[차별하여] 대우하는 것은 정의롭지 못한[부당한] 일이다. 따라서 [불평등한 사람들을 교육시킴으로써] 그들을 보다 평등하게 만들 필요가 있다. 요컨대, 사람들은 불평등하지만 교육적 개입을 통해 평등하게 만들 수 있다는 것이다. 이런 생각은 매우 진보적이고 정의로운 것이라고 당연시하기 쉽다. 과연 그렇기만 한가?

이와는 다른 전제에서 출발해 볼 수 있다. 사람들은 원래 평등한데, 자꾸 불평등한 것처럼 보는 것은 아닌가? 별 근거 없이 불평등하다는 전제에서 출발하고 나서 그들을 평등하게 만들려고 하는 것일 수도 있다. 그래서 평등하게 되는 것 자체가 오히려 더 어려운 것이다. 불평등하다는 전제는 평등의 실현을 계속 연기시키는 빌미를 준다. 이 때문에 전제를 달리 해 봐야 한다. 원래 평등한 사람들이 불평등하게 대우받고 있기 때문에 평등한 대우를 받도록 해야 한다고 주장한다면 평등에 다가가기가 훨씬 나을 것이다. 지금까지 당연시했던 '사람들은 불평등하다'는 가정이야말로 사람들을 불평등하게 만드는 가장 강력한 원인일지도 모른다.

프랑스의 철학자 랑시에르(J. Rancière)는 『무지한 스승』(양창렬 역, 2016)에서 이런 급진적인 견해를 제시하여 많은 관심을 끌었다. 그는 "평등은 목표가 아니라 가정이다"라고 주장하였다. 그에 따르면, 평등이란 정부나 사회가 성공적으로 도달할 수 있는 목표가 아니다. 평등은 가정이요, 처음 공리이다. 보통 사람들은 여러 가지 측면에서 지적 평등을 보여 준다. 랑시에르가 볼 때, 인간은 존재론적 평등, 즉 지적 능력의 평등을 지니고 있다. 모든 인간은 말을 할 수 있다. 인간은 '말하는 존재'라는 점에서 모두 평등하다. 인간은 말할 수 있기 때문에 사회적 관계를 형성할 수 있다. 말할 수 있는 능력을 실현하려는 의지는 사회를 구성하고 유지하는 데 필요하다. 인간이 이런 의지를 실현할 때에는 지적 능력의 시중을 받는다. 지적 능력의 시중을 받아 말하려고 노력하는 존재들 사이의 평등을 가리켜서 지능의 평등, 혹은 지적 평등이라고 부른다(강성훈, 2013: 9-16). 물론 모든 인간이 늘 동일한 수준의 지적 능력을 갖고 있다는 말은 아니다. 지적 평등이라는 개념은 태생적으로 혹은 발달 수준과 무관하게 모든 인간이 말할 수 있는 능력, 말하려는 의지, 그리고 그것을 시중 드는 지적 능력을 갖고 있음을 의미한다. 말하는 존재들의 원리상의 평등은 상실되거나 역으로 나타날 수 있는 것이 아니다. 이 평등은 사라질 수 없는 것이며, 다만 가려지거나 무시되는 경우가 있을 뿐이다.

지적 평등에 대해서 좀 더 자세히 살펴보면, 학습과 관련된 인간의 두 가지 특질은 의지와 지적 능력(지능)이다. 인간의 의지는 그 실현을 위해서 지능의 시중을 받는다. 의지는 스스로 움직이고자 하는 역량이고, 학습에서도 주도적 역할을 한다. 학습하고자 하는 의지가 움직일 때 동원되는 수단이 바로 지능이다. 지능은 인간이 행위하고 말할 때 동원되는 수단적 능력이다. 학습의 수단인 지적 능력은 모든 인간에게 평등하다. 실제로 거의 모든 사람이 삶 속에서 이런 지적 능력을 발휘한다. 사람들은 타인과 말을 주고받는다. 문학가들도 자신의 생각이 소통될 수 있다는 전제 아래 저술 활동을 하고 살아간다. 같은 또래 아이들 간에, 그리고 아이와 성인 간에, 학자와 일반인 간에 지적 능력의 차이가 있는 것은 아니다. 자칫 저명한 학자와 무식한 사람들 간의 학식 차이, 성적이 우수한 학생과 열등한 학생의 학력 차이가 마치 지적 능력의 차이에서 생기는 것처럼 오해하지만 사실은 그렇지 않다. 학식이나 학력의 차이는 지적 능력의 차이에서 오는 것이 아니라 의지가 지능에 전달하는 에너지의 크기가 다르기 때문에 생기는 것이다. 다시 말해서 학습 의지의 강도에서 나타나는 차이, 의지가 지적 능력을 활용하는 정도에서 나타나는 차이가 마치 지적 능력의 차이처럼 보일 뿐이다. 따라서 지적 능력이 평등하지 않다고 사람들은 생각하는데 이것은 잘못이다.

이처럼 지적으로 평등한 인간은 남의 도움 없이도 스스로를 가르칠 수 있다. 그렇다면 누구나 스스로를 가르칠 능력을 보편적으로 갖고 있음을 인식하는 일이 곧 지적 해방이다. 인간의 지적 성장은 그리 어려운 것도, 오랜 시간을 필요로 하는 것도, 반드시 타인의 가르침을 필요로 하는 것도 아니다. 만일 모두가 가르침 없이 배울 수 있다면 공교육 제도는 필수적인 것이 아니라고 볼 수 있다. 다시 말해서 지적 성장은 공교육 제도를 통해서만 달성될 수 있는 것은 아니다. 물론 공교육을 해방의 수단으로, 교육 일반을 해방의 수단으로 생각하는 사람들은 이런 주장에 동의하기 어려울 것이다.

아무튼 인간은 불평등한 지적 능력을 가지고 있다는 생각이 널리 퍼져 있는데, 이것은 결국 잘못된 교육의 결과이다. 이런 생각을 확산시키고, 이런 믿음이 굳어지게 만드는 것은 지적 능력이 불평등하다는 믿음에 기반을 둔 교육 때문이다. 오늘날 학교 현장에서 이루어지고 있는 설명식 수업과 학생들의 교사 의존적 학습을 살펴보면 이런 점이 드러날 것이다. 학생들의 지적 능력을 어떻게 보느냐에 따라 교육방식이 달라질 수 있다. 학생들의 지적 능력이 열등해서 교재 내용을 제대로 이해할 수 없다고 생각하면, 교사의 도움이 있어야 학생들의 학습이 가능할 것이라고 생각할 것이다. 반면에 학생들은 혼자서도 교재 내용을 이해할 수 있는 지적 능력을 가졌다고 본다면, 교사의 도움은 불필요한 것이라고 생각할 것이다. 이 중에서 전자와 같은 생각이 학교교육에 널리 확산되었다. 이렇게 해서 학생들이 교재 내용에 대한 교사의 설명을 경청하도록 만드는 설명식 수업이 자리 잡게 된 것이다. 학생의 열등한 지적 능력이라는 생각이 설명식 수업을 요구하게 되었고, 설명식 수업은 또 다시 열등한 지적 능력이라는 생각을 강화시킨다. 그 결과 사람은 지적 능력이 우수한 사람과 열등한 사람으로 구별된다는 믿음이 퍼진다. 또한 지적 능력이 열등한 학생은 지적 능력이 우월한 교사의 설명을 필요로 한다는 믿음도 굳어진다.

사실 학생들은 아동기에 교사의 설명 없이도 자신의 지적 능력을 발휘하여 홀로 언어를 습득했다. 그럼에도 불구하고 학생들은 오히려 자신의 지적 능력이 열등하다고 생각하고 교사의 설명이 없으면 제대로 배울 수 없다는 믿음을 갖게 된다. 왜냐하면 굳이 자신의 지적 능력을 활용할 필요 없이 교사들의 설명을 듣기만 하면 되는 설명식 수업이 학생에게 그런 믿음을 심어 주었기 때문이다. 설명식 수업은 학생들로 하여금 자기 자신을 지적 능력이 부족한 바보로 규정하게 만든다. 설명식 수업을 받는 시간이 길어질수록 지적 능력의 불평등관은 확고해진다. 설명식 수업을 받는 사람들이 많아질수록 지적 능력의 불평등관은 사회적으로 확산된다. 설명식 교육은 한 인간을 바보로 만들 뿐만 아니라 사회구조를 불평등하고 불합리한 것으로 만들고 만다. 교사들의 설명식 수업은 학생들을 바보로 만드는 무기일 뿐만 아니라, 사회질서나 서열을 만들어 내는 도구이다. 설명식 수업에 의해 확산되는 지능의 위계라는 생각은 급기야 사회적 서열의 위계화 혹은 양극화로 확산된다. 설명식 수업은 학생들로 하여금 지적 능력에는 위계적 서열이 있고, 지적 능력이 열등한 자신은 우월한 교사에게 의존해야 한다는 믿음을 갖게 만들며, 마침내 불합리한 위계적 사회를 수용하게 만들어 버린다(목영해, 2012: 50).

(2) 환경정의

최근에 환경정의(environment justice), 혹은 환경적 인종주의(environment racism), 생태정의(ecological justice)와 같은 용어들이 논의되고 있다(최병두, 2010: 20). 이런 용어들의 의미부터 살펴보자. 먼저 환경은 자연 그 자체를 의미하기보다는 우리가 살아가고, 일하고, 놀고, 보살피는 장소들을 포괄하는 의미이다. '환경정의'는 모든 사람이 건강한 환경으로부터 동등한 혜택을 얻을 수 있어야 한다고 주장한다. 환경정의는 모든 인종과 사회경제적 집단이 환경재난으로부터 평등하게 보호를 받는 것, 자연 자원에 대해서 모든 지역과 사람이 평등이 접근하도록 보존하는 것 등을 의미한다. 이를 실현하기 위해 환경정의 운동이 전개되고 있다. '환경적 인종주의'는 환경정책의 결정과 규제 및 법률의 적용에서 인종적 차별, 유색인들의 지역사회로 유해 폐기물 시설의 편중, 지역사회에 유독물과 공해물질을 폐기하는 행위에 대한 공적 처벌과 환경운동 지도자들 사이에서 유색인을 배제하기 등에서 나타나는 인종적 차별을 의미한다. 이런 사실은 빈민과 유색인 지역사회에서 환경정의를 강력하게 요구하는 운동의 중요한 계기가 되었다. '생태정의'는 생명의 주체로서 모든 동물이 내재적 가치와 존중받을 권리를 가진다는 점을 인정하고, 이를 침해하는 행위를 금하는 것이다. 생태정의 이론으로는 생물평등주의와 다양성 및 공생의 원칙을 강조하는 입장, 생물체의 물질적 필요의 충족을 강조하는 입장, 타자의 내재적 가치에 관한 인정과 존중을 강조하는 입장이 있다.

이런 환경・생태적 관심의 등장 배경은 환경의 재화 가치와 훼손이 지역, 국가, 세계적으로 다양한 양상으로 나타나고 있는 현실이다. 또 환경과 관련하여 현 세대의 이익만 도모하고, 미래 세대의 이익은 고려되지 않는 것이 지적된다. 특히 주변으로 내몰린 사회집단의 구성원은 환경 훼손으로 인해 부당할 정도로 고통을 받기도 한다. 환경과 관련하여 국적, 인종, 계급, 성, 연령, 능력, 지역에 따라 다양한 형태의 억압이 행해지고 있음을 알 수 있다. 또한 인간 이외의 다른 생물들의 도덕적 지위에 대해서도 관심을 갖기 시작하였다. 다른 생물들에게는 어떤 종류의 도덕적 지위를 인정해 주어야 하고, 인정은 어디까지 확대되어야 하는가? 이런 질문에는 인간중심주의에 대한 비판적 입장이 담겨 있다. 이런 비판적 입장은 현대 환경운동의 일부분을 차지하고 있다. 그러나 생태학적으로 지속 불가능한 실상을 파헤치고 비판 의견을 제시할 때 오직 호모 사피엔스(homo sapience)의 관점에서 부정적 결과만을 지적하는 사람들도 있다. 이들은 현재와 미래의 인간사에서 없어질 것들, 즉 미학적 · 문화적 · 과학적 · 의학적 · 경제적 · 오락적 상실 등을 중요하게 여긴다.

환경정의의 옹호론자들은 이런 인간중심주의가 정당화될 수 없는 편견이라고 비판하면서 여러 가지 이유를 제시한다. 인간과 다른 생물이 공유하는 도덕적 특성은 쾌락과 고통을 느끼는 능력이다. 이런 능력을 지닌 모든 존재는 최대다수의 최대선이라는 공리주의적 계산에서 평등하게 고려되어야 한다. 이런 관점에서 보면, 저렴한 가격의 육류를 통해 인간이 쾌락을 얻으려고 열악한 집단 축사에서 동물을 키우고 잔인하게 도축하는 것은 잘못이다. 이에 대한 반론도 있을 것이다. 이들은 인간이라는 최고의 도덕적 존재를 위해서 동물들에게 불평등한 도덕적 지위를 부여하는 것은 정당하다는 주장을 할 것이다. 이에 대해서 모든 살아 있는 존재는 내재적 가치를 갖는다는 도덕적 직관에 호소하기도 한다. 이들은 인간이든지, 다른 생물이든지 간에 동일한 생명 공동체의 상호 연결된 부분으로서 모두 평등한 지위에 있다고 주장할 것이다. 이 견해를 따를 경우, 인간이 도덕적 위계의 상부를 차지할 특권적 지위를 상실할 수도 있다.

환경정의와 관련된 여러 이론은 교육에 대해서 많은 시사점을 준다. 인간 이외의 생물도 생존하게 만들고, 그리고 환경자원을 공평하게 공유할 다른 생물들의 권리도 보호할 의무가 인간에게 있다. 따라서 (시민)교육은 이런 책임을 잘 이행하는 데 필요한 지식과 태도를 길러 주어야 한다. 환경 불공평의 여러 원인으로서 잘못된 도덕적 동기와 부적절한 생태학적 이해가 지적될 수 있다. 이에 따른 교육적 대책은 인간은 왜, 그리고 어떻게 다른 생물들의 권리에 대한 책임을 이행해야 하는가에 관심을 둔다. 물론 이런 환경 관련 시민성 교육의 필요성에 대해서도 실질적으로 다양한 견해차가 나타날 것이다. 왜냐하면 환경 불공평이 어떻게, 왜 지속되는가에 대한 설명도 여러 가지로 다양하기 때문이다. 환경 불공평뿐만 아니라 정치적·문화적·경제적 불공평의 원천을 인간적·사회적·영성적 소외의 심층 구조 속에서 찾는 교육자들도 있다. 이들은 인간의식, 사회관계, 영성 경험에서 근본적 변화를 불러일으킬 수 있는 형태의 교육을 주장한다. 이런 학자들이 옹호하는 교육관은 다음과 같다. 교육의 역할은 교육적 재화의 재분배를 통해서 거대한 사회적 불평등을 보상하는 데에만 치중할 것이 아니라, 정의롭지 못한 사회구조의 변화를 선도할 수 있어야 한다. 바로 이런 교육관에 따라 개발된 프로그램 속에서 학생들은 현존하는 성별, 인종집단, 사회계급, 국가, 종교 사이의 불공평의 부당성을 제기하고, 그리고 보다 정의로운 사회질서를 상상하고 추구하는 것을 학습할 수 있게 될 것이다.

현대 교육사상

제15장

1. 실존주의와 분석철학

1) 실존주의와 교육

(1) 실존주의의 이해

실존주의(existentialism)는 19세기와 20세기에 전개된 역사적 상황 속에서 대안적 사상체계로 등장하였다. 실존주의는 19세기 합리주의적 관념론과 실증주의에 대한 도전, 그리고 현대 과학문명이 초래한 비인간화 현상에 대한 저항으로 등장하였다. 또한 실존주의는 20세기 들어서 겪었던 두 번의 세계대전, 기술문명과 관료기구 그리고 객관주의 영향으로 인해 가속화된 인간성 상실과 도구적 인간관에 대한 항변이며, 산업사회의 조직화로 나타난 인

간 소외 현상에 대한 거부이다. 현대사회는 불특정 다수인으로 형성된 대중
사회, 즉 익명성의 사회로서 인간의 개체성과 주체성이 상실된 사회이다. 이
러한 현대사회에서 인간은 진정한 '나'를 상실한 비본래적 삶을 영위하고 있
다. 그리하여 실존주의는 진정한 '나'의 새로운 탄생을 갈망하고, '나 자신'의
주체성과 개체성을 찾고자 하였다(김정환, 강선보, 신창호, 2014: 185).

실존주의의 선구적 형태는 키르케고르(S. Kierkegaard)와 니체(F. Nietzsche)
의 철학에서 찾을 수 있다. 두 사람은 기독교와 헤겔의 관념철학을 반대하였
다. 특히 키르케고르는 '실존'이라는 말을 최초로 사용한 학자로 알려져 있

키르케고르

다. 실존주의에서 사용되는 '실존'은 '실체'가 아니고 인
간의 '현존'을 의미한다(한명희, 고진호, 2005: 127). 대표
적 실존주의자는 하이데거(M. Heidegger), 사르트르(J.
P. Sartre), 야스퍼스(K. T. Jaspers) 등이고, 실존주의 사
상을 교육에 접목시켜 논의한 대표적 학자인 볼노브
(O. F. Bollnow), 부버(M. Buber) 등은 실존주의적 교육
관을 정립하였다.

사르트르에 의해 간명하게 표현된 실존주의의 기본 성격은 '실존은 본질에
우선한다', 그리고 '실존은 주체성이다'는 명제로 표현될 수 있다. 먼저 '실존
은 본질에 우선한다'는 명제의 의미를 살펴보자. 이 말은 인간의 존재가 먼저
있고, 자신의 본질에 대한 규정은 뒤에 온다는 것을 의미한다. 이것은 서양

니체

철학이 전통적으로 관심을 기울인 존재의 본질문제를
전혀 다른 방향에서 다룬 것이다. 가령, 플라톤의 이데
아론에 의하면 사물의 본질(이데아)은 구체적인 사물보
다 먼저 존재한다. 말하자면 본질이 인간이나 사물의
존재에 선행하고, 전자가 후자를 규정한다. 인간이나
사물의 존재는 그 존재를 성립시키는 무언가를 전제하
고 있다는 말이다. 그러나 사르트르가 보기에 나는 나

의 본질에 대한 아무런 규정도 없이 지금 여기에 존재한다. 나는 오직 나의 자유로운 선택과 주체적 결단에 의해 나 자신을 만들어 간다. 나의 실존이 나에게 본질을 부여한다. 따라서 실존주의는 인간의 보편적·추상적 본질보다 각 개인의 실존을 중시한다.

하이데거

'실존은 주체성이다'라는 명제도 같은 맥락에서 해석할 수 있다. 이것은 인간이 자신의 실존을 지각하고 자신의 본질을 결정하는 데 있어서 완전히 자유롭다는 뜻이다. 인간은 본질을 가지고 세상에 태어나는 것이 아니라 아무런 규정도 없이 내던져진 존재이다. 인간은 비록 자신이 태어난 기존 세계의 한계 상황을 삶의 조건으로 삼고 살아가지만 자유로운 선택에 의해서 자신의 삶을 스스로 결정할 수 있다. 실존하는 인간은 자기 존재에 대한 물음과 자각을 가지고 선택, 결단, 행동할 수 있는 자유를 가지며 그 결과에 대해 스스로 책임을 진다. 실존은 자각, 선택, 결단, 책임의 주체이다. 따라서 실존주의는 객관적인 대상을 관조하고 이해하는 것보다는 주체적으로 자각하고 결단하고 책임지는 것을 중시한다.

사르트르

'실존은 주체성이다'라는 명제는 '주체성이 진리이다'라는 명제로 이어진다. 주체성이 진리라는 말은 어떤 진리라도 그것이 진리로 존재하기 위해서는 '나에게' 의미가 있어야 한다는 말이다. 다시 말해서, 아무리 객관적이고 보편타당한 진리라 하더라도 내가 그것과 무관하고 그것이 나의 삶에 의미를 부여하는 것이 아니라면 그것을 진정한 의미의 진리라고 보기는 어렵다. 그렇기에 실존주의는 그런 객관적이고 보편타당한 진리가 실제로 있다고 보

야스퍼스

지 않는다.

(2) 실존주의의 교육적 의의

볼노브

실존주의자들의 교육적 관심은 볼노브(O. F. Bollnow)
와 부버(M. Buber)에 의해 구체화되었다(고미숙, 2013; 김
정환, 강선보, 신창호, 2014). 볼노브(2008)는 전통적인 교
육관을 기계적 교육관과 유기적 교육관으로 구분하였
다. 기계적 교육관은 교육을 일종의 '만드는 일'로 간주
하였다. 그것은 목수가 연장을 사용하여 의도하는 물건
을 만들어 내는 것과 마찬가지이다. 교육자는 속으로
의도하는 목적에 따라 그에게 맡겨진 인간을 어떤 모습으로 만들어 간다. 이
와 다르게 유기적 교육관은 교육을 '기르는 일'로 본다. 정원사가 자연의 법칙
에 따라 성장하는 식물을 재배하듯이, 교육자도 학생의 본성에 내재하는 법칙
에 따라 그 자신의 목표를 실현해 가도록 도와준다. 전자는 교육을 적극적 형
성 작용으로 보고, 후자는 소극적 보호 작용으로 본다. 전자의 교육관은 '연속
적 형성'이고, 후자의 교육관은 '연속적 성장'이다. 이 두 가지의 전통적 교육관
은 그 차이점이 분명함에도 불구하고, 인간이 점진적이고 지속적으로 성장 ·
발전한다는 것을 공통적으로 가정하고 있다.

볼노브는 교육의 연속성을 강조하는 전통적 교육관을 비판하면서 교육
의 '단속성'을 강조한다. 인간은 특정 계기와 돌발적 상황을 통해서 비약적으
로 성장 · 발전할 수 있다. 이런 점을 중시한 볼노브는 비연속적 형식의 교
육 가능성을 강조한다. 볼노브는 이 형식들을 만남, 위기, 각성, 충고, 상담,
모험, 좌절 등으로 파악한다. 만남을 예로 들어 보자. 실존주의 교육학에서
만남은 단순한 마주침이 아니라 참다운 만남을 의미한다. 이 만남은 예측도
못했고, 예견도 못했던 일들이 운명적으로 일어나 그 사람을 사로잡고 그의
삶의 방향을 새롭게 모색할 수밖에 없게 만드는 돌발적 사건을 의미한다.

이러한 만남은 일정한 계획과 기대를 가지고 살아오던 사람의 삶 전체가 뒤집히게 만들고 전혀 새로운 출발의 계기가 될 수 있다. 이런 점에서 참다운 만남은 단순한 마주침과 구별된다. 마주침은 미리 예측되고 계획된 것이거나 뻔한 의례적 접촉에 그치는 데 반해, 만남은 돌발적이면서도 강한 영향과 여운을 준다. 이와 같은 만남은 한 인간을 지금까지 순차적으로 발전하던 계열에서 벗어나게 하고 새로운 출발점으로 몰아넣는 아주 불확정적인 사건이다. 볼노브는 만남의 중요성을 강조하기 위해서 '만남은 교육에 선행한다'고 언급했다.

마르틴 부버(1993)는 만남의 철학을 강조한 실존주의 철학자이다. 인간이 세계와 맺고 있는 관계에 대한 탐구를 통해 그는 인간의 본질을 파악하고자 했다. 인간이 세계와 관계를 맺는 형태는 두 가지이다. 그 하나는 '나-그것(I-It)'이고, 다른 하나는 '나-너(I-Thou)'이다. 첫째, '나-그것'의 관계에서 그것으로 파악된 세계는 경험과 인식과 이용의 대상이 되는 세계이다. 나는

부버

세계와 직접적인 관계를 맺는 것이 아니라 세계를 소유하고 이용하는 주체로서 세계를 수단으로 간주하는 것이다. 둘째, '나-너'의 관계에서 너로 파악된 세계는 나의 온 존재를 기울여서 맺는 참된 인격적 관계이다. 이런 인격적 만남의 관계는 직접적이고 상호적이며 근원적이다. 세상을 '그것'으로 대할 때와 '너'로 대할 때의 나는 서로 다른 것이다. 우리가 얼핏 '그것'이라고 하였을 때와 '너'라고 하였을 때, '그것'은 사물을 나타내고 '너'는 사람을 나타내는 것이라고 생각할 수 있다. 그러나 부버에게는 사람이냐 사물이냐가 중요한 것이 아니라 내가 세상을 어떻게 대하는가 하는 태도가 중요한 것이다. 우리가 나무를 대할 때도 '나-너' 관계를 맺을 수 있고, 사람을 대할 때도 '나-그것'이 될 수 있다(고미숙, 2013: 194). 부버에게 있어서 만남은 '나-너'의 관계이며, 진정한 만남을 통해서 인간의 실존은 회복될 수 있다. 교육은 인간

의 본래적 모습을 회복하는 일에 초점을 두어야 하는데, 이것은 진정한 만남을 통해서 가능하다. 부버는 현대의 위기 상황 속에서 잃어버린 인간의 본래 모습을 인간과 인간 간의 참된 관계 형성, 즉 만남을 통해서 회복하고자 했던 것이다.

실존주의는 다음과 같은 중요한 교육적 시사점과 한계점을 보여 준다.

- 실존주의는 교육의 단속적 특성, 즉 비연속적 형성 가능성의 중요성을 부각시켰다.
- 실존주의는 인간을 보편화, 집단화, 획일화시키는 현대 교육의 경향을 비판하면서 인간의 개성과 주체성을 존중하는 교육을 강조하였다.
- 실존주의는 학생 개인의 개성을 존중하고 자아실현을 돕는 전인교육을 강조하였다.
- 실존주의는 삶의 밝은 측면뿐만 아니라 고통, 좌절, 죽음 등 어두운 측면까지 교육의 내용으로 권장함으로써 보다 진솔하고 의미 있는 교육이 가능하게 만들었다.
- 실존주의 교육학의 아이디어가 잘 실천될 수 있기 위해서는 그에 충실한 교사교육이 필요하다.
- 실존주의 교육학이 현장에 적용되기 위한 교육방법 연구는 아직 미진한 상태여서 이에 대한 활발한 연구가 요청된다.

2) 분석철학과 교육

(1) 분석철학의 이해

분석철학(analytic philosophy)은 철학의 분석 기능에 충실하여 언어나 개념을 분석하고 명료화하는 데 치중하는 철학이다. 전통적 철학은 궁극적으로 실재하는 것이 무엇인지, 우리가 나아가야 할 방향은 어디인지를 제시하는 등 규범적 차원에 관심이 집중되었다. 이와 달리 분석 철학은 철학의 임무가 세계를 규범적으로 변화시키는 것이 아니라 세계를 좀 더 분명하게 만드는 일이라고 생각하였다. 즉, 분석철학은 세계에 대한 새로운 진리 발견을 추구하기보다는 우리가 알고 사용하는 언어에 들어 있는 개념 체계를 탐구한다(고미숙, 2013: 203). 분석철학은 어떤 신념이나 사고의 '내용'에 관심을 갖는 것이 아니라 사고가 전개되고 표현되는 '방식'에 관심을 둔다. 인간의 사고나 신념은 주로 언어로 표현된다. 그렇기 때문에 분석철학은 사고를 표현하는 언어의 의미가 명료하며 그 논리가 정연한지에 대해 관심을 쏟는다. 분석철학은 모호함과 애매함을 없애기 위해서 언어의 의미와 개념을 명료화하는 데 관심을 둔다. 대표적인 분석철학자로 러셀(B. Russel), 비트겐슈타인(L. Wittgenstein), 무어(G. E. Moore), 오스틴(J. Austin) 등이 있다.

러셀

비트겐슈타인

무어

분석철학은 논리실증주의와 일상언어학파로 발전되어 왔다. 먼저, 논리실증주의는 철학의 주요 임무를 거대한 이론 체계의 형성에서 찾는 것이 아니라 명제의 논리적 분석에서 찾는다. 다시 말해서 형이상학을 배제하고 논리적 분석과 검증을 중시한다. 이들에 따르면, 어떤 명제가 의미 있는 것이 되기 위해서는 그것이 참이거나 거짓으로 판명될 수 있어야 한다. 진위 판단이 불가능한 문장은 무의미한 문장이다. 이는 사회과학과 철학에까지 과학적 연구방법을 도입하려는 시도의 결과이기도 했다.

이러한 논리실증주의의 요지를 다음과 같이 정리할 수 있다. 첫째, 철학의 기능은 논리 분석이다. 따라서 철학은 분석적이며 비판적일 뿐이지 사변적인 것이 될 수 없다. 이는 철학의 기능이 새로운 지식을 창조하는 데 있지 않고 이미 존재하는 지식의 용어와 개념의 내용을 검토함으로써 명료하게 할 뿐이다. 둘째, 도덕, 종교, 심미성에 관한 대부분의 주장은 경험적으로 입증할 수 없기 때문에 무의미하다. 셋째, 분석적 명제와 종합적 명제만 의미 있는 논의 대상이 된다. 논리학과 수학의 명제는 분석적 명제에 속하고, 각종 과학의 명제들은 종합적 명제에 속한다. 종합적 명제란 기본적으로 경험을 논리적, 실증적으로 표현한 명제를 가리킨다. 이에 비해 규범적 명제는 진위 판단이 어려운 가치에 관한 논의여서 논의의 대상에서 배제해야 한다고 생각한다.

다음으로, 옥스퍼드학파라고도 불리는 일상언어학파는 우리가 일상적으로 사용하는 언어의 의미를 밝히는 데 관심을 둔다. 즉, 우리가 일상적으로 사용하는 말의 용도를 분석함으로써 언어의 의미를 명백히 하려고 한다. 가령, '교육은 사회적응 과정이다'라고 말할 때 이것은 사실을 말하는 진술인가, 아니면 바람을 말하는 진술인가, 사회적응이란 무엇을 의미하는가 등을 규명하는 일이 일상언어학파의 관심사이다. 교육에서 쓰는 용어뿐만 아니라 정치, 경제, 문화, 일상생활에서 우리가 쓰고 있는 단어는 산만하고 애매하기 때문에 그 언어를 사용하고 있는 사용자 자신도 그 의미를 잘 모르고 사용할 때가 있다. 그 산만하고 애매한 정도는 사용자의 사고가 그만큼 명백하지 못하다는 것을 나타낼 뿐만 아니라 듣는 자의 사고도 산만하게 만들 수 있다. 일상언어학파는 이렇게 산만한 언어들을 명백히 분석하는 작업을 통해서 우리의 학문활동이나 일상생활에서 사고를 명백히 하는 것을 철학의 사명이라고 생각한다(한명희, 고진호, 2005: 87).

(2) 분석철학의 교육적 의의
분석철학을 교육연구에 처음 적용하려는 시도는 하디(C. D. Hardie)에 의해 처음 이루어졌다. 그는 교육이론의 산만함과 애매한 상태가 어디에서 기인하는지를 명확히 밝히고자 하였다. 구체적으로 교육이론 간의 갈등과 충돌이 개념의 불확실성에서 오는 것인지, 감정의 차이에서 오는 것인지, 아니면 기초적 사실에 대한 이해의 차이에서 기인하는지를 밝히려고 하였다. 교육연구에 분석철학적 방법을 적용하여 교육철학의 수준을 한층 향상시켰다는 평가를 받는 학자들은 영국의 피터스(R. S. Peters)와 허스트(P. H. Hirst), 미국의 셰플러(I. Scheffler) 등이 대표적이다.

피터스

영국의 경우, 런던대학에 재직했던 피터스를 중심으로 '런던 라인'이 형성되었다. 런던 라인을 중심으로 활동했던 영국 교육철학자들은 '교육' '학습' '교화' '발달' '창의성' '정서' '자유' '평등' '권위' '벌' 등과 같은 개념을

허스트

밝히고, 그런 개념들 사이의 상호 관련성을 밝히려고 노력하였다. 그들은 또한 교육이론에 담겨 있는 개념 혼동과 의심스러운 주장을 해명하고, 그러한 주장들 속에 들어 있는 논리적 가정이 무엇인지를 드러내는 작업을 시도하였다. 나아가서 교육에서 가치 있는 활동이 어떤 것이고, 교육에서 지식이 차지하는 위치는 무엇이며, 교육에서 왜 이론적 활동을 추구해야 하는지 등을 밝히거나 정당화하는 일을 시도하였다. 분석적 교육철학의 아버지라 불리는 피터스는 『윤리학과 교육』(2003)에서 이런 주제들을 포괄적으로 다루고 있으며, 특히 교육이 갖추어야 할 기준이 무엇인지를 밝힘으로써 교육의 개념을 명료화하려고 노력하였다.

셰플러

미국의 경우, 셰플러를 중심으로 분석적 교육철학이 발달하였다. 셰플러는 교육철학이 교육실제와 관련된

주요 개념을 엄밀하고 논리적으로 분석하는 학문이라고 주장하였다. 그는 교육에서 사용되는 다양한 개념 정의 방식, 즉 기술적 정의, 약정적 정의, 강령적 정의 등을 분석하기도 하였고, 교육에서 사용되고 있는 성장, 주형, 유기체 등의 비유를 분석하기도 하였다. 또한 그는 교육의 핵심 개념이라 할 수 있는 '교수' 개념을 비롯하여 지식, 진리, 신념, 증거, 이유, 정당화 등을 분석하기도 하였다(신차균 외, 2006: 427-428).

이렇듯 분석철학은 교육학에서 사용되는 여러 개념의 의미를 분명히 하는 일, 교육이론과 주장들의 정당화 근거를 밝히는 일, 교육이론이나 주장들의 논리적 가정들을 밝히는 일, 교육이론의 성격을 분명히 하는 일을 중요하게 생각하였다. 이러한 분석철학의 교육적 의의와 한계는 다음과 같다(김기수, 2006: 291-292).

- 분석철학은 교육학의 용어, 원리, 이론 등을 명확히 하는 데 공헌하였다.
- 분석철학은 지식의 성격에 대한 탐구를 통해 교육내용을 선정하고 조직하는 데 필요한 체계적 논거를 제공하였다.
- 분석철학은 교육의 윤리적 차원을 분명히 해 주었다. 즉, '교화' '훈련' '자유' '권위' 등의 개념을 분석하고 그것들이 교육상황에서 정당하게 사용될 수 있는지를 검토하였다.
- 분석철학은 교육현장에도 영향을 미쳐 교사들에게 명료하게 생각하고 말하도록 촉구하였다.
- 분석철학은 그 지향하는 학문적 성격 때문에 교육의 이념이나 목적을 정립하는 일에 소홀히 함으로써 교육철학의 임무를 방기했다는 비판을 받기도 하였다.

2. 비판이론과 포스트모더니즘

1) 비판이론과 교육

(1) 비판이론의 이해

비판이론(Critical theory)은 1923년 독일 프랑크푸르트대학의 사회연구소를 중심으로 활동했던 일군의 학자들이 나중에 미국으로 옮겨와서도 공유하고 있던 사회비판철학을 일컫는다. 이들의 출발점이 프랑크푸르트대학이었기 때문에 프랑크푸르트학파라고도 불린다. 프랑크푸르트학파의 비판이론은 자본주의 사회의 문화와 이데올로기를 연구의 대상으로 삼

호르크하이머

고, 인간의 사고와 대상이 사회적으로 제약되는 현상을 파헤치며, 인간이 해방되는 새로운 사회의 가능성을 모색한다. 비판이론은 인간을 구속하고 있는 모든 억압으로부터 인간을 해방시키고 인간의 소외현상을 극복하여 인간성을 회복하고자 한다(고미숙, 2013: 211). 이러한 비판이론은 호르크하이머(M. Horkheimer), 아도르노(T. W. Adorno), 마르쿠제(H. Marcuse), 하버마스(J. Habermas) 등에 의해 발전되었다.

비판이론은 철학, 사회학, 정치학, 경제학, 심리학 등 여러 분야를 종합적으로 받아들여 사회이론을 전개하였다. 그리하여 인간의 문제를 심리적·사회적·경제적 측면 등 여러 차원에서 파악해야 하는 복합적인 것으로 보고, 인간을 그 전체성에서 파악하려고 하였다. 왜냐하면 역사적·사회적 현실을 초월해서 보편적 인간 본성을 찾으려는 시도는 인간이 사는 시대와 상황의 핵심을 놓치기 쉽다고 보았기 때문이다. 초기의 비판이론은 마르크스의 이론을 토대로 하였으나 곧 정통적 마르크스주의를 거부하고 이 이론을 수정하

마르쿠제

였다. 비판이론의 1세대라 할 수 있는 호르크하이머와 아도르노 등은 자본주의가 많은 수정을 거쳤기 때문에 마르크스주의는 재고되어야 한다고 보았다. 이들은 계몽적 이성이 변증법적으로 타락했다고 비판하였다. 계몽주의의 초기 기획은 이성을 통해 인간에게 진정한 자유를 가능하게 해 주는 것이었다. 이성을 토대로 과학과 기술의 발전이 이루어지면서 인간을 자연의 구속으로부터 해방시키는 것 같았다. 그러나 자본주의의 발달과 함께 도구적 이성이 강조되기 시작하면서 결과적으로 이성의 강조가 인간을 해방하기는커녕 더 속박의 굴레로 몰아넣게 되었다고 이들은 비판한다. 비판이론의 2세대인 하버마스는 마르크스주의뿐만 아니라 이전의 비판이론에 대해서도 비판하였다. 왜냐하면 마르크스주의나 이전의 비판이론이 인간의 반성을 통한 변혁 가능성을 무시했기 때문이다(노상우, 2014: 359).

하버마스는 자신의 『인식과 관심』(1968)에서 비판이론을 실증주의나 해석학과 비교하여 설명하였다. 그는 실증주의, 해석학, 그리고 비판이론이라는 세 가지 유형의 지식은 각각 기술적 통제, 이해, 그리고 해방이라는 관심으로부터 생겨난 것이라고 보았다. 먼저, 실증주의는 기술적 관심을 갖는다. 이것은 자연 지배 기술을 개발하는 관심, 즉 자연의 통제에 대한 관심을 가리킨다. 실증주의적 과학은 자연계를 물체로 취급하면서 그 배후의 법칙을 찾아 그것을 지배하고자 한다. 실증주의는 인간과 사회도 그런 방식으로 보면서 사물화한다. 실증주의는 인간 행위의 법칙을 찾고, 효과적인 기술적 통제를 모색한다. 실증주의는 인식에서 주체의 역할, 즉 자기반성적·비판적 역할을 무시한다.

하버마스

둘째, 해석학적 지식은 실천적 관심에 의해서 형성된 것이다. 여기서 실천적 관심이란 언어를 통한 의미

이해를 가리킨다. 그런데 사회적 과정에 의존하는 언어는 지배와 권력의 매체이기도 하다. 따라서 조직적인 폭력의 정당화에 기여하기도 한다. 순수하게 해석적인 지식은 체계적으로 왜곡된 권위와 전통을 비판할 관점이나 기준을 제시하지 못한다.

셋째, 비판이론은 해방적 관심에서 비롯된다. 해방적 관심이란 지배와 강압에서 벗어나서 자율성, 책임, 정의를 향한 인간의 기본적 욕구를 의미한다. 마르크스는 생산력의 발달이 인간을 해방시키리라는 낙관적인 견해를 가졌다. 그러나 생산력이 발달되어 빈곤과 고생으로부터 해방이 이루어진다고 해서 반드시 예속과 굴종으로부터 해방이 오는 것은 아니다. 해방은 결핍의 극복뿐만 아니라 왜곡된 의사소통체계를 실천적으로 해체하는 것을 포함한다. 여기서 비판이론은 합리적 행위, 자기반성, 자기결정에서 나타나는 이성에 관심을 둔다. 이성은 자기반성을 통하여 사회생활의 왜곡과 기형을 폭로하고, 이를 제거하게 할 것이다. 비판이론은 인간의 역사에서 대화를 끊임없이 왜곡시키고 자유로운 의사소통을 방해해 온 폭력의 발자취를 폭로하고 비판함으로써 자율과 책임을 향한 인류의 발전을 촉진시키고자 한다.

특히 비판이론은 실증적 방법에 대해서 강한 회의를 나타낸다. 실증적 방법의 한계는 무엇인가? 그것은 사회현상을 전체적으로 보지 못한 채 선택된 문제의 한 단면만 보게 되고, 연구방법이 적용될 수 있는 범위에 있는 문제만 연구하며, 연구 과정의 논리에만 관심을 집중하여 그것의 사회적 의미나 그 문제를 일으킨 사회적 배경을 보지 못한다는 점이다. 비판이론은 사회현상을 실증적 방법보다는 역사적, 변증법적, 체계적으로 보는 방법을 채택한다. 이것은 모든 사회 현상을 역사적 산물로 보고, 사회의 모든 현상을 변증법적 발전 과정으로 인식하며, 정치, 경제, 문화 등 전체적인 맥락에서 파악하는 방법이다.

비판이론은 개인과 집단 간의 합의보다는 오히려 갈등과 긴장을 사회적 삶의 핵심으로 본다. 또한 지식이나 사회적 실제가 특정 개인이나 집단에 어떻게 불리하게 적용되는지를 탐색하고, 불의와 불평등의 원인을 폭로하여 사회적 삶의 실질적 조건들을 드러내고자 한다. 왜냐하면 이러한 사회적 삶의 조건들을 드러내는 일을 통해서 사회적 계몽과 인간 해방이 가능할 수 있다고 생각하기 때문이다. 깁슨(Gibson, 1989)은 비판이론의 핵심 개념을 다음과 같이 13가지로 정리하였다. 복수이론, 이론에 대한 몰두, 과학적 접근의 거부, 계몽, 해방, 마르크스주의 이론의 수정, 도구적 합리성 비판, 문화에 대한 관심, 개인과 사회의 관계, 미학의 중심성, 프로이트의 영향, 사회적 사태의 설명, 언어에 대한 관심 등이 그것이다.

(2) 비판이론의 교육적 의의

비판이론의 선구자들이라 할 수 있는 호르크하이머와 아도르노 등은 교육에 관해서도 많은 논의를 하였다. 이들은 현대 교육이 몰개성적일 뿐만 아니라 기계적, 도식적으로 변질되어 비인간화되어 가고 있음을 비판하였다. 특히 아도르노는 교육이 단순히 지식을 전달하거나, 상품 제작과 같이 외적 기준에 따라 인간을 제작하려고 하거나, 권위주의적 횡포가 담겨 있는 표본을 제시하는 일이 되어서는 안 된다고 지적하였다. 교육은 자율적이고 성숙한 인간의 이념을 지향해야 하며 올바른 의식을 형성하기 위해 노력해야 한다는 것이다.

비판이론의 관점에서 교육의 문제를 체계적으로 논의한 학자들로는 보울

아도르노

즈(S. Bowles), 진티스(H. Gintis), 해리스(K. Harris), 그람시(A. Gramsci), 번스타인(B. Bernstein), 부르디외(P. Bourdieu), 지루(H. Giroux), 애플(M. Apple), 로튼(D. Lawton) 등이 있다. 이들은 공통적으로 사회의 불평등이 학교교육을 통해 재생산된다고 보았다. 그래서 이들은 이데올로기 비판을 통해 교육의 사회적 조건들을 드러내고 그것의 의미를 규명하는 데 관심을 두었다.

비판이론의 교육적 관심사는 다음의 세 가지로 요약할 수 있다(Gibson, 1989: 67). 첫째, 교육에서 무엇이 잘못되었는가? 이 질문은 교육의 불평등과 부정의(不正義)의 모습을 드러내 보이려는 관심에서 제기된 것이다. 둘째, 그러한 병폐가 왜, 그리고 어떻게 발생하였는가? 이 질문은 불평등과 부정의가 유지되는 교육의 과정과 구조를 드러내 보이면서 그 원천을 추적하는 데 관심을 갖는 것이다. 셋째, 그러한 병폐는 어떻게 치유될 수 있는가? 이 질문은 그러한 부정의의 치유 방법을 제안하거나 모색하기 위한 것이다. 이러한 비판이론의 교육적 의의와 한계는 다음과 같다(김정환, 강선보, 신창호, 2014: 237-240).

- 비판이론은 철학의 사회적 역할을 강조하였다. 이들은 일상적인 삶의 제도와 활동들을 보다 큰 사회적 총체 형성의 논리와 지배력에 연결시키는 매개체들을 이해하는 변증법적 구성틀을 마련하였다.
- 비판이론은 실천과학의 한계를 지적하였다. 즉, 인간과 사회에 대한 실증주의적 연구방법의 한계를 지적하였다. 특히 이데올로기 비판을 통해 이성이 도구화되는 것을 예리하게 지적하였다.
- 비판적 교육이론은 총체적 교육관을 제시하였다. 개성과 사회성의 통일, 자율성과 연대성의 통일, 재생산과 해방의 통일이라는 총체적 관점의 논리를 개발하였다.
- 비판적 교육이론은 이상적 인간상을 정립하였다. 인간은 자기 삶의 주체이며, 그릇된 사회체제를 주체적 인간의 노력에 의해 개혁할 수 있어서 역사는 진보하고 인류는 완성될 수 있다는 것이다.
- 비판적 교육이론은 교육내용과 방법에 대한 혁신적인 제안을 하고 있다. 교육내용 면에서의 이데올로기 비판, 자유교양교육, 여성해방교육, 사회과학교육, 인류공동체의식교육과 교육방법 면에서 학교와 사회의 올바른 관계 정립, 학생 존중, 갈등 현장 교육, 친교, 사회적 갈등에 대한

문헌 탐구 등을 제안하였다.

- 비판이론은 학생들의 비판의식을 지나치게 강조하여 사회제도와 교육의 순기능을 제대로 파악하지 못하였다.
- 비판이론의 자본주의에 대한 비판은 과학과 기술의 인간 통제에 집중함으로써 그들 자신이 제시한 총체적 방법론을 스스로 따르지 못하였다.
- 비판이론가들이 제시하는 '해방적 교육학'은 개인적 교육학과 사회적 교육학의 원리를 취사선택하는 것이어서 논리적 일관성이 부족하다는 지적을 받고 있다.

2) 포스트모더니즘과 교육

(1) 포스트모더니즘의 이해

포스트모더니즘(post-modernism)은 매우 다양한 문화적 · 사상적 흐름으로, 문학, 철학, 예술, 과학, 건축, 교육 등 다양한 맥락과 분야에서 나타났기 때문에 단일한 개념으로 포착하기가 쉽지 않다. 포스트모더니즘은 모더니즘(modernism)과 근본적으로 다르거나 그것을 넘어선 사유방식이라고 볼 수 있다. 모더니즘은 서구 사회를 주도해 온 사상적 흐름인 계몽주의적 태도 또는 이성중심주의적 태도를 말한다. 서구의 계몽주의는 인간 주체와 이성을 세계의 중심에 두고, 이성에 의해 세계와 그 본질을 완전하게 인식할 수 있다고 본다. 그리고 그러한 인식을 바탕으로 이성적인 사회를 건설하여 자연과 억압적 사회제도로부터 해방되는 미래를 제시한다. 그러나 **포스트모더니즘**은 인간 주체, 이성, 역사의 진보 등이 모두 신화에 불과할 뿐만 아니라 실제로 이성이 인간을 해방시키는 것이 아니라 도리어 억압해 왔다고 본다(고미숙, 2013: 285). 포스모더니즘의 대표적 학자로는 리오타르(J. F. Lyotard), 데리

리오타르

다(J. Derrida), 푸코(M. Foucault), 라캉(J. Lacan), 제임
슨(F. Jameson) 등이 있다.

포스트모더니즘은 정치적·경제적·사회적·문화
적·예술적·학문적 배경 등 다양한 배경 속에서 등장
하였다(고미숙, 2013: 286-292). 그중 몇 가지 배경을 살
펴보자. 먼저, 정치적 배경으로는 20세기 후반 구 소련
의 붕괴로 인한 이데올로기 대립의 해체를 들 수 있다.
제2차 세계대전 이후 미국과 소련을 대표로 하는 자유
민주주의 진영과 사회주의 진영의 이데올로기 대립은
심각하였다. 그러다 소련을 비롯한 동구 공산권 국가
들이 몰락하자 더 이상 이런 대립 구조가 필요 없게 되
었다. 이때부터 과거의 이데올로기 대립 상태에서 드
러나지 못했던 환경문제, 여성문제, 인권문제, 인종문
제 등이 주요 쟁점으로 부상하게 되었다. 이처럼 상대

데리다

라캉

적으로 지엽적이고 주변적인 것으로 생각되던 문제들에 대한 논의 틀로 포스
트모더니즘이 등장하게 된 것이다.

사회적 배경으로는 정보화 사회의 기호화와 관련된다. 현대인은 학번, 계
좌번호, 주민번호 등 기호화된 정보로 존재 가치를 인정받는다. 인간이 지닌
고유한 존재 의미보다는 기호화된 차별성에 의해 의미를 갖는 시대가 된 것이
다. 이런 기호화, 기호적 의미화를 설명할 수 있는 이론적 근거로 포스트모
더니즘이 등장하였다. 또 문화적 배경으로는 오늘날 문자시대에서 영상시대
로 매체환경이 전환되면서 다양한 가치관의 변화를 수반하게 되었다는 점이
다. 과거에 이성 중심, 동질 지향성, 자기절제 등이 강조되었다면, 이제는 감
성 중심, 이질 지향성, 자기표현이 더 중시되는 사회가 되었고, 이런 가치관
의 변화를 설명해 줄 이론적 틀로 등장한 것이 바로 포스트모더니즘이다.

포스트모더니즘은 그 논의 분야의 다양성에도 불구하고 몇 가지 공통된 특

징을 가지고 있다(고미숙, 2013: 293-298). 첫째, 포스트모더니즘은 거대서사 (grand narratives)를 거부한다. 모더니즘이 큰 이야기, 거대서사에 치중하였다면, 포스트모더니즘은 작은 이야기 혹은 소서사에 집중한다. 작은 이야기들은 인간 해방, 국가 발전, 역사적 진보와 같은 크고 거창한 것에 관심을 갖는 것이 아니라 내 가정, 내 직장, 우리 지역사회 등과 같이 지엽적이고 특수한 것에 관심을 갖는다.

둘째, 포스트모더니즘은 반정초주의(anti-foundationalism)를 표방한다. 모더니즘은 지식의 확실한 근거가 있다고 생각하고 그것으로부터 지식이 시작된다고 보았다. 데카르트는 이성을, 로크는 경험을 지식의 근거라고 주장하였다. 포스트모더니즘은 모더니즘의 이러한 신념을 '정초주의(foundationalism)'라고 비판하면서 오히려 반정초주의를 주장한다. 포스트모더니스트들에 의하면, 궁극적이고 절대 확실한 인식이나 진리의 근거를 추구하는 것은 환상에 지나지 않는다. 이들이 볼 때 지식은 우연적, 임의적, 상대적이다. 포스트모더니즘은 우연성과 상대성에 대한 인식을 바탕으로 지식, 가치, 언어, 과학, 예술, 전통 등과 같은 인간의 세계를 전혀 새로운 관점에서 바라본다.

셋째, 포스트모더니즘은 다원주의를 표방한다. 포스트모더니스트들은 다양성을 적극적으로 수용한다. 그들이 믿고 있는 바에 따르면, 삶에는 궁극적 기초가 없으며, 지식은 인간의 이해관계와 전통이 달라짐에 따라서 다르게 결정된다. 이는 상이한 사회와 이익집단들은 그들의 특정 필요와 문화에 적합한 가치를 구성한다는 뜻이다.

넷째, 포스트모더니즘은 형이상학에 비판적이다. 특히 데리다는 서양을 지배해 온 지적 전통이 철저하게 형이상학적이라고 비판하였다. 플라톤 이래 서구의 형이상학은 고정되어 있고, 불변하는 절대적 진리나 궁극적 목적을 전제하고 있다. 대부분의 이분법적 사고(말/글, 정신/육체, 참/거짓, 자아/타자, 이성/감성 등)를 살펴보면, 전통적으로 이 대립항에서 전자를 중요하게 여거 왔는데, 그것은 바로 형이상학의 영향 때문이라고 데리다는 비판하였다. 그는 이런 이분법을 해체해야 된다고 주장하였다.

다섯째, 포스트모더니즘은 반(反)권위주의를 표방한다. 포스트모더니스트들은 도덕적 지식을 포함하여 모든 지식은 그러한 지식을 생산하는 사람들의 이익과 가치를 반영한다고 본다. 그들은 모던적 시각에서 진리로, 객관적인 사실로, 합리적인 것으로 받아들였던 지식과 신념이 실제로는 어느 한 계층 혹은 한 집단의 진리이거나 그들의 이익을 대변하고 있다고 주장한다. 예를 들어, 어떤 도덕적 지식이 한 집단에 의해 만들어지고 그것이 다른 집단에게 전달되어 지키도록 강요하게 된다는 것이다. 포스트모더니스트들은 이러한 모더니즘의 권위적이고 비민주적인 방식은 지양되어야 할 것으로 본다(노상우, 2014: 372). 이제 모든 사람이 도덕적 지식을 생산하는 일에 참여해야 한다. 이러한 반(反)권위주의적 상황에서 가장 중시되는 절차는 대화적 절차이다. 포스트모던사회에서는 개방적이고 비판적 대화의 중요성이 그 무엇보다 강조된다.

여섯째, 포스트모더니즘에서는 지식과 권력을 상호의존적 관계로 파악한다. 특히 푸코는 순수한 지식은 허구이며, 주체와 이성은 지식과 권력관계의 구성물에 지나지 않는다고 보았다. 푸코는 『감시와 처벌』(1994)에서 지식은 권력과 상호의존 관계에 있다고 주장하였다. 지식은 객관적일 수 없으며 진리나 보편적인 규범마저도 지식인들이 특정 의도를 가지고 만들어 낸 가공물에 지나지 않는다는 것이다. 권력은 일상생활의 깊숙한 곳까지 침투해서 개인들의 관계뿐만 아니라 사회 일반에 내재된 사회 존재론적 기반으로 작용하고 있다는 것이다.

푸코

일곱째, 포스트모더니즘은 연대의식을 표방하고 있다. 포스트모더니스트들은 타자에 대한 관심과 연대의식을 매우 강조한다. 그들은 타자에게 해를 끼치는 억

압적 권력, 조종, 착취, 폭력 등을 거부하고, 공동체, 연대감, 상호존중, 상호
협력의 정신을 강조한다.

(2) 포스트모더니즘의 교육적 의의

포스트모더니즘과 관련된 교육적 논의는 1980년대 후반부터 본격화되었
다. 그것은 라캉의 주체성과 의식, 리오타르의 지식론, 데리다의 기호와 텍스
트, 푸코의 담론 등이 교육의 과정에 적용되면서부터 시작되었다. 포스트모
더니즘은 전통적 의미에서 하나의 사상체계도 아니고 통일된 운동으로 전개
된 것도 아니어서 교육에 대한 구체적인 제안을 찾아보기가 쉽지 않다. 포스
트모더니즘의 주요 논제들과 관련하여 교육이 관심을 가질 만한 사항을 몇
가지로 정리해 볼 수 있다.

- 교육내용의 성격에 관한 문제이다. 전통적으로 교육에 포함된 지식은
  객관적이고 확실한 것으로 인식되었고, 교육이 추구하는 가치는 절대적
  이거나 보편적인 것으로 간주되었다. 그러나 포스트모더니즘은 그러한
  지식관과 가치관을 거부한다. 포스트모더니즘의 관점에서 볼 때, 세계
  나 사물에 대한 지식은 인간이 지닌 관심과 동기, 편견과 선입견, 신념과
  가치관, 언어와 담론 형식, 기존의 지식과 경험, 그리고 이론과 관점이
  복합적으로 작용함으로써 만들어진 것들이다. 그런 지식의 성격은 상대
  적일 수밖에 없다. 각각의 다른 관심과 문화적 맥락에서 생성된 지식은
  각각의 맥락에서 정당성을 갖는다. 이와 같은 논리는 보편타당한 것으
  로 간주되었던 교과 지식의 성격을 전반적으로 재검토하고 재인식할 필
  요가 있음을 시사한다.
- 교육내용의 다양화를 추구해야 한다. 포스트모더니즘의 관점에서 보는
  세계는 매우 다채롭다. 각 문화집단에 따라 다양한 신념과 가치가 존재
  한다. 현대사회는 수많은 '작은 이야기들'이 각 영역에서 각자의 목소리

를 낸다. 이런 다양성과 다원성을 인정하고 존중하는 것이 포스트모더니즘의 기본 입장이다. 보편적인 지식과 표준적 가치관을 전달하고자 했던 전통적인 학교들은 다양한 작은 이야기들에 별로 관심을 기울이지 않았다. 오히려 그것들은 교과의 통합이나 사회의 통합을 저해하는 요소로 간주되기 쉬웠다. 포스트모더니즘의 관점에서 볼 때, 학교는 사회문화의 다양성과 다원성에 더욱 민감해야 한다. 교육은 교사, 학생, 지역사회의 다양한 가치관과 신념을 존중해야 한다. 이런 관점에서 교육내용은 다양한 관심과 가치를 존중하고 반영할 수 있어야 한다.

• 다양한 교육방법과 교육체제를 모색해야 한다. 차이를 존중하고 인정하는 데 가장 좋은 방법 중 하나는 대화를 나누는 것이다. 대화라고 해서 차이를 없애는 대화만 있는 것이 아니다. 차이를 서로 확인하고 인정해 주는 대화가 필요하다. 우리는 대화를 통해서 비록 공통된 진리를 발견하는 것에 도달하지 못한다 할지라도 서로의 다름을 이해하고, 타인을 이해할 수 있는 기회를 갖게 되며, 자신의 생각을 재검토하도록 하고 덜 독단적이게 될 것이다. 이러한 대화를 추구하고 유지하기 위해서는 관용, 인내, 차이에 대한 존중, 그리고 경청하려는 자세와 같은 의사소통적 덕이 필요하다(고미숙, 2013: 305). 나아가 다양한 학교체제를 비롯하여 학생들의 개별성을 구현할 수 있는 다양한 교육체제가 모색될 필요가 있다.

3. 현상학과 해석학

1) 현상학과 교육

(1) 현상학의 이해

현상학(phenomenology)은 인식에 관한 방법론으로, 인간이 대상과의 관계 속에서 갖게 되는 체험에 주목하여 대상을 명확히 인식하려는 철학이다. 현상학은 19세기까지의 기존 철학에 대한 반성과 도전으로 태동되었다. 기존의 철학이란 관념론적 철학 또는 실증주의적 철학을 가리킨다. 이러한 철학은 우리가 체험으로 증거할 수 없는 공허한 관념이거나 혹은 자연과학적인 객관주의나 보편주의에 입각한 물증 중심적인 것이다. 그 결과 인간이나 세계의 본연에 대해 알아낸 진리보다는 잃어버린 진리가

후설

더 많았다. 현상학은 기존의 철학에 대한 비판인 동시에 대안적인 패러다임이다. 즉, 그것은 진리를 탐구하기 위한 일종의 방법론이다(한명희, 고진호, 2005: 135).

현상학의 목적은 어떤 존재, 어떤 대상의 본질을 발견하는 것, 궁극적으로 말해서 존재의 본질을 밝히는 것이다. 후설(E. Husserl)은 이러한 존재를 에이도스(eidos)라고 불렀다. 그것은 플라톤이 말한 이데아와 비슷한 것이다. 현상학이 추구하는 앎은 피상적이고, 상대성을 피할 수 없는 과학적 앎과는 달리 시간과 공간을 초월해서 영원히 변하지 않는 절대적인 앎이다. 즉, 현상학은 진정으로 자명하고 확고부동한 앎이 어

메를로 퐁티

떻게 가능한가에 관심을 둔다(박이문, 2007).

현상학에 따르면, 이러한 절대적 앎은 경험에 의해서

만 획득된다. 경험을 떠난 앎은 있을 수 없다. 지식의 근거가 경험이라고 생각하는 현상학의 입장은 얼핏 보기에 경험주의 인식론과 크게 다르지 않은 것처럼 보인다. 그러나 현상학에서 볼 때 경험주의 인식론은 소위 '자연주의적 입장'에 있다. 이런 점에서 경험주의 인식론은 명증된 앎이 될 수 없다. 즉, 종래의 경험주의 인식론은 우리가 갖고 있는 의식을 떠나서, 의식 밖에 독립해서 존재하는 사물이 있음을 전제로 삼고 있는 입장이다. 그리고 그러한 사물은 모두 궁극적으로 인과 관계에 의해서 지배받는다고 전제된다. 그러나 이와 같은 전제 자체는 '경험'에 바탕을 둔 것이 아니다. 따라서 이러한 전제에 바탕을 둔 지식은 명증성을 갖고 있다고 볼 수 없다(박이문, 2007: 104).

경험주의 인식론에서 말한 '경험'과 현상학에서 말한 '경험'은 서로 다르다. 일상적인 의미에서 사용되는 경험이라는 말은 어떤 대상이 사람의 의식에 반영되는 관계를 가리킨다. 가령, 내가 정원에 있는 어떤 꽃나무를 볼 때 그 꽃나무라는 대상이 나의 시각에 어떤 자극을 일으키고 나는 그 자극을 의식하게 된다. 이와 같이 대상에 의하여 수동적으로 얻어진 의식상태의 변화를 우리는 경험이라고 부른다. 그리고 정원에 꽃나무가 있음을 내가 알게 된 것은 이처럼 꽃나무에 의하여 나의 의식이 자극되었기 때문이다. 즉, 그 꽃나무를 감각하거나 혹은 경험하였기 때문이다(박이문, 2007: 36).

이와는 달리, 현상학에서 말하는 경험은 일상적인 의미의 경험과 다르다. 그것은 의식과 그 대상과의 가장 '근원적'이고 원천적인 관계를 가리킨다. 이러한 관계를 다른 경험들과 구분하여 의식과 대상 간의 시초적 관계 혹은 순수 관계라고 이름 붙일 수 있다. 왜냐하면 현상학에서 밝히고자 하는 의식과 대상과의 관계인 경험은 다른 경험들과는 달리 어떤 선입견이나 편견이 없는 경험이라고 생각되기 때문이다. 현상학의 주장에 의하면, 우리가 흔히 경험을 통해서 인식한다고 하는 대상은 선입견과 편견에 의해서 뒤틀려 있다(박이문, 2007: 26). 실증주의적 과학이나 경험주의에서 객관적이라고 말하는 경험들은 이와 같이 이미 왜곡되어 있는 존재를 대상으로 한다. 설령 그것들이 왜곡되지 않은 상태에 있다고 하더라도, 그 대상을 과학의 대상으로 삼아 의식하는 순간 우리는 그 대상을 기존의 과학 체계나 개념들의 영향을 받아서 왜곡시켜 버린다(이용환, 1997: 154).

우리가 보통 생각하기로 의식은 마치 거울과 같이 외부에 있는 어떤 대상을 수동적으로 반영한다고 간주한다. 경험주의 인식론에서도 이러한 의식의 수동성을 전제로 한다. 그러나 후설에 의하면 의식은 오히려 능동적이다. 의식은 항상, 아니 필연적으로 어떤 대상을 지향하고 있다. 의식은 반드시 무엇무엇에 '대한' 의식이다. 그것을 그냥 정착된 것처럼 고립시켜서, 즉 그것이 지향하고 있는 대상과 떼어서 생각할 수가 없는 존재이다. 대상을 갖지 않는, 대상을 찾지 않는, 대상을 잡으려고 의도하지 않는 의식은 생각할 수 없다. 나는 '무엇'인가를 보며, '무엇'인가를 느끼며, '무엇'인가를 생각한다(박이문, 2007: 52, 108).

여기서 주의할 점은 경험주의 인식론에 바탕을 둔 지식이 무조건 잘못이라고 말하는 것은 아니다. 다만 이러한 지식의 진위 여부에 대해서 일단 유보해 놓고, 그 주장의 근거를 좀 더 따져 보자는 말이다. 이러한 현상학적 태도를 후설은 '판단정지(epoche)'라 불렀다(박이문, 2007: 105). 따라서 판단정지는 의심할 수 없는 필연적 앎을 찾아가는 출발점이다. 즉, 판단정지는 모든 선입견이나 편견을 유보하는 것을 말한다. 선입견이나 편견의 근원이 되는 요인으로 개인적 감정, 소망, 태도와 같은 주관적 영역, 그리고 과학적 이론, 가설, 의견 및 전승된 가치 등이 있다. 이러한 것들은 우리로 하여금 사물과 현실을 그대로 보지 않고 선입견을 가지고 보도록 만든다(정혜영, 2006: 140). 따라서 현상학에서 말하는 경험 자체에 대한 서술이 이루어지기 위해서는 이러한 선입견들에 대해 판단정지를 내려야 한다.

판단정지를 하고 난 다음에 남게 되는 것은 어떤 사물이 아니라 그 사물에 관한 구체적 경험뿐이다. 즉, 의식에 직접 나타난 대상만 남게 되는 것이다. 그러한 경험 속에서 시공간을 초월한 에이도스를 골라내야 하는데, 이것을 일컬어 본질 환원(eidetic reduction)이라 부른다(박이문, 2007: 51, 106).

이렇게 찾은 본질이 어떻게 객관성을 보장할 수 있는가가 문제이다. 똑같은 하나의 대상을 놓고 제시된 에이도스가 서로 달라진다면 어떻게 되는가? 여기서 후설은 생활세계(life-world)와 간주관성(inter-subjectivity)의 개념을 가지고 설명했다. 생활세계란 의식이 지향하는 세계이다. 그것은 인간에 의해 의미가 부여된 사건, 관계, 장소 등이 모여 있는 세계이다. 그것은 나의 의식과 다른 사람들의 의식이 함께 존재하는 공동체 중심적 세계라고 말할 수 있다. 이 생활세계 내에서 개인의 경험은 다른 사람의 경험과 공통 부분을 갖게 된다. 따라서 서로 다른 행위자라 할지라도 비슷한 상황에서 비슷하게 행위할 것이므로 생활세계는 간주관적이다. 실증주의적 과학에서 주장하듯, 어떤 대상의 본질은 인간과 관계없이 객관적으로 존재하는 것이 아니다. 그것은 대상의 관념적 본질을 인간의 의식이 파악하는 것이다. 그런데 나를 둘러싸고 있는 생활세계는 그 안에 살고 있는 사람에게도 생활세계일 것이므로 그 사람의 의식은 '다른 나'의 의식이다. 내 눈 앞에 보이는 나무가 나무인 까닭은 그 특수한 나무가 나무의 본질을 지니고 있어서가 아니라 내가 그것을 나무라고 파악하고, 나와 생활세계를 공유하는 다른 사람도 그것을 나무라고 파악하기 때문일 것이다(이용환, 1997: 162).

(2) 현상학의 교육적 의의

현상학의 핵심 개념 가운데 하나인 지향성 개념은 교육에 중요한 의미를 시사한다. 지향성이 갖고 있는 기본 전제는 인간은 스스로 행위의 원천이며, 따라서 의미와 행위의 창조자라는 것이다. 여기서 행위자로서의 인간이라는 개념은 실증주의에 내재되어 있는 것처럼, 대상을 수동적으로 반영하는 의식의 소유자, 수동적인 지식의 수용자라는 인간관을 거부한다(이용환, 1997: 162-165). 이런 관점에서의 학생은 대상에 대한 능동적 지향성을 지닌 의식의 소유자이기 때문에 학습의 주체가 될 수 있고, 자신만의 의미를 창조하는 존재인 것이다.

실증주의적 교육과정 이론에 반대하고 교육과정의 재개념주의를 주창하는 파이나(W. Pinar)는 현상학적 관점에서 교육과정을 제시하였다. 그는 교육과정을 '앎의 주체와 앎의 대상 간의 관계'로 보았다. 여기서 앎의 주체는 로크(Locke)식의 경험주의 인식론에서 말하는 수동적 의식을 지닌 인간이 아니고 지향성을 지닌 의식의 주체이다. 그리고 앎의 대상은 객관주의나 실증주의가 말하는 객체가 아니라 생활세계이다. 생활세계의 본질에 접근할 수 있는 가장 효과적인 방법은 자서전 쓰기이다. 세계에 대한 지식은 '세계를 아는 사람으로서 자기 자신'에 대한 지식을 필요로 하며, '판단정지'는 우리의 경험에 더욱 근접하기 위하여 우리 자신을 우리의 경험으로부터 떼어 놓는 역설적 행위이다. 자서전적 방법은 이와 같이 자신에 대한 지식을 얻기 위하여 자신으로부터 반성적으로 이탈하는 방법이다.

파이나를 추종한 아오키(T. Aoki)는 파이나에 의해 주도되었던 실증주의에 대한 비판에 적극적으로 참여한다. 실증주의에 의해서 뒷받침을 받고 있는 과학적이고 이론적인 세계란 우리가 직접 경험하는 세계가 아니라 인간과 세계를 개념들에 의하여 간접적으로 경험하는 추상된 세계일 뿐이다. 따라서 인간과 세계는 분리되어 버리며 사회적 실재는 '그것' '그' '그들' 등 3인칭이 되어 버리고 만다. 아오키는 말하기를 "이러한 세계는 사람들이 대상이 되고 주체성이 사라져 버린 객체화된 세계이다. 오늘의 '시간'과 '분'은 내일의 시간과 분과 같은 것으로 간주된다"(이용환, 1997에서 재인용).

현상학적 원리에 충실한 교육은 어떤 모습이어야 하는가? 교육이란 경험의 법칙에 의해 이해되고 행해질 수 있는 엄밀한 과학이라는 가정을 유보할 필요가 있다. 교사나 교육자 또는 교육에 관심을 가지고 있는 사람들에게 그것은 결코 쉬운 일이 아니겠지만 이러한 과학적 가정은 반드시 검토되고 평가되어야 한다. 즉, 교육의 본질을 명확히 하기 위해서는 짚고 넘어가야 할 필요가 있다. 그렇지만 이런 검토나 평가는 경험과학적 절차로는 불가능한 일이다. 왜냐하면 그것은 상식적인 교육적 전제들을 우선 차치하고 교육에 대한 자신의 모든 경험을 반성해 볼 때 비로소 가능한 일이기 때문이다. 그러한 현상학적 태도는 '놀라운 것들을 볼 수 있는 가능성을 열도록' 해 줄 것이며, 교육자들이 교육의 과정(過程)의 본질을 파악하게 하는 첫걸음이 될 것이다.

2) 해석학과 교육

(1) 해석학의 이해

해석학(hermeneutics)은 어원적으로 '해석하다' 또는 '풀이하다'의 뜻을 가진 라틴어 hermeneia 또는 hermeneuein에서 유래하였다. 이 단어는 고대 그리스 신화에서 신과 사람 사이를 연결하는 전령의 역할을 맡았던 헤르메스(Hermes)와도 관련이 있다. 이런 어원적 의미에 비추어 볼 때, 해석학은 '의미의 해석에 관한 철학'이라고 할 수 있다.

슐라이어마허

현대 해석학의 원조라고 알려진 철학자는 슐라이어마허(Schleiermacher)이다. 그보다 이전의 해석학은 삶의 실제와의 관련성 속에서 발달해 왔다. 가령, 성서해석학은 애매모호한 성서 해석에 반대하여 보다 보편타당한 해석 가능성을 추구하였다. 또한, 해석학은 판례의 올바른 해석, 문학작품의 해석에도 적용되었다. 이처럼 초기 해석학은 해석의 '적용'이라는 측면에서 발달하였다. 해석의 실천적 적용의 차원을 넘어서 그것을 학문적으로 체계화하려는 노력은 슐라이어마허에 의해 시도되었다. 이제 해석학은 신학, 법학, 문학의 보조학문이라는 역할을 뛰어넘어 모든 종류의 문서 혹은 구술적 표현을 이해하고 분석하는 기초적 방법으로 자리매김하게 되었다. 슐라이어마허는 해석학을 순수한 이해의 예술이라고 생각하였다. 그는 텍스트에는 법적 문서, 종교적 경전, 문학작품 등과 같이 여러 종류가 있고, 이들 간에 분명한 차이가 있으나 이들을 해석하는 방법에는 동일한 차원이 있다고 보았다. 말하자면, 다양한 텍스트를 이해하는 과정에 내재되어 있는 보편적 원리와 규칙이 있을 것이며, 이것들은 모든 개별적 이해를 가능하게 만드는 근거를 제공해 준다. 그럼에도 불구하고 그동안 이러한 노력들이 없었다. 인간의 모든 해석 행위의 이론적 기초가 되는 원리와 규칙을 정립하는 일이야말로 해석학의 근본 과제가 된다(오만석, 1997: 152). 슐라이어마허의 해석학적 사유는 교육학을 바라보는 관점에도 그대로 적용되고 있다. 그는 교육학이 '교육현실'로부터 출발한다고 보고 교육현실을 이해하기 위해 해석학을 도입함으로써 독일의 해석학적 교육학의 초석을 놓았다.

슐라이어마허에 이어 해석학의 기틀을 마련한 사람은 딜타이(W. Dilthey)이다. 딜타이의 주된 관심은 무엇인가? 그것은 '설명'을 위주로 하는 자연과학적 방법에 대항하여 정신과학의 고유한 방법으로서 '이해'를 핵심 주제로 다루는 것이었다. 딜타이의 해석학에서 기본 개념은 '삶' '표현' '이해'이다. 이해의 개념은 인간이 표출한 삶의 외화와 직접적으로 관련이 있다. 여기서 삶의 외화는 인간이 삶 속에서 표출한 모든 영역을 포괄한다. 즉, 종교, 예술, 법, 과학, 기술, 문화, 전기, 자서전 등을 포괄한다. 해석학의 과제는 이러한 인간의 삶의 외화를 이해하는 것이다.

딜타이

딜타이 이후 해석학의 대표적 학자로 하이데거(M. Heidegger)와 가다머(H. G. Gadamer)를 들 수 있다. 하이데거는 존재(Sein)의 의미와 현존재(Dasein)의 기본 구조를 밝히는 일에서 해석학의 기능을 찾았다. 여기서 정신과학의 방법으로서의 해석학은 존재론적 해석학으로 바뀐다. 해석학이 '존재론적'이라 함은 인간의 삶의 기저에 이해가 근원적으로 자리하고 있음을 암시한다. 하이데거에게 있어서 해석학의 주요 과제는 '현존재의 자기해석'이 된다. 하이데거의 해석학적 공헌은 '선이해'의 구조를 밝힌 데 있다. 이해는 '미리 가짐'

'미리 봄' '미리 붙잡음'과 같은 선(先)구조를 가지며, 이러한 선이해 속에 모든 이해의 근원이 들어 있다.

가다머는 선이해의 개념을 '이해의 선구조'로 표현한 다. 이것은 곧 인식의 무(無)전제성에 대한 비판이다. 앎 혹은 이해는 전제 없이는 불가능하다는 비판이다. 이것이 의미하는 바를 알기 위해서 우리는 가다머의 '권위와 전통'의 '복권'에 대한 견해를 살펴볼 필요가 있 다. 그에 따르면, '권위와 전통'은 이성의 심판을 받기 이전의 경험을 보존하고 있으므로 마땅히 '복권'되어야

가다머

한다. 이와 마찬가지로 선입견도 글자 그대로 판단 이전의 경험을 지니고 있 으며, 판단 이전의 상태에서 우리는 진리에 좀 더 가까이 다가설 가능성이 있 다(손승남, 1997: 126-127). 그에 의하면, 선입견은 모든 이해의 출발점이며 새 로운 이해의 기초가 된다. 우리는 우리의 선입견을 인식함으로써 그것을 극 복하게 되고, 적절한 또는 심층적 이해에 도달할 수 있다(오만석, 1997: 165). 가다머의 이러한 주장은 모든 의심스러운 것을 배제하고 확고부동한 출발점 을 찾으려 했던 데카르트에 대한 비판이며, 실증주의나 과학주의에 대한 비 판이기도 하다.

(2) 해석학의 교육적 의의

해석학의 교육적 의의를 몇 가지로 정리해 볼 수 있다. 첫째, 교육현실은 하나의 텍스트이며 그 텍스트는 '이해'되어야 한다. 따라서 교사, 학생, 교재, 수업 방식, 교수 지침, 강의 계획서 등 교실과 학교에서 일어나는 모든 사건 과 행위는 '이해'되어야 한다. 이해의 대상은 단지 문서화된 텍스트에 국한되 지 않는다. 인간 행위의 제 측면, 즉 삶의 표현 전부가 교육학적 이해의 대상 이 될 수 있다. 이렇게 본다면 모든 교육현상을 검증 가능한 변인을 통해 '설 명'하려는 실증주의적 교육학은 한계가 있다.

둘째, 해석자는 텍스트를 아무런 전제도 없이 대하는 것이 아니며, 사전지식 또는 선이해를 가지고 이해한다. 텍스트에 대한 사전지식은 이해의 과정에서 확장되거나 심화되거나 기각된다. 따라서 교육활동에서도 사전지식은 불가피하다. 가령, 학생에 대한 사전지식은 중요하다. 왜냐하면 교사가 학생을 사전에 이해함으로써 교육이 더욱 성공적으로 이루어질 수 있기 때문이다. 교사는 학생을 그의 전체적(과거-현재-미래) 삶에 비추어서 이해하고, 어떤 상황에 놓여 있는지를 이해할 필요가 있다. 교사는 학생이 자기 자신을 이해하는 것보다 오히려 그 학생을 더 잘 이해할 필요가 있다. 그러한 이해는 단번에 이루어지지 않고 어려운 과정을 거친다는 점도 유의해야 한다. 해석이 심화되면 될수록 학생에 대한 해석자의 이해도는 더 높아져 교육활동의 성공이 보장될 것이다.

셋째, 이해의 방법으로서 대화는 매우 중요하다. 진솔한 대화를 통해서 우리는 진정한 이해에 도달한다. 솔직성과 개방성이 보장된 대화는 진정한 이해를 가능하게 한다. 그리고 이러한 대화의 과정에서 대화자는 논증과 토론, 상대방에 대한 존중, 자제력, 겸손, 용기, 주의력, 인간 존중과 같은 자세를 배운다.

넷째, 이해의 지향점은 결코 절대적 진리의 획득이 아니다. 이해는 더 나은 이해를 위한 전제이다. 이때 이해했다는 것은 어떤 사물이나 사실을 바르게 알게 되었다는 것이며, 나아가 '다르게 볼 수 있게 되었다'는 것을 의미한다. 이는 존재에 대한 다양한 접근을 가능하게 하며 독자성의 가치를 인정해 준다.

제1부 · 서양교육사

김봉철(2004). 이소크라테스. 서울: 신서원.

손승남(2011). 인문교양교육의 원형과 변용. 경기: 교육과학사.

안재원(2003). 고대 로마의 이상적 연설가론. 서양고전학연구. 20, 119-140.

오인탁(2001). 고대 그리스의 교육사상. 서울: 학지사.

정영근(1991). 독일 신인본주의 교육사상과 인간도야의 이념. 교육철학. 9(0), 169-184.

정영근(2004). 교육학에 "도야(Bildung)" 개념이 필요한가? −도야의 교육학적 의미와 한국적 논의−. 교육철학. 32, 165-180.

한국학술협의회(2007). 인문정신과 인문학. 서울: 아카넷.

홍윤경(2009). 교육목적으로서 '아레테(arete)'의 개념연구. 교육철학. 44, 173-190.

Ainsworth, O. M. (2007). *Milton on education: The tractate of education, with supplementary extracts from other writings of milton.* Ainsworth Press.

Aristoteles. (2008). 정치학. (최명관 역). 서울: 창.

Aristoteles. (2009). 정치학. (천병희 역). 서울: 숲.

Bacon, F. (2001). 신기관. (진석용 역). 서울: 한길사.

Bacon, F. (2002). 새로운 아틀란티스. (김종갑 역). 서울: 에코리브르.

Basedow, J. B. (1972). *Basedow's Elementarwerk–Ein Encyklopädisches Methoden–und Bildungsbuch.* Stuttgart.

Brameld, T. (1955). *Philosophies of education in cultural perspective.* New York.

Blankertz, H. (1982). *Die Geschichle der Pädagogik Von der Aufklärung bis zur Gegenwart.* Wetzlar.

Christes, J. (1995). *Cicero und der römische Humanismus.* Antrittsvorlesung. Humboldt–Universität zu Berlin.

Cicero, M. (1999). (키케로의) 최고선악론: 에피쿠로스파, 스토아파, 아카데미아파의 논쟁. (김창성 역). 서울: 서광사.

Cicero, M. (2007). 수사학: 말하기의 규칙과 체계. (안재원 편역). 경기: 길.

Comenius, J. A. (1998). 세계도회. (김은권 역). 서울: 교육과학사.

Comenius, J. A. (2007). 대교수학. (정확실 역). 서울: 교육과학사.

Dewey, J. (1899). *The school and society.* Chicago.

Dewey, J. (1916). *Democracy and education: An introduction to the philosophy of education.* New York.

Dewey, J. (1922). *Human nature and conduct.* New York.

Droysen, J. G. (1980). *Geschichte Alexanders des Grossen.* München.

Droysen, J. G. (2010). 역사학. (이상신 역). 서울: 나남.

Erasmus, D. (1985). A declaration on the subject of early liberal education for children. *Collected Works of Erasmus, 26,* 295-346). Toronto.

Erasmus, D. (2008). 우신 예찬: 바보 신 모리아, 어리석은 현자들을 비웃다. (강민정 역). 서울: 서해문집.

Goethe, J. (1999a). 빌헬름 마이스터의 수업시대 1. (안삼환 역). 서울: 민음사.

Goethe, J. (1999b). 빌헬름 마이스터의 수업시대 2. (안삼환 역). 서울: 민음사.

Goethe, J. (1999c). 빌헬름 마이스터의 편력시대. (김숙희 외 역). 서울: 민음사.

Homeros, I. (2007). 일리아스 오뒷세이아 세트. (천병희 역). 서울: 숲.

Hutchins, T. H. (1968). *The learning society*. New York.

Kandel, I. L. (1955). *The new era in education. A comparative study*. Boston.

Kant, I. (2007). 칸트의 교육학 강의: 교사와 학부모를 위한 칸트의 교육론. (조관성 역). 서울: 철학과 현실사.

Kaulbach, F. (1992). 칸트 비판철학의 형성과정과 체계. (백종현 역). 서울: 서광사.

Kerferd, G. (2003). 소피스트 운동. (김남두 역). 서울: 아카넷.

Locke, J. (2010). *Some thoughts concerning education* (1693). EEBO Editions ProQuest.

Montaigne, M. (2007). 몽테뉴 수상록. (손우성 역). 서울: 동서문화사.

Montesquieu, C. (2006). 법의 정신. (이명성 역). 서울: 홍신문화사.

Platon. (2003). (플라톤의 네 대화 편) 에우티프론, 소크라테스의 변론, 크리톤, 파이돈. (박종현 역). 서울: 서광사.

Platon. (2004a). *Phaidros. Sämtliche Dialoge*. Bd. II. Hamburg: Meiner Verlag.

Platon. (2004b). *Der Staat. Sämtliche Dialoge*. Bd. V. Hamburg: Meiner Verlag.

Platon. (2010). (플라톤의) 프로타고라스; 라케스; 메논. (박종현 역). 서울: 서광사.

Reble, A. (2004). 서양교육사. (정영근 외 역). 서울: 문음사.

Reinhartz, A. (Hg.) (1982). *Empirische pädagogische Forschung*. Darmstadt.

Rousseau, J. (2003). 에밀. (김중현 역). 서울: 한길사.

Rousseau, J. (2011). 사회계약론. (정영하 역). 서울: 산수야.

Zweig, S. (2006). (슈테판 츠바이크의) 에라스무스 평전. (정민영 역). 서울: 아롬미디어.

제2부 · 한국교육사

강무학(1983). 홍익인간론. 서울: 명문당.

高樹藩(1974). 正中形音義綜合大字典. 臺北: 正中書局.

권성아(1999). 홍익인간사상과 통일교육. 서울: 집문당.

금장태(1987). 韓國實學思想硏究. 서울: 집문당.

금장태(1994). 한국유학사의 이해. 서울: 민족문화사.

길희성(1996). 지눌 선 사상의 구조. 김형효 외. 知訥의 사상과 그 현대적 의미. 서울: 한
    국정신문화연구원.

김경용(2003). 과거제도와 한국 근대교육의 재인식. 서울: 교육과학사.

김경태(1996). 茶山 人性論의 敎育的 意味. 한양대학교 대학원 박사학위논문.

김기석(1964). 남강 이승훈. 서울: 현대교육총서출판사.

김기태(1984). 홍익인간의 교육이념에 관한 연구. 인천교대논문집. 제18집.

김기현(1992). 이언적의 성리철학. 윤사순, 고익진 편. 한국의 사상. 서울: 열음사.

김기현(1992). 조광조의 지치주의. 윤사순, 고익진 편. 한국의 사상. 서울: 열음사.

김동화(1988). 唯識哲學. 서울: 보련각.

김득황(1958). 한국사상사. 서울: 남산당.

김병구(1993). 회헌 안향 선생의 생애와 사적. 부산: 경성대출판부.

김승동 편(2001). 불교·인도사상사전. 부산: 부산대출판부.

김용옥(2004). 삼봉 정도전의 건국철학. 서울: 통나무.

김철준, 최병헌(1986). 한국문화사-고대편. 서울: 일지사.

김충렬(1987). 고려유학사. 서울: 고대출판부.

김충렬(1992). 조식의 선비사상. 윤사순, 고익진 편. 서울: 열음사.

김충렬(2004). 노자강의. 서울: 예문서원.

김형효(1985). 회재 이언적의 형이상학. 서울: 고려원.

류승국(1980). 한국의 유교. 서울: 세종대왕기념회.

박선영(1989). 佛敎의 敎育思想. 서울: 동화출판공사.

박의수, 강승규, 정영수, 강선보(2009). 교육의 역사와 철학. 서울: 동문사.

박재문(2003). 한국교육사. 서울: 학지사.

백낙준(1953). 한국교육과 민족정신. 서울: 문교사.

서울대학교 교육연구소(1998). 교육학대백과사전 3. 서울: 하우동설.

서울대학교 교육연구소(2000). 한국교육사. 서울: 교육과학사.

손인수(1981). 한국개화교육연구. 서울: 일지사.

손인수(1987a). 교육사 교육철학 연구. 서울: 문음사.

손인수(1987b). 율곡의 교육사상. 서울: 박영사.

손인수(1991). 한국교육사상사 Ⅲ. 서울: 문음사.

송석구(1985). 普照의 인간관. 한국의 유불사상. 서울: 사사연.

쉬캉성(2002). 노자평전. (유희재, 신창호 역). 서울: 미다스북스.

신창호(1999). 서당의 교학방법론과 현대적 가치. 처음처럼. 통권 제13호. 서울: 내일
    을 여는 책.

신창호(2004). 수기, 유가 교육철학의 핵심. 서울: 원미사.

신창호(2006). 유학자 추사, 실학교육을 탐구하다. 경기: 서현사.

신창호(2010). 『대학』, 유교의 지도자 교육철학. 경기: 교육과학사.

신창호(2011). 유교 사서의 배움론. 서울: 온고지신.

신창호(2012). 교육철학 및 교육사. 경기: 서현사.

신창호(2014). 한국교육사의 통합적 이해. 서울: 박영스토리.

신창호(2016). 배려. 서울: 고려대학교출판부.

신창호(2018). 경이란 무엇인가. 서울: 글항아리.

신창호(2003). 인간 왜 가르치고 배우는가. 경기: 서현사.

신창호, 서은숙(2003). 한국사상과 교육윤리. 경기: 서현사.

안호상(1964). 과거와 미래의 한국 교육의 이념과 정책. 새교육.

오천석(1972). 敎育哲學新講. 서울: 교학연구사.

오천석(1973). 발전한국의 교육이념 탐구. 서울: 배영사.

유명종(2001). 남명조식의 학문과 사상. 부산: 동아대학교 석당전통문화연구원.

유초하(1993). 정도전의 사회 윤리사상. 한국공자학회 편. 정도전 사상연구. 서울: 유림
    문화사.

윤사순(1984). 동양사상과 한국사상. 서울: 을유문화사.

윤사순(1990a). 이퇴계의 심성론. 윤사순, 고익진 편. 한국의 사상. 서울: 열음사.

윤사순(1990b). 한국의 성리학과 실학. 서울: 열음사.

윤사순, 고익진 편(1990). 한국의 사상. 서울: 열음사.

윤사순 외(1992). 공자사상의 발견. 서울: 민음사.

윤원현(2005). 회헌 안향의 행적과 사상에 대한 비판적 검토. 한국동서철학회. 동서철학연구. 제35호.

이만규(1947). 조선교육사(상·하). 서울: 을유문화사.

이만규(2010). 조선교육사. 서울: 살림터.

이문원(2002). 한국의 교육사상가. 서울: 문음사.

이선경(1991). 阮堂 金正喜의 實事求是 研究. 경기: 한국학대학원 석사논문.

이성무(1994). 한국의 과거제도. 서울: 집문당.

이승원(2002). 한국교육사상의 전개와 발전. 서울: 보고사.

이은봉(1986). 단군신화연구. 충북: 온누리.

이을호(1986). 한사상의 묘맥. 서울: 사사연.

이을호(2000). 다산학총론. 서울: 예문서원.

이진수(1987). 신라화랑의 체육사상 연구. 서울: 보경문호사.

이홍우(2006). 대승기신론 통석. 서울: 김영사.

정종(1980). 孔子의 敎育思想. 서울: 집문당.

정순목(1986). 퇴계의 교육철학. 서울: 지식산업사.

정순목(1992). 한국 유학과 인간교육의 문제. 윤사순 외. 孔子사상의 발견. 서울: 민음사.

정순우(1990). 茶山 兒學編』研究. 윤사순 편. 정약용. 서울: 고려대출판부.

정영훈 외(1999). 홍익인간의 이념 탐구. 경기: 한국정신문화연구원.

최영성(2006). 한국유학통사(상). 서울: 심산.

최완기(1991). 한국 성리학의 이해. 서울: 느티나무.

최해갑(1995). 남명철학과 교학사상. 서울: 교육출판사.

태경·조기영(2011). 알기 쉬운 불교용어 산책. 서울: 양사재.

한국공자학회 편(1993). 정도전 사상연구. 서울: 유림문화사.

한국교육연구소 편(1993). 한국교육사-근·현대편. 서울: 풀빛.

한국교육학회 편(1971). 교육의 철학적 이해. 서울: 배영사.

한국사상연구회(2000). 도설로 보는 한국 유학. 서울: 예문서원.

한국철학사연구회(1997). 한국철학사상사. 서울: 한울.

한국철학회(1987). 한국철학사(상권). 서울: 동명사.

한기언(1973). 한국사상과 교육. 서울: 일조각.

한기언(1983). 한국교육사. 서울: 박영사.

한기언(1991). 한국교육의 이념. 서울: 서울대출판부.

한기언(2004). 교육사학-교육정신사서설. 서울: 한국학술정보.

한영우(1997). 정도전사상의 연구. 서울: 서울대출판부.

홍희유, 채태형(1995). 조선교육사(Ⅰ, Ⅱ). 평양: 사회과학출판사.

황의동(1992). 한국의 유학사상. 서울: 서광사.

Brubacher, J. S. (1985). 교육사-교육문제변천사. (이원호 역). 서울: 문음사.

Gilmore, G. W. (1892). *Korea from its capita: With a chapter on missions*; Google scandate, 2007/10/12.

Monroe, P. (1999). 교육사 개설. (조종인 역). 서울: 교육과학사.

Paik, L. G. (1970). *The history of protestant missions in korea* 1832-1910. Seoul: Yonsei Univ. Press.

Bible(성경)

□ 原典類

『經國大典』『高麗圖經』『高麗史』『舊唐書』『近思錄』『金剛經』『南冥集』『老子』『論語』『大學』『島山全書』『孟子』『磻溪隨錄』『碧巖錄』『史記』『師說』『士小節』『三國史記』『三國遺事』『三國志』『三峰集』『說文解字』『性理大全』『星湖全書』『素昻先生文集』『隋書』『荀子』『新唐書』『陽村集』『與猶堂全書』『禮記』『阮堂先生全書』『栗谷全書』『日本書紀』『莊子』『靜菴集』『朝鮮王朝實錄』『周書』『周易』『朱子語類』『中庸』『增補文獻備考』『册府元龜』『退溪全書』『漢書』『花潭集』『華嚴經』『晦齋集』

미국 교육부. https://www.ed.gov

법제처.「교육기본법」. http://www.moleg.go.kr

제3부 · 교육철학

강성훈(2013). 랑시에르의 교육학 비판. 교육철학연구. 35(1), 1-25.

고미숙(2013). 교육철학(개정증보). 서울: 문음사.

김기수(2006). 교육의 역사와 철학 강의. 서울: 태영출판사.

김선구(1999). 공동체주의와 교육. 서울: 학지사.

김선욱(2011). 행복의 철학: 공적 행복을 찾아서. 서울: 도서출판 길.

김정환, 강선보, 신창호(2014). 교육철학(개정판). 서울: 박영스토리.

김희봉(2009). 잘삶을 위한 교육. 서울: 학지사.

노상우(2014). 교육의 역사와 사상(제3판). 경기: 교육과학사.

목영해(2012). 프레이리와 랑시에르의 해방교육론 비교. 교육철학연구. 34(4), 43-65.

박이문(2007). 현상학과 분석철학. 서울: 지와 사랑.

서용석, 이명주, 이지헌(2014). 교육철학 및 교육사. 서울: 학이당.

손승남(1997). 해석학과 교육. 금제 문형만 교수 정년퇴임기념논문집 간행위원회. 교육의 사상과 역사. 광주: 전남대학교출판부.

손승남, 이지헌, 김선구, 김희봉(2012). 교육의 역사와 철학. 서울: 학이당.

신차균, 안경식, 유재봉(2006). 교육철학 및 교육사의 이해. 서울: 학지사.

안선희(2013). "대동사회를 꿈꾸었던 아나키스트 신채호". 신채호 다시 읽기(이호룡 저) 서평. 한겨레 2013. 12. 9.

양은주(2007). 교사를 일깨우는 사유. 서울: 문음사.

오만석(1997). 현대 해석학의 관점에서 본 교육적 의미소통 과정. 허숙, 유혜령 편. 교육현상의 재개념화: 현상학, 해석학, 탈현대주의적 이해. 서울: 교육과학사.

우정길(2009). 타자의 타자성과 교육학 지식: 레비나스의 타자성 철학에 대한 교육학적 소고. 교육철학. 45, 151-174.

유재봉(2001). 화이트의 자유교육론의 비판적 검토. 교육철학. 26, 143-162.

유재봉(2002). 현대교육철학탐구. 서울: 교육과학사.

이돈희(1994). 교육철학개론. 서울: 교육과학사.

이용환(1997). 현상학과 교육. 금제 문형만 교수 정년퇴임기념논문집 간행위원회. 교육의 사상과 역사. 광주: 전남대학교출판부.

이지헌(1997). 비판이론과 교육. 금제 문형만 교수 정년퇴임기념논문집 간행위원회. 교육의 사상과 역사. 광주: 전남대학교출판부.

이지헌, 김선구, 이정화 편(1996). 개인, 공동체, 교육 I: 개인주의란 무엇인가. 서울: 교육과학사.

이지헌, 이명주, 임배(2019). 교육철학 및 교육사. 서울: 공감플러스.

임재윤(2009). 교육의 역사와 사상(제4판). 서울: 문음사.

정윤경(2010). 교사를 위한 교육철학. 경기: 교육과학사.

정혜영(2006). 교육현상학의 이념과 방법. 교육철학. 35, 127-149

최병두(2010). 비판적 생태학과 환경정의. 서울: 한울.

최신일(1998). 해석학과 구성주의. 김종문 외 공저. 구성주의 교육학. 서울: 교육과학사.

한명희, 고진호(2005). 교육의 철학적 이해. 서울: 문음사.

Arendt, H. (2014). 예루살렘의 아이히만: 악의 평범성에 대한 보고. (김선욱 역). 서울: 한길사.

Aristoteles (2013). 니코마코스 윤리학. (천병희 역). 서울: 도서출판 숲.

Bailey, R. (2011). 철학이 있는 교육, 교육을 찾는 철학. (이지헌 역). 서울: 학이당.

Bailey, R. (ed.) (2010). *The philosophy of education: An introduction*. NY: Continuum.

Bailey, R., Barrow, R., Carr, D., & McCarthy, C. (eds.). (2013a). 교육철학 1: 이론과 역사. (이지헌 역). 서울: 학지사.

Bailey, R., Barrow, R., Carr, D., & McCarthy, C. (eds.). (2013b). 교육철학 2: 가치와 실천. (이지헌 역). 서울: 학지사.

Bailey, R., Barrow, R., Carr, D., & McCarthy, C. (eds.) (2010). *The sage handbook of philosophy of education*. London: Sage Publications Ltd.

Barrow, R. & Woods, R. (2006). *An introduction to the philosophy of education* (4th ed.). London: Routledge.

Bollnow, O. F. (2008). 실존철학과 교육학. (윤재홍 역). 서울: 학지사.

Brighouse, H. (2006). *On education*. London: Routledge.

Broudy, H. S. (1963). *Building a philosophy*. Englewood Cliffis: Prentice Hail.

Buber, M. (1993). 나와 너. (표재명 역). 서울: 문예출판사.

Callan, E. (1997). *Creating citizens: political education and liberal democracy*. Oxford: Clarendon Press.

Dewey, J. (1916). *Democracy and education*. New York: Free Press.

Dewey, J. (2006). 민주주의와 교육(개정 증보판). (이홍우 역). 경기: 교육과학사.

Feinberg, J. (1992). A Child's Right to an Open Future. In J. Feinberg, *Freedom and fulfillment: Philosophical essays*. Princeton, NJ: Princeton University Press.

Fenstermacher, G. D., & Soltis, J. F. (2011). 가르침이란 무엇인가? (이지헌 역). 경기: 교육과학사.

Flew, A. (2000). *Education for citizenship*. London: Institute of Economic Affairs.

Foucault, M. (1994). 감시와 처벌. (오생근 역). 서울: 나남출판.

Freire, P. (1972). *Pedagogy for the Oppressed*. London: Penguin.

Freire, P. (2002). 페다고지. (남경태 역). 서울: 도서출판 그린비.

Gibson, R. (1989). 비판이론과 교육. (이지헌, 김회수 역). 서울: 성원사.

Halstead, J. M., & Pike, M. A. (2006). *Citizenship and moral education: Values in Action*. London: Routledge.

Hirst, P. H. (1965). Liberal education and the nature of knowledge. In R. D. Archambault (ed.), *Philosophical analysis and education*. London: Routledge & Kegan Paul.

Hirst. P. H. (1974). *Knowledge and Curriculum*. London: Routledge & Kegan Paul.

Hobbes, T. (1996). *Leviathan*. Oxford: Oxford University Press.

Hurka, T. (2012). 무엇을 더 알아야 하야 하는가? (이순영 역). 서울: 책읽는수요일.

Illich, I. (1971). *Deschooling society*. London: Penguin.

Kneller, G. F. (1990). 교육철학이란 무엇인가? (정희숙 역). 서울: 서광사.

Kohlberg, L. (1984). *The psychology of moral development*. San Francisco, CA: Harper and Row.

Levinas, E. (1985). *Ethics and infinity* (R. Cohen, trans.). PA: Duquesne University Press.

Levinas, E. (2001). Philosophy, justice, and love(M.B. Smith, trans). In J. Robbins (ed.), *Is it righteous to be? Interview with Emmanuel Levinas*. CA: Stanford University Press. (Original work published in 1983).

MacIntyre, A. (1997). 덕의 상실. (이진우 역). 서울: 문예출판사.

Marshall, T. H. (1950). *Citizenship and social class and other essays*. Cambridge: CUP.

McLaughlin, T. (2005). The educative importance of ethos. *British Journal of Educational Studies, 53*(3), 306–325.

Mill, J. S. (1974). *On liberty*. London: Penguin.

Mill, J. S. (1992). 자유론. (김형철 역). 서울: 서광사.

Noddings, N. (2002). 배려교육론. (추병완, 박병춘, 황인표 역). 서울: 다른우리.

Noddings, N. (2008). 행복과 교육. (이지헌, 김선, 김희봉, 장정훈 공역). 서울: 학이당.

Nussbaum, M. C. (2015). 역량의 창조. (한상연 역). 경기: 돌베개.

O'Hear, A. (1981). *Education, society and human nature*. London: Routledge & Kegan Paul.

O'Neill, O. (1988). Children's rights and children's lives. *Ethics, 98*(3), pp. 445-63.

Peters, R. S. (1966). *Ethics and education*. London: Allen and Unwin.

Peters, R. S. (2003). 윤리학과 교육(수정판). (이홍우, 조영태 역). 서울: 교육과학사.

Piaget, J. (1965). *The moral judgment of the Child*. New York: Free Press.

Ranciere, J. (2016). 무지한 스승(개정판). (양창렬 역). 서울: 궁리.

Rawls, J. (1971). *A Theory of Justice*. Cambridge: Harvard University Press.

Rawls, J. (1985). 사회정의론. (황경식 역). 서울: 서광사.

Rawls, J. (1993). *Political Liberalism*. New York: Columbia University Press.

Rogers, C., & Freiburg, H. J. (2011). 학습의 자유: 자기주도적인 인간 육성의 길. (연문희 역). 서울: 시그마프레스.

Rousseau, J. (2006). 에밀. (민희식 역). 서울: 육문사.

Tooley, J. (2003). Why harry brighouse is nearly right about the privatisation of education. *Journal of Philosophy of Education, 37*(3), 427-447.

White, J. (1982). *The aims of education restated*. London: Routledge & Kegan Paul.

White, J. (1990). *Education and the good life: beyond the national curriculum*. London: Kogan Page.

White, J. (2002). 교육목적론. (이지헌, 김희봉 역). 서울: 학지사.

White, J. (2011). *Exploring well-being in schools: A guide to making children's lives more fulfilling*. London and NY: Routledge.

White, J. (2014). 잘삶의 탐색: 학교교육의 새로운 목적. (이지헌, 김희봉 역). 서울: 교육과학사.

Wringe, C. (2013). 교육목적론. (김정래 역). 서울: 학지사.

찾아보기 ✒

인명

강수 160

공자 181

권근 199, 200

김부식 148

김정희 225

단군 134

맹자 197

민영익 232

박지원 220

서경덕 206

서긍 167

설총 161

시데하라 기주로 244

신채호 378

안유 165

안창호 240

안향 165, 172, 173, 175

왕인 144

원광 159

원광법사 153, 154

원효 160

유득공 158

유형원 215

이덕무 221, 224

이색 166, 168, 176

이승훈 241

이언적 204

이이 213

이익 217

이하응 185

이황 183, 185, 211

일연 131

정도전 198

정몽주 176

정약용 227

조광조 202

조식 209

조지훈 132

주세붕 183, 185

주자 196
지눌 169

최남선 132
최충 166, 169
최치원 145, 146

환웅 131

Adorno, T. W. 407, 408
Appenzeller, H. G. 242
Arendt, H. 323
Aristoteles 31, 326, 347

Bacon, F. 83
Bagley, W. C. 122
Basedow, J. B. 96
Bollnow, O. F. 398, 400
Brameld, T. 127
Broudy, H. S. 251
Buber, M. 398, 401

Chalotais, L. 90
Cicero, M. T. 42
Comenius, J. A. 84
Condorcet, M. 91

Derrida, J. 413, 414, 416
Dewey, J. 120, 258, 261

Dilthey, W. 424
Durkheim, E. 321

Epicurus 34
Erasmus, D. 68

Feltre, V. 66
Foucault, M. 413, 415, 416
Francke, A. H. 88
Freire, P. 262
Freud, S. 321
Fröbel, F. 113

Gadamer, H. G. 425
Gibson, R. 410

Habermas, J. 407, 408
Heidegger, M. 398, 424
Helvetius, C. A. 90
Herbart, J. F. 111
Hirst, P. H. 280
Horkheimer, M. 407, 408
Humboldt, F. W. 107
Hurka, T. 294
Husserl, E. 418
Hutchins, R. M. 125

Illich, I. 258, 377
Isokrates 33

Jaspers, K. T. 398
Jefferson, T. 103

Kant, I. 94, 256, 319, 323,
    343, 382
Karl the Great 53
Kierkegaard, S. 398
Kohlberg, L. 323

Lacan, J. 413, 416
Levinas, E. 386
Locke, J. 87, 254
Loyola, I. 76
Luther, M. 73
Lycurgos 22
Lyotard, J. F. 412, 416

MacIntyre, A. 260, 326
Macley, R. S. 242
Marcuse, H. 407
Melanchthon, P. S. 75
Mill, J. S. 257, 375
Milton, J. 80
Möllendorff, P. 232
Montaigne, M. 81
Montessori, M. 115

Neill, A. S. 258
Niethammer, F. I. 105

Nietzsche, F. 322, 398

Noddings, N. 307, 347

Nussbaum, M. 290

Pestalozzi, J. 108

Peters, R. S. 284, 405

Petrarch, F. 62

Piaget, J. 323

Pinar, W. 422

Plato 26, 380

Pring, R. 288, 297

Quintilianus, M. F. 44

Rabelais, F. 66

Ranciere, J. 390

Ratke, W. 83

Rogers, C. 258

Rousseau, J. J. 92, 254, 257

Russel, B. 403

Rawls, J. 384

Sartre, J. P. 398

Schleiermacher, F. 423

Scranton, M. F. 242

Smith, A. 263

Socrates 25

St. Benedict 51

Taylor, C. 260

Vergerius, P. P. 64

Vives, J. L. 66

Watson, J. B. 254

White, J. 309, 356

Wittgenstein, L. 403

Wringe, C. 300

Zwingli, U. 73

내용

12동판법 37

4부학당 183

8조범금 136, 137

가정하고 있는 전제들 275

가치론 272

간주관성 421

갈등해결 357

감시와 처벌 415

강한 자율성 353

강화도 조약 231

개신교 242

개인 중심 교육관 256

개인의 잘삶 309

개인적 목적 300

개체성 398

갱신고 187

거대서사 414

건국신화 134, 135

경 206, 209, 211, 212

경건주의 88

경국대전 192

경험 419

고조선 137

공거제 216

공동선 346

공동체 중심 교육관 260

공립학교 102

공적 이성 334

공정으로서의 정의 384

공중학교 59

과거 167

과거제도 188, 190, 191

교원윤리 338

교원윤리강령 341

교육관 252

교육목적론 252
교육받은 인간 297
교육사상 252
교육에 대한 국가의 통제
　371
교육입국조서 233, 235
교화 360
교화의 기준 361
구안법 119
국가 권력의 한계 375
국자감 157, 163
국자감시 165
국학 157
군자 197
궁정학교 65
권력의지 322
귀납법 83
규제 374
급진적 선택자들 356
기계적 교육관 400
기사도 교육 57
기사의 십계명 57
기자조선 136
기초교육 110
김나지움 65

내재적 목적 300
논리실증주의 403
논리학 273

논어 144

다원주의 414
단속성 400
대성지성문선왕 181
대화 417
덕 346
덕 윤리 345
덕의 상실 326
도노우 법안 101
도시학교 59
도제교육제도 59
독서삼품과 157
돈오 170
동굴의 비유 27
동문학 231, 232
동정심 321
된 사람 317

루디마기스테르 40
르네상스 61

마르크스주의 377
만남의 철학 401
명경업 167
명륜당 179
모더니즘 412
모릴법 103
무과 168, 189

무애가 161
문과 188
문답학교 49
문법학교 40, 59
문헌공도 166, 169
물화 321
미션스쿨 243

박사 144
반어법 25
반정초주의 414
배려 348
배려윤리 347
백운동서원 183
백지설 87
범지주의 82
본래성 352
본산학교 50
본질 398
본질 환원 421
본질주의 122
부모의 권리 369
분석철학 402
불완전 의무 365
불평등의 부정 389
비판이론 407
비판이론의 핵심 개념 410

사부학당 179

사소절 224
사원학교 50
사회적 목적 300
사회주의헌법 248
살생유택 154
삼국사기 142, 143, 148, 149
삼국유사 131, 134
삼서불가독설 220
생태정의 393
생활세계 421
서당 167, 186
서원 183, 184
선의 이데아 28
선의지 319
선이해 425
선택이론 364
선험적 논증 284
성 213, 214
성균관 165, 179, 180
성기호설 228
성년식 139, 140
성리학 172, 179, 196
성서주의 70
성서해석학 423
성인 197
성장적 교육관 254
성품의 함양 326
성향 함양 355

세계도회 86
세속오계 152
세속화 319
소과 189
소수서원 185
소피스트 24
수기치인 197
수도원 학교 50
수사학 33
수사학교 41
수심결 169
순수이성비판 94
순승척 187
스콜라 철학 49
스콜라주의 52
스토아학파 34
시민 327
시민공화주의적 관점 328
시민성의 구성요소 330
신인문주의 106
신자유주의자 376
신화 132, 133
실사구시 225
실용주의 117
실존 398
실존주의 397
실천이성비판 95
실학주의 79
십이도 166

아나키스트 학교 379
아나키스트 378
아레테 31
아카데미 81
아포리아 25
아학편 230
악의 평범성 324
약한 자율성 353
에이도스 418
에피쿠로스학파 34
예수회 76
오경 144
오산학교 241
완전 의무 365
원산학사 239
위기지학 196
위대한 저서 124
유기적 교육관 400
유학 197
육영공원 231, 232
윤리학과 교육 405
은물 114
은행저금식 교육 262
의무윤리 343
의미에 관한 문제 274
의식화 262
이익이론 364
인간의 존엄성 345
인습 수준 324

인습 이전의 수준 324
인습 이후 수준 325
인식과 관심 408
인식론 272
일상언어학파 404
입학도설 201

자아인식 358
자원봉사 336
자유교육 279
자유교육의 직업화 288
자유주의적 관점 328
자율성 344, 351
자족성 352
잡과 189
재건주의 127
재세이화 136
재정 374
점수 171
접장 186
정당화 문제 275
정언명령 344
정초주의 414
정치 참여 336
제공 374
제술업 167
조기교육 357
조선교육령 245
조선총독부 245

조합학교 59
조화로서의 정의 380
존재론 272
종교개혁 70
종교적 계율 318
좋은 시민 328, 330
주자감 158
주체성 398
주형적 교육관 253
중립성 331, 354
지식 중심 교육 282
지식과 권력 415
지식의 형식 280
지적 평등 390
직관 110
진보주의 118
진사 167
집단양심 321

차이로서의 정의 386
천자문 144
철학적 탐구 271
체벌금지론 46
최선의 삶 294
최선의 삶의 기준 294

키케로주의 63

타자성 386

타자윤리학 388
탈국가론 378
탈학교론 377
태학 142, 180
투사 321

파이데이아 23
판단력 비판 95
판단정지 420
편향성 332
평등으로서의 정의 382
포스트모더니즘 412
폴리스 19
풍류 145, 147
프랑크푸르트학파 407
피억압자의 교육 263

학교 198
학교 없는 사회 377
학당 165
학령 192
학무국 246
한성사범학교 237
합리적 접근 326
합리적인 정당한 이유 323
합자연의 원리 85
항존주의 124
해동공자 169
해석학 423

핵심 역량 290
행복 307
행복의 원천 308
향거이선 218
향교 165, 180, 181
향음주의 182
헌법 247
헬레니즘 20
현묘지도 145

현상학 418
현존 398
현존재의 자기해석 424
형식단계이론 112
홍익인간 136, 138, 146,
    246
화랑 150
화랑도 145, 148, 151
화랑제도 151

화왕계 161
환경적 인종주의 393
환경정의 393
환웅 134
환인 134
후마니타스 44
훈장 186
휴머니즘 105

저자 소개

손승남(Son, Seung Nam) snson@scnu.ac.kr
독일 Westfälisch-Wilhelms Universität zu Münster 박사(교육철학)
전 한독교육학회 회장
　독일 함부르크 대학교 강의교수
　미국 인디애나 주립대학교 연구교수
현 국립순천대학교 교직과 교수
　잘삶교육연구소 소장

신창호(Shin, Chang Ho) sudang@korea.ac.kr
고려대학교 대학원 박사(교육사철학)
전 고려대학교 교양교육실장
　한국교육철학학회 회장
현 고려대학교 교육학과 교수

김희봉(Kim, Hee Bong) khb386@mokpo.ac.kr
전남대학교 대학원 박사(교육학)
전 한국교육철학학회 감사
　교육철학 연구(한국교육철학학회) 편집위원장
현 국립목포대학교 교육학과 교수

교육철학 및 교육사
Philosophy and History of Education

2019년 9월 20일 1판 1쇄 발행
2021년 2월 25일 1판 2쇄 발행

지은이 • 손승남 · 신창호 · 김희봉
펴낸이 • 김진환
펴낸곳 • ㈜ 학지사

04031 서울특별시 마포구 양화로 15길 20 마인드월드빌딩
대표전화 • 02-330-5114   팩스 • 02-324-2345
등록번호 • 제313-2006-000265호

홈페이지 • http://www.hakjisa.co.kr
페이스북 • https://www.facebook.com/hakjisa

ISBN 978-89-997-1933-2 93370

정가 20,000원

이 도서의 국립중앙도서관 출판시도서목록(CIP)은 서지정보유통지
원시스템 홈페이지(http://seoji.nl.go.kr)와 국가자료공동목록시스템
(http://www.nl.go.kr/kolisnet)에서 이용하실 수 있습니다.
(CIP 제어번호: CIP2019033515)

출판 · 교육 · 미디어기업 학지사
간호보건의학출판 학지사메디컬 www.hakjisamd.co.kr
심리검사연구소 인싸이트 www.inpsyt.co.kr
학술논문서비스 뉴논문 www.newnonmun.com
원격교육연수원 카운피아 www.counpia.com